Língua Portuguesa para concurso

Gramática, interpretação e compreensão textual, redação oficial, figuras de linguagem

CESPE | Cebraspe

JusClass

O presente livro possui Material de Apoio para acesso gratuito na plataforma JusClass.

Para acessar o material, siga as instruções a seguir:

1. Entre no site da Editora Juspodivm https://www.editorajuspodivm.com.br/, com seu login e senha;
2. Dentro de "Minha Conta", selecione a opção "Materiais Exclusivos" e clique no ícone de identificação do JusClass;
3. Em caso de dúvidas, esclarecimentos ou sugestões, acesse nossa Central de Atendimento https://www.editorajuspodivm.com.br/central-de-relacionamento

Caso tenha adquirido o seu exemplar em uma de nossas livrarias parceiras:

1. Acesse o QRCode abaixo;
2. Preencha o formulário com os dados solicitados;
3. Localize seu Código de Verificação - PIN, logo abaixo do QR Code;
4. Aguarde o e-mail com as informações de acesso;
5. Aproveite seu material!

PIN: JUS3683

Duda Nogueira

Língua Portuguesa para concurso

Gramática, interpretação e compreensão textual, redação oficial, figuras de linguagem

CESPE | Cebraspe

8ª edição | revista atualizada ampliada

2024

EDITORA JusPODIVM

www.editorajuspodivm.com.br

EDITORA
*Jus*PODIVM
www.editorajuspodivm.com.br

Rua Canuto Saraiva, 131 – Mooca – CEP: 03113-010 – São Paulo – São Paulo
Tel: (11) 3582.5757
• Contato: https://www.editorajuspodivm.com.br/central-de-relacionamento

Copyright: Edições *Jus*PODIVM

Diagramação: Equipe *Jus*PODIVM

Capa: Ana Caquetti

N778l Nogueira, Duda
Língua Portuguesa para Concursos CESPE/CEBRASPE / Duda Nogueira – 8.ed., rev., atual. e ampl. - São Paulo: Editora JusPodivm, 2024.
432 p.

ISBN: 978-85-442-5348-9.

1. Concurso Público. 2. Português. I. Nogueira, Duda. II. Título.

CDD 341. 33312

BIBLIOTECÁRIA RESPONSÁVEL
Ana Carolina Ribeiro Mois – CRB7 – RJ 007348/0

8.ª ed., *2.ª tir.:* mar./2025.

SOBRE A AUTORA

DUDA NOGUEIRA

Professora e Mentora de Língua Portuguesa para concursos públicos. Autora de vários livros das Coleções Tribunais e MPU, Revisaço, Revisão Final, Carreiras Policiais, Sinopses Carreiras Fiscais, Como se Preparar. Professora na plataforma de Cursos JusAulas - Carreiras dos Tribunais, Carreiras Policiais e Carreiras Fiscais. Professora no Curso RSC online.

Instagram e Telegram - @DudaProfe

www.dudanogueiraprof.com.br

LIVROS PUBLICADOS

- ✓ Língua Portuguesa para concursos
- ✓ Simulaço Língua Portuguesa
- ✓ Revisaço Língua Portuguesa
- ✓ Ligadaço Língua Portuguesa
- ✓ Português Jurídico
- ✓ Questões comentadas de Língua Portuguesa FCC
- ✓ Questões comentadas de Língua Portuguesa FGV
- ✓ Questões comentadas de Língua Portuguesa CESPE/Cebraspe
- ✓ Questões comentadas de Língua Portuguesa VUNESP
- ✓ Língua Portuguesa para concursos da FGV
- ✓ Interpretação de textos para concursos
- ✓ Questões Comentadas de Língua Portuguesa para Analista e Técnico
- ✓ Português – Coleção Sinopses (carreiras fiscais)
- ✓ Coleção REVISÃO FINAL - capítulos de Língua Portuguesa
- ✓ Coleção REVISAÇO – capítulos de Língua Portuguesa
- ✓ Coleção Carreiras Policiais – capítulos de Língua Portuguesa
- ✓ Coleção COMO SE PREPARAR – capítulos de Língua Portuguesa
- ✓ Outras coleções: Técnico do INSS e Carreiras Policiais.

VIDEOAULAS – JusAulas

- ✓ Língua Portuguesa para Carreiras de Tribunais
- ✓ Língua Portuguesa para Carreiras Policiais
- ✓ Projeto APROVAÇÃO - FGV
- ✓ Projeto APROVAÇÃO - CEBRASPE
- ✓ Projeto APROVAÇÃO - FCC

APRESENTAÇÃO

Para acesso ao vídeo, utilize o QR Code ao lado.

Uma pequena síntese para que você, leitor-*concurseiro*, comece a se familiarizar com a obra. Decifre e saboreie para que a vitória seja possível.

A obra contempla todo o conteúdo teórico exigido pela banca CESPE/Cebraspe. Siga a ordem do livro, pois o entendimento de um conceito depende, sempre, de outro. Há, ainda, questões com gabarito para a aplicação das regras.

Inclui: **direcionamento de estudo** e **dicas-resumo** em vídeo.

Acredite: é possível aprender português e acertar as questões. É exercitando que você ficará apto(a).

Decifrando editais CESPE | Cebraspe:

PARTES	ASSUNTOS	NOS EDITAIS	QUESTÕES comentadas
I. FONOLOGIA e SEMÂNTICA	Acentuação	Emprego da acentuação gráfica	5
	Ortografia e Semântica	Domínio da ortografia oficial; emprego das letras, substituição de palavras ou de trechos de texto	12
II. MORFOLOGIA	Pronome e colocação pronominal	Domínio da estrutura morfossintática do período; colocação dos pronomes átonos	11
	Verbo	Emprego/correlação de tempos e modos verbais	10
	Complemento	Processos de formação das palavras Classes gramaticais	5
III. SINTAXE	Análise sintática	Domínio da estrutura morfossintática do período	12
	Período composto e conjunção	Substituição e repetição de conectores; relações de coordenação entre orações e entre termos da oração; relações de subordinação entre orações e entre termos da oração	12

PARTES	ASSUNTOS	NOS EDITAIS	QUESTÕES comentadas
III. SINTAXE	Concordância	Concordância verbal e nominal	12
	Regência	Domínio da estrutura morfossintática do período	8
	Crase	Emprego do sinal indicativo de crase	7
	Pontuação	Emprego dos sinais de pontuação	13
IV. COESÃO, COERÊNCIA e REESCRITA DE FRASES	Coesão, coerência e reescrita de frases	Domínio dos mecanismos de coesão textual; emprego de elementos de referenciação, substituição e repetição, de conectores e outros elementos de sequenciação textual; reescritura de frases e parágrafos do texto; substituição de palavras ou de trechos de texto; retextualização de diferentes gêneros e níveis de formalidade	60
V. INTERPRETAÇÃO e COMPREENSÃO TEXTUAL	Interpretação de texto e compreensão textual	Compreensão e interpretação de textos de gêneros variados; reconhecimento de tipos e gêneros textuais	30
VI. REDAÇÃO OFICIAL	Redação oficial	Correspondência oficial (conforme Manual de Redação da Presidência da República); adequação da linguagem ao tipo de documento; adequação do formato do texto ao gênero	17
VII. FIGURAS DE LINGUAGEM	Figuras de linguagem	Estilística, Figuras de linguagem	8
TOTAL DE QUESTÕES COMENTADAS			222

SUMÁRIO

PARTE I
FONOLOGIA E SEMÂNTICA

PARTE II
MORFOLOGIA

PARTE III
SINTAXE

PARTE IV
TÓPICO COMPLEMENTAR

PARTE V
COESÃO, COERÊNCIA E REESCRITA DE FRASES

PARTE VI
INTERPRETAÇÃO E COMPREENSÃO TEXTUAL

PARTE VII
REDAÇÃO OFICIAL

PARTE VIII

FIGURAS DE LINGUAGEM

Parte I

FONOLOGIA E SEMÂNTICA

Capítulo 1

ACENTUAÇÃO

Para acesso ao vídeo, utilize o QR Code ao lado.

1. INTRODUÇÃO

Acentuação gráfica é a aplicação de sinais gráficos nas palavras e entre esses sinais estão os acentos gráficos (acento agudo, acento circunflexo, acento grave, til, apóstrofo, cedilha e hífen).

2. REGRAS DE ACENTUAÇÃO GRÁFICA

Em concursos, alguns verbos são pedidos como acento diferencial (singular e plural) e palavras que são acentuadas pela mesma regra (oxítona, paroxítona, proparoxítona, ditongo aberto, hiato etc.). Trabalharemos com dicas e regras.

Iniciemos com exemplo de uma simples tabela pra facilitar a classificação dos vocábulos.

1) Separe as sílabas. Lembre-se de que em cada sílaba, há **uma vogal**.
2) A última coluna deve estar sempre preenchida (como o exemplo da palavra **hífen**).
3) Não colocar na tabela: hiato, monossílabo e ditongos abertos (eu, oi, ei), por não seguirem as classificações mencionadas a seguir.

Proparoxítona	Paroxítona	Oxítona
crí	ti	co
	hí	fen
	ca	**fé**

Facilitou?

- **Crítica** é uma proparoxítona; **hífen** é paroxítona e **café é oxítona.**

2.1. Proparoxítonas

Sílaba tônica: antepenúltima.

As proparoxítonas são **todas** acentuadas graficamente: **trá**gico, pa**té**tico, **ár**vore.

Para facilitar, insira os vocábulos na tabela. A última sílaba deverá estar sempre na última coluna.

	Proparoxítona	**Paroxítona**	**Oxítona**
	trá	gi	co
pa	**té**	ti	co
	ár	vo	re

2.1.1. Proparoxítonas eventuais ou acidentais

As palavras paroxítonas terminadas em ditongo oral crescente (semivogal + vogal) podem ser consideradas proparoxítonas eventuais ou relativas ou acidentais. A banca CESPE/CEBRASPE já exigiu tal conceito em provas a partir de 2016.

Veja os exemplos para entender melhor:

paroxítona terminada em ditongo crescente	re	si	dên	**cia**	
proparoxítona eventual	re	si	dên	**ci**	**a**

paroxítona terminada em ditongo crescente	me	mó	**ria**	
proparoxítona eventual	me	mó	**ri**	**a**

2.2. Paroxítonas

Sílaba tônica: penúltima.

Na tabela:

Proparoxítona	**Paroxítona**	**Oxítona**
ca	**dá**	ver
	pó	len
	ví	rus

Acentuam-se as PAROXÍTONAS terminadas em	**EXEMPLO**
l	**fá**cil
n	**pó**len
r	ca**dá**ver
ps	**bí**ceps
x	**tó**rax
us	**ví**rus
i, is	**jú**ri, **lá**pis

Acentuam-se as PAROXÍTONAS terminadas em	EXEMPLO
om, ons	**iân**dom, **í**ons
um, uns	**ál**bum, **ál**buns
ã(s), ão(s)	**ór**fã, **ór**fãs, **ór**fão, **ór**fãos
ditongo oral (seguido ou não de s)	**jó**quei, **tú**neis

2.2.1. Observações

As paroxítonas terminadas em ***n*** são acentuadas (hífen), mas as que terminam em ***ens***, não.	hifens, jovens
Não são acentuados os prefixos terminados em ***i*** e ***r***.	semi, super
Acentuam-se as paroxítonas terminadas em ditongos crescentes: ***ea(s), oa(s), eo(s), ua(s), ia(s), ue(s), ie(s), uo(s),io(s).***	várzea, mágoa, **óleo, régua, férias, tênue,** cárie, ingênuo, início

2.3. Oxítonas

Sílaba tônica: última.

Na tabela:

Proparoxítona	Paroxítona	Oxítona
ja	ca	**ré**
pa	le	**tó**
	nin	**guém**

Acentuam-se as OXÍTONAS terminadas em	EXEMPLO
a(s)	sof**á**, sof**ás**
e(s)	jacar**é**, voc**ês**
o(s)	palet**ó**, av**ós**
em, ens	ningu**ém**, armaz**éns**

2.4. Monossílabos

2.4.1. Monossílabos Tônicos

Possuem **uma sílaba** e são pronunciados fortemente.

Acentuam-se os MONOSSÍLABOS terminados em	EXEMPLOS
a(s)	lá, cá
e(s)	pé, mês
o(s)	só, pó, nós, pôs
éu, éus	céu, véus
éi, éis	réis
ói, óis	dói, sóis

2.4.2. Monossílabos Átonos

Não possuem autonomia fonética, sendo proferidos **fracamente,** como se fossem sílabas átonas do vocábulo a que se apoiam: o(s), a(s), um, uns, me, te, se, lhe nos, de, em, e, que etc.

2.4.3. Observações

Os monossílabos átonos são palavras vazias de sentido, vindos representados por artigos, pronomes oblíquos, elementos de ligação (preposições, conjunções).	
Há monossílabos que são tônicos numa frase e átonos em outras.	Você trouxe sua mochila para ***quê***? (tônico) ***Que*** tem dentro da sua mochila? (átono) Há sempre um ***mas*** para questionar. (tônico) Eu sei seu nome, ***mas*** não me recordo agora. (átono)
Muitos verbos, ao se combinarem com pronomes oblíquos, produzem formas oxítonas ou monossilábicas que devem ser acentuadas por acabarem assumindo alguma das terminações contidas nas regras.	beijar + a = beijá-la fez + o = fê-lo dar + as = dá-las fazer + o = fazê-lo

2.5. Regras Especiais

Estas regras não podem ser encaixadas na tabela de dica mencionada no início do capítulo.

2.5.1. Ditongos abertos

Os ditongos **éi, éu** e **ói**, sempre que tiverem pronúncia aberta em palavras **oxítonas** (éi e não êi), são acentuados.	***éi (s):*** an**éi**s, fi**éi**s, pap**éi**s ***éu (s):*** trof**éu**, c**éu**s ***ói (s):*** her**ói,** constr**ói**, caub**ói**s
Os ditongos abertos ocorridos em palavras paroxítonas NÃO são acentuados.	assembleia, boia, colmeia, Coreia, estreia, heroico, ideia, jiboia, joia, paranoia, plateia, etc.

A palavra destróier é acentuada por ser uma paroxítona terminada em "r" (e não por possuir ditongo aberto **oi**).	–

2.5.2. Hiatos

REGRA	EXEMPLO
Acentuam-se o **i** e **u** tônicos quando formam hiato com a vogal anterior, estando eles sozinhos na sílaba ou acompanhados apenas de **"s"**, desde que não sejam seguidos por **-nh.**	sa – **í** – da e – go – **ís** –mo sa – **ú** – de
Não se acentuam, portanto, hiatos como os das palavras seguintes.	ju -**iz**, ra – **iz**, ru – **im**, ca – **ir**
Motivo: **-i** ou **-u** não estão sozinhos nem acompanhados de **-s** na sílaba.	
Cabe esclarecer que existem hiatos acentuados não por serem hiatos, mas por outras razões.	po-é-ti-co: proparoxítona bo-ê-mio: paroxítona terminada em ditongo crescente. ja-ó: oxítona terminada em "o".

2.5.3. Verbos TER e VIR

REGRA	EXEMPLO
Acentua-se com circunflexo a 3ª pessoa do plural do presente do indicativo dos verbos **ter** e **vir**, bem como nos seus compostos (*deter, conter, reter, advir, convir, intervir*, etc.).	Ele tem – Eles têm Ele vem – Eles vêm Ele retém – Eles retêm Ele intervém – Eles intervêm
– Nos verbos compostos de ter e vir, o acento ocorre obrigatoriamente, mesmo no singular. Distingue-se o plural do singular mudando o acento de agudo para circunflexo.	ele *detém* -eles *detêm* ele *advém* -eles *advêm*

2.6. Mudanças nas Regras[1]

Fique de olho nas exceções – muito exigidas em provas.

	O que mudou	Exemplos	Exceções
1	Não se usa mais o acento dos **ditongos abertos éi** e **ói** das palavras paroxítonas (palavras que têm acento tônico na penúltima sílaba).	alcaloide, alcateia, androide, apoia (verbo apoiar), apoio (verbo apoiar), asteroide, boia, celuloide, claraboia, colmeia, Coreia.	Essa regra é válida somente para palavras paroxítonas. Continuam a ser acentuadas as palavras oxítonas e os monossílabos tônicos terminados em **éis** e **ói(s)**: papéis, herói, heróis, dói (verbo doer), sóis.

1. TUFANO, Douglas. Guia Prático da Nova Ortografia – São Paulo: Melhoramentos, 2009, alterado.

	O que mudou	Exemplos	Exceções
2	Nas palavras **paroxítonas**, não se usa mais o acento no **i** e no **u** tônicos quando vierem depois de um ditongo.	baiuca, bocaiuva (tipo de palmeira), cauila (avarento).	1. se a palavra for oxítona e o **i** ou o **u** estiverem em posição final (ou seguidos de **s**), o acento permanece: tuiuiú, tuiuiús, Piauí. 2. se o **i** ou o **u** forem precedidos de ditongo crescente, o acento permanece: guaíba, Guaíra.
3	Não se usa mais o acento das palavras terminadas em **êem** e **ôo(s)**.	abençoo, creem, deem, doo, enjoo.	
4	Não se usa mais o **acento diferencial** nos "pares": pára - para, péla(s) - pela(s), pêlo(s) - pelo(s), pólo(s) - polo(s) e pêra - pera.	Ele não para de falar. Foram para Londres.	1. Permanece o acento diferencial em **pôde** e **pode**: Ontem, ele não **pôde** sair mais cedo, mas hoje ele **pode**. 2. Permanece o acento diferencial em **pôr** (verbo) e **por** (preposição): Vou **pôr** o livro na estante que foi feita **por** mim. 3. Permanecem os acentos que diferenciam o singular do plural dos verbos **ter** e **vir**, assim como de seus derivados (manter, deter, reter, conter, convir, intervir, advir etc.): Ele **tem** - Eles **têm;** Ele **vem** - Eles **vêm;** Ele **mantém** - Eles **mantêm;** Ele **convém** - Eles **convêm**. 4. Acento facultativo - o uso do acento circunflexo para diferenciar as palavras **forma** e **fôrma**. Em alguns casos, o uso do acento deixa a frase mais clara: Qual é a **forma** da **fôrma** do bolo?
5	Não se usa mais o acento agudo no **u** tônico das formas (tu) arguis, (ele) argui, (eles) arguem, do presente do indicativo dos verbos **arguir** e **redarguir**.	*João argui Pedro sobre sua ausência na reunião. Pedro redargui: Por acaso isso te interessa?*	
6	Há uma variação na pronúncia dos verbos terminados em **guar**, **quar** e **quir**, como aguar, averiguar, apaziguar, desaguar, enxaguar, obliquar, delinquir etc. Esses verbos admitem duas pronúncias em algumas formas do	1. verbo enxaguar: enxáguo, enxáguas, enxágua, enxáguam; enxágue, enxágues, enxáguem. verbo delinquir: delínquo, delínques, delínque, delínquem; delínqua, delínquas, delínquam.	No Brasil, a pronúncia mais corrente é a primeira, aquela com **a** e **i** tônicos.

	O que mudou	Exemplos	Exceções
6	presente do indicativo, do presente do subjuntivo e também do imperativo. 1. se forem pronunciadas com **a** ou **i** tônicos, essas formas devem ser acentuadas. 2. se forem pronunciadas com **u** tônico, essas formas deixam de ser acentuadas.	2. (a vogal sublinhada é tônica, isto é, deve ser pronunciada mais fortemente que as outras): verbo enxaguar: enxaguo, enxaguas, enxagua, enxaguam; enxague, enxagues, enxaguem. verbo delinquir: delinquo, delinques, delinque, delinquem; delinqua, delinquas, delinquam.	

3. FIQUE DE OLHO

- Vocábulos acentuados pela mesma regra de acentuação gráfica;
- Proparoxítonas acidentais.

3.1. Questões comentadas 2023

---

01. (CEBRASPE - SME RE/PE - Professor - 2023) Os vocábulos "fáceis" e "possíveis" recebem acento por serem paroxítonas terminadas em ditongo oral.

( ) certo ( ) errado

➢ Comentários:

Separe as sílabas e coloque-as na tabela para facilitar a classificação.

Lembre-se de que existe **uma vogal** toda sílaba.

PRO	PAR	OXI
	fá	ceis
pos	**sí**	veis

As duas sílabas acentuadas estão na mesma coluna, ou seja, são duas palavras **paroxítonas e terminam em ditongo oral decrescente**: V + sv.

Dicas:

1. sempre coloque a última sílaba na última coluna para que a classificação seja correta;
2. se a palavra tiver mais que 3 sílabas, as sílabas anteriores nunca serão acentuadas;
3. não coloque hiato nem ditongo aberto na tabela porque são regras distintas.

Resposta: Certo

---

02. (CEBRASPE - SME RE/PE - Professor – 2023 - adaptada) As palavras 'lá' e 'também' são acentuadas graficamente em razão de regras de acentuação distintas.

( ) certo ( ) errado

➢ Comentários:

Lá: monossílabo terminado em "a".

Regra geral: serão acentuados os monossílabos **tônicos** terminados em -A(S), -E(S) ou -O(S).

Também: oxítona terminada em "em".

Regra geral: acentuam-se palavras oxítonas terminadas em -a(s), -e(s), -o(s); **terminadas com uma vogal átona e a vogal -i ou -u formando hiato; palavras oxítonas com duas ou mais sílabas e terminadas em -em, -ens; palavras oxítonas terminadas em -ei(s), -eu(s), -oi(s).**

As regras são distintas.

Resposta: Certo

3.2. Questões comentadas

3.2.1. Nível médio

---

01. (Cebraspe - PC RO - Datiloscopista Policial - 2022) Assinale a opção em que as palavras destacadas do texto são acentuadas graficamente de acordo com a mesma regra de acentuação gráfica.

A. "rentável" e "época"

B. "substituídos" e "vários"

C. "contribuíram" e "econômico"

D. "contribuíram" e "substituídos"

E. "também" e "histórico"

➢ Comentários:

Nota da autora: Coloque as palavras na tabela para evitar erro (dica no vídeo - início do capítulo)

Alternativa "a" – Paroxítona terminada em "l" / proparoxítona.

PROPAROXÍTONA	PAROXÍTONA	OXÍTONA
ren	**TA**	vel
É	po	ca

Alternativa "b" – Subs-ti-tU-Í-dos: hiato / vá-rios: paroxítona terminada em ditongo ou proparoxítona acidental (vá-ri-os).

PROPAROXÍTONA	PAROXÍTONA	OXÍTONA
	VA	rios
VÁ	ri	os

Alternativa "c" – Con-tri-bU-Í-ram: hiato / proparoxítona.

	PROPAROXÍTONA	PAROXÍTONA	OXÍTONA
e-co	**NÔ**	mi	co

Alternativa "d" – Con-tri-bU-Í-ram: hiato / subs-ti-tU-Í-do: hiato.

Observação: não é necessário colocar o hiato na tabela.

Alternativa "e" – Oxítona terminada em "em" / proparoxítona.

	PROPAROXÍTONA	PAROXÍTONA	OXÍTONA
	ren	tam	**BÉM**
his	**TÓ**	ri	co

Resposta: D

3.2.2. Nível superior

---

01. (Cebraspe - MPC SC - Procurador de Contas do Ministério Público - 2022) Os vocábulos "África" e "Atlântico" são acentuados graficamente pelo mesmo motivo.

( ) certo ( ) errado

➢ Comentários:

Os dois vocábulos possuem acento na antepenúltima sílaba. São palavras proparoxítonas.

	PROPAROXÍTONA	PAROXÍTONA	OXÍTONA
	Á	fri	ca
a	**TLÂN**	ti	co

Resposta: Certo

3.2.3. Carreiras fiscais

---

01. (**Cebraspe – TCE RJ – Analista Controle Externo - 2021 - adaptada**) O emprego de acento agudo nas palavras "elétricos", "pálidas" e "móveis" justifica-se pela mesma regra de acentuação gráfica.

( ) certo ( ) errado

➢ Comentários:

Nota da autora: Coloque as palavras na tabela e confira se as sílabas tônicas estão na mesma coluna. A última sílaba deverá estar sempre na última coluna.

Cuidado! Essa dica não vale para hiato.

	PROPAROXÍOTNA	**PAROXÍTONA**	OXÍTONA
e	**LÉ**	tri	cos
	PÁ	li	das
		MÓ	veis

"Elétricos" e "pálidas" são **proparoxítonas**; "móveis" é **paroxítona** terminada em ditongo decrescente. As regras são distintas.

Resposta: Errado.

Capítulo 2

ORTOGRAFIA

Para acesso ao vídeo, utilize o QR Code ao lado.

1. INTRODUÇÃO

Ortografia deriva das palavras gregas *ortho* que significa "correto" e *graphos* que significa "escrita". Assim sendo, trata-se da **escrita correta das palavras.**

Torna-se importante seu estudo por ser pedida em concursos do CESPE e por ser fundamental saber escrever corretamente. **Dicas** para facilitar o estudo:

1) Ao se deparar com **palavras novas**, ou seja, desconhecidas, procure o significado no dicionário e anote para que fixe melhor.
2) **Faça muitos testes de concursos**, pois as palavras exigidas pelas bancas repetem.

2. O ALFABETO

O alfabeto da língua portuguesa é formado por 26 letras (21 consoantes e 5 vogais). Cada letra apresenta uma forma minúscula e outra maiúscula. Veja:

a A (á)	**g G** (gê ou guê)	**m M** (eme)	**s S** (esse)	**y Y** (ípsilon)
b B (bê)	**h H** (agá)	**n N** (ene)	**t T** (tê)	**z Z** (zê)
c C (ce)	**i I** (i)	**o O** (ó)	**u U** (u)	
d D (dê)	**j J** (jota)	**p P** (pê)	**v V** (vê)	
e E (é)	**k K** (cá)	**q Q** (quê)	**w W** (dáblio)	
f F (efe)	**l L** (ele)	**r R** (erre)	**x X** (xis)	

Observação: emprega-se também o **ç,** que representa o fonema /s/ diante das letras: ***a, o,* e *u*** em determinadas palavras.

3. EMPREGO DAS LETRAS K, W E Y

REGRA	EXEMPLO
Em nomes de pessoas originários de outras línguas e seus derivados.	Kant, kantismo; Darwin, darwinismo; Taylor, taylorista.
Em nomes próprios de lugar originários de outras línguas e seus derivados.	Kuwait, kuwaitiano.
Em siglas, símbolos, e mesmo em palavras adotadas como unidades de medida de curso internacional.	K (Potássio), W (West), kg (quilograma), km (quilômetro), Watt.

4. EMPREGO DE X E CH

4.1. Emprega-se o X

REGRA	EXEMPLO	EXCEÇÃO
Após um ditongo.	cai**x**a, frou**x**o, pei**x**e	**recauchutar** e seus derivados gua**ch**e, cau**ch**o
Após a sílaba inicial "en".	en**x**ame, en**x**ada, en**x**aqueca	palavras iniciadas por **ch** que recebem o prefixo **en-:** encharcar (de charco), enchiqueirar (de chiqueiro), encher e seus derivados (enchente, enchimento, preencher)
Após a sílaba inicial "me-".	me**x**er, me**x**erica, me**x**icano, me**x**ilhão	mecha
Em vocábulos de origem indígena ou africana e nas palavras inglesas aportuguesadas.	abaca**xi**, **x**avante, ori**x**á, **x**ará, **x**erife, **x**ampu	**ch**apecó, alca**ch**ofra, **ch**afariz, ca**ch**aça, co**chich**o, co**ch**ilar
Nas seguintes palavras	be**x**iga, bru**x**a, coa**x**ar, fa**x**ina, gra**x**a, lagarti**x**a, li**x**a, li**x**o, pu**x**ar, ri**x**a, oxalá, pra**x**e, ro**x**o, ve**x**ame, **x**adrez, **x**arope, **x**axim, **x**ícara, **x**ale, **x**ingar, etc.	

4.2. Emprega-se o dígrafo CH

REGRA	EXEMPLO
Ao passar do latim para o português, as sequências "cl", "pl" e "fl", transformaram-se em "**ch**"	• *afflare* ➜ a**ch**ar • *clamare* ➜ **ch**amar • *planus* ➜ **ch**ão
Em palavras com origem francesa.	• Avalan**ch**e (Avalón**ch**), Ca**ch**ê (Ca**ch**et) • Ca**ch**ecol (Ca**ch**er), **Ch**alé (**Ch**alet) • **Ch**assi (**Ch**ânssis), **Ch**ampanhe (**Ch**ampagne) • **Ch**ampignon (**Ch**ampignon), **Ch**antilly (**Ch**antilly) • **Ch**ance (**Ch**ance), **Ch**apéu (**Ch**apeau) • **Ch**antagem (**Ch**antage)

5. EMPREGA-SE O G

REGRA	EXEMPLO	EXCEÇÃO
Nos substantivos terminados em ***-agem, -igem, -ugem***	barra**g**em, mira**g**em, via**g**em, ori**g**em, ferru**g**em	pajem
Nas palavras terminadas em ***-ágio, -égio, -ígio, -ógio, -úgio***	est**ágio**, privil**égio**, prest**ígio**, rel**ógio**, ref**úgio**	

REGRA	EXEMPLO	EXCEÇÃO
Nas palavras derivadas de outras que se grafam com ***g***	en**g**essar (de gesso), massa**g**ista (de massagem), verti**g**inoso (de vertigem)	
Nos vocábulos	al**g**ema, au**g**e, be**g**e, estran**g**eiro, **g**eada, **g**en**g**iva, **g**ibi, **g**ilete, he**g**emonia, here**g**e, me**g**era, mon**g**e, rabu**g**ento, va**g**em.	

6. EMPREGA-SE O J

REGRA	EXEMPLO
Nas formas dos verbos terminados em ***-jar* ou *–jear***	• arran**jar** ➔ arran**j**o, arran**j**e, arran**j**em • despe**jar** ➔ despe**j**o, despe**j**e, despe**j**em • gor**jear** ➔ gor**j**eie, gor**j**eiam, gor**j**eando • enferru**jar** ➔ enferru**j**e, enferru**j**em • via**jar** ➔ via**j**o, via**j**e, via**j**em
Nas palavras de **origem tupi, africana, árabe ou exótica**	bi**j**u, **j**iboia, can**j**ica, pa**j**é, **j**erico, man**j**ericão, Mo**j**i
Nas palavras derivadas de outras que já apresentam ***j***	laranja- laran**j**eira, loja- lo**j**ista, lisonja- lison**j**eador, nojo- no**j**eira, cereja- cere**j**eira, varejo- vare**j**ista, rijo- enri**j**ecer, jeito- a**j**eitar.
Nos vocábulos	berin**j**ela, cafa**j**este, **j**eca, **j**egue, ma**j**estade, **j**eito, **j**e**j**um, la**j**e, tra**j**e, pega**j**ento

7. EMPREGO DAS LETRAS S E Z

7.1. Emprega-se o S

REGRA	EXEMPLO
Nas palavras derivadas de outras que já apresentam **s** no radical	análi**s**e- anali**s**ar, catáli**s**e- catali**s**ador, ca**s**a- ca**s**inha, ca**s**ebre, li**s**o- ali**s**ar
Nos sufixos ***-ês*** e ***-esa***, *ao indicarem nacionalidade, título ou origem*	burgu**ês**- burgu**esa,** ingl**ês**- ingl**esa,** chin**ês**- chin**esa,** milan**ês**- milan**esa**
Nos sufixos formadores de adjetivos ***-ense, -oso*** e ***–osa***	catarin**ense,** gost**oso**- gost**osa,** amor**oso**- amor**osa,** palmeir**ense,** gas**oso**- gas**osa,** teim**oso**- teim**osa**
Nos sufixos gregos ***-ese, -isa, -osa***	catequ**ese**, dioc**ese**, poet**isa**, profet**isa**, sacerdot**isa**, glic**ose**, metamorf**ose**, vir**ose**
Após **ditongos**	coi**s**a, pou**s**o, lou**s**a, náu**s**ea

REGRA	EXEMPLO
Nas formas dos verbos ***pôr*** e ***querer***, bem como em seus derivados	pu**s**, pô**s**, pu**s**emos, pu**s**eram, pu**s**era, pu**s**esse, pu**s**éssemos qui**s**, qui**s**emos, qui**s**eram, qui**s**er, qui**s**era, qui**s**éssemos repu**s**, repu**s**era, repu**s**esse, repu**s**éssemos
Em nomes próprios personativos (de pessoas)	Balta**s**ar, Heloí**s**a, Inê**s**, I**s**abel, Luí**s**, Luí**s**a, Re**s**ende, Sou**s**a, Tere**s**a, Tere**s**inha, Tomá**s**
Nos vocábulos	abu**s**o, a**s**ilo, atravé**s**, avi**s**o, be**s**ouro, bra**s**a, corte**s**ia, deci**s**ão,despe**s**a, empre**s**a, freguê**s**ia, fu**s**ível, mai**s**ena, me**s**ada, pai**s**agem, paraí**s**o, pê**s**ames, pre**s**épio, pre**s**ídio, quero**s**ene, rapo**s**a, surpre**s**a, te**s**oura, u**s**ura, va**s**o, vigé**s**imo, vi**s**ita, etc.

7.2. Emprega-se o Z

REGRA	EXEMPLO
Nas palavras derivadas de outras que já apresentam ***z*** no radical	desli**z**e- desli**z**ar, ra**z**ão- ra**z**oável, vazio- esva**z**iar, rai**z**- enrai**z**ar, cru**z**-cru**z**eiro
Nos sufixos ***-ez, -eza***, ao formarem substantivos abstratos a partir de adjetivos	inválido- invalid**ez,** limpo-limp**eza,** macio- maci**ez,** rígido-rigid**ez,** frio- fri**eza,** nobre- nobr**eza,** pobre-pobr**eza,** surdo- surd**ez**
Nos sufixos ***-izar***, ao formar verbos e ***-ização***, ao formar substantivos	civil**izar**- civilização, hospital**izar**- hospital**ização,** coloni**zar**- colonização, real**izar**- real**ização**
Nos derivados em ***-zal, -zeiro, -zinho, -zinha, -zito, -zita***	cafe**zal,** cafe**zeiro,** cafe**zinho,** arvore**zinha,** cão**zito,** ave**zita**
Nos vocábulos	a**z**ar, a**z**eite, a**z**edo, ami**z**ade, bu**z**ina, ba**z**ar, catequi**z**ar, chafari**z**, cicatri**z**, coali**z**ão, cuscu**z**, proe**z**a, vi**z**inho, xadre**z**, verni**z**, etc.
Nos **vocábulos homófonos** (mesmo som), estabelecendo distinção no contraste entre o ***S*** e o ***Z***	co**z**er (cozinhar) e co**s**er (costurar) pre**z**ar (ter em consideração) e pre**s**ar (prender) tra**z** (forma do verbo trazer) e trá**s** (parte posterior)

Observação: em muitas palavras, a letra ***X*** soa como ***Z***: exame, exato, exausto, exemplo, existir, exótico, inexorável.

8. EMPREGO DE S, Ç, X E DOS DÍGRAFOS SC, SÇ, SS, XC, XS

8.1. Emprega-se o S

REGRA	EXEMPLO
Nos substantivos derivados de verbos terminados em ***"andir","ender", "verter"*** e ***"pelir"***	exp**andir**- expan**s**ão, pret**ender**- preten**s**ão, **verter**- ver**s**ão, ex**pelir**- expul**s**ão, est**ender**- exten**s**ão, susp**ender**- suspen**s**ão, con**verter** – conver**s**ão, re**pelir**- repul**s**ão

8.2. Emprega-se Ç

REGRA	EXEMPLO
Nos substantivos derivados dos verbos **ter** e **torcer**	a**ter**- aten**ção**, **torcer**- tor**ção**, de**ter**- deten**ção**, dis**torcer**- distor**ção**, man**ter**- manuten**ção**, con**torcer**- contor**ção**

8.3. Emprega-se o X

REGRA	EXEMPLO
Em alguns casos, a letra **X** soa como **Ss**	au**x**ílio, e**x**pectativa, e**x**perto, e**x**troversão, se**x**ta, sinta**x**e, te**x**to, trou**x**e

8.4. Emprega-se SC

REGRA	EXEMPLO
Nos **termos eruditos**	acré**sc**imo, a**sc**ensorista, con**sc**iência, de**sc**ender, di**sc**ente, fa**sc**ículo, fa**sc**ínio, impre**sc**indível, mi**sc**igenação, mi**sc**ível, plebi**sc**ito, re**sc**isão, sei**sc**entos, tran**sc**ender, etc.

8.5. Emprega-se SÇ

REGRA	EXEMPLO
Na conjugação de alguns verbos	• nascer → na**sç**o, na**sç**a • crescer → cre**sç**o, cre**sç**a • descer → de**sç**o, de**sç**a

8.6. Emprega-se SS

REGRA	EXEMPLO
Nos substantivos derivados de verbos terminados em ***gredir, mitir, ceder*** e ***cutir***	a**gredir**- agre**ss**ão, de**mitir**- demi**ss**ão, **ceder**- ce**ss**ão, dis**cutir**- discu**ss**ão, pro**gredir**- progre**ss**ão, trans**mitir**- transmi**ss**ão, ex**ceder**- exce**ss**o, reper**cutir**- repercu**ss**ão

8.7. Emprega-se o XC e o XS

REGRA	EXEMPLO
Em dígrafos que soam como ***Ss***	e**xc**eção, e**xc**êntrico, e**xc**edente, e**xc**epcional, e**xs**udar

Observações sobre o uso da letra *X*

REGRA	EXEMPLO
O **X** pode representar os seguintes fonemas	/ch/ – **x**arope, ve**x**ame /cs/ – a**x**ila, ne**x**o /z/ – e**x**ame, e**x**ílio /ss/ – má**x**imo, pró**x**imo /s/ – te**x**to, e**x**tenso
Não soa nos grupos internos ***-xce-* e *-xci-***	**exce**lente, **exci**tar

9. EMPREGO DAS LETRAS E E I

9.1. Emprega-se o E

REGRA	EXEMPLO
Em sílabas finais dos verbos terminados em ***-oar, -uar***	mag**oar** – mago**e**, mago**e**s contin**uar**- contin**ue**, contin**ue**s
Em palavras formadas com o prefixo ***ante-* (antes, anterior)**	ant**e**braço, ant**e**cipar
Nos vocábulos	cad**e**ado, confet**e**, dis**e**nteria, **e**mpecilho, irr**e**quieto, mexerico, orquíd**e**a, etc.

9.2. Emprega-se o I

REGRA	EXEMPLO
Em sílabas finais dos verbos terminados em ***-air, -oer, -uir****	c**air**- ca**i** d**oer**- dó**i** infl**uir**- influ**i***
Em palavras formadas com o prefixo ***anti-* (contra)**	Ant**i**cristo, ant**i**tetânico
Nos vocábulos	aborí**g**ine, art**i**manha, chef**i**ar, d**i**gladiar, pen**i**cilina, privil**é**gio, etc.

***Regra MUITO pedida em provas da Fundação Carlos Chagas.**

10. EMPREGO DAS LETRAS O E U

REGRA	EXEMPLO
A oposição **o/u** é responsável pela diferença de significado de algumas palavras.	c**o**mprimento (extensão) e c**u**mprimento (saudação, realização) s**o**ar (emitir som) e s**u**ar (transpirar)
Grafam-se com a letra ***O***	*b**o**lacha, búss**o**la, c**o**stume, m**o**leque.*
Grafam-se com a letra ***U***	*camu**n**dongo, jab**u**ti, Man**u**el, táb**u**a*

11. EMPREGO DA LETRA H

Esta letra, em início ou fim de palavras, não tem valor fonético. Conservou-se apenas como símbolo, por força da etimologia e da tradição escrita. A palavra ***hoje,*** por exemplo, grafa-se desta forma devido a sua origem na forma latina ***hodie.***

11.1. Emprega-se o H

REGRA	EXEMPLO
Inicial, quando etimológico	**h**ábito, **h**esitar, **h**omologar, **H**orácio
Medial, como integrante dos dígrafos ***ch, lh, nh***	fle**ch**a, te**lh**a, compa**nh**ia
Final e inicial, em certas interjeições	a**h**!, i**h**!, e**h**!, o**h**!, **h**em?, **h**um!, etc.
Em **compostos unidos por *hífen***, no início do segundo elemento, se etimológico	anti-**h**igiênico, pré-**h**istórico, super-**h**omem, etc.
Observações:	
1) No substantivo ***Bahia***, o ***h*** sobrevive por tradição. 2) Os vocábulos ***erva, Espanha*** e ***inverno*** não possuem a letra **h** na sua composição. No entanto, seus derivados eruditos sempre são grafados com ***h***.	1) Note que nos substantivos derivados, como ***baiano*** e ***baianinha,*** **ele não é utilizado.** 2) **herbívoro, *h*ispânico, *h*ibernal. *h*erbívoro, *h*ispânico, *h*ibernal.**

12. VOCÁBULOS MUITO EXIGIDOS EM CONCURSOS

- abster = abstenção
- admitir = admissão
- agredir = agressão
- apreender = apreensão
- ascender = ascensão
- ater = atenção
- ceder = cessão
- compreender = compreensão
- conceder = concessão
- contorcer = contorção
- converter = conversão
- demitir = demissão
- deter = detenção
- discutir = discussão
- distender = distensão
- distorcer =distorção
- estender = extensão
- exceder = excesso, excessivo
- expelir = expulsão
- manter = manutenção
- omitir = omissão
- percutir = percussão
- permitir = permissão
- pretender = pretensão
- progredir = progressão
- regredir = regressão
- repelir = repulsão repercutir = repercussão
- reter = retenção
- reverter = reversão
- subverter = subversão
- suceder = sucessão
- suspender = suspensão
- tender = tensão
- torcer = torção
- transgredir = transgressão
- transmitir = transmissão
- verter = versão

13. EM CONCURSOS

13.1. Emprego dos Porquês

	Regras	Exemplos
Por que	equivale a **pelo qual**	Este é o caminho **por que** passo.
	vem acompanhado pela palavra **razão** *(mesmo que subentendida)*	**Por que** você foi embora logo?
Porque	é uma explicação, equivale a **pois.**	Fui embora logo **porque** estava muito cansado.
Porquê	é um substantivo, ou seja, nomeia.	Não sei o **porquê** de sua demora.
	Admite PLURAL	O estudo da palavra **porquê**.
Por quê	Segue a regra da palavra **que**: quando utilizada no fim de uma frase, será sempre acentuada.	Ele faltou, mas não sei **por quê.**

Em concurso:

Faltou ontem e não sabemos **por quê.** Regra: final de frase.

Faltou ontem e não sabemos o **porquê**. Regra: admite plural = não sabemos **os porquês**.

13.2. Mal e Mau

	Regras	Exemplos
Mal	**substantivo** (nomeia)	O **mal** que a televisão me fez.
	advérbio (indica circunstância)	Dormi **mal** a semana toda.
Mau	é um **adjetivo** (qualifica)	Ele é um **mau** aluno.

Facilitando: em provas fáceis, pode pensar na antiga dica de antônimos.

MAL	**X**	**BEM**
MAU	**X**	**BOM**

13.3. Viagem e Viajem

	Regras	Exemplos
Viagem	**substantivo** (nomeia)	A **viagem** que farão.
Viajem	**verbo** (pode ser conjugado)	Que eles **viajem** bem.

13.4. Cessão, Sessão e Seção (ou secção)

	Regras	Exemplos
Cessão	Ato de **ceder**	A **cessão** de terras não será feita pelo governo.
Sessão	reunião	A **sessão** de cinema começará às oito horas.
Seção ou secção	parte, divisão	Li a notícia na **seção** (ou **secção**) de esportes.

13.5. Onde e aonde

	Regras	Exemplos
Onde	Significa **no lugar** e equivale a em que, no(a) qual	O bairro **onde** fica a editora. = A editora fica **no** bairro.
Aonde	Significa **ao lugar**	A casa **aonde** iremos. = Iremos a casa.

13.6. Se não e senão

	Regras	Exemplos
Se não	Equivale a **caso não, quando não** ou no caso de o **se** ser conjunção integrante.	**Se não** fossem meus amigos, não seria quem sou. Perguntei aos alunos **se não** gostariam de estudar.
Senão	Equivale a **caso contrário, do contrário, de outro modo, a não ser, mas sim**	Estude bastante, **senão** não conseguirá aprender o suficiente.

13.7. Tão pouco e tampouco

	Regras	Exemplos
Tão pouco	muito pouco, curto, pouca coisa, algo pequeno, escasso	Estudei **tão pouco** que nem vou fazer a prova.
Tampouco	**também não** ou **nem**	Não estudou, **tampouco** trabalhou.

13.8. De encontro a e ao encontro de

	Regras	Exemplos
De encontro a	contra, em oposição a, para chocar-se com	A decisão foi **de encontro a** nossos ideais.
Ao encontro de	estar de acordo com, em direção a, favorável a, para junto de	Minha nota veio **ao encontro do** que desejava.

13.9. Em vez de e ao invés de

	Regras	Exemplos
Em vez de	Em lugar de	**Em vez de** estudar, foi ao cinema.
Ao invés de	**Ao contrário de, lado oposto.** Utilizada para indicar ideias opostas, ideias contrárias.	**Ao invés de** rir, chorou muito.

13.10. Acerca de, a cerca de e há cerca de

	Regras	Exemplos
Acerca de	**a respeito de** ou **sobre**	**Acerca do** fato, não darei minha opinião.
A cerca de	perto de, aproximadamente, próximo de	O mar fica **a cerca de** 50 metros da pousada.
Há cerca de	tempo decorrido	**Há cerca de** 10 anos, foi aprovado.

13.11. Mas e Mais

	Regras	Exemplos
Mas	• **substantivo comum** = um defeito, um senão • **conjunção** = adversativa tem sentido de uma oposição ou limitação, podendo ser substituído por porém, todavia, contudo • **advérbio** = enfatiza uma afirmação	• Nem **mas** nem meio mas, faça já o que mandaram. • Não estudou, **mas** foi aprovado. • Ele é bom aluno, **mas** tão bom aluno que tem sempre nota máxima nas provas.
Mais	Pode ser **substantivo, conjunção, advérbio de intensidade, preposição, pronome indefinido** indicando noção de maior quantidade ou intensidade. Significa também **ainda os outros, os demais, os restantes.**	• Ela é a menina **mais** inteligente da turma. • Dois **mais** dois são quatro. • Isto é o **mais** que ele consegue fazer. • Não faço **mais** nada do que pensar. • Vou embora, os **mais** que se decidam.

13.12. A fim e Afim

	Regras	Exemplos
A fim	Locução de finalidade, equivale a **para**	Estudou **a fim de** ter salário fixo.
Afim	**Semelhante**, que tem afinidade	Nossos valores sempre foram **afins.**

13.13. Se Quer e Sequer

	Regras	Exemplos
Se quer	Conjunção **se** + verbo **querer** = se desejar	**Se quer** ter sucesso, trabalhe.
Sequer	Ao menos = advérbio	Estava doente e **sequer** tinha remédio em casa.

14. EMPREGO DO HÍFEN[1]

REGRA	EXEMPLO
Na separação de sílabas.	vo-vó; pás-sa-ro; U-ru-guai.
Para ligar **pronomes oblíquos átonos** a verbos e à palavra **eis**.	deixa-o; obedecer-lhe; chamar-se-á (mesóclise); mostre-se-lhe (dois pronomes relacionados ao mesmo verbo); ei-lo.
Em **substantivos compostos**, cujos elementos conservam sua autonomia fonética e acentuação própria, mas perdem sua significação individual para construir uma unidade semântica, um conceito único.	Amor-perfeito, arco-íris, conta-gotas, decreto-lei, guarda-chuva, médico-cirurgião, norte-americano etc.
Certos compostos, em relação aos quais se perdeu, em certa medida, a noção de composição, grafam-se sem hífen: girassol, madressilva, mandachuva, pontapé, paraquedas, paraquedista etc.	
Em compostos nos quais o **primeiro elemento é numeral**.	primeira-dama, primeiro-ministro, segundo-tenente, segunda-feira, quinta-feira etc.
Em **compostos homogêneos** (contendo dois adjetivos, dois verbos ou elementos repetidos).	técnico-científico, luso-brasileiro; quebra-quebra, corre-corre, reco-reco, blá-blá-blá etc.
nos compostos entre cujos elementos há o emprego do **apóstrofo**.	gota-d'água, pé-d'água
nas palavras compostas **derivadas de topônimos** (nomes próprios de lugares), com ou sem elementos de ligação.	**belo-horizontino, porto-alegrense, mato-grossense-do-sul, rio-grandense-do-norte, sul-africano**
Nos **topônimos compostos** iniciados pelos adjetivos **grã**, **grão**, ou por **forma verbal** ou cujos **elementos** estejam **ligados por artigos**.	Grã- Bretanha, Grão -Pará; Passa-Quatro, Quebra-Costas, Traga-Mouros, Trinca-Fortes; Albergaria-a-Velha, Baía de Todos-os-Santos, Entre-os-Rios, Montemor-o-Novo, Trás-os-Montes.
Os outros topônimos compostos escrevem-se com os elementos separados, sem hífen: América do Sul, Belo Horizonte, Cabo Verde etc. O topônimo Guiné-Bissau é, contudo, uma exceção consagrada pelo uso.	
Emprega-se o Hífen nas palavras compostas que designam **espécies botânicas e zoológicas**, estejam ou não ligadas por preposição ou qualquer outro elemento.	couve-flor, erva-doce, feijão-verde, erva-do-chá, ervilha-de-cheiro, bem-me-quer (planta), andorinha-grande, formiga-branca, cobra-d'água, lesma-de-conchinha, bem-te-vi etc.

1. Só português. Disponível em <http://www.soportugues.com.br/secoes/fono/fono28.php>. Acesso em 20 fev. 2014, alterado.

REGRA	EXEMPLO
Não se usa o hífen quando os compostos que designam espécies botânicas e zoológicas são empregados fora de seu sentido original. Observe a diferença de sentido: bico-de-papagaio (espécie de planta ornamental, com hífen) e bico de papagaio (deformação nas vértebras, sem hífen).	
Emprega-se o Hífen nos compostos com os elementos **além, aquém, recém** e **sem.**	além-mar, aquém-fronteiras, recém-nascido, sem-vergonha.
Usa-se o hífen sempre que o prefixo terminar com a mesma letra com que se inicia a outra palavra.	anti-inflacionário, inter-regional, sub-bibliotecário, tele-entrega etc.
Emprega-se hífen (e não travessão) entre elementos que formam não uma palavra, mas um **encadeamento vocabular.**	A divisa Liberdade-Igualdade-Fraternidade; A ponte Rio-Niterói; A ligação Angola-Moçambique; A relação professor-aluno.
Nas formações por **sufixação,** será empregado o hífen nos vocábulos terminados por sufixos de origem **tupi-guarani** que representam formas adjetivas, tais como **-açu**, **-guaçu** e **-mirim**, se o primeiro elemento acabar em vogal acentuada graficamente, ou por tônica nasal.	Andá-açu, capim-açu, sabiá-guaçu, arumã-mirim, cajá-mirim etc.
Usa-se hífen com o elemento **mal** antes de **vogal, h** ou **l**.	mal-acabado, mal-estar, mal-humorado, mal-limpo.
Nas **locuções** não se costuma empregar o hífen, salvo naquelas já consagradas pelo uso.	café com leite, cão de guarda, dia a dia, fim de semana, ponto e vírgula, tomara que caia.
Incluem-se nesse caso os compostos de base oracional: maria vai com as outras, leva e traz, diz que diz que, deus me livre, deus nos acuda, cor de burro quando foge, bicho de sete cabeças, faz de conta.	
Locuções consagradas	água-de-colônia, arco-da-velha, cor-de-rosa, mais-que-perfeito, pé-de-meia, ao deus-dará, à queima-roupa.

14.1. Prefixos e Elementos de Composição

REGRA	EXEMPLO
Usa-se hífen com os prefixos	**Quando a palavra seguinte começa por**
Ante-, Anti-, Contra-, Entre-, Extra-, Infra-, Intra-, Sobre-, Supra-, Ultra-	**H / VOGAL IDÊNTICA À QUE TERMINA O PREFIXO** – **com H:** ante-hipófise, anti-higiênico, anti-herói, contra-hospitalar, entre-hostil, extra-humano, infra-hepático, sobre-humano, supra-hepático, ultra-hiperbólico. – **com vogal idêntica:** anti-inflamatório, contra-ataque, infra-axilar, sobre-estimar, supra-auricular, ultra-aquecido.
Hiper-, Inter-, Super-	**H / R** hiper-hidrose, hiper-raivoso, inter-humano, inter-racial, super-homem, super-resistente.

<table>
<tr><th>REGRA</th><th>EXEMPLO</th></tr>
<tr><th>Usa-se hífen com os prefixos</th><th>Quando a palavra seguinte começa por</th></tr>
<tr><td>Sub-</td><td>B – H – R
sub-bloco, sub-hepático, sub-humano, sub-região.
– As formas escritas sem hífen e sem "h", como por exemplo "subumano" e "subepático" também são aceitas.</td></tr>
<tr><td>Ab-, Ad-, Ob-, Sob-</td><td>B – D – R
ab-rogar (pôr em desuso), ad-digital, ad-rogar (adotar), ob-reptício (astucioso), sob-roda.</td></tr>
<tr><td>Ex- (no sentido de estado anterior), Sota-, Soto-, Vice-, Vizo-</td><td>DIANTE DE QUALQUER PALAVRA
ex-namorada, sota-soberania (não total), soto-mestre (substituto), vice-reitor, vizo-rei.</td></tr>
<tr><td>Pós-, Pré-, Pró- (tônicos e com significados próprios)</td><td>DIANTE DE QUALQUER PALAVRA
pós-graduação, pré-escolar, pró-democracia.
– Se os prefixos não forem autônomos, não haverá hífen. Exemplos: predeterminado, pressupor, pospor, propor.</td></tr>
<tr><td>Circum-, Pan-</td><td>H / M / N / VOGAL
circum-meridiano, circum-navegação, circum-oral, pan-americano, pan-mágico, pan-negritude.</td></tr>
<tr><td>Pseudoprefixos (diferem-se dos prefixos por apresentarem elevado grau de independência e possuírem uma significação mais ou menos delimitada, presente à consciência dos falantes.)
Aero-, Agro-, Arqui-, Auto-, Bio-, Eletro-, Geo-, Hidro-, Macro-, Maxi-, Mega, Micro-, Mini-, Multi-, Neo-, Pluri-, Proto-, Pseudo-, Retro-, Semi-, Tele-</td><td>H / VOGAL IDÊNTICA
À QUE TERMINA O PREFIXO
– com H: geo-histórico, mini-hospital, neo-helênico, proto-história, semi-hospitalar.
– com vogal idêntica: arqui-inimigo, auto-observação, eletro-ótica, micro-ondas, micro-ônibus, neo-ortodoxia, semi-interno, tele-educação.</td></tr>
</table>

14.2. Complemento

Observações	EXEMPLOS
Não se utilizará o hífen em palavras iniciadas pelo prefixo **co-**. Ele irá se juntar ao segundo elemento, mesmo que este se inicie por '**o**' ou '**h**'. Neste último caso, corta-se o 'h'. Se a palavra seguinte começar com 'r' ou 's', dobram-se essas letras.	coadministrar, coautor, coexistência, cooptar, coerdeiro corresponsável, cosseno.
Com os prefixos **pre-** e **re-** não se utilizará o hífen, mesmo diante de palavras começadas por 'e'.	preeleger, preexistência, reescrever, reedição.

Observações	EXEMPLOS
Nas formações em que o prefixo ou pseudoprefixo terminar em **vogal** e o segundo elemento começar por **r** ou **s**, estas consoantes serão duplicadas e não se utilizará o hífen.	antirreligioso, antissemita, arquirrivalidade, autorretrato, contrarregra, contrassenso, extrasseco, infrassom, eletrossiderurgia, neorrealismo etc.
Não confunda as grafias das palavras **autorretrato** e **porta-retrato**. A primeira é composta pelo prefixo **auto-**, o que justifica a ausência do hífen e a duplicação da consoante 'r'. 'Porta-retrato', por outro lado, não possui prefixo: o elemento 'porta' trata-se de uma forma do verbo "portar". Assim, esse substantivo composto deve ser sempre grafado com hífen.	
Nas formações em que o prefixo ou pseudoprefixo terminar em **vogal** e o segundo elemento começar por **vogal diferente**, não se utilizará o hífen.	antiaéreo, autoajuda, autoestrada, agroindustrial, contraindicação, infraestrutura, intraocular, plurianual, pseudoartista, semiembriagado, ultraelevado etc.
Não se utilizará o hífen nas formações com os prefixos **des-** e **in-**, nas quais o segundo elemento tiver perdido o "h" inicial.	desarmonia, desumano, desumidificar, inábil, inumano etc.
Não se utilizará o hífen com as palavras **não** e **quase**, ao possuir função prefixal.	não violência, não agressão, não comparecimento, quase delito.
Não se utiliza o hífen em palavras que possuem os elementos "bi", "tri", "tetra", "penta", "hexa", etc.	bicampeão, bimensal, bimestral, bienal, tridimensional, trimestral, triênio, tetracampeão, tetraplégico, pentacampeão, pentágono etc.
Em relação ao prefixo **hidro,** em alguns casos pode haver duas formas de grafia.	Hidroavião e hidravião; hidroenergia e hidroelétrica
No caso do elemento **socio**, o hífen será utilizado apenas quando houver função de substantivo (= de associado).	sócio-gerente; socioeconômico

15. EMPREGO DAS INICIAIS MAIÚSCULAS E MINÚSCULAS

Durante alguns anos, o tópico não foi pedido em concursos, mas em 2012 passou a ser exigido novamente pela banca CESPE. Vale a pena conferir.

15.1. Usa-se a Inicial Maiúscula[2]

USA-SE A INICIAL MAIÚSCULA	EXEMPLOS
No começo de um período, verso ou citação direta.	Disse o Padre Antonio Vieira: "**E**star com Cristo em qualquer lugar, ainda que seja no inferno, é estar no Paraíso." "**A**uriverde pendão de minha terra, Que a brisa do Brasil beija e balança, Estandarte que à luz do sol encerra As promessas divinas da Esperança..." (Castro Alves)

2. Só português. Disponível em <http://www.soportugues.com.br/secoes/fono/fono23.php>. Acesso em 23 fev. 2014.

USA-SE A INICIAL MAIÚSCULA	EXEMPLOS
No início dos versos que *não* **abrem período, é** ***facultativo* o uso da letra maiúscula.**	"Aqui, sim, no meu cantinho, vendo rir-me o candeeiro, gozo o bem de estar sozinho e **esquecer o mundo inteiro.»**
Depois de dois pontos, *não* **se tratando de citação direta, usa-se letra** *minúscula.*	"Chegam os magos do Oriente, com suas dádivas: ouro, incenso, mirra." (Manuel Bandeira)
Nos antropônimos, reais ou fictícios.	Pedro Silva, Cinderela, D. Quixote.
Nos topônimos, reais ou fictícios.	Rio de Janeiro, Rússia, Macondo.
Nos nomes mitológicos.	Dionísio, Netuno.
Nos nomes de festas e festividades.	Natal, Páscoa, Ramadã.
Em siglas, símbolos ou abreviaturas internacionais.	ONU, Sr., V. Ex.ª.
Nos nomes que designam altos conceitos religiosos, políticos ou nacionalistas.	Igreja (Católica, Apostólica, Romana), Estado, Nação, Pátria, União, etc.
Esses nomes escrevem-se com inicial *minúscula* **quando são** empregados em sentido geral ou indeterminado: Todos amam sua *pátria.*	

15.1.1. Emprego facultativo de letra maiúscula

EMPREGO FACULTATIVO	EXEMPLOS
Nos nomes de logradouros públicos, templos e edifícios.	– Rua da Liberdade **ou** rua da Liberdade – Igreja do Rosário **ou** igreja do Rosário – Edifício Azevedo **ou** edifício Azevedo

15.2. Utiliza-se Inicial Minúscula[3]

USA-SE A INICIAL MINÚSCULA	EXEMPLOS
Em todos os vocábulos da língua, nos usos correntes.	carro, flor, boneca, menino, porta, etc.
Nos nomes de meses, estações do ano e dias da semana.	– janeiro, julho, dezembro, etc. – segunda, sexta, domingo, etc. – primavera, verão, outono, inverno
Nos pontos cardeais.	– Percorri o país de **norte** a **sul** e de **leste** a **oeste.** – Estes são os pontos colaterais: **nordeste, noroeste, sudeste, sudoeste.**
Quando empregados em sua forma absoluta, os pontos cardeais são grafados com letra maiúscula: Nordeste (região do Brasil), Ocidente (europeu), Oriente (asiático).	–

3. Só português. Disponível em <http://www.soportugues.com.br/secoes/fono/fono24.php>. Acesso em 23 fev. 2014.

15.2.1. Emprego facultativo de letra minúscula

EMPREGO FACULTATIVO DE LETRA MINÚSCULA	EXEMPLOS
Nos vocábulos que compõem uma citação bibliográfica.	– Crime e Castigo **ou** Crime e castigo – Grande Sertão: Veredas **ou** Grande sertão: veredas – Em Busca do Tempo Perdido **ou** Em busca do tempo perdido
Nas formas de tratamento e reverência, bem como em nomes sagrados e que designam crenças religiosas.	– Governador Mário Covas **ou** governador Mário Covas – Papa João Paulo II **ou** papa João Paulo II – Excelentíssimo Senhor Reitor **ou** excelentíssimo senhor reitor – Santa Maria **ou** santa Maria.
Nos nomes que designam domínios de saber, cursos e disciplinas.	– Português **ou** português – Línguas e Literaturas Modernas **ou** línguas e literaturas modernas – História do Brasil **ou** história do Brasil – Arquitetura **ou** arquitetura

16. NOTAÇÕES LÉXICAS[4]

Para representar os fonemas, muitas vezes há necessidade de recorrer a sinais gráficos denominados notações léxicas.

16.1. Emprego do Til

TIL (~)	EXEMPLOS
O til sobrepõe-se sobre as letras **a** e **o** para indicar vogal nasal.	irmão, põe
Pode aparecer em sílaba 1. Tônica 2. Pretônica 3. Átona	1. bal**ão**, coraç**ões**, maç**ã** 2. bal**õe**zinhos, **grã**-fino 3. órg**ão**, bênç**ãos** – Outros exemplos: Capitães, limão, mamão, bobão, chorão, devoções, põem, etc.
Se a sílaba onde figura o *til* **for átona, acentua-se graficamente a sílaba predominante:** Órfãos, acórdão	–

4. Só português. Disponível em <http://www.soportugues.com.br/secoes/fono/fono25.php>. Acesso em 28 fev. 2014.

16.2. Emprego do Apóstrofo

APÓSTROFO (') - PODE SER USADO	EXEMPLOS
Indicar a supressão de uma vogal nos versos, por exigências métricas. Ocorre principalmente entre poetas portugueses	- esp´rança (esperança) - minh'alma (minha alma) - 'stamos (estamos)
Reproduzir certas pronúncias populares	- *Olh'ele* aí...(Guimarães Rosa) - Não *s'enxerga*, enxerido! (Peregrino Jr.)
Indicar a supressão da vogal da preposição **de** em certas palavras compostas	- copo d´água - estrela d'alva - caixa d'água

17. ABREVIATURAS

Segundo a Enciclopédia Livre Wikipédia, ***abreviatura*** *ou* ***abreviação*** *expressão ou frase, usada em geral na escrita, onde frequentemente se utiliza com um ponto final para se indicar que se trata de uma forma incompleta. Adj. é a abreviatura de adjetivo; máx., de máximo; V. Ex.ª de Vossa Excelência; A/C e Ref. são abreviaturas de aos cuidados de e referência (fórmula usada em cartas comerciais). Eles criaram as abreviaturas no século XIX para poder se comunicar com facilidade.*

Desde o advento do manuscrito, a prática das abreviações (em sentido amplo) se vem incrementando. No passado, elas podiam ser consideradas mais ou menos estáveis e comuns (abreviaturas) ou mais ou menos episódicas (abreviações)

Em concursos, são pedidas como **redação oficial.**

17.1. Lista de Abreviaturas[5]

A

- a.C. = antes de Cristo
- A.C. = anno Christi, no ano de Cristo, na Era Cristã
- a/c, A/C = ao(s) cuidado(s) de
- adm.= administração
- Av. = avenida

B

- bel. = bacharel
- bibliogr. = bibliografia
- biogr. = biografia
- bras., brasil. = brasileiro
- btl. = batalhão

C

- ºC = grau centesimal, centígrado ou Celsius
- c/c = conta-corrente
- cap. = capital, capitão, capítulo
- caps. = capítulos
- Cel. = coronel
- C.G.S. = centímetro, grama, segundo
- Cia. = companhia
- cm = centímetro(s)
- com. = comandante, comendador, comércio, comum
- comp. = companhia (militarmente)
- cons., consel., conselh., consº = conselheiro
- const. = construção, constituição

5. Só português. Disponível em <http://www.soportugues.com.br/secoes/abrev/abrev2.php>. Acesso em 28 fev. 2014.

D

- D. = distrito
- D. = Digno, Dom, Dona
- d.C., D.C. = depois de Cristo
- DD. = Digníssimo, distritos
- dec. = decreto
- dep., deps. = departamento, departamentos
- Dep. = deputado
- doc., docs. = documento, documentos
- Dr. ou D.[r] = doutor
- Dra. ou D.[ra] = doutora
- Drs. ou D.[rs] = doutores
- Dras. ou D.[ras] = doutoras

E

- E.C. = Era Cristã
- eletrôn. = eletrônica
- E.M. = em mão(s)
- Em [a]. = Eminência
- Emb., emb. = Embaixador
- Esc. = escola
- Ex.[a] ou Exa. = Excelência
- Exmo ou Exmo. = Excelentíssimo

F

- fac. = faculdade
- fasc. = fascículo
- fem. = feminino, feminismo
- ff., fl., fol.; fs., fols. = folha; folhas
- fot. = fotografia, fotógrafo
- fr. = francês, frase, fruto
- Fr. = frei

G

- g = grama(s)
- G/P = ganhos e perdas
- gal., gen. = general
- gên. = gênero(s)
- geom. = geometria
- gír. = gíria
- G.M.T = Greenwich Meridian Time – hora do meridiano de Greenwich
- gram. = gramática

H

- h = hora(s)
- ha = hectare(s)
- hab. = habitante(s)
- hist. = história
- hl = hectolitro(s)

I

- ib. = ibidem (no mesmo lugar)
- id. = idem, o mesmo, do mesmo autor
- i.e. = id est, isto é
- Il.[ma] = Ilustríssima
- Il.[mo] = Ilustríssimo
- índ. = índice
- inform. = informação
- Ir. = Irmão, Irmã

J

- jur. = jurídico
- just. = justiça

K

- ºK = grau(s) Kelvin
- kg = quilograma(s)
- km = quilômetro(s)
- km^2 = quilômetro(s) quadrado(s)
- km/h = quilômetro(s) por hora
- kV = quilovolt(s)
- kVA = quilovolt(s)-ampère(s)
- kw, kW = quilowatts

L

- lb. = libra, libra-peso
- lat. = latitude, latim
- leg., legisl. = legislação
- Lt.da, Ltda. = limitada (comercialmente)
- lóg. = lógica

M

- m. = mês, meses
- m = metro(s)
- m^2 = metro(s) quadrado(s)
- m^3 = metro(s) cúbico(s)
- Maj., maj. = major
- Mal. = marechal
- mg = miligrama(s)
- memo., memor. = memorando
- m/ = meu(s), minhas(s)
- mil. = militar, milênio
- ml = mililitro

- Mlle = mademoiselle (senhorita)
- mm = milímetro(s)
- mm^2 = milímetro(s) quadrado(s)
- mm^3 = milímetro(s) cúbico(s)
- MM. = meritíssimo
- M., mun.; MM. = município; municípios
- mme. = madame (senhora)
- Mons. = monsenhor
- m/s = metro por segundo
- mV = milivolts

N

- n. = nome, número(s)
- N. = Norte
- N. da E. = nota da editora
- N. da R. = nota da redação/do redator
- N. do A. = nota do autor
- N. do E. = nota do editor
- N.E. – Nordeste
- Nº. = Noroeste
- N. S. = Nosso Senhor
- N.Srª. = Nossa Senhora
- num. = numeral
- núm., nº = número

O

- O = Oeste
- obs. = observação
- of. = ofício, oficial

P

- p/ = para
- p., pp. = página(s) (ABNT)
- pág., págs. = página(s)
- pal. = palavra(s)
- par. = parônimo, parte
- P.B. = peso bruto
- PC = personal computer, computador pessoal
- P.D. = pede deferimento
- Pe. = padre
- p. ex. = por exemplo
- P.L. = peso líquido
- port. = português
- p.p = próximo passado; por procuração
- proc. = processo, procuração, procurador
- Prof., prof. = professor
- Profa., profa, Prof.ª. = professora
- Profas., profas, Prof.^{as}. = professoras
- Profs., profs. = professores
- pron. = pronome, pronominal
- P.S. = post scriptum (depois de escrito, pós-escrito)

Q

- ql. = quilate(s)
- Q.G. = quartel-general

R

- R. = Rua
- ref. = referência, referente
- rel., relat. = relatório
- rem.te, Remte. = remetente
- res. = residência
- Rep. = República
- Revmo. ou Rev.^{mo} = reverendíssimo

S

- s. = segundo (horário)
- S. = São, Santo(a), Sul
- S.A., S/A = Sociedade Anônima
- S.A. = Sua Alteza; SS.AA. = Suas Altezas
- s.d., s/d = sem data, sine die (sem dia marcado)
- S.Em^{a}. = Sua Eminência
- S.Em^{as}. = Suas Eminências
- S.Exª. = Sua Excelência
- S.Ex^{as}. = Suas Excelências
- sarg. = sargento
- S.E. = Sudeste
- sem. semana(s), semelhante(s), semestre(s)
- sem., semin. = seminário
- soc. = sociedade (comercialmente)
- S.O. = Sudoeste
- S.O.S. = (do inglês *Save Our Souls*) sinal de socorro
- Sr. = senhor
- Sr^{a}. ou Sra.= senhora
- Sras. ou Srta = senhoras
- Srs. = senhores
- Sr.^{ta} = senhorita
- S.Rev^{ma}. = Sua Reverendíssima
- S.Rev^{mas}. = Suas Reverendíssimas

- S.S^{a}. = Sua Senhoria
- S.S^{as}. = Suas Senhorias
- sta. = santa
- sto. = santo
- S.W. = Sudoeste

T

- t = tonelada(s)
- tít. = título
- transp. = transporte
- trim. = trimestre(s)

U

- u.e. = uso externo
- un. = unidade, uniforme
- univ., univers.= universidade
- us. = usado(s), usa-se

V

- V. = verbo, você
- V, v = volt(s)
- V. = Vila
- V.A. = Vossa Alteza
- v.-alm. = vice-almirante
- V.Em^{a}. = Vossa Eminência
- V.Em^{as}. = Vossas Eminências
- V.Exª. = Vossa Excelência
- V.Ex^{as}. = Vossa Excelências
- V.M. = Vossa Majestade;
- VV.MM. Vossas Majestades
- V.Revm^{a}. = Vossa Reverendíssima
- V.Revm^{as}. = Vossas Reverendíssimas
- vol., vols. = volume, volumes
- vs. = versus(contra)
- V.S. = Vossa Santidade
- V.S^{a}. = Vossa Senhoria
- V.S^{as}. = Vossa Senhorias

W

- W = watt(s)
- W.C.= (water-closet) banheiro

X

- x = primeira incógnita (em Matemática)

Z

- z = terceira incógnita (em Matemática)
- zool. = zoologia
- zootec. = zootecnia

18. SIGLAS[6]

Sigla é o nome dado ao conjunto de letras iniciais dos vocábulos (normalmente os principais) que compõem o nome de uma organização, uma instituição, um programa, um tratado, entre outros.

Em concursos, são pedidas em **redação oficial**.

CRITÉRIOS	EXEMPLOS
Deve-se citar apenas siglas já existentes ou consagradas; a sigla e o nome que a originou são escritos de maneira precisa e completa, de acordo com a convenção ou designação oficial.	Empresa Brasileira de Correios e Telégrafos – **ECT** (e não EBCT)
Quando mencionadas pela primeira vez no texto, deve-se escrever primeiramente a forma por extenso, seguida da sigla entre parênteses, ou separada por hífen.	A Universidade Federal do Paraná (UFPR) é a universidade mais antiga do Brasil. A Universidade Federal do Paraná – **UFPR** é a universidade mais antiga do Brasil.
Não são colocados pontos intermediários e ponto final nas siglas.	Associação Paranaense de Reabilitação – **APR** (e não A.P.R.)
Siglas com até três letras são escritas com todas as letras maiúsculas.	**ONU** – Organização das Nações Unidas **IML** – Instituto Médico Legal

6. Só português. Disponível em <http://www.soportugues.com.br/secoes/abrev/abrev9.php>. Acesso em 28 fev. 2014, alterado.

CRITÉRIOS	EXEMPLOS
Siglas com quatro letras ou mais devem ser escritas com todas as letras maiúsculas quando cada uma de suas letras ou parte delas é pronunciada separadamente, ou somente com a inicial maiúscula, quando formam uma palavra pronunciável.	**BNDE** – Banco Nacional de Desenvolvimento Econômico **Masp** – Museu de Arte de São Paulo **Embrapa** – Empresa Brasileira de Pesquisa Agropecuária
Deve-se manter com maiúsculas e minúsculas as siglas que originalmente foram criadas com essa estrutura para se diferenciarem de outras, independentemente de seu tamanho.	**CNPq** – Conselho Nacional de Pesquisa (para diferenciá-lo de CNP – Conselho Nacional do Petróleo).
No caso de siglas de origem estrangeira, deve-se adotar a sigla e seu nome em português quando houver forma traduzida, ou adotar a forma original da sigla estrangeira quando esta não tiver correspondente em português, mesmo que o seu nome por extenso em português não corresponda perfeitamente à sigla.	**ONU** – Organização das Nações Unidas **FAO** – Organização das Nações Unidas para a Alimentação e Agricultura.
Deve-se adicionar a letra s (sempre minúscula) para indicar o plural das siglas somente quando a concordância gramatical assim o exigir.	O trabalho das **ONGs** vem repercutindo cada vez mais na sociedade.

18.1. Lista de Siglas

A	Adjetivo	**PB**	Paraíba
ABNT	Associação Brasileira de Normas Técnicas	**PDT**	Partido Democrático Trabalhista
AC	Acre	**PFL**	Partido da Frente Liberal
AL	Alagoas	**PGPF**	Projeto de Gramática do Português Falado
AM	Amazonas	**PI**	Piauí
AP	Amapá	**PMDB**	Partido do Movimento Democrático Brasileiro
B	Base	**PR**	Paraná
BA	Bahia	**PSDB**	Partido Social Democrático Brasileiro
CE	Ceará	**PT**	Partido dos Trabalhadores
DF	Distrito Federal	**RAE**	Regra de Análise Estrutural
ES	Espírito Santo	**RFP**	Regra de Formação de Palavras
FE	Formação Esporádica	**RJ**	Rio de Janeiro

FI	Formação Institucionalizada	**RN**	Rio Grande do Norte
GO	Goiás	**RR**	Regra de Redundância
GT	Gramática Tradicional	**RR**	Roraima
MA	Maranhão	**RS**	Rio Grande do Sul
MG	Minas Gerais	**S**	Substantivo
MS	Mato Grosso do Sul	**SC**	Santa Catarina
MT	Mato Grosso	**SE**	Sergipe
Nb	Nome base	**SP**	São Paulo
NURC	Norma Urbana Culta	**TV**	Televisão
P	Produto	**TO**	Tocantins
PA	Pará	**V**	Verbo
PE	Pernambuco		

19. SEMÂNTICA

Teoria completa na **PARTE V, capítulo 2, item 3.1**.

20. FIQUE DE OLHO

- Vocábulos do item 13;
- Significação das palavras dentro do contexto;

Quanto à semântica, é preciso saber: denotação, conotação, sinônimos, antônimos, homônimos, parônimos, polissemia, hipônimo, hiperônimo e ambiguidade – servirá também para as questões de reescrita de frases.

20.1. Questões comentadas 2024 e 2023

Texto CG1A1-I

Uma organização é um sistema complexo de comunicações com um objetivo funcional. Durante sua existência e atuação, a organização vai formando uma imagem perante seus diversos públicos em função de todo um conjunto de contatos realizados, e não somente pelas iniciativas planejadas de comunicação que ela toma para formar a imagem pretendida. Essa imagem, chamada imagem organizacional, pode ser descrita como uma compilação de opiniões e pontos de vista baseados em informações processadas de várias fontes, ao longo do tempo, que gera uma imagem mental dos atributos da organização.

Seguindo uma tendência já percebida na iniciativa privada, os órgãos públicos têm-se preocupado, cada vez mais, com sua imagem organizacional. A imagem organizacional pública tem valor estratégico na medida em que interfere diretamente no relacionamento da organização com diferentes atores, bem como na sua legitimação e credibilidade perante a sociedade. No entanto, apesar de sua relevância, ainda há poucos estudos sobre a imagem organizacional no contexto público, tanto nacional quanto internacionalmente.

Quando se trata da construção da imagem de uma organização, ressalta-se o papel dos veículos de imprensa. Esses veículos, ao publicarem uma notícia, atuam na associação e formação das crenças, das ideias, dos sentimentos e das impressões que uma pessoa ou um grupo tem ou passa a ter sobre aquela organização. Não obstante, a migração desses meios de comunicação para a Internet aumenta o volume de informações em circulação e eleva o seu poder de influência, uma vez que é possível acessar dados e informações de qualquer lugar e a qualquer momento, de modo a expandir a comunicação entre as pessoas e as organizações.

Carolina Coelho da Silveira, Carla Bonato Marcolin e Carlos Henrique Rodrigues. Como somos vistos? Análise da imagem organizacional pública utilizando ciência de dados. Internet: (com adaptações).

---

01. (Cebraspe - CGE RJ - Auditor do Estado - 2024) A expressão "apesar de" (terceiro período do segundo parágrafo) tem o mesmo sentido da preposição **malgrado**.

( ) certo ( ) errado

➢ Comentários:

Sinônimos da preposição "malgrado": *não obstante, apesar de.*

Todos os vocábulos possuem valor concessivo.

Resposta: Certo

Fragmento de texto para responder à questão.

(...) Nesse contexto, um dos grandes desafios **ético-jurídicos** do uso massivo de sistemas de inteligência artificial é a questão da responsabilidade civil advinda de danos decorrentes de robôs inteligentes, uma vez que os sistemas delituais tradicionais são baseados na culpa e essa centralidade da culpa na responsabilidade civil se encontra desafiada pela realidade de sistemas de inteligência artificial. (...)

B. L. da Anunciação Melo e H. Ribeiro Cardoso. Sistemas de inteligência artificial e responsabilidade civil: uma análise da proposta europeia acerca da atribuição de personalidade civil. In: Revista Brasileira de Direitos Fundamentais & Justiça, 16(1), 2020, p. 93-4 (com adaptações).

02. (CEBRASPE - MP SC - Promotor - 2023 - adaptada) O emprego do hífen em "ético-jurídicos" é facultativo, razão por que estaria igualmente correta a grafia **eticojurídicos**.

( ) certo ( ) errado

➢ Comentários:

O vocábulo "ético-jurídico" é um adjetivo composto e o emprego do hífen é obrigatório.

Observação: está qualificando o substantivo "desafios".

Regra: o adjetivo composto é constituído por dois elementos, separados pelo hífen.

Resposta: Errado

Fragmento de texto para responder à questão.

Justiça é justiça social. É atualização dos princípios condutores, emergindo nas lutas sociais, para levar à criação de uma sociedade em que cessem a exploração e a opressão do homem pelo homem. O direito não é mais, nem menos, do que a expressão daqueles princípios supremos, como modelo avançado de legítima organização social da liberdade. Mas até a injustiça como também o antidireito (isto é, a constituição de normas ilegítimas e sua imposição em sociedades mal organizadas) fazem parte do processo, pois nem a sociedade justa, nem a justiça corretamente vista, nem o direito mesmo, o legítimo, nascem de um berço metafísico ou são presente generoso dos deuses: eles brotam nas oposições, no conflito, no caminho penoso do progresso, com avanços e recuos. (...)

Roberto Lyra Filho. O que é direito. São Paulo: Brasiliense, 2003, p. 86 (com adaptações).

03. (CEBRASPE - MP SC - Promotor - 2023 - adaptada) No último período, a substituição de "antidireito" por **anti-direito** faria o texto ficar em desacordo com a ortografia oficial vigente no Brasil.

( ) certo ( ) errado

➢ Comentários:

Regra: Não se usa hífen se o prefixo termina em vogal e a palavra seguinte inicia por consoante diferente de H, R ou S.

Exemplos: autopeça, coprodução, geopolítica, microcomputador, seminovo.

Exceções: Prefixos que sempre levam hífen: pré-, pró-, sota-, soto-, vice-, vizo-.

Resposta: Certo

Fragmento de texto para responder à questão.

(...) Primeiramente, é imprescindível analisar tal sanção no que se refere aos animais silvestres, domésticos ou domesticados (da nossa fauna ou de outros países, mas que aqui se encontrem), sem a especificação de nenhuma espécie, nenhum epíteto. Ora, a pena é de detenção, de três meses a um ano, e multa. No entanto, com o parágrafo 1.º-A, há uma rotação inevitável de aumento de pena para tais condutas quando estas forem desferidas contra cães e gatos, e uma sanção de reclusão, de dois anos a cinco anos, multa e proibição da guarda. Certamente, trata-se de situação peculiar e que traz **implicâncias** de várias searas ao ordenamento jurídico.

Internet: <jus.com.br> (com adaptações).

---

04. (Cebraspe - PC AL - Delegado – 2023 - adaptada) O vocábulo "implicâncias" (último período) tem, no texto, o mesmo sentido de **implicações**.
( ) certo ( ) errado

➢ Comentários:

Nota da autora: Atente-se ao contexto, nunca pense na palavra isolada.

Implicância é sinônimo de "implicação". Os dois vocábulos, no contexto, significam *ação ou consequência de estar envolvido em algo; envolvimento, ligação.*

Resposta: Certo

Fragmento de texto para responder à questão.

Em uma de suas últimas entrevistas, o antropólogo Darcy Ribeiro (1922-1997) relatou que havia fugido do hospital onde se submetia a tratamento contra um câncer, para terminar o livro que considerava o coroamento de sua obra: O povo brasileiro, publicado em 1995. Na mesma entrevista, reconhecia ser um homem de "muitas peles": foi etnólogo indigenista, antropólogo, educador, gestor público, político militante e romancista. Entretanto, dizia ter fracassado em sua missão de tornar o Brasil aquilo que "poderia ser".

"Darcy Ribeiro é uma figura fascinante e um dos autores latino-americanos que projetaram mais futuros. Em alguns dos textos, ele parece comentar em voz alta as alternativas, utópicas e distópicas, para o Brasil e a América Latina", observa o sociólogo Fabrício Pereira da Silva. "Este é um momento excelente para reexaminar suas ideias, suas utopias e seus projetos." (...)

Diego Viana. Darcy Ribeiro: a chama da utopia. Revista Pesquisa FAPESP, 30/10/2022 (com adaptações).

---

05. (CEBRASPE - SME RE/PE - Professor - 2023) No primeiro período do segundo parágrafo, o verbo **projetar** tem o mesmo sentido de **planejar**.
( ) certo ( ) errado

➢ Comentários:

O verbo "projetar", quando transitivo direto, possui sentido de *idealizar e fazer um projeto ou uma planta de; planejar*[7].

No contexto: um dos autores latino-americanos que **planejaram** mais futuros.

Resposta: Certo

---

7. Dicionário Online de Português. Disponível em <www.dicio.com.br/projetar/>. Acesso em 26 de julho 2023.

Fragmento de texto para responder à questão.

Os mediadores de leitura são aquelas pessoas que estendem pontes entre os livros e os leitores, ou seja, que criam as condições para fazer com que seja possível que um livro e um leitor se encontrem. A experiência de encontrar os livros certos nos momentos certos da vida, esses livros que nos fascinam e que nos vão transformando em leitores paulatinamente, não tem uma rota única nem uma metodologia específica; por isso, os mediadores de leitura não são fáceis de definir. No entanto, basta lembrar como descobrimos, nos primeiros anos da vida, esses livros que deixaram rastros em nossa infância e, talvez, aparecerão nítidas algumas figuras que foram nossos mediadores de leitura: esses adultos íntimos que deram vida às páginas de um livro, essas vozes que liam para nós, essas mãos e esses rostos que nos apresentavam os mundos possíveis e as emoções dos livros. (...)

Internet: <www.ceale.fae.ufmg.br> (com adaptações).

---

06. (CEBRASPE - SME RE/PE - Professor – 2023 - adaptada) A palavra "rastros" (último período) é tomada em seu sentido denotativo.

( ) certo ( ) errado

➤ Comentários:

No sentido denotativo, "rastro" significa *vestígio; pegada ou sinal deixado ao caminhar*. É impossível os livros deixarem rastro nesse sentido.

No sentido conotativo, "rastro" significa *sinal; o que dá pistas do aparecimento de*. O sentido do texto é este: os livros deixaram sinais em nossa infância.

No contexto, o sentido é conotativo.

Resposta: Errado

Fragmento de texto para responder à questão.

(...) "A gente atrai as pessoas **mais** vulneráveis e que lá na frente vão enfrentar o desafio de educar crianças vulneráveis também", diz a diretora de políticas públicas do Instituto Península, que atua na área de formação de professores, Mariana Breim. "Se é este público que está procurando a docência, temos de abraçá-lo e fazê-lo se apaixonar por ela", completa. Os dados mostram que 71% dos estudantes de pedagogia e licenciatura no Brasil são mulheres, índice semelhante ao verificado em outros países latinos.

Internet: <noticias.uol.com.br > (com adaptações).

---

07. (CEBRASPE - SME RE/PE - Professor – 2023 - adaptada) De acordo com a ortografia oficial em vigor, seria correta a translineação da palavra **mais**, escrevendo-se **ma-** ao final de uma linha e **is** no início da linha seguinte.

( ) certo ( ) errado

➤ Comentários:

Nota da autora: Translineação é a mudança de linha, ou seja, ocorre quando uma palavra não cabe toda na mesma linha, temos de a dividir, ficando uma parte na mesma linha e outra na seguinte.

Regra geral: *As palavras são separadas de acordo com a sua divisão silábica.*

A palavra "mais" possui apenas uma sílaba porque possui apenas uma vogal e não pode ser translineada.

Resposta: Errado

20.2. Questões comentadas

20.2.1. Nível superior

Fragmento de texto para responder à questão.

(...) No governo constitucional, as leis positivas destinam-se a **erigir** fronteiras e a estabelecer canais de comunicação entre os homens, cuja comunidade é continuamente posta em perigo pelos novos homens que nela nascem. A estabilidade das leis corresponde ao constante movimento de todas as coisas humanas, um movimento que jamais pode cessar enquanto os homens nasçam e morram. (...)

Hannah Arendt. Origens do totalitarismo. Internet: <www.dhnet.org.br> (com adaptações)

---

01. (Cespe/Cebraspe - DPE RO - Analista/2022 - adaptada) O verbo "erigir" tem o mesmo sentido de

A manter.

B derrubar.

C alargar.

D construir.

E reduzir.

➢ Comentários:

Alternativa "a" – Não há relação com *proteger, sustentar, conservar.*

Alternativa "b" – Não há relação com *destruir, desmoronar, destituir.*

Alternativa "c" – Não há relação com *desapertar, afrouxar.*

Alternativa "d" – *Erigir* é sinônimo de *edificar,* construir, *erguer.*

Alternativa "e" – Não há relação com *limitar, restringir, diminuir.*

Resposta: D

Fragmento de texto para responder à questão.

(...) Esse movimento social de hiperconsumismo, de vida para o consumo, guiou a pessoa natural para o caminho da necessidade, da vontade e do gosto pelo consumo, bem como impulsionou o descarte de cada vez mais recursos naturais finitos. Isso tem transformado negativamente o planeta, ao trazer prejuízos não apenas para as futuras gerações, como também para as atuais, o que resulta em problemas sociais, crises humanitárias e degradação do meio ambiente ecologicamente equilibrado, além de afetar o desenvolvimento humano, ao se precificar o ser racional, dissolvendo-se toda solidez social e trazendo-se à tona uma sociedade líquido-moderna de hiperconsumidores vorazes e indiferentes às consequências de seus atos sobre o meio ambiente ecologicamente equilibrado e sobre as gerações atuais e futuras.

O consumismo é uma economia do **logro**, do excesso e do lixo, pois faz que o ser humano trabalhe duro para adquirir mais coisas, mas traz a sensação de insatisfação porque sempre há alguma coisa melhor, maior e mais rápida do que no presente. Ao mesmo tempo, as coisas que se possuem e se consomem enchem não apenas os armários, as garagens, as casas e as vidas, mas também as mentes das pessoas. (...)

---

02. (Cespe/Cebraspe – DPE-RS - 2022 - adaptada) No texto, a palavra "logro" (primeiro período do segundo parágrafo) foi empregada com o mesmo sentido de ganho, vantagem.

( ) certo ( ) errado

➢ Comentários:

Logro (substantivo masculino) significa "aquilo que se conseguiu ganhar; ganho ou lucro[8]", isto é, possui sentido de *vantagem*.

Resposta: Certo.

Fragmento de texto para responder à questão.

(...) Na concepção da política de redução de danos, tem-se como pressuposto o fator histórico-cultural do uso de psicotrópicos — uma vez que o uso dessas substâncias é parte indissociável da própria história da humanidade, a pretensão de um mundo livre de drogas não passa de uma **quimera**. Dentro dessa perspectiva, contemplam-se ações voltadas para as drogas lícitas e ilícitas, e suas intervenções não são de natureza estritamente públicas, delas participando, também, organizações não governamentais e necessariamente, com especial ênfase, o próprio cidadão que usa drogas.

Maurides de Melo Ribeiro. Drogas e redução de danos.
São Paulo: Editora Saraiva, 2013, p. 45-46 (com adaptações).

---

03. (Cebraspe – MJ SP – Técnico em pesquisa e análise de dados - 2022 - adaptada) A palavra "quimera", empregada no final do primeiro período, significa o mesmo que **tolice**, **bobeira**.

( ) certo ( ) errado

➢ Comentários:

"Quimera" significa *resultado da imaginação que tende a não se realizar.*

Sinônimos: *ilusão, ficção, fantasia.*

Resposta: Errado

---

8. Dicionário Online de Português. Disponível em <www.dicio.com.br/logro/>. 17 janeiro 2022, com adaptações.

20.2.2. Carreiras fiscais

Fragmento de texto para responder à questão.

(...) Haveria algum sentido em pensar que, de alguma forma, as previsões claramente formuladas na ficção de Kafka, em **O processo** principalmente, teriam contribuído para que de fato ocorressem? Seria possível que uma profecia articulada de maneira tão impiedosa tivesse outro destino que não a sua realização? As três irmãs de K. e sua Milena morreram em campos de concentração. O judeu da Europa Central que Kafka ironizou e celebrou foi extinto de maneira abominável. Em termos espirituais, existe a possibilidade de Franz Kafka ter sentido seus dons proféticos como uma visitação de culpa, de que a capacidade de antever o tivesse exposto demais às suas emoções. K. torna-se o cúmplice, perplexo, porém quase impaciente, do crime perpetrado contra ele. **Coexistem**, em todos os suicídios, a apologia e a aquiescência. Como diz o sacerdote, em triste zombaria (seria mesmo zombaria?): "A justiça nada quer de ti. Acolhe-te quando vens e te deixa ir quando partes". (...)

George Steiner. Um comentário sobre O processo de Kafka. In: Nenhuma paixão desperdiçada. Tradução de Maria Alice Máximo. Rio de Janeiro: Record, 2001 (com adaptações).

---

01. (Cespe/Cebraspe - DPE DF - Auditoria/2022) Conforme as regras oficiais de grafia, "Coexistem" poderia ser grafado alternativamente como **Co-existem**.

( ) certo ( ) errado

➢ Comentários:

Nota da autora: Questão de ortografia.

Usa-se hífen no prefixo "co-" somente quando seguido de "h" – co-herdeiro.

Exceção: **coabitar** – *a grafia é consagrada e há certa resistência a transformá la em "co-habitar", o que, de certa forma, tem apoio no próprio texto do Acordo, que, em sua Base II (referente ao uso do "h"), estabelece que o "h" inicial se suprime "quando, por via de composição, passa a interior e o elemento em que figura se aglutina ao precedente", arrolando como exemplos os seguintes termos: "biebdomadário", "desarmonia", "desumano", "exaurir", "inábil", "lobisomem", "reabilitar", "reaver"*[9].

Exemplos sem hífen: coautora, coeditor, coexistir, cooperativa, coprodução, copiloto, corréu, cogestor, cosseno.

Resposta: Errado

Fragmento de texto para responder à questão.

(...) Enquanto prestava minuciosa atenção ao movimento dos guindastes no porto, deixou o pensamento emaranhar-se livremente em sua própria trama. Formara, havia tempos, a ideia de que momentos de solidão eram **propícios** à reflexão. Sentado naquele banco, acabara por concluir que isso não se aplicava a si

9. UOL. Disponível em <www3.uol.com.br/qualidadeconteudo/portugues/prefixo-co--justapoe-se-a-todos-os-termos-exceto-os-iniciados-por-h.jhtm>. Acesso em 1 abril 2022, com adaptações.

próprio. A forma mais comum como transcorria sua vida mental era a de um fluxo semienlouquecido de imagens acompanhado de diálogos inteiramente fantásticos. Não se julgava capaz de uma reflexão puramente racional, o que, para um policial, era no mínimo embaraçoso.

Luiz Alfredo Garcia-Roza. O silêncio da chuva. Companhia das Letras, 2005 (com adaptações).

---

02. (Cespe/Cebraspe - DPE DF - Auditoria/2022 - adaptada) O termo "propícios" é sinônimo de **favoráveis.**

( ) certo ( ) errado

➢ Comentários:

Nota da autora: Questão de semântica.

São sinônimos de "propício": *auspicioso, favorável, protetor, adequado, apropriado, benéfico, oportuno, encorajador, próspero.*

Resposta: Certo

Parte II
MORFOLOGIA

Capítulo 1

PRONOME

Para acesso ao vídeo, utilize o QR Code ao lado.

1. INTRODUÇÃO

A partir desta classe gramatical, tudo é importante para qualquer concurso. Os pronomes mais pedidos em provas de CESPE/CEBRASPE são: pessoais, demonstrativos e relativos.

2. DEFINIÇÃO

Pronome é a palavra usada no lugar do nome. Pode referir-se ao nome ou simplesmente o acompanhar, dando-lhe uma qualidade.

3. PRONOME ADJETIVO E SUBSTANTIVO

Pronome adjetivo: acompanha o substantivo.

Pronome substantivo: substitui o nome (substantivo).

Exemplos:

- **Nós** viajaremos em **seu** carro.
- **Nós**: pronome substantivo.
- **Seu**: pronome adjetivo.

Os pronomes adjetivos podem se referir a um substantivo claro ou oculto:

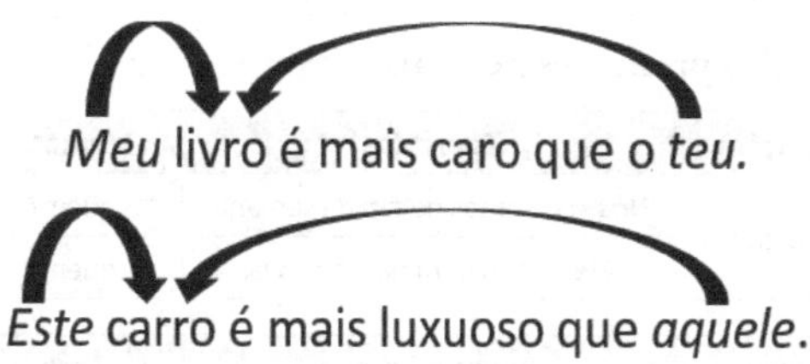

4. CLASSIFICAÇÃO DOS PRONOMES

4.1. Pronome Pessoal

Substitui os substantivos, indicando diretamente as pessoas do discurso. O emissor (quem fala ou escreve) assume os pronomes **eu** ou **nós**, usam-se os pronomes **tu, vós, você** ou **vocês** para designar o receptor (a quem se dirige) e **ele, ela, eles** ou **elas** para designar o referente (pessoa ou pessoas de quem fala).

RETOS	OBLÍQUOS	
	Átonos	**Tônicos**
EU	me	mim, comigo
TU	te	ti, contigo
ELE	o, a, lhe, se	si, consigo, ele, ela
NÓS	nos	conosco, nós
VÓS	vos	convosco, vós
ELES	os, as, lhes, se	si, consigo, eles, elas

PESSOAS DO DISCURSO		
Emissor	quem fala	eu, nós
Receptor	com quem se fala	tu, vós
Referente	de quem se fala	ele, ela, eles, elas

4.1.1. Em concursos

Cuidado com o emprego dos pronomes nas frases a seguir:

Ana, preciso falar **com você.**

Estás calado demais hoje, quero falar **contigo** depois.

No primeiro caso, usa-se **com você**, já que não há referência da 2ª pessoa. No segundo caso, há referência do sujeito tu, usa-se **contigo**.

4.1.2. Emprego dos pronomes pessoais

Pronomes	Funções	Exemplos	Perguntas	Respostas
Retos	sujeito	**Nós** viajaremos no fim de semana.	quem?	Nós
		Eles estudaram para a prova.	quem?	Eles

Pronomes	Funções	Quando é usado	Dica	São eles
Oblíquos	Objeto Direto	vem após um verbo transitivo direto, ou seja, não pede preposição.	**sem** preposição	o, a, os, as
	Objeto Indireto	vem após verbo transitivo indireto, ou seja, pede preposição.	**com** preposição	lhe, lhes

Objeto Direto:

Eles	compraram	alguns livros.	*compra algo*
	V.T.D.	O.D.	

Objeto Indireto:

Todos	necessitam	de felicidade.	*necessita de algo*
	V.T.I.	O.I.	

Entregaram	o prêmio	ao vencedor.	*entregaram algo a alguém*
V.T.D.I	O.D	O.I.	

Sendo assim, teremos:

- **O.D: o(s), a(s)**
- **O.I: lhe(s)**

Convidei	-o	para jantar.	convida alguém
V.T.D	O.D.		

O filho	obedece	-lhe.	*obedece a alguém*
	V.T.I.	O.I.	

Verbos terminados em					
	r, s, z	+ o, a	= lo, la	Quis + o Fiz + a Amar + o	= qui-lo = fi-la = amá-lo
	m, ão, õe	+ o, a	= no, na	fizeram + o põe + a dão + o	= fizeram-no = põe- na = dão-no

Em provas recentes - **PRONOME OBLÍQUO COM FUNÇÃO DE SUJEITO**[1]

Os pronomes oblíquos átonos podem funcionar como sujeito. São eles: me/nos; te/vos; se; o (e flexões).

Exemplos:

Deixaram-**me** esperar por duas horas.

O verbo *esperar* é objeto direto de *deixaram*, e **me** é sujeito de *esperar*.

É o mesmo que: Deixaram que eu esperasse por duas horas.

Viram-**nos** ficar revoltados com a situação.

Ficar é objeto direto de *viram*; **nos**, sujeito de *ficar*.

Fizeram-**te** chorar?

Chorar é objeto direto de *fizeram*; te, sujeito de *chorar*.

Viram-**vos** enganar o povo.

1. Cap Cursos. Disponível em <http://www.capcursos.com.br/boletim-211-pronome-obliquo-como-sujeito/boletim-211-pronome-obliquo-como-sujeito/>. Acesso em 10 out. 2014, alterado.

> *Enganar* é objeto direto de *viram*; **os**, sujeito de *enganar*.
> Deixe-**a** ficar no baile de formatura.
> *Ficar* é objeto direto de *deixe*; **a**, sujeito de ficar.
> O menino estava rebelde. O pai fê-lo ir para cama.
> *Ir* é objeto direto de *fez*; **o** é sujeito de *ir*.
> Mandaram-**nos** sair.
> Nesse caso, *nos* pode referir-se a **nós** ou **a eles**: Mandaram que nós saíssemos ou: Mandaram que eles saíssem.
> Fonte: CAP Cursos.

Uso de MIM e EU

Usa-se EU apenas quando o pronome possuir função de SUJEITO.

Para que isso aconteça, é necessário haver um verbo posposto ao pronome:

Este exercício é para MIM.

Este exercício é para EU resolver.

(quem irá resolver? Eu ***é*** o sujeito do verbo posposto).

Não houve intrigas entre MIM e TI (você, ele, ela).

É difícil para mim acreditar no Brasil.

Temos aqui um caso típico de inversão e uma grande "pegadinha" de concurso.

Oração iniciada por VERBO SER (ou qualquer verbo de ligação) + _______ + PARA = MIM.

SE, SI, CONSIGO: usamos em voz reflexiva, ou seja, quando o sujeito praticar e sofrer a ação. Exemplos:

Ele feriu-se com a faca.

O aluno trouxe o livro consigo.

Pense em "ele mesmo", "ele próprio"

4.2. Pronomes de Tratamento

Chamados também de segunda pessoa indireta. Os pronomes de tratamento fazem parte da divisão dos pronomes pessoais por fazerem referência a pessoas que são consideradas como autoridades. Em concurso, são pedidos também em correspondência oficial e em provas de 2016 passaram a exigir o vocativo. As tabelas a seguir estão disponíveis no site da Casa Civil.[2]

EMPREGO DOS PRONOMES DE TRATAMENTO - PODER EXECUTIVO

Destinatário	Tratamento	Abrev.	Vocativo	Envelope
Presidente da República	Vossa Excelência	Não se usa	Excelentíssimo Senhor Presidente da República,	Excelentíssimo Senhor Fulano de Tal Presidente da República Endereço

2. Casa Civil. Disponível em <http://www.casacivil.pr.gov.br/ >. Acesso em 10 out. 2016.

Destinatário	Tratamento	Abrev.	Vocativo	Envelope
Vice-Presidente da República	Vossa Excelência	V.Exa.	Senhor Vice-Presidente,	Excelentíssimo Senhor Fulano de Tal Vice-Presidente da República
Ministros de Estado	Vossa Excelência	V.Exa.	Senhor Ministro,	Excelentíssimo Senhor Fulano de Tal Ministro...
Secretário-Geral da Presidência da República	Vossa Excelência	V.Exa.	Senhor Secretário,	Excelentíssimo Senhor Fulano de Tal Secretário-Geral da Presidência
Consultor-Geral da República	Vossa Excelência	V.Exa.	Senhor Consultor,	Excelentíssimo Senhor Fulano de Tal Consultor-Geral da República
Chefe do Estado-Maior das Três Armas	Vossa Excelência	V.Exa.	Senhor Chefe,	Excelentíssimo Senhor Fulano de Tal Chefe do Estado-Maior das Três Armas
Oficiais-Generais das Forças Armadas	Vossa Excelência	V.Exa.	Senhor + Cargo respectivo,	Excelentíssimo Senhor Fulano de Tal Oficial-General das Forças Armadas
Chefe do Gabinete Militar da Presidência da República	Vossa Excelência	V.Exa.	Senhor Chefe,	Excelentíssimo Senhor Fulano de Tal Chefe do Gabinete Militar da Presidência da República
Chefe do Gabinete Pessoal do Presidência da República	Vossa Excelência	V.Exa.	Senhor Chefe,	Excelentíssimo Senhor Fulano de Tal Chefe do Gabinete Pessoal do Presidência da República
Secretários da Presidência da República	Vossa Excelência	V.Exa.	Senhor Secretário	Excelentíssimo Senhor Fulano de Tal Secretário da Presidência da República
Secretário Executivo e Secretário Nacional de Ministérios	Vossa Excelência	V.Exa.	Senhor Secretário	Excelentíssimo Senhor Fulano de Tal Secretário Executivo ou Secretário Nacional de Ministérios
Procurador-Geral da República	Vossa Excelência	V.Exa.	Senhor Procurador,	Excelentíssimo Senhor Fulano de Tal Procurador-Geral da República
Governador de Estado	Vossa Excelência	V.Exa.	Senhor Governador,	Excelentíssimo Senhor Fulano de Tal Governador do Estado
Vice-Governador de Estado	Vossa Excelência	V.Exa.	Senhor Vice-Governador,	Excelentíssimo Senhor Fulano de Tal Vice-Governador do...
Secretário de Estado dos Governos Estaduais	Vossa Excelência	V.Exa.	Senhor Secretário,	Excelentíssimo Senhor Fulano de Tal Secretário de Estado de
Prefeitos Municipais	Vossa Excelência	V.Exa.	Senhor Prefeito,	Excelentíssimo Senhor Fulano de Tal Prefeito do Município

Destinatário	Tratamento	Abrev.	Vocativo	Envelope
Embaixador	Vossa Excelência	V.Exa.	Senhor Embaixador,	Excelentíssimo Senhor Fulano de Tal Embaixador do...

EMPREGO DOS PRONOMES DE TRATAMENTO - PODER LEGISLATIVO

Destinatário	Tratamento	Abrev.	Vocativo	Envelope
Presidente do Congresso Nacional	Vossa Excelência	Não se usa	Excelentíssimo Senhor Presidente do Congresso Nacional,	Excelentíssimo Senhor Fulano de Tal Presidente do Congresso Nacional
Presidente da Câmara	Vossa Excelência	V.Exa.	Senhor Presidente,	Excelentíssimo Senhor Fulano de Tal Presidente da Câmara
Vice-Presidente da Câmara	Vossa Excelência	V.Exa.	Senhor Vice-Presidente,	Excelentíssimo Senhor Fulano de Tal Vice-Presidente da Câmara
Membros da Câmara dos Deputados	Vossa Excelência	V.Exa.	Senhor Deputado,	Excelentíssimo Senhor Fulano de Tal Deputado
Membros do Senado Federal	Vossa Excelência	V.Exa.	Senhor Senador,	Excelentíssimo Senhor Senador Fulano de Tal Senado Federal endereço
Presidente e Membros do Tribunal de Contas da União e dos Tribunais de Contas Estaduais	Vossa Excelência	V.Exa.	Senhor + cargo respectivo,	Excelentíssimo Senhor Fulano de Tal cargo respectivo,
Presidente e Membros das Assembleias Legislativas Estaduais	Vossa Excelência	V.Exa.	Senhor + cargo respectivo,	Excelentíssimo Senhor Fulano de Tal cargo respectivo,
Presidentes das Câmaras Municipais	Vossa Excelência	V.Exa.	Senhor + cargo respectivo,	Excelentíssimo Senhor Fulano de Tal cargo respectivo,

EMPREGO DOS PRONOMES DE TRATAMENTO - PODER JUDICIÁRIO

Destinatário	Tratamento	Abrev.	Vocativo	Envelope
Presidente do Supremo Tribunal Federal	Vossa Excelência	Não se usa	Excelentíssimo Senhor Presidente do Supremo Tribunal Federal	Excelentíssimo Senhor Fulano de Tal Presidente Supremo Tribunal Federal
Membros do Supremo Tribunal Federal	Vossa Excelência	V.Exa.	Senhor + cargo respectivo,	Excelentíssimo Senhor Fulano de Tal Cargo respectivo
Presidente e Membros do Superior Tribunal de Justiça	Vossa Excelência	V.Exa.	Senhor + cargo respectivo,	Excelentíssimo Senhor Fulano de Tal Cargo respectivo

Destinatário	Tratamento	Abrev.	Vocativo	Envelope
Presidente e Membros do Tribunal Superior Militar	Vossa Excelência	V.Exa.	Senhor + cargo respectivo,	Excelentíssimo Senhor Fulano de Tal Cargo respectivo
Presidente e Membros do Tribunal Superior Eleitoral	Vossa Excelência	V.Exa.	Senhor + Cargo respectivo,	Excelentíssimo Senhor Fulano de Tal Cargo respectivo
Presidente e Membros do Tribunal Superior do Trabalho	Vossa Excelência	V.Exa.	Senhor + Cargo respectivo,	Excelentíssimo Senhor Fulano de Tal Cargo respectivo
Presidente e Membros dos Tribunais de Justiça	Vossa Excelência	V.Exa.	Senhor + Cargo respectivo,	Excelentíssimo Senhor Fulano de Tal Cargo respectivo
Presidente e Membros do Tribunais Regionais Federais	Vossa Excelência	V.Exa.	Senhor + Cargo respectivo,	Excelentíssimo Senhor Fulano de Tal Cargo respectivo
Presidente e Membros dos Tribunais Regionais Eleitorais	Vossa Excelência	V.Exa.	Senhor + Cargo respectivo,	Excelentíssimo Senhor Fulano de Tal Cargo respectivo
Presidentes e Membros dos Tribunais Regionais do Trabalho	Vossa Excelência	V.Exa.	Senhor + Cargo respectivo,	Excelentíssimo Senhor Fulano de Tal Cargo respectivo
Juízes	Vossa Excelência	V.Exa.	Senhor Juiz,	Excelentíssimo Senhor Fulano de Tal Cargo respectivo
Desembargadores	Vossa Excelência	V.Exa.	Senhor Desembargador,	Excelentíssimo Senhor Fulano de Tal Cargo respectivo
Auditores da Justiça Militar	Vossa Excelência	V.Exa.	Senhor + cargo respectivo,	Excelentíssimo Senhor Fulano de Tal Cargo respectivo

EMPREGO DOS PRONOMES DE TRATAMENTO - OUTROS CASOS

Destinatário	Tratamento	Abrev.	Vocativo	Envelope
Reitor de Universidade	Vossa Magnificência	Não se usa	Magnífico Reitor,	A vossa Magnificência o Senhor Fulano de Tal Reitor da Universidade
Presidentes e diretores de empresas	Vossa Senhoria	V.Sa.	Senhor Fulano de Tal ou Senhor + cargo respectivo,	Ao Senhor Fulano de Tal Cargo Respectivo
Cônsul	Vossa Senhoria	V.Sa.	Senhor Cônsul,	Ao Senhor Fulano de Tal Cônsul da Embaixada Local
Outras autoridades	Vossa Senhoria	V.Sa.	Senhor + cargo respectivo,	Ao Senhor Fulano de Tal Cargo respectivo Endereço

EMPREGO DOS PRONOMES DE TRATAMENTO - HIERARQUIA ECLESIÁSTICA

Destinatário	Tratamento	Abrev.	Vocativo	Envelope
Papa	Vossa Santidade	Não existe	Santíssimo Padre,	Santíssimo Padre Fulano de Tal Endereço
Cardeais	Vossa Eminência ou Vossa Eminência Reverendíssima	Não existe	Eminentíssimo Senhor Cardeal, ou Eminentíssimo e Reverendíssimo Senhor Cardeal,	Senhor Cardeal Fulano de Tal Endereço
Arcebispos e Bispos	Vossa Excelência Reverendíssima	Não existe	Excelentíssimo e Reverendíssimo Senhor Arcebispo (ou Bispo),	Senhor Arcebispo (ou Bispo) Fulano de Tal Endereço
Monsenhores, Cônegos e superiores religiosos	Vossa Reverendíssima ou Vossa Senhoria Reverendíssima	Não existe	Reverendíssimo Monsenhor (ou Cônegos, etc.), ou Reverendíssimo Senhor Cônego,	Senhor Monsenhor (ou Cônego, etc.) Fulano de Tal Endereço
Sacerdotes, Clérigos e demais religiosos	Vossa Reverência	Não existe	Reverendo Sacerdote (ou Clérigo, etc.),	Senhor Sacerdote (ou Clérigo, etc.) Fulano de Tal Endereço

4.2.1. Em concursos[3]

O senhor, a senhora e você, vocês são pronomes de tratamento. "O senhor" e **"a senhora"** são empregados no tratamento cerimonioso; **"você"** e **"vocês"**, no tratamento familiar. **Você** e **vocês** são empregados no português do Brasil; em algumas regiões, a forma **tu** é de uso frequente, em outras, é muito pouco empregada. Já a forma **vós** tem uso restrito à linguagem litúrgica, ultraformal ou literária.

Vossa Excelência e **Sua Excelência:** os pronomes de tratamento que possuem "Vossa (s)" são empregados em relação à pessoa **a quem** nos dirigimos.

3ª pessoa: a concordância deve ser feita com a 3ª pessoa. Assim, os verbos, os pronomes possessivos e os pronomes oblíquos empregados em relação a eles devem ficar na 3ª pessoa.

Uniformidade de Tratamento: quando escrevemos ou nos dirigimos a alguém, não é permitido mudar, ao longo do texto, a pessoa do tratamento escolhida inicialmente. Se usa a terceira pessoa (você), não pode usar oblíquos **te, ti, contigo**, nem os possessivos **teu, tua**, por exemplo.

4.3. Pronome Possessivo

Indica posse das pessoas do discurso.

3. Só português. Disponível em <http://www.soportugues.com.br/secoes/morf/morf46.php>. Acesso em 2 abril 2014, alterado.

Pessoa	Número	Pronome
Primeira	singular	meu(s), minha(s)
	plural	nosso(s), nossa(s)
Segunda	singular	teu(s), tua(s)
	plural	vosso(a), vossos(as)
Terceira	singular	seu(s), sua(s)
	plural	seu(s), sua(s)

4.3.1. Morfossintaxe do pronome possessivo

O pronome possessivo, quando adjetivo, ou seja, acompanhado por substantivo, exerce função de adjunto adnominal.

Entregou **seu** gabarito ao fiscal.

- Morfologia: pronome adjetivo (acompanha o substantivo **gabarito**).
- Sintaxe: adjunto adnominal do objeto direto **seu gabarito**.

Pode possuir função sintática de: núcleo do sujeito, do complemento verbal, do predicativo, etc. Normalmente ocorre em estruturas paralelísticas – o substantivo representado já foi mencionado anteriormente, acompanhado por um pronome possessivo adjetivo.

Este é o **meu** concurso. O **seu**, o edital nem foi publicado.

4.3.2. Em concursos[4]

Pronomes possessivos e demonstrativos que possuem outros valores	Afetividade	Não faça assim, **minha** criança.
	Proximidade	Ele tem **seus** quarenta anos.
	Hábito	Vai começar com **sua** tosse?
	Desprezo	Ela está namorando **aquilo**?
	Surpresa	Esta é **aquela**?
	Intensidade	Aonde você vai com **essa** pose?
Não é pronome possessivo quando possui sentido de Senhor	Obrigada, **Seu** Jorge. = Obrigada, Senhor Jorge.	
Em frases com pronome de tratamento, o pronome possessivo concorda com a terceira pessoa.	Vossa Excelência leu todo o **seu** livro?	
Pronomes pessoais oblíquos podem assumir valor de posse.	Ajeitou-**lhe** a coberta. = Ajeitou **sua** coberta.	

4.4. Pronome Demonstrativo

O pronome demonstrativo é utilizado em três situações. Pode se referir a espaço, ideias ou elementos. São eles:

4. Só português. Disponível em <http://www.soportugues.com.br/secoes/morf/morf47.php>. Acesso em 2 abril 2014, alterado.

Pessoa	Variáveis	Invariáveis
primeira	este, esta, estes, estas	isto
segunda	esse, essa, esses, essas	isso
terceira	aquele, aquela, aqueles, aquelas	aquilo

4.4.1. Emprego do pronome demonstrativo

Para demonstrar no espaço		
pronome	**usado para**	**dica**
Este(s), esta(s), isto	o que está próximo a mim	AQUI
Esse(s), essa(s), isso	o que está próximo a você	AÍ
Aquele(s), aquela(s), aquilo	o que está distante	LÁ

Exemplos:

Este livro em minhas mãos foi escrito por **aquele** autor sentado na sexta fileira.

Essa aliança é de qual casamento seu?

Para retomar elementos (pessoas ou coisas)	
pronome	**usado para**
Este(s), esta(s)	retomar o elemento mais próximo do pronome
Aquele(s), aquela(s)	retomar o elemento mais distante do pronome

Exemplo:

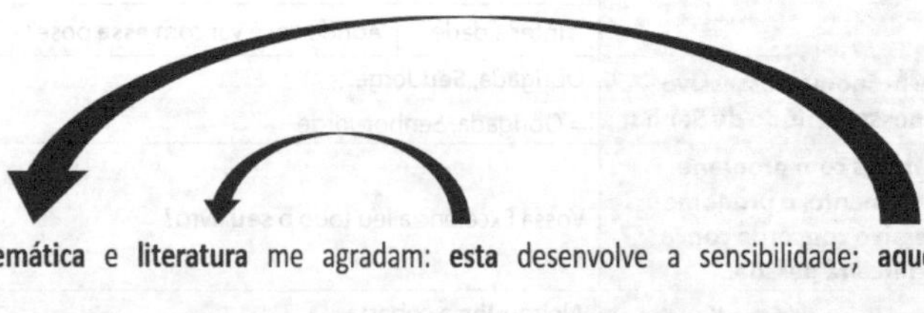

Matemática e **literatura** me agradam: **esta** desenvolve a sensibilidade; **aquela**, o raciocínio.

Percebam que, se caso a ordem for alterada, os pronomes, obrigatoriamente, serão alterados também. Dependerá sempre do contexto. Exemplo:

Literatura e **matemática** me agradam: **aquela** desenvolve a sensibilidade; **esta**, o raciocínio.

Para ideias		
pronome	**usado para**	**dica**
Esse (a), isso	para retomar ideia	anáfora
Este (a), isto	para citar ideia	catáfora

Pronome anafórico: retoma ideia do período anterior ou do parágrafo anterior.

Pronome catafórico: cita ideia. Associe o **c** no início dos dois vocábulos.

Exemplos:

Espero sinceramente **isto**: que se procedam as reformas.

Que as reformas sejam efetuadas logo; é **isso** que desejo.

Em relação ao tempo	
Pronome	**Tempo**
Este(s), esta(s) e isto	indicam o tempo presente em relação à pessoa que fala.
Esse(s), essa(s) e isso	indicam o tempo passado próximo ao momento da fala.
Aquele(s), aquela(s) e aquilo	indicam um afastamento no tempo, tempo remoto.

4.5. Pronome Relativo

Representa nomes já mencionados anteriormente e com os quais se relaciona. Inicia as orações subordinadas adjetivas. São eles:

Variáveis	Invariáveis
o qual, a qual, os quais, as quais	que
cujo, cuja, cujos, cujas	quem
quanto, quanta, quantos, quantas	onde

Observações importantes:

- Os vocábulos **como** e **quanto**, quando retomam termos anteriormente mencionados, possuem função de pronome relativo.
- Para evitar erros, ao aparecer a palavra **que**, tente substituí-la por **o qual, a qual, os quais, as quais**.

4.5.1. Emprego do pronome relativo

Um dos tópicos mais pedidos em concursos por fazer, também, de regência. Muitas teorias não valem a pena ser mencionadas porque as instituições pedem o emprego da mesma forma.

Atenção, em primeiro lugar, ao quadro-resumo a seguir.

Quem	Cujo	Onde
usado apenas para pessoas.	concorda com o termo posterior e indica posse da anterior e não admite artigo, apenas preposição.	usado para retomar lugar e pode ser substituído por **em que, na qual, no qual, nas quais, nos quais**.

Siga o passo a passo:

1) Encontre o pronome relativo;
2) Veja a qual termo o pronome relativo se refere;
3) Construa outra oração com os termos posteriores ao pronome relativo e encaixe o vocábulo que o relativo retoma.

Sempre mantenha a informação, atente-se aos exemplos a seguir.

- **Não conheço o lugar onde você mora.**

1) Onde	2) Retoma **lugar**	3) Você mora **no** lugar

*Quem mora, mora **em** algum lugar.*

A preposição **em *é pedida.***

Assim, teremos:

Não conheço o lugar **em que** você mora.

Não conheço o lugar **no qual** você mora.

- **Conheço a garota de quem você falou.**

1) Quem	2) Retoma **garota**	3) Você falou **da** garota

Quem fala, fala **de** alguém.

A preposição **de *é pedida.***

Assim, teremos:

Conheço a garota **da qual** você falou.

Conheço a garota **de que** você falou.

- **Este é o autor a cuja obra me referi.**

1) Cuja	2) Refere-se a **autor**	3) Eu me referi à obra do autor (posse do anterior)

Quem se refere, refere-se **a** algo.

A preposição **a** foi pedida.

Atenção: não existem as formas cujo o, cuja a e o cuja, mas a cujo(a) existe = preposição e não artigo.

- **Estas são as pessoas com cujas ideias concordo.**

1) Cujas	2) Refere-se a **ideias**	3) Eu concordo **com** as ideias do autor

Quem concorda, concorda **com** algo.

A preposição **com** foi pedida.

4.6. Pronome Indefinido

Designa o referente – isto é, a terceira pessoa do discurso – e possui sentido vago.

Classificam-se em:

Pronomes Indefinidos Substantivos: assumem o lugar do ser ou da quantidade aproximada de seres na frase. São eles: **algo, alguém, fulano, sicrano, beltrano, nada, ninguém, outrem, quem, tudo.**

Pronomes Indefinidos Adjetivos: qualificam um ser expresso na frase, conferindo-lhe a noção de quantidade aproximada. São eles: **cada, certo(s), certa(s).**

Variáveis				Invariáveis
Singular		Plural		
Masculino	Feminino	Masculino	Feminino	
algum	alguma	alguns	algumas	alguém
nenhum	nenhuma	nenhuns	nenhumas	ninguém
todo	toda	todos	todas	outrem
muito	muita	muitos	muitas	tudo
pouco	pouca	poucos	poucas	nada
vário	vária	vários	várias	algo
tanto	tanta	tantos	tantas	cada
outro	outra	outros	outras	
quanto	quanta	quantos	quantas	
qualquer		quaisquer		

Locuções pronominais indefinidas: cada qual, cada um, qualquer um, quantos quer (que), quem quer (que), seja quem for, seja qual for, todo aquele (que), tal qual (= certo), tal e qual, tal ou qual, um ou outro, uma ou outra, etc.

4.6.1. Em concursos[5]

Sentido negativo	nenhum, ninguém, nada
Sentido afirmativo	algum, alguém, algo
Totalidade negativa	nenhum, nada
Totalidade afirmativa	todo, tudo
Particulariza	certo
Generaliza	qualquer
Pessoa	alguém, ninguém
Coisa	algo, nada

4.7. Pronome Interrogativo

Os pronomes **que, quem, qual e quanto**, na teoria indefinidos, são classificados particularmente como interrogativos porque são empregados para formular interrogações diretas ou indiretas:

Que *foi isso?*

Quero saber que foi isso.

Quem é esse rapaz?

Quero saber quem é esse rapaz.

Qual o melhor itinerário?

Quero saber qual é o melhor itinerário.

Quanto custa?

Quero saber quanto custa.

5. COLOCAÇÃO PRONOMINAL

Os pronomes oblíquos átonos (**o, a, os, as, lhe, lhes, me, te, se, nos, vos**) podem ocupar três posições diferentes em relação ao verbo: **próclise, mesóclise e ênclise.**

Dica: a fonética (a sonoridade) ajuda a resolver as questões. Pronuncie e perceba se a dicção está perfeita. Em casos de colocação errada, a fala soa mal.

---

5. Só português. Disponível em <http://www.soportugues.com.br/secoes/morf/morf50.php>. Acesso em 2 abril 2014.

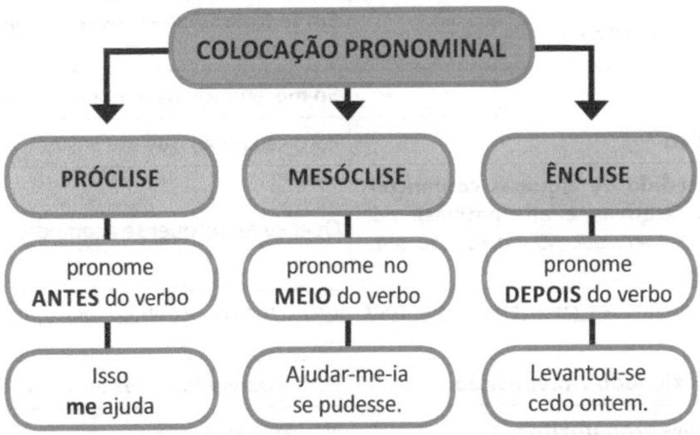

Fonte: *Língua Portuguesa – Facebook*

5.1. Próclise

O pronome oblíquo surge **antes do verbo**, isto é, **proclítico**.

Ocorre em orações nas quais antes do verbo haja:

Palavra ou expressão de **valor negativo**.	**Nunca me** revelaram os motivos. **Não me** conte seus problemas.
Advérbios e pronomes indefinidos, sem que haja pontuação.	**Tudo se** acaba um dia. **Assim se** resolveram as questões. Havendo pontuação, ocorrerá ênclise: Assim, **resolvem-se** os problemas.
Pronomes e advérbios interrogativos.	**Quem te** chamou aqui? **Por que a** avisaram apenas agora?
Orações exclamativas e optativas (indicam desejo).	**Deus te** abençoe. **Como a** admiro!
Na presença de conjunções e locuções subordinativas (embora, se, conforme, apesar de, para que etc.).	**É necessário que se** faça a reforma. Comprei o livro **que me** será útil.

Gerúndio + em (preposição)	**Em se tratando** de provas, é melhor fazer muitos exercícios.
Advérbio só	**Só me** lembrou disso hoje. = só: somente
Pronome relativo	Foi o seu irmão **que me** ensinou a matéria.
Em verbo precedido de algumas conjunções coordenativas (aditivas e alternativas): *não só... mas também, quer... quer, já... já, ou... ou, ora... ora*	Quer **se** retire, quer **se** acomode.
Atenção! As conjunções coordenativas *e, mas, porém, todavia, contudo, portanto,* **não** atraem o pronome.	
Em **infinitivo flexionado + preposição**	Foram obrigados a **nos** levarem até o local.
Nas formas verbais **proparoxítonas**	Nós **o** censurávamos.

5.2. Mesóclise

O pronome oblíquo surge **no meio do verbo**, ou seja, **mesoclítico**. É empregada, exclusivamente na linguagem culta ou literária.

Ocorrências:

Verbo no futuro do presente ou futuro do pretérito do indicativo.	**Convidar-me-ão** para a festa. **Convidar-te-ia** para a reunião.
NÃO OCORRERÁ se houver justificativa para próclise, como estudamos no tópico anterior:	**Amanhã o** convidarão para a festa. **Todos te** convidariam para a reunião.

5.3. Ênclise

O pronome oblíquo surge **depois do verbo**, isto é, **enclítico**. É a colocação básica do pronome, a mais utilizada e ocorre quando não há palavras que atraem o oblíquo. Utilizada em:

Verbo no início da frase.	Comenta-se que ele foi aprovado.
Verbo no imperativo afirmativo.	Alunos, apressem-se.
Verbo no gerúndio.	Mudou o texto, acrescentando-lhe explicação.
Verbo no infinitivo impessoal.	Leia os testes antes de resolvê-los.

5.4. Em Locuções Verbais

Nas locuções verbais, conjuga-se apenas o verbo auxiliar, pois o verbo principal vem sempre em uma das formas nominais: **infinitivo, gerúndio ou particípio.**

Os verbos auxiliares de uso mais frequente são ter, haver, ser, estar **e** ir.

Quando a locução verbal é constituída de formas dos verbos auxiliares **ter e haver** mais o particípio do verbo principal, temos um **tempo composto.**

- Quando o verbo principal for constituído por um **particípio**, o **pronome** oblíquo virá **depois do verbo auxiliar.**

Haviam-**me** convidado para a festa.

- Se antes da locução verbal houver **palavra atrativa**, o pronome oblíquo ficará antes do verbo auxiliar.

Não **me** haviam convidado para a festa.

- Se o verbo auxiliar estiver no **futuro do presente** ou no **futuro do pretérito**, ocorrerá a mesóclise, desde que não haja palavra atrativa antes dele.

Haver-**me**-iam convidado para a festa.

- **Quando o verbo principal for constituído por um infinitivo ou um gerúndio: Se não houver palavra atrativa, o pronome oblíquo virá depois do verbo auxiliar ou depois do verbo principal.**

Devo esclarecer-**lhe** o ocorrido. Devo-**lhe** esclarecer o ocorrido.
Estavam chamando-**me** pelo alto-falante. Estavam-**me** chamando pelo alto-falante.

- **Se houver palavra atrativa, o pronome poderá ser colocado antes do verbo auxiliar ou depois do verbo principal.**

Não posso esclarecer-**lhe** o ocorrido. Não **lhe** posso esclarecer o ocorrido.
Não estavam chamando-**me**. Não **me** estavam chamando.

<table>
<tr><td rowspan="2">Verbo Principal no Particípio</td><td>O pronome oblíquo átono não poderá vir depois dele.</td><td>Os poemas tinham-se perdido no vazio do tempo.</td></tr>
<tr><td>Havendo fator que justifique a próclise, o pronome ficará antes da locução.</td><td>Não me haviam consultado sobre a data da prova.</td></tr>
</table>

5.5. Casos opcionais

- **Pronomes pessoais ou sujeitos expressos:**

  Ela disse-me assim. Ela me disse assim.

Nesse caso recomenda-se o pronome antes do verbo. Leve em conta a sonoridade e o ritmo da frase.

- **Pronomes demonstrativos sem fator atrativo:**

  Aquilo parece-me bobagem. Aquilo me parece bobagem.

- **Conjunções coordenadas:**

  Aprendeu e referiu-se ao professor. Aprendeu e se referiu ao professor.

- **Infinitivo não flexionado precedido de palavras atrativas ou das preposições para, em, por, sem, de, até, a.**

  Liguei para ensiná-lo. Liguei para o ensinar.

6. FIQUE DE OLHO

- Colocação dos pronomes átonos nos tempos simples e compostos;
- Pronome relativo e regência.

6.1. Questões comentadas 2024 e 2023

Fragmento de texto para responder à questão.

Alguns problemas éticos com a inteligência artificial (IA) não são específicos dela. Por exemplo, existem paralelos com outras tecnologias de automação. Considere os robôs industriais que são programados e não são considerados IA, mas que, no entanto, acarretam consequências sociais quando levam ao desemprego. Não só isso, alguns dos problemas da IA estão relacionados às tecnologias com as quais ela está conectada, como mídias sociais e Internet, que, quando combinadas com a IA, nos apresentam novos desafios. É o caso das plataformas de mídia social que usam IA para saber mais sobre seus usuários, o que gera preocupações com a privacidade.

Essa ligação com outras tecnologias também significa que muitas vezes a IA não é visível. Isso é assim em primeiro lugar porque já se tornou uma parte arraigada de nossa vida cotidiana. A IA é frequentemente anunciada em aplicativos novos e espetaculares. Mas não devemos nos esquecer da IA que já alimenta plataformas de mídia social, mecanismos de busca e outras mídias e tecnologias que se tornaram parte de nossa experiência cotidiana. A IA está em todo lugar. A linha entre a IA propriamente dita e outras formas de tecnologia pode ser confusa, tornando-se a IA invisível: se os sistemas de IA estão incorporados à tecnologia, tendemos a não os notar. E, se sabemos que há IA envolvida, é difícil dizer se é a IA que cria o problema ou o impacto, ou se é a outra tecnologia conectada à IA.

Mark Coeckelberg, Ética na inteligência artificial. São Paulo: Ubu Editora, 2023, p. 78 (com adaptações).

01. (Cebraspe - CTI - Tecnologista - 2024 - adaptada) No segmento "tendemos a não os notar" (penúltimo período do segundo parágrafo), a anteposição da forma pronominal "os" ao verbo "notar" é obrigatória, não sendo admitida a ênclise pronominal, em razão do emprego do vocábulo "não".

( ) certo ( ) errado

➢ Comentários:

Como o verbo está no infinitivo, a próclise é facultativa: **tendemos a não os notar/tendemos a não notá-los**.

Resposta: Errado

Fragmento de texto para responder à questão.

(...) Há evidentes situações em que se pode vislumbrar a existência de culpa do operador do sistema, como naquelas em que não foram realizadas atualizações de software ou, até mesmo, de quebra de deveres objetivos de cuidado, como falhas que permitem que hackers interfiram no sistema. Entretanto, excluídas essas situações, estará ausente o juízo de censura necessário para a responsabilização com base na culpa.

B. L. da Anunciação Melo e H. Ribeiro Cardoso. Sistemas de inteligência artificial e responsabilidade civil: uma análise da proposta europeia acerca da atribuição de personalidade civil. In: Revista Brasileira de Direitos Fundamentais & Justiça, 16(1), 2020, p. 93-4 (com adaptações).

02. (CEBRASPE - MP SC - Promotor - 2023 - adaptada) No trecho "em que se pode vislumbrar" (primeiro período), a ênclise do pronome "se" ao verbo auxiliar da locução verbal – **em que pode-se vislumbrar** – preservaria a correção gramatical do texto.

( ) certo ( ) errado

➢ Comentários:

O pronome relativo "que" (retoma "evidentes situações" e equivale a "as quais"/"nas quais") atrai o pronome oblíquo.

Observação: por ser uma locução verbal formada por auxiliar + infinitivo, o pronome poderia estar enclítico ao <u>verbo principal</u> = em que pode vislumbrar-se.

Apenas não pode vir após ao verbo auxiliar por haver fator atrativo.

Resposta: Errado

Fragmento de texto para responder à questão.

O ordenamento jurídico vem sendo confrontado com as inovações tecnológicas decorrentes da aplicação da inteligência artificial (IA) nos sistemas computacionais. Não apenas se vivencia uma ampliação do uso de sistemas lastreados em IA no cotidiano, como também se observa a existência de robôs com sistemas computacionais cada vez mais potentes, nos quais os algoritmos passam a decidir autonomamente, superando a programação original. (...)

B. L. da Anunciação Melo e H. Ribeiro Cardoso. Sistemas de inteligência artificial e responsabilidade civil: uma análise da proposta europeia acerca da atribuição de personalidade civil. In: Revista Brasileira de Direitos Fundamentais & Justiça, 16(1), 2020, p. 93-4 (com adaptações).

---

03. (CEBRASPE - MP SC - Promotor - 2023 - adaptada) No trecho "Não apenas se vivencia" (segundo período), a ênclise do pronome "se" à forma verbal – **não apenas vivencia-se** – comprometeria a correção gramatical do texto.
( ) certo ( ) errado

➢ Comentários:

O vocábulo "apenas" possui sentido de *exclusivamente, somente*, ou seja, é um advérbio de exclusão e a próclise é obrigatória.

Resposta: Certo

Fragmento de texto para responder à questão.

O justo se desvela no decorrer das lutas de libertação na história. O justo é um saber que se vai constituindo à medida que nossa consciência da história se aguça. (...)

Roberto Aguiar. O que é justiça: uma abordagem dialética. Brasília: Senado Federal. Conselho Editorial, 2020, p. 319-20 (com adaptações).

---

04. (CEBRASPE - MP SC - Promotor - 2023 - adaptada) No primeiro período do texto, a ênclise do pronome "se" à forma verbal "desvela", escrevendo-se **desvela-se**, seria gramaticalmente correta.
( ) certo ( ) errado

➢ Comentários:

Atente-se à oração: *O justo se desvela no decorrer das lutas de libertação na história.*

O sujeito está explícito (o justo), e a próclise é facultativa.

Dica: confira, a seguir, os casos facultativos mais exigidos em concursos.

- Pronomes pessoais ou sujeitos expressos:
  Ela disse-**me** assim. Ela **me** disse assim.

  Nesse caso recomenda-se o pronome antes do verbo. Leve em conta a sonoridade e o ritmo da frase.

- Pronomes demonstrativos sem fator atrativo:

  Aquilo parece-**me** bobagem. Aquilo **me** parece bobagem.

- Conjunções coordenadas (exceto aditivas e alternativas):

  Aprendeu e referiu-**se** ao professor. Aprendeu e **se** referiu ao professor.

- Infinitivo não flexionado precedido de **palavras atrativas** ou das preposições **para, em, por, sem, de, até, a**.
  Liguei para ensiná-l**o**. Liguei para **o** ensinar.

Resposta: Certo

Fragmento de texto para responder à questão.

A origem da instituição Ministério Público (MP) não é facilmente situada na história, não sendo possível precisar ou afirmar com certeza a data e o local nos quais se tenha originado. (...)

Internet: www.anpr.org.br (com adaptações)

---

05. (CEBRASPE - MP SC - Promotor - 2023 - adaptada) Sem alteração da correção gramatical e das relações sintáticas estabelecidas originalmente no texto, o trecho "nos quais" poderia ser substituído por **onde**.

( ) certo ( ) errado

➢ Comentários:

O pronome relativo "nos quais" retoma "a data e o local" e pode ser substituído apenas por **em que**.

O pronome relativo "onde" só pode retomar termo que possui indicação de lugar.

Observação: se não houvesse a palavra "data", tal substituição seria possível.

Confira: afirmar com certeza o local **onde** (**no qual**, ou **em que**) se tenha originado.

Resposta: Errado

Fragmento de texto para responder à questão.

(...) Direito é processo, dentro do processo histórico. Não é uma coisa feita, perfeita e acabada. É aquele vir a ser que se enriquece nos movimentos de libertação das classes e dos grupos ascendentes e que definha nas explorações e opressões que o contradizem, mas de cujas próprias contradições brotarão as novas conquistas.

Roberto Lyra Filho. O que é direito. São Paulo: Brasiliense, 2003, p. 86 (com adaptações).

---

06. (CEBRASPE - MP SC - Promotor - 2023 - adaptada) No último período do trecho, a forma pronominal "**cujas**" resulta da contração do pronome relativo cujo com o artigo feminino definido **as**.

( ) certo ( ) errado

➢ Comentários:

O pronome relativo "cujas" está concordando com o termo posterior (o substantivo "contradições) e indicando posse do termo anterior (explorações e opressões).

Lê-se: as próprias contradições das explorações e opressões que o contradizem.

Dica: O pronome relativo "cujo" (e suas variações) repele o artigo.

Resposta: Errado

Fragmento de texto para responder à questão.

Os mediadores de leitura são aquelas pessoas que estendem pontes entre os livros e os leitores, ou seja, que criam as condições para fazer com que seja possível que um livro e um leitor se encontrem. A experiência de encontrar os livros certos nos momentos certos da vida, esses livros que nos fascinam e que nos vão transformando em leitores paulatinamente, não tem uma rota única nem uma metodologia específica; por isso, os mediadores de leitura não são fáceis de definir. No entanto, basta lembrar como descobrimos, nos primeiros anos da vida, esses livros que deixaram rastros em nossa infância e, talvez, aparecerão nítidas algumas figuras que foram nossos mediadores de leitura: esses adultos íntimos que deram vida às páginas de um livro, essas vozes que liam para nós, essas mãos e esses rostos que nos apresentavam os mundos possíveis e as emoções dos livros.

Internet: <www.ceale.fae.ufmg.br> (com adaptações).

---

07. (CEBRASPE - SME RE/PE - Professor - 2023) O trecho "essas mãos e esses rostos que nos apresentavam os mundos possíveis e as emoções dos livros" (último período) poderia ser reescrito, sem alterar o sentido e a correção gramatical, da seguinte forma: essas mãos e esses rostos que apresentavam-nos os mundos possíveis e as emoções dos livros.

( ) certo ( ) errado

➢ Comentários:

O vocábulo "que" o qual antecede o verbo *apresentar* é pronome relativo.

Lê-se: essas mãos e esses rostos **os quais** apresentavam.

O pronome relativo é fator atrativo do pronome oblíquo e a próclise é obrigatória.

→ Atraem o pronome oblíquo: palavras que expressam negação, pronomes relativos, indefinidos e demonstrativos, advérbios, conjunções subordinativas.

Para a próxima prova, fique de olho nas exceções, pois a banca sempre exige.

Resposta: Errado

6.2. Questões comentadas

6.2.1. Nível superior

Fragmento de texto para responder à questão.

Na ótica da saúde pública, **pode-se conceituar** a política de redução de danos como um conjunto de estratégias que visam minimizar os danos causados pelo uso de diferentes drogas, sem necessariamente exigir a abstinência de seu uso. Vale dizer, enquanto não for possível ou desejável a abstinência, outros agravos à saúde podem ser evitados, como, por exemplo, as doenças infectocontagiosas transmissíveis por via sanguínea, tais quais as hepatites e HIV/AIDS. (...)

Maurides de Melo Ribeiro. Drogas e redução de danos. São Paulo: Editora Saraiva, 2013, p. 45-46 (com adaptações).

---

01. (Cebraspe – MJ SP – Técnico em pesquisa e análise de dados - 2022 - adaptada) No segmento "pode-se conceituar" (primeiro período), a colocação do pronome "se" em ênclise ao verbo "conceituar" — escrevendo-se **pode conceituar-se** — prejudicaria a correção gramatical e alteraria os sentidos originais do texto.

( ) certo ( ) errado

➢ Comentários:

Trata-se de **colocação pronominal em locução verbal** formada por infinitivo.

Regra: nas situações em que se tem um **verbo auxiliar** e um **verbo no infinitivo ou** um verbo **no gerúndio**, a posição do **pronome** pode ser **antes, no meio, ou depois**. É evidente que não pode haver fator atrativo em nenhuma situação.

- No caso, não pode ser próclise (antes do verbo auxiliar) porque existe uma vírgula demarcando a inversão do adjunto adverbial.

As opções a seguir não prejudicam a correção gramatical tampouco alteram o sentido:

Na ótica da saúde pública, **pode-se conceituar** a política de redução.

Na ótica da saúde pública, **pode conceituar-se** a política de redução.

Observações:

nas locuções formadas por **auxiliar + particípio**, a regra muda – o **pronome** só pode estar **antes** ou **no meio**, nunca após o particípio.

Com fator atrativo: o pronome pode vir antes ou depois da locução – não **lhe** estava dirigindo a palavra / não estava dirigindo-**lhe** a palavra.

Resposta: Errado

6.2.2. Carreiras fiscais

Fragmento de texto para responder à questão.

> (...) O homem, **que se havia equipado para a viagem** com muitas coisas, lança mão de tudo, por mais valioso que seja, para subornar o porteiro. Este aceita tudo. Durante todos esses anos, o homem observa o porteiro quase sem interrupção. Esquece outros porteiros e este primeiro parece-lhe o único obstáculo para a entrada na lei. (...)
>
> Franz Kafka. O processo. Tradução de Modesto Carone.
> Companhia das Letras, 1997 (com adaptações).

---

01. (Cespe/Cebraspe - DPE DF - Auditoria/2022 - adaptada) Seria mantida a correção gramatical do texto caso, no trecho "que se havia equipado para a viagem", o pronome "se" fosse deslocado para depois do particípio, escrevendo-se **equipado-se**.

( ) certo ( ) errado

➢ Comentários:

Regra: após o particípio, não se coloca o pronome oblíquo.

Resposta: Errado

Fragmento de texto para responder à questão.

Não é preciso temer as máquinas, à maneira do **Exterminador do futuro**, para se preocupar com a sobrevivência da democracia em um mundo dominado pela inteligência artificial (IA). No fim das contas, a democracia sempre teve como alicerces os pressupostos de que nosso conhecimento do mundo é imperfeito e incompleto; de que não há resposta definitiva para grande parte das questões políticas; e de que é sobretudo por meio da deliberação e do debate que expressamos nossa aprovação e nosso descontentamento. (...)

Evgeny Morozov. Big Tech. A ascensão dos dados e a morte da política. São Paulo: Ubu Editora, 2018, p. 138-139 (com adaptações).

---

02. (Cespe/Cebraspe - TCE RJ - Analista Controle Externo/2022 - adaptada) No primeiro período, caso o pronome "se", na expressão "se preocupar", fosse deslocado para depois do verbo, escrevendo-se **preocupar-se**, a correção gramatical do texto seria mantida.

( ) certo ( ) errado

➢ Comentários:

Segundo o gramático Celso Luft, *com os* infinitivos soltos, *mesmo quando modificados por negação,* é lícita a próclise ou a ênclise*, embora haja acentuada tendência para esta última colocação pronominal: Canta-me cantigas para* me embalar*! Para não* fitá-lo*, deixei cair os olhos.*

Resposta: Certo

Fragmento de texto para responder à questão.

(...) Essas questões, das quais se percebe facilmente a importância na prática social, estão no centro de uma disciplina cujas raízes remontam à Antiguidade: a retórica. Para os antigos, a retórica era uma teoria da fala eficaz e também uma aprendizagem ao longo da qual os homens da cidade se iniciavam na arte de persuadir. Com o passar do tempo, entretanto, ela tornou-se, progressivamente, uma arte do bem dizer, reduzindo-se a um arsenal de figuras. Voltada para os ornamentos do discurso, a retórica chegou a se esquecer de sua vocação primeira: imprimir ao verbo a capacidade de provocar a convicção. É a esse objetivo que retornam, atualmente, as reflexões que se desenvolvem na era da democracia e da comunicação.

Ruth Amosy. A argumentação no discurso. São Paulo: Editora Contexto, 2018, p. 7 (com adaptações).

---

03. (Cespe/Cebraspe - TCE RJ - Analista Controle Externo/2022 - adaptada) Na oração "ao longo da qual os homens da cidade se iniciavam na arte de persuadir" (segundo período), a posição proclítica do pronome "se" justifica-se pela flexão de tempo na forma verbal "iniciavam", que determina o uso obrigatório da próclise.

( ) certo ( ) errado

➢ Comentários:

Nota da autora: O verbo está conjugado no pretérito imperfeito do indicativo.

As flexões de tempo em que ocorre alteração na colocação pronominal, sem que haja fator atrativo, são: futuro do presente do indicativo (iniciarão) e futuro do pretérito do indicativo (iniciariam). Esses tempos exigem mesóclise, ou seja, o pronome deve estar no meio do verbo.

Exemplos: **Realizar-se-á**, no próximo mês, um grande evento. Se pudesse, **acompanhar-te-ia** nessa viagem.

Resposta: Errado

Capítulo 2

VERBO

Para acesso ao vídeo, utilize o QR Code ao lado.

1. INTRODUÇÃO

Verbo, além de ser um tópico extenso, é o mais pedido nas provas de concursos. Iniciaremos do zero para que não fique dúvida, pois não se trata de um assunto difícil, mas sim repleto de detalhes. Mais uma vez, a teoria vem seguida de exercícios para fixar e, no final do capítulo, há acréscimo das últimas questões de provas.

2. DEFINIÇÃO

Verbo é palavra variável que indica ação (caminhar), estado (ser), fenômeno da natureza (amanhecer), processos naturais (morrer), processos mentais (estudar) etc.

3. ESTRUTURA VERBAL

Elementos que formam o verbo:

RADICAL	VOGAL TEMÁTICA	TEMA	DESINÊNCIA MODO-TEMPORAL	DESINÊNCIA NÚMERO-PESSOAL
estud	a	estuda	sse	mos
bat	e	bate	re	mos
sorr	i	sorri	ra	mos

3.1. Radical

É a parte que possui a base do significado, ou seja, é o elemento essencial do verbo. Importante: não sofre alteração.

VERBO	RADICAL
estudar	estud
bater	bat
sorrir	sorr

3.2. Vogal Temática

É o elemento que se junta ao radical para formar o tema verbal. Situada entre o radical e a desinência, indica a conjugação a que pertence o verbo – primeira, segunda ou terceira.

Primeira conjugação	a	estudAr
Segunda conjugação	e	batEr
Terceira conjugação	i	sorrIr

Observações:

1) O verbo **pôr** e seus derivados (compor, repor, dispor etc.) pertencem à segunda conjugação por razões etimológicas: sua forma arcaica era **poer**. Perceba: pus-é-sse-mos; pus-é-ra-mos.

2) No presente do subjuntivo e nos tempos derivados dele, não há vogal temática.

3.3. Tema

É a junção do radical + vogal temática.

RADICAL	VOGAL TEMÁTICA	TEMA
estud	+ a	estuda
bat	+ e	bate
sorr	+ i	sorri

3.4. Desinência modo-temporal

É o elemento que designa o tempo (presente, pretérito, futuro) e o modo (indicativo, subjuntivo, imperativo) do verbo.

RADICAL	VOGAL TEMÁTICA	TEMA	DESINÊNCIA MODO-TEMPORAL	MODO	TEMPO
estud	a	estuda	sse	Subjuntivo (dúvida)	Pretérito imperfeito
bat	e	bate	u	Indicativo (certeza)	Pretérito perfeito
sorr	i	sorri	ra	Indicativo (certeza)	Pretérito mais-que-perfeito

3.5. Desinência número-pessoal

É o elemento que designa a pessoa do discurso (1ª, 2ª ou 3ª) e o número (singular ou plural).

RADICAL	VOGAL TEMÁTICA	TEMA	DESINÊNCIA MODO-TEMPORAL	DESINÊNCIA NÚMERO-PESSOAL	NÚMERO e PESSOA
estud	a	estuda	sse	mos	Plural – 1ª
beb	e	bebe	ra	mos	Plural – 1ª
sorr	i	sorri	ra	mos	Plural – 1ª

3.6. Formas Rizotônicas e Arrizotônicas

Rizotônica	o acento tônico cai no radical	o**pi**no, a**pren**do, **nu**tro
Arrizotônica	o acento tônico cai na desinência	opi**nei**, aprende**rão**, nutri**rí**amos

4. CLASSIFICAÇÃO VERBAL

Regulares	possuem as desinências normais de sua conjugação e cuja **flexão não provoca alterações no radical**.	**canto**, **cant**ei, **cant**arei, **cant**ava, **cant**asse.
Irregulares	a **flexão provoca alterações no radical** ou nas desinências.	faço, fiz, farei, fizesse.
Anômalos	incluem **mais de um radical** em sua conjugação.	Ir, pôr, ser, saber.
Defectivos	**não** apresentam **conjugação completa**.	colorir, computar, falir.
Auxiliares	fazem parte da formação dos tempos compostos e das locuções verbais.	ser, estar, ter e haver.
Abundantes	possuem **mais de uma forma com o mesmo valor**. Geralmente, esse fenômeno costuma ocorrer no particípio, em que, além das formas regulares terminadas em **-ado** ou **-ido**, surgem as chamadas **formas curtas** (particípio irregular).	fritar: frito, fritado; prender: preso, prendido
Pronominais	São aqueles verbos que **se conjugam com os pronomes oblíquos átonos me, te, se, nos, vos, se**, na mesma pessoa do sujeito, expressando reflexibilidade.	abster-se, ater-se, apiedar-se, atrever-se, dignar-se, arrepender-se.

4.1. Defectivos[1]

Verbos que não apresentam conjugação completa. Classificam-se em **impessoais**, **unipessoais** e **pessoais**.

IMPESSOAIS	Não possuem sujeito. Normalmente, são usados na terceira pessoa do singular.	Os principais são: • **haver**, quando sinônimo de existir, acontecer, realizar-se ou fazer (em orações temporais). • **fazer, ser e estar** (quando indicam tempo). • Todos os verbos que indicam fenômenos da natureza são impessoais: **chover, ventar, nevar, gear, trovejar, amanhecer, escurecer,** etc. **Outros verbos impessoais** • o verbo **passar** (seguido de preposição), indicando tempo. • os verbos **bastar e chegar**, seguidos da preposição **de**, indicando suficiência. • os verbos **estar e ficar** em orações tais como **Está bem, Está muito bem assim, Não fica bem, Fica mal,** sem referência a sujeito expresso anteriormente. • o verbo **deu + para** da língua popular, equivalente de **"ser possível".**
UNIPESSOAIS	Possuem sujeito e são conjugados apenas nas terceiras pessoas, do singular e do plural.	Entre os unipessoais estão os verbos que significam vozes de animais: **bramar**: tigre; **bramir**: crocodilo; **cacarejar**: galinha; **coaxar**: sapo; **cricrilar**: grilo **Outros verbos unipessoais** **1) cumprir, importar, convir, doer, aprazer, parecer, ser** (preciso, necessário, etc.). **2) fazer** e **ir**, em orações que dão ideia de tempo, seguidos da conjunção **que.**
PESSOAIS	Não apresentam algumas flexões por motivos morfológicos ou eufônicos.	Exemplo: **falir, computar.**

4.2. Abundantes

São verbos que possuem duas formas no particípio: formas regulares (terminação: **-ado** e **-ido**: formas longas) e formas irregulares (curtas).

INFINITIVO	PARTICÍPIO REGULAR	PARTICÍPIO IRREGULAR
Anexar	Anexado	Anexo
Dispersar	Dispersado	Disperso
Eleger	Elegido	Eleito

1. Só português. Disponível em <http://www.soportugues.com.br/secoes/morf/morf55.php>. Acesso em 24 abril 2014, alterado.

INFINITIVO	PARTICÍPIO REGULAR	PARTICÍPIO IRREGULAR
Envolver	Envolvido	Envolto
Imprimir	Imprimido	Impresso
Matar	Matado	Morto
Morrer	Morrido	Morto
Pegar	Pegado	Pego
Soltar	Soltado	Solto

Como utilizá-las?

1) **Ao lado de SER ou ESTAR,** usamos as formas **curtas.**
2) **Ao lado de TER ou HAVER,** usamos as formas **longas.**

Exemplos:

- O vereador **estava** (ou **foi) eleito** pelo povo.
- O ladrão **foi** (ou **estava) preso** pelo policial.
- Alguém **havia** (ou **tinha) fritado** o bife.
- Ele **tinha** (ou **havia) prendido** o corrupto.

VERBOS QUE EXIGEM MUITA ATENÇÃO:

1) Ao lado de TER e HAVER admitem as duas formas (regular e irregular).

	PAGAR	GASTAR	GANHAR
TER	Tinha pago	Tinha gasto	Tinha ganho
	Tinha pagado	Tinha gastado	Tinha ganhado
HAVER	Havia pago	Havia gasto	Havia ganho
	Havia pagado	Havia gastado	Havia ganhado

2) **PEGAR passou a ser aceito como abundante**

Ele foi pego.

Alguém tinha pegado o sujeito.

3) **CHEGAR:** não existe a forma chego!

4.3. Anômalos

São aqueles que incluem mais de um radical em sua conjugação. Os clássicos são os verbos SER e IR, acrescentemos o PÔR e SABER.

Ir	Pôr	Ser	Saber
vou	ponho	sou	sei
vais	pus	és	sabes
ides	pôs	fui	soube
fui	punha	foste	saiba
foste	–	seja	–

4.3.1. Em concursos

Os verbos **ir** e **ser** possuem a mesma conjugação no pretérito perfeito do indicativo: fui, foste, foi, fomos, fostes, foram. Exemplos:

Eu **fui** aluna. = ser.

Eu **fui à Grécia.** = ir.

4.4. Auxiliares

São aqueles que entram na formação dos tempos compostos e das locuções verbais. O verbo principal, quando acompanhado de verbo auxiliar, é expresso numa das formas nominais: **infinitivo, gerúndio** ou **particípio.**

Dica: os dois verbos podem ser substituídos por um e o verbo que desaparece é o auxiliar.

Exemplos:

Farei		prova
Vou	**fazer**	prova.
verbo auxiliar	*verbo principal no infinitivo*	

Chega		a hora da aula.
Está	**chegando**	a hora da aula.
verbo auxiliar	*verbo principal no gerúndio*	

Nós	**cumprimentamos**		os aprovados
Os aprovados	**foram**	**cumprimentados**	por nós.
	verbo auxiliar	*verbo principal no particípio*	

No último exemplo, há voz passiva analítica (ser + particípio) e na ativa equivale a: Nós cumprimentamos os aprovados.

4.5. Pronominais

São aqueles verbos que se conjugam com os pronomes oblíquos átonos **me, te, se, nos, vos, se**, na mesma pessoa do sujeito, expressando reflexibilidade (pronominais acidentais) ou apenas reforçando a ideia já implícita no próprio sentido do verbo (reflexivos essenciais).

Essenciais	sempre se conjugam com os pronomes oblíquos me, te, se, nos, vos, se.	abster-se, ater-se, apiedar-se, atrever-se, dignar-se, arrepender-se etc.
Acidentais	verbos transitivos diretos em que a ação exercida pelo sujeito recai sobre o objeto representado por pronome oblíquo da mesma pessoa do sujeito; assim, o sujeito faz uma ação que recai sobre ele mesmo. Em geral, forma a voz reflexiva.	eu me arrependo; tu te arrependes; ele se arrepende; nós nos arrependemos; vós vos arrependeis; eles se arrependem.
	Observação: A reflexibilidade se diz acidental, pois a ação reflexiva pode ser exercida também sobre outra pessoa.	Ele se penteava. Ele me penteou.

4.5.1. Conjugação

Pessoas	Presente do indicativo	Pretérito Imperfeito do indicativo	Futuro do presente do indicativo
EU	eu ME sento	Me sentava	ME sentarei
TU	tu TE sentas	TE sentavas	TE sentarás
ELE	ele SE senta	SE sentava	SE sentará
NÓS	NOS sentamos	NOS sentávamos	NOS sentaremos
VÓS	VOS sentais	VOS sentáveis	VOS sentareis
ELES	SE sentam	SE sentavam	SE sentarão

4.5.2. Em concursos

- Os pronomes oblíquos átonos dos verbos pronominais não possuem função sintática, pois são parte integrante do verbo.
- Verbos reflexivos não são essencialmente pronominais e os pronomes possuem função sintática: Ele se feriu. O verbo ferir é transitivo direto e o objeto direto é o pronome **se**.

5. MODO VERBAL

Modo são as formas assumidas pelo verbo na expressão de um fato. Há três:

Indicativo	certeza	estudo, estudei, estudarei.
Subjuntivo	dúvida, hipótese	que eu estude, se ele estudasse, quando você estudar.
Imperativo	ordem, desejo	estuda tu, estude você, estudemos nós, estudai vós, estudem vocês.

5.1. Formas Nominais

São formas que não possuem noção de tempo, mas sim de nomes – substantivo, adjetivo e advérbio.

Infinitivo	exprime a significação do verbo de modo vago e indefinido, podendo ter valor e função de **substantivo**.	cantar, fazer, partir
Gerúndio	o gerúndio pode funcionar como adjetivo ou **advérbio**.	**Saindo** da escola, encontrei alguns amigos. (função de advérbio) No parque, havia crianças **vendendo** doces. (função adjetivo)
Particípio	se não for empregado na formação dos tempos compostos, o particípio indicará ação terminada.	cantado, feito, partido

5.1.1. Em concursos

O **infinitivo impessoal** não possui sujeito. O **infinitivo pessoal** possui sujeito e assume a forma do impessoal. Flexiona-se assim:

2ª pessoa do singular: Radical + ES	cantares(tu)
1ª pessoa do plural: Radical + MOS	cantarmos (nós)
2ª pessoa do plural: Radical + DES	cantardes (vós)
3ª pessoa do plural: Radical + EM	cantarem (eles)

Na primeira e terceira pessoas do singular, assumem a forma do impessoal: cantar (sem desinência).

O **gerúndio**, na forma simples, expressa uma ação em curso; na forma composta, uma ação concluída: **Estudando**, entenderá o valor da vida. **Tendo estudado**, entendeu o valor da vida.

O **particípio** pode exprimir somente estado, sem nenhuma relação temporal, e assumir verdadeiramente a função de adjetivo (adjetivo verbal): Ele foi o estudante **escolhido** para organizar a palestra.

6. TEMPO VERBAL

Antes de nos aprofundarmos nas conjugações dos tempos, vamos às dicas do que indica cada tempo. O intuito é tornar o verbo uma matéria prazerosa de ser estudada, já que é a classe gramatical mais usada em nosso dia a dia. Relembrando os modos: indicativo = certeza; subjuntivo = dúvida, hipótese.

Dica

1) **PRESENTE**

- **do indicativo**: indica ação que acontece no momento da fala; hábito.

  Ele estuda de manhã e trabalha à tarde.

  Canto, cantas, canta, cantamos, cantais, cantam

- **do subjuntivo**: indica hipótese, dúvida.

  Que nós estudemos todas as manhãs.

  Que eu cante, cantes, cante, cantemos, canteis, cantem

2) **FUTURO**

- **do presente do indicativo**: ação futura certa (amanhã)

  Estarei no local marcado à tarde.

  Cantarei, cantarás, cantará, cantaremos, cantareis, cantarão

- **do pretérito do indicativo**: tempo condicional

  Nós *cantaríamos* se houvesse público.

  Cantaria, cantarias, cantaria, cantaríamos, cantaríeis, cantariam

- **do subjuntivo**: ação futura duvidosa

  Quando *fizer* o trabalho, darei os parabéns.

  (quando/se) eu cantar, cantares, cantar, cantarmos, cantardes, cantarem

3) **PRETÉRITO**

- **Perfeito do indicativo**: ação concluída (ontem)

  Fizemos tudo certo naquele dia.

  Cantei, cantaste, cantou, cantamos, cantastes, cantaram

- **Imperfeito do indicativo**: ação prolongada, contínua

  Passeava de moto quando o guarda o multou.

  Cantava, cantavas, cantava, cantávamos, cantáveis, cantavam

- **Mais-que-perfeito do indicativo**: ação passada em relação a outra ação também passada.

  Fez os exercícios e aprendera toda a matéria.

  Cantara, cantaras, cantara, cantáramos, cantáreis, cantaram

  Perceba que para ter o mais- que- perfeito é necessário o perfeito.

- **Imperfeito do subjuntivo**: tempo condicional

  Se fizesse todas as tarefas, poderia viajar.

  Se cantasse, cantasses, cantasse, cantássemos, cantásseis, cantassem

  Normalmente usado junto com o futuro do pretérito para enfatizar a condição.

6.1. Tempos Primitivos

6.1.1. Presente do Indicativo

1ª conjugação	2ª conjugação	3ª conjugação	Desinência pessoal
CANTAR	VENDER	PARTIR	-
cantO	vendO	partO	O
cantaS	vendeS	parteS	S
canta	vende	parte	-
cantaMOS	vendeMOS	partiMOS	MOS
cantaIS	vendeIS	partIS	IS
cantaM	vendeM	parteM	M

6.1.2. Pretérito perfeito do indicativo

1ª conjugação	2ª conjugação	3ª conjugação	Desinência pessoal
CANTAR	VENDER	PARTIR	-
canteI	vendI	partI	I
cantaSTE	vendeSTE	partISTE	STE
cantoU	vendeU	partiU	U
cantaMOS	vendeMOS	partiMOS	MOS
cantaSTES	vendeSTES	partISTES	STES
cantaRAM	vendeRAM	partiRAM	RAM

6.1.3. Infinitivo impessoal

Não indica tempo e não possui sujeito.

1ª conjugação	2ª conjugação	3ª conjugação
CANTAR	VENDER	PARTIR

6.2. Tempos Derivados do Presente do Indicativo

6.2.1. Presente do subjuntivo

Substitui-se a desinência **-o** da primeira pessoa do singular do presente do indicativo pela desinência **-e** (nos verbos de 1ª conjugação) ou pela desinência **-a** (nos verbos de 2ª e 3ª conjugação).

1ª conjugação	2ª conjugação	3ª conjugação	Des. temporal	Des. temporal	Desinência pessoal
-	-	-	1ª conj.	2ª/3ª conj.	-
CANTAR	VENDER	PARTIR	-	-	-
cantE	vendA	partA	E	A	Ø
cantES	vendAS	partaAS	E	A	S
cantE	vendA	partaA	E	A	Ø
cantEMOS	vendAMOS	partAMOS	E	A	MOS
cantEIS	vendAIS	partAIS	E	A	IS
cantEM	vendAM	partAM	E	A	M

6.2.2. Imperativo

Imperativo Afirmativo

Tira-se do presente do indicativo a 2ª pessoa do singular (tu) e a segunda pessoa do plural (vós) eliminando-se o "S" final. As demais pessoas são retiradas, sem alteração, do presente do subjuntivo.

Presente do Indicativo	Imperativo Afirmativo	Presente do Subjuntivo
Eu canto	–	Que eu cante
Tu cantas	**CantA tu**	Que tu cantes
Ele canta	Cante você	Que ele cante
Nós cantamos	Cantemos nós	Que nós cantemos
Vós cantais	**CantAI vós**	Que vós canteis
Eles cantam	Cantem vocês	Que eles cantem

Imperativo Negativo

Forma-se o imperativo negativo, inserindo a negação às formas do presente do subjuntivo. Muito simples.

Presente do Subjuntivo	Imperativo Negativo
Que eu cante	–
Que tu cantes	Não cantes tu
Que ele cante	Não cante você
Que nós cantemos	Não cantemos nós
Que vós canteis	Não canteis vós
Que eles cantem	Não cantem eles

Importante: O verbo SER, no imperativo (segundas pessoas) = sê (tu), sede (vós).

6.3. Tempos Derivados do Pretérito Perfeito do Indicativo

6.3.1. Pretérito mais-que-perfeito

Formação: elimina-se a desinência **-STE** da 2ª pessoa do singular do pretérito perfeito, acrescenta-se a esse tema a desinência temporal **-RA** mais a desinência de número e pessoa correspondente.

1ª conjugação	2ª conjugação	3ª conjugação	Des. temporal	Desinência pessoal
			1ª/2ª e 3ª conj.	
CANTAR	VENDER	PARTIR		
cantaRA	vendeRA	partiRA	RA	Ø
cantaRAS	vendeRAS	partiRAS	RA	S
cantaRA	vendeRA	partiRA	RA	Ø
cantáRAMOS	vendêRAMOS	partíRAMOS	RA	MOS
cantáREIS	vendêREIS	partíREIS	RE	IS
cantaRAM	vendeRAM	partiRAM	RA	M

6.3.2. Pretérito imperfeito do subjuntivo

Formação: tema + **-sse, -sses, -sse, -ssemos, -sseis, -ssem** (1ª, 2ª e 3ª conj.)

1ª conjugação	2ª conjugação	3ª conjugação	Des. temporal	Desinência pessoal
			1ª /2ª e 3ª conj.	
CANTAR	VENDER	PARTIR		
cantaSSE	vendeSSE	partiSSE	SSE	Ø
cantaSSES	vendeSSES	partiSSES	SSE	S
cantaSSE	vendeSSE	partiSSE	SSE	Ø
cantáSSEMOS	vendêSSEMOS	partíSSEMOS	SSE	MOS
cantáSSEIS	vendêSSEIS	partíSSEIS	SSE	IS
cantaSSEM	vendeSSEM	partiSSEM	SSE	M

6.3.3. Futuro do subjuntivo

Formação: tema + **-r, -res, -r, -rmos, -rdes, -rem** (1ª, 2ª e 3ª conj.)

1ª conjugação	2ª conjugação	3ª conjugação	Des. temporal	Desinência pessoal
			1ª /2ª e 3ª conj.	
CANTAR	VENDER	PARTIR		
cantaR	vendeR	partiR	Ø	

1ª conjugação	2ª conjugação	3ª conjugação	Des. temporal	Desinência pessoal
cantaRES	vendeRES	partiRES	R	ES
cantaR	vendeR	partiR	R	Ø
cantaRMOS	vendeRMOS	partiRMOS	R	MOS
cantaRDES	vendeRDES	partiRDES	R	DES
cantaREM	VendeREM	PartiREM	R	EM

6.4. Tempos Derivados do Infinitivo Impessoal

6.4.1. Futuro do presente do indicativo

Formação: Infinitivo Impessoal + -**ei**, -**ás**, -**á**, -**emos**, -**eis**, -**ão** (1ª,2ª e 3ª conj.)

1ª conjugação	2ª conjugação	3ª conjugação
CANTAR	VENDER	PARTIR
cantar ei	vender ei	partir ei
cantar ás	vender ás	partir ás
cantar á	vender á	partir á
cantar emos	vender emos	partir emos
cantar eis	vender eis	partir eis
cantar ão	vender ão	partir ão

6.4.2 Futuro do pretérito do indicativo

Formação: Infinitivo Impessoal + **-ia, -ias, -ia, -íamos, -íeis, -iam** (1ª, 2ª e 3ª conj.)

1ª conjugação	2ª conjugação	3ª conjugação
CANTAR	VENDER	PARTIR
cantarIA	venderIA	partirIA
cantarIAS	venderIAS	partirIAS
cantarIA	venderIA	partirIA
cantarÍAMOS	venderÍAMOS	partirÍAMOS
cantarÍEIS	venderÍEIS	partirÍEIS
cantarIAM	venderIAM	partirIAM

6.4.3. Pretérito Imperfeito do Indicativo

1ª conjugação	2ª conjugação	3ª conjugação
CANTAR	VENDER	PARTIR
cantaVA	vendIA	partiA
cantaVAS	vendIAS	partiAS
cantaVA	vendIA	partiA
cantáVAMOS	vendÍAMOS	partíAMOS
cantáVEIS	vendÍEIS	partíEIS
cantaVAM	vendIAM	partiAM

6.4.4. Infinitivo pessoal

Formação: Infinitivo Impessoal + **-es** (2ª pessoa do singular), **-mos** (1ª pessoa do plural), **-des** (2ª pessoa do plural), **-em** (3ª pessoa do plural) (1ª, 2ª e 3ª conj.)

1ª conjugação	2ª conjugação	3ª conjugação
CANTAR	VENDER	PARTIR
cantar	vender	partir
cantarES	venderES	partirES
cantar	vender	partir
cantarMOS	venderMOS	partirMOS
cantarDES	venderDES	partirDES
cantarEM	venderEM	partirEM

6.5. Tempos Compostos

Composto por haver mais de um verbo. Os tempos compostos são formados por locuções verbais: verbo auxiliar **ter** ou **haver + verbo principal** (particípio). Vamos, agora, aos tempos.

Tempo	formação	exemplo	valor
Pretérito Perfeito Composto do Indicativo	auxiliar **ter** ou **haver** no Presente do Indicativo e o principal no particípio,	tenho estudado	indica uma ação repetida que tem ocorrido no passado, prolongando-se até ao presente.

Tempo	formação	exemplo	valor
Pretérito Perfeito Composto do Subjuntivo	auxiliar **ter** ou **haver** no **Presente do Subjuntivo** e o principal no particípio	tenha estudado	indica uma ação anterior já concluída, podendo se referir a um fato passado ou futuro.
Pretérito Mais-que-perfeito Composto do Indicativo	auxiliar **ter** ou **haver** no **Pretérito Imperfeito do Indicativo** e o principal no particípio	tinha estudado	indica uma ação que ocorreu antes de outra ação passada. Pode indicar também um acontecimento situado de forma incerta no passado.
Pretérito Mais-que-perfeito Composto do Subjuntivo	auxiliar **ter** ou **haver** no **Pretérito Imperfeito do Subjuntivo** e o principal no particípio	tivesse estudado	indica um fato anterior a outro fato passado. Pode se referir também a acontecimentos irreais do passado.
Futuro do Presente Composto do Indicativo	auxiliar **ter** ou **haver** no **Futuro do Presente simples do Indicativo** e o principal no particípio	terei estudado	refere-se a um fato futuro que estará terminado antes de outro fato futuro. Pode expressar tanto certeza como incerteza.
Futuro do Pretérito Composto do Indicativo	auxiliar **ter** ou **haver** no **Futuro do Pretérito simples do Indicativo** e o principal no particípio	teria estudado	indica uma ação que poderia ter acontecido posteriormente a uma situação passada, encontrando-se condicionada. Indica também a possibilidade de uma ação passada e transmite incerteza, surpresa e indignação.
Futuro Composto do Subjuntivo	auxiliar **ter** ou **haver** no **Futuro do Subjuntivo simples** e o principal no particípio	tiver estudado	ação futura que estará terminada antes de outra ação futura.
Infinitivo Pessoal Composto	auxiliar **ter** ou **haver** no **Infinitivo Pessoal simples** e o principal no particípio	ter estudado	fato passado já concluído.

6.5.1. Em concursos

Há locuções formadas por verbos auxiliares + gerúndio ou infinitivo. Dica: os dois verbos poderão, sempre, ser substituído por um verbo.

Estou viajando = viajo.

6.5.2. Correlação de tempos verbais

- Presente do indicativo + Presente do subjuntivo:
  Exijo que você faça o teste.
- Pretérito perfeito do indicativo + Pretérito imperfeito do subjuntivo:
  Exigi que ele fizesse o teste.
- Presente do indicativo + Pretérito perfeito composto do subjuntivo:
  Espero que ele tenha feito o teste.
- Pretérito imperfeito do indicativo + Mais-que-perfeito composto do subjuntivo:
  Queria que ele tivesse feito o teste.
- Futuro do subjuntivo + Futuro do presente do indicativo:
  Se você fizer o teste, ficarei feliz.
- Pretérito imperfeito do subjuntivo + Futuro do pretérito do indicativo:
  Se você fizesse o teste, leria suas respostas.
- Pretérito mais-que-perfeito composto do subjuntivo + Futuro do pretérito composto do indicativo:
  Se você tivesse feito o teste, teria lido suas respostas.
- Futuro do subjuntivo + Futuro do presente do indicativo:
  Quando você fizer o teste, dormirei.
- Futuro do subjuntivo + Futuro do presente composto do indicativo:
  Quando você fizer o teste, já terei dormido.

COMBINAÇÕES MAIS FREQUENTES[2]

Modo Subjuntivo: Presente; Pretérito Imperfeito; o Futuro do Presente e o mais-que-Perfeito Composto.

Emprega-se o **Presente do Subjuntivo** na oração subordinada em correlação com um **Presente do Indicativo** e o **Futuro do Presente do Indicativo** na oração principal.

Solicito que viaje logo. Solicitarei que viaje logo.

Emprega-se o **Pretérito Imperfeito do Subjuntivo** na oração subordinada em correlação com um tempo passado do Modo Indicativo na oração principal.

Solicitei que viajasse logo. Solicitava que viajasse logo. Solicitara que viajasse logo. Solicitaria que viajasse logo.

Usa-se o **Futuro do Presente do Subjuntivo** na oração subordinada em correlação com o Futuro de Presente do Indicativo na oração principal.

Se você viajar, solicitarei imediatamente sua dispensa.

O **mais-que-Perfeito Composto do Subjuntivo** é formado com o auxiliar (ter ou haver) tirado derivado do Imperfeito do Subjuntivo mais o verbo principal, que se está conjugando. Usa-se quando se quer indicar uma ação passada anterior a outra ação também passada. Aponta-se uma ação que ocorreu antes de outra ação passada.

---

2. Língua Fácil. Disponível em <https://linguafacil.wordpress.com/2012/06/03/correlacao-dos-tempos-verbais-prof-sidney-lima-2/>. Acesso em 8 de junho 2016, alterado.

Emprega-se o **mais-que-Perfeito Composto do Subjuntivo** na oração subordinada que tem na oração principal um **Pretérito Imperfeito do Indicativo** ou um **Futuro do Pretérito Composto do Indicativo.**

Esperava que já tivesse viajado ontem. Teria pedido permissão, se houvesse viajado ontem.

Outras combinações com o Modo Subjuntivo no Presente, no Pretérito Imperfeito, no Futuro do Presente e no mais-que-Perfeito Composto na oração subordinada:

a) Com o **Presente do Subjuntivo** (oração subordinada) – **Presente do Indicativo** (na oração principal):

Peço que não minta novamente para mim.

b) Com o **Presente do Subjuntivo** (oração subordinada) – **Futuro do Presente do Indicativo** (na oração principal):

Pedirei que conte honestamente toda a verdade.

c) Com o **Pretérito Imperfeito do Subjuntivo** (oração subordinada) – **Tempo passado do Modo Indicativo** (na oração principal):

Apelei que escrevesse. Pedia que falasse. Solicitara que permanecesse conosco. Gostaria que não reclamasse tanto!

d) Com o **Futuro do Presente do Subjuntivo** na oração subordinada em correlação com o **Futuro de Presente do Indicativo** na oração principal.

Estarei disponível, quando você quiser.

e) Com o **mais-que-Perfeito Composto do Subjuntivo** na oração subordinada e o **Pretérito Imperfeito do Indicativo** ou um **Futuro do Pretérito Composto do Modo Indicativo** na oração principal.

Desejava que houvessem feito uma boa prova. Teria feito uma grande festa, se tivessem passado no concurso.

7. ASPECTO VERBAL

É a referência ao desenrolar da ação, marcando-se o início, a **duração**, a **conclusão** ou o resultado de desenvolvimento processual.

COMPLETAMENTO DO PROCESSO		
Aspecto perfectivo	O processo é apresentado em sua totalidade, com começo, meio e fim. Pode ser **durativo** ou **pontual**.	Estudou a matéria em duas horas = durativo. Correu ontem na competição = pontual.
Aspecto imperfectivo	O processo verbal é incompleto, prolongando-se por tempo não determinado. Não há enfoque do processo todo.	Ele era engraçado desde criança. Permanece a indisciplina naquela classe.

DURAÇÃO DO PROCESSO		
Aspecto durativo	O processo de duração contínua.	A nota de corte é 8. Estava estudando desde as 6 horas.
Aspecto pontual ou momentâneo	Não é apresentada a duração.	Viu o filme e devolveu ao dono. O aluno estuda a matéria e faz os testes.
Aspecto iterativo	Há uma ideia de repetição.	A primeira coisa que o professor de literatura faz é a chamada. = iteração pontual. Ela me beijou duas vezes. = iteração pontual. Tem evitado álcool. = iteração durativa.

DESENVOLVIMENTO DO PROCESSO		
Aspecto inceptivo	O processo é apresentado no seu início.	Ao tocar o sinal, os alunos entraram.
Aspecto cursivo	O processo é apresentado durante o seu desenvolvimento.	Durante a aula, dividia a atenção entre os alunos novos e antigos.
Aspecto terminativo ou cessativo	O processo é apresentado no seu término.	Enfim, o que os concurseiros mais esperavam: a aprovação e o começo do trabalho.

VERBOS CAUSATIVOS[3]

O sujeito faz com que o objeto faça ou torne-se alguma coisa.

Exemplos: "João **afugentou** os cães" = pela ação de João, os cães fugiram; "Roma **civilizou** a Península Ibérica" = pela ação de Roma, a Península tornou-se civilizada; "Os portugueses **cristianizaram** a Terra de Santa Cruz" = pela ação dos portugueses, a Terra de Santa Cruz tornou-se cristã; "**Notifiquei**-o do atraso" = pela minha ação, ele tomou conhecimento do atraso.

VERBOS VICÁRIOS[4]

Substituem aqueles anteriormente mencionados, de modo a evitar possíveis repetições. Nesse sentido, podemos dizer que o verbo em referência **atua como sinônimo** do qual faz as vezes, representado, normalmente, pelos verbos ser e fazer. Em outras palavras, trata-se de coesão textual.

Ele não viaja mais como fazia antigamente.

O verbo *fazia* substitui o *viajava*.

A cerimônia se realizou, mas não foi como todos esperavam.

O verbo *foi* (verbo ser) substitui o verbo *realizou*.

---

3. HERNANDES, Paulo. Disponível em <http://www.paulohernandes.pro.br/dicas/001/dica105.html>. Acesso em 8 de junho 2016, alterado.
4. Português Uol. Disponível em < http://portugues.uol.com.br/gramatica/verbo-vicario-definindo-conceitos.html>. Acesso em 8 de junho 2016, alterado.

8. INFINITIVO PESSOAL E IMPESSOAL

Verbo no infinitivo significa que apresenta sentido genérico ou indefinido. O infinitivo impessoal não se relaciona à pessoa – não possui sujeito e sua forma é invariável. Considera-se apenas o processo verbal. O infinitivo pessoal apresenta desinências de número e pessoa.

	–	Eu
cantar	-es	Tu
oferecer	–	Ele
partir	-mos	Nós
	-des	Vós
	-em	Eles

8.1. Emprego do Infinitivo impessoal

O infinitivo impessoal é usado:

Quando apresenta uma ideia vaga, genérica, sem haver sujeito.	**Beber** prejudica o fígado. É desnecessário **reclamar.**
Quando tiver o valor de Imperativo.	Alunos, **estudar**! = Estudem!
Quando é regido de preposição e funciona como complemento de um substantivo, adjetivo ou verbo da oração anterior.	Ele não os convenceu **a aceitar**. Eles não têm o direito **de chorar** assim. Os candidatos foram impedidos **de participar** do jogo.
Importante: na voz passiva dos verbos **contentar**, **tomar** e **ouvir**, o infinitivo (verbo auxiliar) deve ser flexionado.	Aqueles refrigerantes não são ruins de **serem** tomados. Eram leitores difíceis de **serem** contentados. Os MP3 que ela me emprestou são agradáveis de **serem** ouvidos.
Nas locuções verbais.	Precisamos **dormir** bem cedo amanhã. Podiam **reclamar** da instituição. Vou **pensar** em você sempre.
Quando o sujeito do infinitivo é o mesmo do verbo da oração anterior.	Devemos sorrir ao invés de **chorar**. Tenho ainda alguns livros por (para) **publicar**. Eles foram condenados a **pagar** pesadas multas.
Importante: quando o infinitivo preposicionado, ou não, preceder ou estiver distante do verbo da oração principal (verbo regente), pode ser flexionado para melhor clareza do período e também para se enfatizar o sujeito (agente) da ação verbal.	Foram dois amigos à casa de outro, a fim **de jogarem** basquete. Na esperança **de sermos** aprovados, estudaremos. **Para estudarmos**, estaremos sempre atentos.

Com os verbos causativos "deixar", "mandar" e "fazer" e seus sinônimos que não formam locução verbal com o infinitivo que os segue.	Mandei-os **sair** cedo hoje.
Com os verbos sensitivos "ver", "ouvir", "sentir" e sinônimos, deve-se também deixar o infinitivo sem flexão.	Vi-os **entrar**. Ouvi-as **dizer** que iriam à aula.
Importante: É inadequado o emprego da preposição **para** antes dos objetos diretos de verbos como **pedir**, **dizer**, **falar** e sinônimos.	Pediu **para** Fernanda entrar. = errado Pediu **para** que Fernanda entrasse. = errado Pediu que Fernanda entrasse. = correto

8.2. Emprego do Infinitivo pessoal

O infinitivo deve ser flexionado:

Quando o sujeito da oração estiver claramente expresso.	Se tu **perceberes** isto... Convém vocês **irem** depois. O bom é sempre **lembrarmos** desta matéria. = sujeito desinencial, sujeito implícito = nós
Quando tiver sujeito diferente daquele da oração principal.	O professor deu um prazo para os alunos **estudarem** bastante para a prova. Perdoo-te por me **traíres**. O hotel preparou tudo para os turistas **ficarem** à vontade.
Quando se quiser indeterminar o sujeito (utilizado na terceira pessoa do plural).	Têm de agir assim para se **promoverem**. Ela não sai sozinha à noite a fim de não **falarem** mal da sua conduta.
Quando apresentar reciprocidade ou reflexibilidade de ação.	Fizemos os adversários **cumprimentarem-se**. Mandei os homens **olharem-se** no espelho do banheiro.

9. VOZ VERBAL

Refere-se à forma como o agente e o paciente de uma oração são enquadrados nas funções gramaticais – sujeito e complementos verbais (especialmente o objeto direto).

Há duas vozes verbais principais, **voz ativa** e **voz passiva**. A diferença principal é que o sujeito da voz passiva tem o mesmo papel em relação ao verbo principal que o objeto da voz ativa. Há algumas variantes dessas duas vozes principais, como a **voz (ativa) reflexiva** (Eles se prepararam) e a **voz passiva sintética**. Há ainda uma outra voz na Língua Portuguesa, a **voz reflexiva,** na qual o sujeito sofre e efetua a ação ao mesmo tempo.

9.1. Voz Ativa

O sujeito pratica a ação. Exemplo:

V.A. =	Todos os alunos	ouviram	aquela música
	sujeito	*V.T.D.*	*objeto direto*

Para passar uma oração da voz ativa para a passiva, o objeto direto é obrigatório.

9.2. Voz Passiva

o sujeito sofre a ação.

Há dois tipos de voz passiva:

9.2.1. Passiva analítica

SER + PARTICÍPIO

V.P. =	Aquela música	foi ouvida	por todos os alunos
	sujeito paciente	*Ser + particípio*	*agente da passiva*

Dica 1: transpondo a oração da voz ativa para a passiva. Siga a numeração.

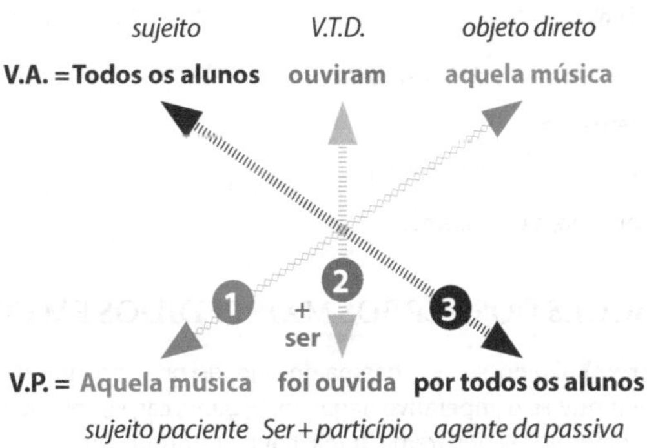

9.2.2. Passiva sintética

V.T.D.(I.) + SE = V.P. (sujeito)

Verbo transitivo direto ou transitivo direto e indireto + se = voz passiva e possui sujeito. O **se** é pronome aPASSIVAdor.

Vende- se	livro	= V.P. sintética	
V.T.D. + se = VP	sujeito		
Entregou-se	**o prêmio**	**ao vencedor.**	**= V.P. sintética**
V.T.D.I. + se = VP.	sujeito	O.I.	

Equivalem a:

- Livro é vendido. = V.P. analítica
- O prêmio foi entregue ao vencedor. = V.P. analítica

Por isso, as formas corretas são:

- Vendem- se livros.
- Entregaram-se os prêmios aos vencedores.

Dica 1: Sujeito no plural = verbo no plural

Dica 2: Atente-se ao número de verbo.

Voz Ativa	Voz Passiva = + SER
1 verbo	1 verbo + SER = 2 verbos
2 verbos	2 verbos + SER = 3 verbos

Voz Passiva	Voz Ativa = – SER
2 verbos	2 verbos – SER = 1 verbos
3 verbos	3 verbos – SER = 2 verbos

9.3. Voz Reflexiva

O sujeito pratica e sofre a ação. Exemplos:

- Ele se feriu ontem à noite.
- Caberá sempre MESMO(a), PRÓPRIO(a)
- Ele feriu a ele próprio, a ele mesmo.

10. CONJUGAÇÕES DOS VERBOS MAIS PEDIDOS EM CONCURSOS

Abolir (defectivo) não possui a 1ª pessoa do sing. do pres. do indicativo, por isso não possui pres. do subjuntivo e o imperativo negativo. (= banir, carpir, colorir, delinquir, demolir, descomedir-se, emergir, exaurir, fremir, fulgir, haurir, retorquir, urgir)

Acudir (alternância vocálica o/u)	presente do indicativo– acudo, acodes
Adequar (defectivo)	só possui a 1ª e a 2ª pessoa do plural no presente do indicativo
Aderir (alternância vocálica e/i)	presente do indicativo – adiro, aderes... (= advertir, cerzir, despir, diferir, digerir, divergir, ferir, sugerir)
Agir (acomodação gráfica g/j)	presente do indicativo – ajo, ages... (= afligir, coagir, erigir, espargir, refulgir, restringir, transigir, urgir)

Agredir (alternância vocálica e/i)	presente do indicativo – agrido, agrides, agride, agredimos, agredis, agridem (= prevenir, progredir, regredir, transgredir)
Aguar (regular)	presente do indicativo – águo, águas, água..., / pretérito perf. do indicativo – aguei, aguaste, aguou, aguamos, aguastes, aguaram (= desaguar, enxaguar, minguar)
Aprazer (irregular)	presente do indicativo – aprazo, aprazes, apraz... / pretérito perf. do indicativo – aprouve, aprouveste, aprouve, aprouvemos, aprouvestes, aprouveram
Arguir (irregular com alternância vocálica o/u)	presente do indicativo – arguo (ú), arguis, argui, arguimos, arguis, arguem / pretérito perf. – argui, arguiste...
Atrair (irregular)	presente do indicativo – atraio, atrais... / pretérito perf. – atraí, atraíste... (=abstrair, cair, distrair, sair, subtrair)
Atribuir (irregular)	presente do indicativo – atribuo, atribuis, atribui, atribuímos, atribuís, atribuem / pretérito perfeito – atribuí, atribuíste, atribuiu... (= afluir, concluir, destituir, excluir, instruir, possuir, usufruir)
Averiguar (alternância vocálica o/u)	presente do indicativo – averiguo (ú), averiguas (ú), averigua (ú), averiguamos, averiguais, averiguam (ú) / pretérito perfeito – averiguei, averiguaste... / presente do subjuntivo – averigue, averigues, averigue... (= apaziguar)
Cear (irregular)	presente do indicativo – ceio, ceias, ceia, ceamos, ceais, ceiam / pretérito perfeito indicativo – ceei, ceaste, ceou, ceamos, ceastes, cearam (= verbos terminados em -ear: falsear, passear... – alguns apresentam pronúncia aberta: estreio, estreia...)
Coar (irregular)	presente do indicativo – coo, côas, côa, coamos, coais, coam / pretérito perfeito – coei, coaste, coou... (= abençoar, magoar, perdoar)
Comerciar (regular)	presente do indicativo – comercio, comercias... / pretérito perfeito – comerciei... (= verbos em -iar, exceto os seguintes verbos: mediar, ansiar, remediar, incendiar, odiar)
Compelir (alternância vocálica e/i)	presente do indicativo – compilo, compeles... / pretérito perfeito indicativo – compeli, compeliste...
Compilar (regular)	presente do indicativo – compilo, compilas, compila... / pretérito perfeito indicativo – compilei, compilaste...
Construir (irregular e abundante)	presente do indicativo – construo, constróis, constrói, construímos, construís, constroem / pretérito perfeito indicativo – construí, construíste...
Crer (irregular)	presente do indicativo – creio, crês, crê, cremos, credes, creem / pretérito perfeito indicativo – cri, creste, creu, cremos, crestes, creram / imperfeito indicativo – cria, crias, cria, críamos, críeis, criam

Falir (defectivo)	presente do indicativo – falimos, falis / pretérito perfeito indicativo – fali, faliste... (= aguerrir, combalir, foragir-se, remir, renhir)
Frigir (acomodação gráfica g/j e alternância vocálica e/i)	presente do indicativo – frijo, freges, frege, frigimos, frigis, fregem / pretérito perfeito indicativo – frigi, frigiste...
Ir (irregular)	presente do indicativo – vou, vais, vai, vamos, ides, vão / pretérito perfeito indicativo – fui, foste... / pres. subj. – vá, vás, vá, vamos, vades, vão
Jazer (irregular)	presente do indicativo – jazo, jazes... / pretérito perfeito indicativo – jazi, jazeste, jazeu...
Mobiliar (irregular)	presente do indicativo – mobílio, mobílias, mobília, mobiliamos, mobiliais, mobíliam / pretérito perfeito indicativo – mobiliei, mobiliaste...
Obstar (regular)	presente do indicativo – obsto, obstas... / pretérito perfeito indicativo – obstei, obstaste...
Pedir (irregular)	presente do indicativo – peço, pedes, pede, pedimos, pedis, pedem / pretérito perfeito indicativo – pedi, pediste... (= despedir, expedir, medir)
Polir (alternância vocálica e/i)	presente do indicativo – pulo, pules, pule, polimos, polis, pulem / pretérito perfeito indicativo – poli, poliste...
Precaver-se (defectivo e pronominal)	presente do indicativo – precavemo-nos, precaveis-vos / pretérito perfeito indicativo – precavi-me, precaveste-te...
Prover (irregular)	presente do indicativo – provejo, provês, provê, provemos, provedes, proveem / pretérito perfeito indicativo – provi, proveste, proveu...
Reaver (defectivo)	presente do indicativo – reavemos, reaveis / pretérito perfeito indicativo – reouve, reouveste, reouve... (verbo derivado do haver, mas só é conjugado nas formas verbais com a letra v)
Remir (defectivo)	presente do indicativo – remimos, remis / pretérito perfeito indicativo – remi, remiste...
Requerer (irregular)	presente do indicativo – requeiro, requeres... / pretérito perfeito indicativo – requeri, requereste, requereu... (derivado do querer, diferindo dele na 1ª pessoa do singular do presente do indicativo e no pretérito perfeito do indicativo e derivados, sendo regular)
Rir (irregular)	presente do indicativo – rio, ris, ri, rimos, rides, riem / pretérito perfeito indicativo – ri, riste... (= sorrir)
Saudar (alternância vocálica)	presente do indicativo – saúdo, saúdas... / pretérito perfeito indicativo – saudei, saudaste...
Suar (regular)	presente do indicativo – suo, suas, sua... / pretérito perfeito indicativo – suei, suaste, suou... (= atuar, continuar, habituar, individuar, recuar, situar)
Valer (irregular)	presente do indicativo – valho, vales, vale... / pretérito perfeito indicativo – vali, valeste, valeu...

11. VERBOS IRREGULARES QUE MERECEM ATENÇÃO

Pronominais: Apiedar-se, dignar-se, persignar-se, precaver-se

CABER

- **presente do indicativo**: caibo, cabes, cabe, cabemos, cabeis, cabem
- **presente do subjuntivo**: caiba, caibas, caiba, caibamos, caibais, caibam
- **pretérito perfeito do indicativo**: coube, coubeste, coube, coubemos, coubestes, couberam
- **pretérito mais-que-perfeito do indicativo**: coubera, couberas, coubera, coubéramos, coubéreis, couberam
- **pretérito imperfeito do subjuntivo**: coubesse, coubesses, coubesse, coubéssemos, coubésseis, coubessem
- **futuro do subjuntivo**: couber, couberes, couber, coubermos, couberdes, couberem

DAR

- **presente do indicativo**: dou, dás, dá, damos, dais, dão
- **presente do subjuntivo**: dê, dês, dê, demos, deis, deem pretérito perfeito do indicativo: dei, deste, deu, demos, destes, deram
- **pretérito mais-que-perfeito do indicativo**: dera, deras, dera, déramos, déreis, deram
- **pretérito imperfeito do subjuntivo**: desse, desses, desse, déssemos, désseis, dessem
- **futuro do subjuntivo**: der, deres, der, dermos, derdes, derem

DIZER

- **presente do indicativo**: digo, dizes, diz, dizemos, dizeis, dizem
- **presente do subjuntivo**: diga, digas, diga, digamos, digais, digam
- **pretérito perfeito do indicativo**: disse, disseste, disse, dissemos, dissestes, disseram
- **pretérito mais-que-perfeito do indicativo**: dissera, disseras, dissera, disséramos, disséreis, disseram
- **futuro do presente**: direi, dirás, dirá, etc.
- **futuro do pretérito**: diria, dirias, diria, etc.
- **pretérito imperfeito do subjuntivo**: dissesse, dissesses, dissesse, disséssemos, dissésseis, dissessem
- **futuro do subjuntivo**: disser, disseres, disser, dissermos, disserdes, disserem

Seguem esse modelo os derivados bendizer, condizer, contradizer, desdizer, maldizer, predizer.

Os particípios desse verbo e seus derivados são irregulares: dito, bendito, contradito, etc.

ESTAR

- **presente do indicativo**: estou, estás, está, estamos, estais, estão
- **presente do subjuntivo**: esteja, estejas, esteja., estejamos, estejais, estejam
- **pretérito perfeito do indicativo**: estive, estiveste, esteve, estivemos, estivestes, estiveram

- **pretérito mais-que-perfeito do indicativo**: estivera, estiveras, estivera, estivéramos, estivéreis, estiveram
- **pretérito imperfeito do subjuntivo**: estivesse, estivesses, estivesse, estivéssemos, estivésseis, estivessem
- **futuro do subjuntivo**: estiver, estiveres, estiver, estivermos, estiverdes, estiverem

FAZER

- **presente do indicativo**: faço, fazes, faz, fazemos, fazeis, fazem
- **presente do subjuntivo**: faça, faças, faça, façamos, façais, façam
- **pretérito perfeito do indicativo**: fiz, fizeste, fez, fizemos, fizestes, fizeram
- **pretérito mais-que-perfeito do indicativo**: fizera, fizeras, fizera, fizéramos, fizéreis, fizeram
- **pretérito imperfeito do subjuntivo**: fizesse, fizesses, fizesse, fizéssemos, fizésseis, fizessem
- **futuro do subjuntivo**: fizer, fizeres, fizer, fizermos, fizerdes, fizerem
  Seguem esse modelo desfazer, liquefazer e satisfazer.

Os particípios desse verbo e seus derivados são irregulares: feito, desfeito, liquefeito, satisfeito, etc.

HAVER

- **presente do indicativo**: hei, hás, há, havemos, haveis, hão
- **presente do subjuntivo**: haja, hajas, haja,: hajamos, hajais, hajam
- **pretérito perfeito do indicativo**: houve, houveste, houve, houvemos, houvestes, houveram
- **pretérito mais-que-perfeito do indicativo**: houvera, houveras, houvera, houvéramos, houvéreis, houveram
- **pretérito imperfeito do subjuntivo**: houvesse, houvesses, houvesse, houvéssemos, houvésseis, houvessem
- **futuro do subjuntivo**: houver, houveres, houver, houvermos, houverdes, houverem

IR

- **presente do indicativo**: vou, vais, vai, vamos, ides, vão
- **presente do subjuntivo**: vá, vás, vá, vamos, vades, vão
- **pretérito imperfeito do indicativo**: ia, ias, ia, íamos, íeis, iam
- **pretérito perfeito do indicativo**: fui, foste, foi, fomos, fostes, foram
- **pretérito mais-que-perfeito do indicativo**: fora, foras, fora, fôramos, fôreis, foram
- **pretérito imperfeito do subjuntivo**: fosse, fosses, fosse, fôssemos, fôsseis, fossem
- **futuro do subjuntivo**: for, fores, for, formos, fordes, forem

PODER

- **presente do indicativo**: posso, podes, pode, podemos, podeis, podem
- **presente do subjuntivo**: possa, possas, possa, possamos, possais, possam
- **pretérito perfeito do indicativo**: pude, pudeste, pôde, pudemos, pudestes, puderam
- **pretérito mais-que-perfeito do indicativo**: pudera, puderas, pudera, pudéramos, pudéreis, puderam
- **pretérito imperfeito do subjuntivo**: pudesse, pudesses, pudesse, pudéssemos, pudésseis, pudessem
- **futuro do subjuntivo**: puder, puderes, puder, pudermos, puderdes, puderem

PÔR

- **presente do indicativo**: ponho, pões, põe, pomos, pondes, põem
- **presente do subjuntivo**: ponha, ponhas, ponha, ponhamos, ponhais, ponham
- **pretérito imperfeito do indicativo**: punha, punhas, punha, púnhamos, púnheis, punham
- **pretérito perfeito do indicativo**: pus, puseste, pôs, pusemos, pusestes, puseram
- **pretérito mais-que-perfeito do indicativo**: pusera, puseras, pusera, puséramos. puséreis, puseram
- **pretérito imperfeito do subjuntivo**: pusesse, pusesses, pusesse, puséssemos, pusésseis, pusessem
- **futuro do subjuntivo**: puser, puseres, puser, pusermos, puserdes, puserem

Todos os derivados do verbo pôr seguem exatamente esse modelo: antepor. compor, contrapor, decompor, depor, descompor, dispor, expor, impor, indispor, interpor, opor, pospor, predispor, pressupor, propor, recompor, repor, sobrepor, supor, transpor são alguns deles.

QUERER

- **presente do indicativo**: quero, queres, quer, queremos, quereis, querem
- **presente do subjuntivo**: queira, queiras, queira, queiramos, queirais, queiram
- **pretérito perfeito do indicativo**: quis, quiseste, quis, quisemos, quisestes, quiseram
- **pretérito mais-que-perfeito do indicativo**: quisera, quiseras, quisera, quiséramos, quiséreis, quiseram
- **pretérito imperfeito do subjuntivo**: quisesse, quisesses, quisesse, quiséssemos, quisésseis, quisessem
- **futuro do subjuntivo**: quiser, quiseres, quiser, quisermos, quiserdes, quiserem

SABER

- **presente do indicativo**: sei, sabes, sabe, sabemos, sabeis, sabem
- **presente do subjuntivo**: saiba, saibas, saiba, saibamos, saibais, saibam
- **pretérito perfeito do indicativo**: soube, soubeste, soube, soubemos, soubestes, souberam
- **pretérito mais-que-perfeito do indicativo**: soubera, souberas, soubera, soubéramos, soubéreis, souberam
- **pretérito imperfeito do subjuntivo**: soubesse, soubesses, soubesse, soubéssemos, soubésseis, soubessem
- **futuro do subjuntivo**: souber, souberes, souber, soubermos, souberdes, souberem

SER

- **presente do indicativo**: sou, és, é, somos, sois, são
- **presente do subjuntivo:** seja. sejas, seja, sejamos, sejais, sejam
- **pretérito imperfeito do indicativo**: era, eras, era, éramos, éreis, eram
- **pretérito perfeito do indicativo**: fui, foste, foi, fomos, fostes, foram
- **pretérito mais-que-perfeito do indicativo**: fora, foras, fora, fôramos, fôreis, foram
- **pretérito imperfeito do subjuntivo**: fosse, fosses, fosse, fôssemos, fôsseis, fossem
- **futuro do subjuntivo**: for, fores, for, formos, fordes, forem

As segundas pessoas do imperativo afirmativo são. sê (tu) e sede (vós).

TER

- **presente do indicativo**: tenho, tens, tem, temos, tendes, têm
- **presente do subjuntivo**: tenha, tenhas, tenha, tenhamos, tenhais, tenham
- **pretérito imperfeito do indicativo**: tinha, tinhas, tinha, tínhamos, tínheis, tinham
- **pretérito perfeito do indicativo**: tive, tiveste, teve, tivemos, tivestes, tiveram
- **pretérito mais-que-perfeito do indicativo**: tivera, tiveras, tivera, tivéramos, tivéreis, tiveram
- **pretérito imperfeito do subjuntivo**: tivesse, tivesses, tivesse, tivéssemos, tivésseis, tivessem
- **futuro do subjuntivo**: tiver, tiveres, tiver, tivermos, tiverdes, tiverem

Seguem esse modelo os verbos ater, conter, deter, entreter, manter, reter.

TRAZER

- **presente do indicativo**: trago, trazes, traz, trazemos, trazeis, trazem
- **presente do subjuntivo**: traga, tragas, traga, tragamos, tragais, tragam
- **pretérito perfeito do indicativo**: trouxe, trouxeste, trouxe, trouxemos, trouxestes, trouxeram
- **pretérito mais-que-perfeito do indicativo**: trouxera, trouxeras, trouxera, trouxéramos, trouxéreis, trouxeram

- **futuro do presente**: trarei, trarás, trará, etc.
- **futuro do pretérito**: traria, trarias, traria, etc.
- **pretérito imperfeito do subjuntivo**: trouxesse, trouxesses, trouxesse, trouxéssemos, trouxésseis, trouxessem
- **futuro do subjuntivo**: trouxer, trouxeres, trouxer, trouxermos, trouxerdes, trouxerem

VER

- **presente do indicativo**: vejo, vês, vê, vemos, vedes, veem
- **presente do subjuntivo**: veja, vejas, veja, vejamos, vejais, vejam
- **pretérito perfeito do indicativo**: vi, viste, viu, vimos, vistes, viram
- **pretérito mais-que-perfeito do indicativo**: vira, viras, vira., víramos, víreis, viram
- **pretérito imperfeito do subjuntivo**: visse, visses, visse, víssemos, vísseis, vissem
- **futuro do subjuntivo**: vir, vires, vir, virmos, virdes, virem

Seguem esse modelo os derivados antever, entrever, prever, rever. Prover segue o modelo acima apenas no presente do indicativo e seus tempos derivados; nos demais tempos, comporta-se como um verbo regular da segunda conjugação.

VIR

- **presente do indicativo**: venho, vens, vem, vimos, vindes, vêm
- **presente do subjuntivo**: venha, venhas, venha, venhamos, venhais, venham
- **pretérito imperfeito do indicativo**: vinha, vinhas, vinha, vínhamos, vínheis, vinham
- **pretérito perfeito do indicativo**: vim, vieste, veio, viemos, viestes, vieram
- **pretérito mais-que-perfeito do indicativo**: viera, vieras, viera., viéramos, viéreis, vieram
- **pretérito imperfeito do subjuntivo**: viesse, viesses, viesse, viéssemos, viésseis, viessem
- **futuro do subjuntivo**: vier, vieres, vier, viermos, vierdes, vierem

particípio e gerúndio: vindo

Seguem esse modelo os verbos advir, convir, desavir-se, intervir, provir, sobrevir.

Verbos em IAR em comparação com os em EAR					
Passear		Odiar		Copiar	
Pres. Ind.	Pres. Subj.	Pres. Ind.	Pres. Subj.	Pres. Ind.	Pres. Subj.
passeio	passeie	odeio	odeie	copio	copie
passeias	passeies	odeias	odeies	copias	copies
passeia	passeie	odeia	odeie	copia	copie
passeamos	passeemos	odiamos	odiemos	copiamos	copiemos
passeais	passeeis	odiais	odieis	copiais	copieis

Verbos em IAR em comparação com os em EAR					
Passear		**Odiar**		**Copiar**	
Pres. Ind.	**Pres. Subj.**	**Pres. Ind.**	**Pres. Subj.**	**Pres. Ind.**	**Pres. Subj.**
passeiam	passeiem	odeiam	odeiem	copiam	copiem
Todos os verbos terminados em EAR são irregulares. Os verbos terminados em IAR são regulares, exceto: mediar, ansiar, remediar, incendiar e odiar.					

12. FIQUE DE OLHO

- Vozes verbais – transposição da ativa para a passiva ou vice-versa;
- Vozes verbais – transposição da passiva analítica para a passiva sintética ou vice-versa;
- Voz reflexiva e voz recíproca;
- Tempos e modos verbais;
- Formação dos modos imperativos;
- Correlação dos tempos verbais.

12.1. Questões comentadas 2023

Texto 2A1-I

O ordenamento jurídico vem sendo confrontado com as inovações tecnológicas decorrentes da aplicação da inteligência artificial (IA) nos sistemas computacionais. Não apenas se vivencia uma ampliação do uso de sistemas lastreados em IA no cotidiano, como também se observa a existência de robôs com sistemas computacionais cada vez mais potentes, nos quais os algoritmos passam a decidir autonomamente, superando a programação original. Nesse contexto, um dos grandes desafios ético-jurídicos do uso massivo de sistemas de inteligência artificial é a questão da responsabilidade civil advinda de danos decorrentes de robôs inteligentes, uma vez que os sistemas delituais tradicionais são baseados na culpa e essa centralidade da culpa na responsabilidade civil se encontra desafiada pela realidade de sistemas de inteligência artificial.

Perante a autonomia algorítmica na qual os sistemas de IA passam a decidir de forma diversa da programada, há uma dificuldade de diferenciar quais danos decorreram de erro humano e aqueles que derivaram de uma escolha equivocada realizada pelo próprio sistema ao agir de forma autônoma. O comportamento emergente da máquina, em função do processo de aprendizado profundo, sem receber qualquer controle da parte de um agente humano, torna difícil indicar quem seria o responsável pelo dano, uma vez que o processo decisório decorreu de um aprendizado automático que culminou com escolhas equivocadas realizadas pelo próprio sistema. Há evidentes situações em que se pode vislumbrar a existência de culpa do operador do sistema, como naquelas em que não foram realizadas atualizações de *software* ou, até mesmo, de quebra de deveres objetivos de cuidado, como falhas que permitem que *hackers* interfiram no sistema. Entretanto, excluídas essas situações, estará ausente o juízo de censura necessário para a responsabilização com base na culpa.

B. L. da Anunciação Melo e H. Ribeiro Cardoso. Sistemas de inteligência artificial e responsabilidade civil: uma análise da proposta europeia acerca da atribuição de personalidade civil. In: Revista Brasileira de Direitos Fundamentais & Justiça, 16(1), 2020, p. 93-4 (com adaptações).

---

01. (CEBRASPE - MP SC - Promotor - 2023) A oração "ao agir de forma autônoma" (primeiro período do segundo parágrafo) poderia ser substituída por **quando agiu de forma autônoma**, sem prejuízo da correção gramatical e do paralelismo temporal dos eventos tratados no período.

( ) certo ( ) errado

➢ Comentários:

Vejamos o paralelismo temporal: *diferenciar quais danos decorreram de erro humano e aqueles que derivaram de uma escolha equivocada realizada pelo próprio sistema ao agir de forma autônoma.*

Tempo dos verbos: pretérito perfeito do indicativo (ações passadas e concluídas).

Ao substituir por "quando **agiu** de forma autônoma", o paralelismo foi mantido pelo fato de conjugar, também, o verbo no pretérito perfeito do indicativo.

Resposta: Certo

---

02. (CEBRASPE - MP SC - Promotor - 2023) No segundo período do segundo parágrafo, o tempo verbal em "seria" indica que se trata de um acontecimento que se deu no passado posteriormente a outro também ocorrido no passado.

( ) certo ( ) errado

➢ Comentários:

No trecho: *O comportamento emergente da máquina, em função do processo de aprendizado profundo, sem receber qualquer controle da parte de um agente humano, torna difícil indicar quem **seria** o responsável pelo dano, uma vez que o processo decisório decorreu de um aprendizado automático que culminou com escolhas equivocadas realizadas pelo próprio sistema.*

O verbo "seria" está conjugado no futuro do pretérito do indicativo. O verbo anteposto está conjugado no presente do indicativo, isto é, não há relação alguma com ação passada posterior à outra ação também passada.

Dica: Isso só ocorre com o verbo conjugado no pretérito mais-que-perfeito do indicativo, cuja terminação é "-ra" (fora, tornara, fizera, estudara, trabalhara).

Resposta: Errado

---

03. (CEBRASPE - MP SC - Promotor - 2023) No penúltimo período do segundo parágrafo, o modo verbal expresso em "interfiram" denota, no texto, um desejo.

( ) certo ( ) errado

➢ Comentários:

No texto: *permitem que hackers interfiram no sistema.*

Perceba que não existe noção de desejo ou de ordem; indica uma ação duvidosa: *hackers* podem interferir ou não no sistema.

O verbo está conjugado no presente do subjuntivo.

Dica: denotaria desejo se estivesse no modo imperativo.

Exemplo: Interfira no sistema!

Resposta: Errado

Fragmento de texto para responder à questão.

(...) A justiça está se fazendo pela organização popular, pelo aguçamento dos conflitos. E cada um de nós vislumbra o norte da justiça, por via da busca de uma visão coerente da história, aliada a uma prática e a uma análise rigorosa das circunstâncias presentemente vividas. (...)

Roberto Aguiar. O que é justiça: uma abordagem dialética. Brasília: Senado Federal. Conselho Editorial, 2020, p. 319-20 (com adaptações).

---

04. (CEBRASPE - MP SC - Promotor - 2023 - adaptada) No primeiro período, o segmento "pela organização popular, pelo aguçamento dos conflitos" constitui o agente da passiva da oração que compõe o período.

( ) certo ( ) errado

➢ Comentários:

No trecho: *A justiça está se fazendo pela organização popular.*

A justiça	está se fazendo	pela organização popular.
Sujeito	a locução equivale a "faz-se" verbo intransitivo	**adjunto adverbial de modo**

Para haver agente da passiva, a oração precisa estar na voz passiva analítica, ou seja, é necessário haver o verbo "ser" + particípio.

Na oração acima, não existe o verbo "ser" nem particípio. Está na voz ativa.

Dica para a próxima prova: pode haver oração na voz passiva analítica com o vero "ser" implícito.

O estudo feito pelos candidatos na semana passada.

Lê-se: o estudo [foi] feito pelos candidatos.

A expressão "pelos candidatos" possui função de agente da passiva.

Para evitar erro, transponha a oração para a voz ativa: os candidatos fizeram o estudo.

Resposta: Errado

Fragmento de texto para responder à questão.

A origem da instituição Ministério Público (MP) não é facilmente situada na história, não sendo possível precisar ou afirmar com certeza a data e o local nos quais se tenha originado.

No Brasil, a figura do promotor de justiça só surge em 1609, quando é regulamentado o Tribunal de Relação na Bahia. No Império, tratava-se a instituição no Código de Processo Criminal, sem nenhuma referência constitucional. Somente na Constituição de 1824, foram criados o Supremo Tribunal de Justiça e os tribunais de relação, nomeando-se desembargadores, procuradores da Coroa, conhecidos como "chefe do parquet". No entanto, a expressão "Ministério Público" só seria utilizada no Decreto n.º 5.618, de 2 de maio de 1874. (...)

Internet: www.anpr.org.br (com adaptações)

---

05. (CEBRASPE - MP SC - Promotor - 2023) O tempo verbal empregado no primeiro período do segundo parágrafo é denominado presente histórico e, em seu lugar, seria adequado o uso do pretérito perfeito do modo indicativo.

( ) certo ( ) errado

➢ Comentários:

Usa-se o presente histórico para se referir a algo que aconteceu no passado. O objetivo é enfatizar o fato, dando um ar de imediatismo ou de atualidade a um fato já ocorrido e finalizado.

Por se tratar de um fato passado, poderia ser assim reescrito: a figura do promotor de justiça só **surgiu** em 1609.

Resposta: Certo

12.2. Questões comentadas

12.2.1. Nível superior

Fragmento de texto para responder à questão.

Na ótica da saúde pública, pode-se conceituar a política de redução de danos como um conjunto de estratégias que visam minimizar os danos causados pelo uso de diferentes drogas, sem necessariamente exigir a abstinência de seu uso. Vale dizer, **enquanto não for possível ou desejável a abstinência**, outros agravos à saúde podem ser evitados, como, por exemplo, as doenças infectocontagiosas transmissíveis por via sanguínea, tais quais as hepatites e HIV/AIDS. (...)

Maurides de Melo Ribeiro. Drogas e redução de danos. São Paulo: Editora Saraiva, 2013,
p. 45-46 (com adaptações).

---

01. (Cebraspe – MJ SP – Técnico em pesquisa e análise de dados - 2022 - adaptada) A oração "enquanto não for possível ou desejável a abstinência" (segundo período) expressa uma vontade, haja vista o emprego do modo subjuntivo em "for".

( ) certo ( ) errado

➢ Comentários:

O verbo "ser" está conjugado no **futuro do subjuntivo** e indica uma **ação futura duvidosa**. Apenas o modo imperativo (afirmativo ou negativo) expressa vontade, pedido, sugestão ou conselho.

Resposta: Errado

12.2.2. Carreiras fiscais

Fragmento de texto para responder à questão.

(...) Enquanto prestava minuciosa atenção ao movimento dos guindastes no porto, deixou o pensamento emaranhar-se livremente em sua própria trama. **Formara, havia tempos, a ideia de que momentos de solidão eram propícios à reflexão**. Sentado naquele banco, acabara por concluir que isso não se aplicava a si próprio. A forma mais comum como transcorria sua vida mental era a de um fluxo semienlouquecido de imagens acompanhado de diálogos inteiramente fantásticos. Não se julgava capaz de uma reflexão puramente racional, o que, para um policial, era no mínimo embaraçoso.

Luiz Alfredo Garcia-Roza. O silêncio da chuva. Companhia das Letras, 2005 (com adaptações).

---

01. (Cespe/Cebraspe - DPE DF - Auditoria/2022 - adaptada) No período "Formara, havia tempos, a ideia de que momentos de solidão eram propícios à reflexão", o trecho "Formara, havia tempos" poderia ser substituído por **Formou, há tempos**, sem prejuízo dos sentidos originais e da correção gramatical do texto.

( ) certo ( ) errado

➢ Comentários:

A gramática continuaria correta, mas o sentido seria alterado.

O verbo no pretérito mais-que-perfeito do indicativo refere-se a uma ação passada que possui relação com outra ação também passada (deixou). O pretérito perfeito (formou) refere-se apenas a uma ação já concluída, finalizada.

Resposta: Errado

Fragmento de texto para responder à questão.

Em **O processo**, a antevisão do inferno em que se transformaria a burocracia moderna, das culpas imputadas, da tortura anônima e da morte que caracterizam os regimes totalitários do século vinte já é um lugar-comum. O trucidamento (literal) de que K. tornou-se um ícone do homicídio político. "A colônia penal" de Kafka transformou-se em realidade pouco depois de sua morte, quando também os temas da aniquilação e dos "vermes", de sua **Metamorfose**, adquiriram macabra realidade. A realização concreta de suas premonições, com pormenores de clarividência, está indissociavelmente relacionada às suas fantasias aparentemente desvairadas. Haveria algum sentido em pensar que, de alguma forma, as previsões claramente formuladas na ficção de Kafka, em **O processo** principalmente, **teriam contribuído** para que de fato ocorressem? Seria possível que uma profecia articulada de maneira tão impiedosa tivesse outro destino que não a sua realização? As três irmãs de K. e sua Milena morreram em campos de concentração. O judeu da Europa Central que Kafka ironizou e celebrou foi extinto de maneira abominável. (...)

George Steiner. Um comentário sobre O processo de Kafka. In: Nenhuma paixão desperdiçada. Tradução de Maria Alice Máximo. Rio de Janeiro: Record, 2001 (com adaptações).

02. (Cespe/Cebraspe - DPE DF - Auditoria/2022) No quinto período do texto, a locução verbal "teriam contribuído" poderia ser substituída por **contribuiriam**, sem prejuízo da correção gramatical do texto.

( ) certo ( ) errado

➢ Comentários:

O **futuro do pretérito composto do indicativo** é conjugado com o verbo "ter" ou "haver" no futuro do pretérito indicativo + particípio e possui o mesmo valor do futuro do pretérito do indicativo simples.

As previsões **teriam contribuído** para que ocorressem = as previsões **contribuiriam.**

Ele **teria estudado** ontem se não tivesse perdido a hora = ele **estudaria.**

Resposta: Certo

Texto CB1A1-I

Não é preciso temer as máquinas, à maneira do **Exterminador do futuro**, para se preocupar com a sobrevivência da democracia em um mundo dominado pela inteligência artificial (IA). No fim das contas, a democracia sempre teve como alicerces os pressupostos de que nosso conhecimento do mundo é imperfeito e incompleto; de que não há resposta definitiva para grande parte das questões políticas; e de que é sobretudo por meio da deliberação e do debate que expressamos nossa aprovação e nosso descontentamento.

Em certo sentido, o sistema democrático tem se mostrado capaz de aproveitar nossas imperfeições da melhor maneira: uma vez que de fato não sabemos tudo, e tampouco podemos testar empiricamente todas as nossas suposições teóricas, estabelecemos certa margem de manobra democrática, uma folga política, em nossas instituições, a fim de evitar sermos arrastados pelos vínculos do fanatismo e do perfeccionismo.

Agora, novas melhorias na IA, viabilizadas por operações massivas de coleta de dados, aperfeiçoadas ao máximo por grupos digitais, contribuíram para a retomada de uma velha corrente positivista do pensamento político. Extremamente tecnocrata em seu âmago, essa corrente sustenta que a democracia talvez tenha tido sua época, mas que hoje, com tantos dados à nossa disposição, afinal estamos prestes a automatizar e simplificar muitas daquelas imperfeições que teriam sido — deliberadamente — incorporadas ao sistema político.

Dessa forma, podemos delegar cada vez mais tarefas a algoritmos que, avaliando os resultados de tarefas anteriores e quaisquer alterações nas predileções individuais e nas curvas de indiferença, se reajustariam e revisariam suas regras de funcionamento. Alguns intelectuais proeminentes do Vale do Silício até exaltam o surgimento de uma "regulação algorítmica", celebrando-a como uma alternativa poderosa à aparentemente ineficaz regulação normal.

Evgeny Morozov. Big Tech. A ascensão dos dados e a morte da política.
São Paulo: Ubu Editora, 2018, p. 138-139 (com adaptações).

03. (Cespe/Cebraspe - TCE RJ - Analista Controle Externo/2022) No segundo parágrafo, depreende-se do emprego de "tem se mostrado" que a capacidade do sistema democrático de "aproveitar nossas imperfeições" remonta ao passado e permanece no presente.

( ) certo ( ) errado

➢ Comentários:

1. O sujeito da locução verbal é "o sistema democrático";
2. Ele é capaz de *aproveitar nossas imperfeições;*
3. A locução verbal está conjugada no pretérito perfeito composto do indicativo (verbo auxiliar "ter" + particípio);
4. Esse tempo composto indica um fato que tem ocorrido com frequência, isto é, permanece no presente;
5. Remonta ao passado, ou seja, refere-se ao passado porque no parágrafo anterior é mencionada esta informação: *a democracia* ***sempre teve*** *como alicerces os pressupostos de que nosso conhecimento do mundo é imperfeito e incompleto.*

Resposta: Certo

04. (Cespe/Cebraspe - TCE RJ - Analista Controle Externo/2022) No primeiro período do último parágrafo, as formas verbais "reajustariam" e "revisariam" expressam ações que estavam prestes a acontecer no passado.

( ) certo ( ) errado

➢ Comentários:

Os dois verbos estão conjugados no **futuro do pretérito do indicativo**. Esse tempo pode expressar incerteza, surpresa ou indignação. É utilizado para se referir a algo que **poderia ter acontecido posteriormente a uma situação no passado.**

Exemplos:

Nós estudaríamos mais naquele mês. Eles fariam uma boa prova. Eu leria aquela poesia todas as manhãs.

Percebe-se, então, que não são ações que estavam prestes a acontecer no passado.

Resposta: Errado

Capítulo 3

COMPLEMENTO

Para acesso ao vídeo, utilize o QR Code ao lado.

Os assuntos abordados neste capítulo são pouco exigidos por CESPE e foram sintetizados para facilitar seu estudo.

1. PROCESSOS DE FORMAÇÃO DAS PALAVRAS

1.1. Conceitos

Observemos alguns conceitos sobre palavras primitivas e derivadas, palavras simples e compostas.

1.1.1. Palavras primitivas

Palavras que não são formadas a partir de outras palavras.

mar	terra	pedra	casa

1.1.2. Palavras derivadas

Palavras que são formadas a partir de outras já existentes.

mar	terra	pedra	casa
marinheiro, marujo	aterrar, terreiro	pedrada, pedreiro	casulo, casebre

1.1.3. Palavras simples

Palavras que possuem apenas um radical.

lua	sol	música	poesia

1.1.4. Palavras compostas

Palavras que possuem dois ou mais radicais.

pernilongo	perna + longa
aguardente	água + ardente
guarda-chuva	guarda + chuva
guarda-civil	guarda + civil

1.2. Derivação

É o processo de formação de novas palavras através da adição ou subtração de itens a uma palavra primitiva, ou seja, deriva de outra.

1.2.1. Derivação prefixal

ocorre quando a palavra nova é obtida por acréscimo de prefixo.

Dica: Pré **indica anterioridade, antecipação, adiantamento.**

expor	**ex** + por
impor	**im** + por
percorrer	**per** + correr

1.2.2. Derivação sufixal

Ocorre quando a palavra nova é obtida por acréscimo de sufixo.

Dica: Sufixo **é afixo que se junta ao final de uma palavra para formar derivadas.**

dentista	dent + **ista**
amoroso	amor + **oso**
artista	art + **ista**
boiada	boi + **ada**

1.2.3. Derivação prefixal e sufixal

Ocorre quando a palavra nova é obtida por acréscimo de prefixo e sufixo.

Em concursos: o prefixo ou o sufixo pode ser retirado e uma nova palavra é formada.

	prefixo	radical	sufixo	novas palavras
deslealdade	des	leal	dade	desleal, lealdade
infelizmente	in	feliz	mente	infeliz, felizmente
Inutilizar	in	util	izar	inútil, utilizar

1.2.4. Derivação parassintética

Ocorre quando a palavra nova é obtida pelo acréscimo simultâneo de prefixo e sufixo. Por parassíntese formam-se, principalmente, verbos.

Em concursos: o prefixo ou o sufixo **não** pode ser retirado.

	prefixo	radical	sufixo	
entristecer	en	trist	ecer	**não** há novas palavras
entardecer	en	tard	ecer	
esquentar	es	quent	ar	

1.2.5. Derivação regressiva

O nome já traz seu significado: a palavra reduz, ou seja, diminui.

botequim	boteco
português	portuga
barracão	barraco
sarampão	sarampo

É importante na formação de substantivos derivados de verbos.

verbo	substantivo
estudar	estudo
caçar	caça
pescar	pesca
chorar	choro

1.2.6. Derivação imprópria

Ocorre mudança na classe gramatical, por isso o nome **imprópria**.

substantivo	derivado do verbo
o **jantar**	jantar

adjetivo	derivado do substantivo
mulher **aranha**	aranha

substantivo	derivado do advérbio
"como será o **amanhã**?"	amanhã

1.3. Composição

É o processo que forma palavras compostas, a partir da junção de dois ou mais radicais.

Em concursos: Derivação possui **um** radical e composição possui **mais de um** radical.

1.3.1. Composição por justaposição

Ao unirmos os radicais, **não** ocorre alteração fonética, ou seja, o som não muda.

passatempo	passa + tempo
varapau	vara + pau
obra-prima	obra + prima
malmequer	mal + me + quer
girassol*	gira + sol
couve-flor	couve + flor
salário-família	salário + família

*Em **girassol** houve acréscimo da consoante **s** para manter a sonoridade.

1.3.2. Composição por aglutinação

Ao unirmos dois ou mais vocábulos ou radicais, **ocorre supressão** de um ou mais de seus elementos fonéticos.

aguardente	água + ardente
planalto	plano + alto
embora	em + boa + hora
cabisbaixo	cabeça + baixa
fidalgo	filho + de + algo
vinagre	vinho + acre
pernilongo	perna + longa

1.4. Outros Processos de Formação das Palavras

1.4.1. Redução ou abreviação vocabular

Reduz-se a palavra ao máximo sempre mantendo seu significado.

auto	automóvel
cine	cinema
Zé	José
extra	extraordinário
pneu	pneumático
zoo	zoológico

As **siglas** podem ser citadas também como redução, muito frequentes na comunicação atual. Veremos em seguida.

1.4.2. Hibridismo

Palavra formada por elementos de línguas distintas.

burocracia	buro: francês	cracia: grego
automóvel	auto: grego	móvel: latim
monocultura	mono: grego	cultura: latim
sambódromo	samba: português	dromo: grego

1.4.3. Onomatopeia

São vocábulos que reproduzem aproximadamente os sons e as vozes dos seres.

tique-taque	pingue-pongue	mugir	miar	piar	rosnar	grunhir	latir	bummm!

1.5. Neologismos e Gírias[1]

A língua está sempre se modificando: palavras novas, das mais diversas origens, são incorporadas ao idioma e logo absorvidas pelos falantes, que passam a utilizá-las no seu processo diário de comunicação. Simultaneamente, o avanço tecnológico, os modismos, as invenções exigem a criação de novas palavras. Às vezes, palavras antigas podem ganhar uma nova significação, um novo sentido. Surgem, assim, os **neologismos**.

Os neologismos podem ser criados a partir de palavras da própria língua do país (como as palavras "presidenciável" e "carreata", por exemplo) ou a partir de palavras estrangeiras ("roqueiro" e "deletar", por exemplo).

No processo de criação de palavras novas, merecem destaque as gírias, que surgem num determinado grupo social e, por sua expressividade, acabam sendo incorporadas à linguagem coloquial de outras camadas sociais.

A **gíria** é um fenômeno de linguagem especial que consiste no uso de uma palavra não convencional para designar outras palavras formais da língua. Pode ser empregada no intuito de fazer segredo, humor ou distinguir o grupo que a adota dos demais, muitas vezes criando um jargão próprio. Assim, como uma expressão idiomática, é uma palavra que se caracteriza por não permitir a identificação do seu significado através de seu sentido literal. Por essa razão, também não é possível traduzi-la para outra língua de modo literal. As gírias geralmente se originam de acordo com a cultura e peculiaridades de cada região.

É importante observar que a gíria é uma linguagem de uso passageiro: ao entrar em desuso, a mensagem pode se tornar incompreensível. Portanto, ao escrevermos um texto informativo, devemos evitá-las. As gírias podem comprometer a clareza, bem como a permanência do texto escrito, gerando complicações.

Gíria	Explicação
13 ou 22	Cara louco, doido, maluco.
24	Homossexual. O fato vem do número 24 ser o número do veado no Jogo do bicho.
38 (lê-se trinta-e-oito ou três-oitão)	Arma de fogo bastante comum no Brasil, principalmente de forma ilegal.
171 (lê-se um-sete-um)	Estelionatário. Refere-se ao artigo número 171, que versa sobre estelionato.
Abraçar jacaré	Dar-se mal, encontrar-se em situação controversa.
Alcaguete ou Alcagueta	Pessoa dedo-duro, delatora.
Animal	Muito legal, radical.

1. Só português. Disponível em <http://www.soportugues.com.br/secoes/girias/>. Acesso em 30 março 2014.

2. SUBSTANTIVO

Substantivo é a classe gramatical variável que denomina os seres. Além de objetos, pessoas e fenômenos, os substantivos também nomeiam:

Lugares	Alemanha, Porto Alegre.
Sentimentos	amor, raiva.
Estados	alegria, tristeza.
Qualidades	honestidade, sinceridade.
Ações	corrida, pescaria.

2.1. Em Concursos – Morfossintaxe

Na análise sintática, o substantivo pode ser núcleo de vários termos.

núcleo	do **sujeito**
	do **complemento verbal** – objeto direto e objeto indireto
	do **agente da passiva**
	do **complemento nominal**
	do **aposto**
	do **predicativo** – do sujeito ou do objeto
	do **vocativo**
	do **adjunto adnominal**
	do **adjunto adverbial**

O substantivo pode ser adjetivado, isto é, pode qualificar.

Segundo o *Dicionário de usos do português do Brasil*, de Francisco S. Borba, o **substantivo** se refere à palavra em sua atuação como adjetivo.

Substantivo Adj [**Qualificador de nome não animado**]

1) que tem substância ou essência: destacava-se entre os homens hábeis daquele país o hábito de fazer uma conversa prosseguir horas a fio, sem que a proposta substantiva ganhasse clara configuração (REP); se olham as coisas não pelos resultados substantivos (VEJ);
2) essencial; profundo: eu te amo por você mesma, de um modo substantivo e positivo (LC)
3) fundamental; essencial: o submarino foi um elemento adjetivo na I Guerra Mundial e substantivo na II Guerra (VEJ)
4) que equivale a um substantivo, ou que o traz implícito: onde é que está a ideia substantiva no meio desses adjetivos? (CNT).
5) palavra que por si só designa a substância, ou seja, um ser real ou metafísico; palavra com que se nomeiam os seres, atos ou conceitos; nome: Há-kodesh é na origem um substantivo feminino (VEJ); Planctus era um particípio passado e não um substantivo (ACM)

2.2. Formação do Substantivo

2.2.1. Substantivos simples e compostos

Substantivo simples é formado por um único elemento; substantivo composto é formado por dois ou mais elementos.

simples	sol, poesia, livro, lua
composto	girassol, beija-flor, guarda-sol

2.2.2. Substantivos primitivos e derivados

Substantivo primitivo não deriva de nenhuma outra palavra da própria língua portuguesa; o substantivo derivado se origina de outra palavra.

primitivo	terra, luz, fogo, feudo
derivado	território, luzeiro, fogueira, feudalismo

2.3. Flexão do Substantivo

2.3.1. Flexão de gênero

Gênero é a propriedade que as palavras têm de indicar sexo real ou fictício dos seres. São dois gêneros: **masculino** e **feminino.**

Substantivos Biformes e Substantivos Uniformes

Atente-se ao que facilita: uni = uma; bi = duas.

Biformes: possuem duas formas, uma para o masculino e outra para o feminino.

masculino	feminino
menino	menina
amigo	amiga
gato	gata
candidato	candidata

Uniformes: possuem uma única forma e são classificados em:

Epicenos

Têm um só gênero e nomeiam bichos.

onça macho	onça fêmea
jacaré macho	jacaré fêmea
foca macho	foca fêmea

Sobrecomuns

Têm um só gênero e nomeiam pessoas.

a criança	a testemunha	o cônjuge	o carrasco	o ídolo

Observação: Há substantivos que, variando de gênero, variam em seu significado:

→ o rádio (aparelho receptor) e a rádio (estação emissora)

→ o capital (dinheiro) e a capital (cidade)

Comuns de dois gêneros

Indicam o sexo das pessoas por meio do artigo.

o dentista	a dentista
um jovem	uma jovem
o imigrante	a imigrante

Formação dos Substantivos Biformes e Uniformes

Substantivos Biformes[2]

<table>
<tr><td>Regra geral</td><td>troca-se a terminação -o por a-</td><td colspan="2">aluno – aluna</td></tr>
<tr><td>Substantivos terminados em -ês</td><td>acrescenta-se -a ao masculino</td><td colspan="2">freguês – freguesa</td></tr>
<tr><td rowspan="5">Substantivos terminados em -ão</td><td rowspan="5">fazem o feminino de três formas</td><td>troca-se -ão por -oa.</td><td>patrão – patroa</td></tr>
<tr><td>troca-se -ão por -ã.</td><td>campeão – campeã</td></tr>
<tr><td rowspan="2">troca-se -ão por ona.</td><td>solteirão – solteirona</td></tr>
<tr><td>barão – baronesa</td></tr>
<tr><td>Exceções:</td><td>• ladrão- ladra
• sultão – sultana</td></tr>
<tr><td rowspan="2">Substantivos terminados em -or</td><td>1. acrescenta-se -a ao masculino</td><td colspan="2">doutor – doutora</td></tr>
<tr><td>2. troca-se -or por -triz</td><td colspan="2">imperador – imperatriz</td></tr>
<tr><td rowspan="3">Substantivos com feminino em -esa, -essa, -isa</td><td>-esa</td><td colspan="2">cônsul – consulesa</td></tr>
<tr><td>-essa</td><td colspan="2">conde – condessa</td></tr>
<tr><td>-isa</td><td colspan="2">poeta – poetisa</td></tr>
<tr><td>Substantivos que formam o feminino trocando o -e final por -a</td><td colspan="3">elefante – elefanta</td></tr>
<tr><td>Substantivos que têm radicais diferentes no masculino e no feminino</td><td colspan="3">bode – cabra / boi – vaca</td></tr>
<tr><td>Substantivos que formam o feminino de maneira especial, isto é, não seguem nenhuma das regras anteriores:</td><td colspan="3">czar – czarina / réu – ré</td></tr>
</table>

2. Só português. Disponível em <http://www.soportugues.com.br/secoes/morf/morf24.php>. Acesso em 30 março 2014, alterado.

Uniformes[3]

Epicenos	Alguns nomes de animais apresentam uma só forma para designar os dois sexos. Esses substantivos são chamados de **epicenos**. No caso dos epicenos, quando houver a necessidade de especificar o sexo, utilizam-se palavras **macho** e **fêmea.**
	o jacaré (gênero masculino) – o macho do jacaré / o jacaré macho – a fêmea do jacaré / o jacaré fêmea ou fêmeo. a mosca (gênero feminino) – o macho da mosca/ a mosca macho ou macha – a fêmea da mosca/ o mosca fêmea".
Sobrecomuns	O substantivo sobrecomum, que se refere aos seres humanos, tem a mesma forma genérica para o masculino ou feminino. Nem os artigos e adjetivos que acompanham o substantivo sobrecomum variam.
	O algoz / O apóstolo / A criança / A pessoa / A vítima / O cônjuge / O verdugo / A criatura
Comuns de Dois Gêneros	A distinção de gênero pode ser feita através da análise do artigo ou adjetivo, quando acompanharem o substantivo.
	o colega – **a** colega / **o** imigrante – **a** imigrante / **um** jovem – **uma** jovem / artista **famoso** – artista **famosa /** repórter **francês** – repórter **francesa**

Substantivos de gêneros incertos[4]

Existem numerosos substantivos de gênero incerto e flutuante, sendo usados com a mesma significação, ora como masculinos, ora como femininos.

a abusão	erro comum, superstição, crendice
a aluviao	sedimentos deixados pelas águas, inundação, grande numero
a cólera ou cólera-morbo	doença infecciosa
a personagem	pessoa importante, pessoa que figura numa história
a trama	intriga, conluio, maquinação, cilada
a xerox (ou xérox)	cópia xerográfica, xerocópia
o ágape	refeição que os cristãos faziam em comum, banquete de confraternização
o caudal	torrente, rio
o diabetes ou diabete	doença
o jângal	floresta própria da Índia
o lhama	mamífero ruminante da família dos camelídeos

3. Só português. Disponível em <http://www.soportugues.com.br/secoes/morf/morf25.php>. Acesso em 30 março 2014, alterado.
4. Só português. Disponível em <http://www.soportugues.com.br/secoes/morf/morf26.php>. Acesso em 30 março 2014.

o ordenança	soldado às ordens de um oficial
o praça	soldado raso
o preá	pequeno roedor

Gênero dos Nomes de Cidades

Salvo raras exceções, nomes de cidades são femininos.

A histórica Ouro Preto.	A dinâmica São Paulo.	A acolhedora Porto Alegre.	Uma Londres imensa e triste.
Exceções: o Rio de Janeiro, o Cairo, o Porto, o Havre.			

Gênero e Significação[5]

Muitos substantivos têm uma significação no masculino e outra no feminino.

MASCULINO	FEMININO
o baliza (soldado que, que à frente da tropa, indica os movimentos que se deve realizar em conjunto; o que vai à frente de um bloco carnavalesco, manejando um bastão)	**a baliza** (marco, estaca; sinal que marca um limite ou proibição de trânsito)
o cabeça (chefe)	**a cabeça** (parte do corpo)
o cisma (separação religiosa, dissidência)	**a cisma** (ato de cismar, desconfiança)
o cinza (a cor cinzenta)	**a cinza** (resíduos de combustão)
o capital (dinheiro)	**a capital** (cidade)
o coma (perda dos sentidos)	**a coma** (cabeleira)
o coral (pólipo, a cor vermelha, canto em coro)	**a coral** (cobra venenosa)
o crisma (óleo sagrado, usado na administração da crisma e de outros sacramentos)	**a crisma** (sacramento da confirmação)
o cura (pároco)	**a cura** (ato de curar)
o estepe (pneu sobressalente)	**a estepe** (vasta planície de vegetação)
o guia (pessoa que guia outras)	**a guia** (documento, pena grande das asas das aves)
o grama (unidade de peso)	**a grama** (relva)
o caixa (funcionário da caixa)	**a caixa** (recipiente, setor de pagamentos)
o lente (professor)	**a lente** (vidro de aumento)
o moral (ânimo)	**a moral** (honestidade, bons costumes, ética)
o nascente (lado onde nasce o Sol)	**a nascente** (a fonte)
o maria-fumaça (trem como locomotiva a vapor)	**a maria-fumaça** (locomotiva movida a vapor)

5. Só português. Disponível em <http://www.soportugues.com.br/secoes/morf/morf26.php>. Acesso em 30 março 2014.

MASCULINO	FEMININO
o pala (poncho)	**a pala** (parte anterior do boné ou quepe, anteparo)
o rádio (aparelho receptor)	**a rádio** (estação emissora)
o voga (remador)	**a voga** (moda, popularidade)

2.3.2. Flexão de número do substantivo[6]

Plural dos Substantivos Simples

<table>
<tr><td rowspan="13">Os substantivos terminados em</td><td>vogal, ditongo oral e n fazem o plural pelo acréscimo de s.</td><td colspan="2">pai – pais / ímã – ímãs
hífen – hifens (sem acento, no plural)
Exceção: cânon – cânones.</td></tr>
<tr><td>m fazem o plural em ns.</td><td colspan="2">homem – homens</td></tr>
<tr><td>r e z fazem o plural pelo acréscimo de es.</td><td colspan="2">revólver – revólveres / raiz – raízes
Atenção: O plural de caráter é caracteres.</td></tr>
<tr><td>al, el, ol, ul flexionam-se no plural, trocando o l por is.</td><td colspan="2">quintal – quintais / caracol – caracóis / hotel – hotéis
Exceções: mal e males, cônsul e cônsules.</td></tr>
<tr><td rowspan="3">il fazem o plural de duas maneiras:</td><td>Quando oxítonos, em is.</td><td>canil – canis</td></tr>
<tr><td>Quando paroxítonos, em eis.</td><td>míssil – mísseis.</td></tr>
<tr><td colspan="2">Obs.: a palavra réptil pode formar seu plural de duas maneiras: répteis ou reptis (pouco usada).</td></tr>
<tr><td rowspan="2">s fazem o plural de duas maneiras:</td><td>Quando monossilábicos ou oxítonos, mediante o acréscimo de es.</td><td>ás – ases
retrós – retroses</td></tr>
<tr><td>Quando paroxítonos ou proparoxítonos, ficam invariáveis.</td><td>o lápis – os lápis
o ônibus – os ônibus.</td></tr>
<tr><td rowspan="3">ão fazem o plural de três maneiras.</td><td>substituindo o -ão por –ões</td><td>ação – ações</td></tr>
<tr><td>substituindo o -ão por –ães</td><td>cão – cães</td></tr>
<tr><td>substituindo o -ão por –ãos</td><td>grão – grãos</td></tr>
<tr><td>x ficam invariáveis.</td><td colspan="2">o látex – os látex.</td></tr>
</table>

6. Só português. Disponível em <http://www.soportugues.com.br/secoes/morf/morf27.php>. Acesso em 30 março 2014.

Plural dos Substantivos Compostos

A formação do plural dos substantivos compostos depende da forma como são grafados, do tipo de palavras que formam o composto e da relação que estabelecem entre si. Aqueles que são grafados sem hífen comportam-se como os substantivos simples

aguardente e aguardentes	pontapé e pontapés	girassol e girassóis	malmequer e malmequeres

O plural dos substantivos compostos cujos elementos são ligados por hífen costuma provocar muitas dúvidas e discussões. Vamos a elas.

1. Flexionam-se os dois elementos, quando formados de	substantivo + substantivo	couve-flor e couves-flores
	substantivo + adjetivo	amor-perfeito e amores-perfeitos
	adjetivo + substantivo	gentil-homem e gentis-homens
	numeral + substantivo	quinta-feira e quintas-feiras
2. Flexiona-se somente o segundo elemento, quando formados de	verbo + substantivo	guarda-roupa e guarda-roupas
	palavra invariável + palavra variável	alto-falante e alto-falantes
	palavras repetidas ou imitativas	reco-reco e reco-recos
3. Flexiona-se somente o primeiro elemento, quando formados de	substantivo + preposição clara + substantivo	água-de-colônia e águas-de-colônia
	substantivo + preposição oculta + substantivo	cavalo-vapor e cavalos-vapor
	substantivo + substantivo que funciona como determinante do primeiro, ou seja, especifica a função ou o tipo do termo anterior.	palavra-chave – palavras-chave bomba-relógio – bombas-relógio notícia-bomba – notícias-bomba homem-rã – homens-rã peixe-espada – peixes-espada

4. Permanecem invariáveis, quando formados de	verbo + advérbio	o bota-fora e os bota-fora
	verbo + substantivo no plural	o saca-rolhas e os saca-rolhas
5. Casos Especiais	o louva-a-deus e os louva-a-deus	
	o bem-te-vi e os bem-te-vis	
	o bem-me-quer e os bem-me-queres	
	o joão-ninguém e os joões-ninguém	

2.3.3. Flexão de grau do substantivo

Grau é a propriedade que as palavras têm de exprimir as variações de tamanho dos seres.

Grau		Definição	EXEMPLO
Neutro		Indica um ser de tamanho considerado natural.	rocha, papel, lápis
Aumentativo	–	Indica o aumento do tamanho do ser.	bocarra (boca) muralha (muro) pedrona (pedra)
	Analítico	o substantivo é acompanhado de um adjetivo que indica grandeza.	casa grande
	Sintético	é acrescido ao substantivo um sufixo indicador de aumento. Fácil: **S**intético = **S**ufixo.	casarão
Diminutivo	–	Indica a diminuição do tamanho do ser.	gatinho (gato) bigodinho (bigode) vidro (vidrinho)
	Analítico	substantivo acompanhado de um adjetivo que indica pequenez.	casa pequena
	Sintético	é acrescido ao substantivo um sufixo indicador de diminuição. Fácil: **S**intético = **S**ufixo.	casinha

3. ADJETIVO

É a palavra que caracteriza o substantivo e lhe atribui qualidade, estado, aparência, aspectos gerais, característica e modo de ser.

substantivo	adjetivo
candidato	competente
aluno	estudioso
aluna	estudiosa
servidor	aprovado
servidora	aprovada

3.1. Em Concursos – Morfossintaxe

Na análise sintática, pode ser:

adjunto adnominal	predicativo do sujeito	predicativo do objeto

3.2. Locução Adjetiva

Locução é o conjunto de duas ou mais palavras que porta significado distinto daquele que advém da consideração das palavras isoladamente, isto é, locução adjetiva é mais de uma palavra com valor de adjetivo. Normalmente é formada por preposição + substantivo.

de águia	aquilino	**de esmeralda**	esmeraldino	**de neve**	níveo ou nival
de aluno	discente	**de estômago**	estomacal ou gástrico	**de nuca**	occipital
de anjo	angelical	**de falcão**	falconídeo	**de orelha**	auricular
de ano	anual	**de farinha**	farináceo	**de ouro**	áureo
de aranha	aracnídeo	**de fera**	ferino	**de ovelha**	ovino
de asno	asinino	**de ferro**	férreo	**de paixão**	passional
de baço	esplênico	**de fígado**	figadal ou hepático	**de pâncreas**	pancreático
de bispo	episcopal	**de fogo**	ígneo	**de pato**	anserino
de bode	hircino	**de gafanhoto**	acrídeo	**de peixe**	písceo ou ictíaco
de boi	bovino	**de garganta**	gutural	**de pombo**	columbino
de bronze	brônzeo ou êneo	**de gelo**	glacial	**de porco**	suíno ou porcino
de cabelo	capilar	**de gesso**	gípseo	**de prata**	argênteo ou argírico
de cabra	caprino	**de guerra**	bélico	**dos quadris**	ciático
de campo	campestre ou rural	**de homem**	viril ou humano	**de raposa**	vulpino
de cão	canino	**de ilha**	insular	**de rio**	fluvial
de carneiro	arietino	**de intestino**	celíaco ou entérico	**de serpente**	viperino
de cavalo	cavalar, equino, equídio ou hípico	**de inverno**	hibernal ou invernal	**de sonho**	onírico
de chumbo	plúmbeo	**de lago**	lacustre	**de terra**	telúrico, terrestre ou terreno

de chuva	pluvial	de laringe	laríngeo	de trigo	tritício
de cinza	cinéreo	de leão	leonino	de urso	ursino
de coelho	cunicular	de lebre	leporino	de vaca	vacum
de cobre	cúprico	de lobo	lupino	de velho	senil
de couro	coriáceo	de lua	lunar ou selênico	de vento	eólico
de criança	pueril	de macaco	simiesco, símio ou macacal	de verão	estival
de dedo	digital	de madeira	lígneo	de vidro	vítreo ou hialino
de diamante	diamantino ou adamantino	de marfim	ebúrneo ou ebóreo	de virilha	inguinal
de elefante	elefantino	de mestre	magistral	de visão	óptico ou ótico
de enxofre	sulfúrico	de monge	monacal		

3.3. Flexão de Gênero

Os adjetivos concordam com o substantivo a que se referem (masculino e feminino).

Adjetivos Uniformes e Biformes

Biformes	têm duas formas, sendo uma para o masculino e outra para o feminino.	estudioso, estudiosa, vencedor, vencedora
Uniformes	têm uma só forma tanto para o masculino como para o feminino.	feliz, confiante, contente

3.4. Flexão de Número

3.4.1. Plural dos adjetivos simples

Os adjetivos simples flexionam-se no plural de acordo com as regras estabelecidas para a flexão numérica dos substantivos simples.

mau e maus	feliz e felizes	ruim e ruins	boa e boas

3.4.1.1. Em concursos

Caso o adjetivo seja uma palavra que também exerça função de substantivo, ficará invariável, ou seja, se a palavra que estiver qualificando um elemento for, originalmente, um substantivo, ela manterá sua forma primitiva.

A palavra **violeta** é um substantivo, porém, se estiver qualificando um elemento, funcionará como adjetivo. Ficará invariável. Ex.: camisas **violeta**, ternos **violeta**.

Comparando	
Blusas **vinho** – substantivo adjetivado = singular	Blusas **verdes** – adjetivo = plural
Tetos **musgo** – substantivo adjetivado = singular	Tetos **azuis** – adjetivo = plural
Livros **monstro** – substantivo adjetivado = singular	Livros **grandiosos** – adjetivo = plural

3.4.2. Plural dos adjetivos compostos

Adjetivo composto é formado por dois ou mais elementos. Normalmente, esses elementos são ligados por hífen.

Regra: apenas o último elemento concorda com o substantivo a que se refere; os demais ficam na forma masculina, singular.	camisas **verde-claras**

3.4.2.1. Em concursos

Caso o adjetivo seja uma palavra que também exerça função de substantivo, ficará invariável. Facilitando: se a palavra que qualifica um elemento for, originalmente, um substantivo, ela manterá sua forma primitiva (singular).

As palavras **ouro e café** são originalmente substantivos, porém, se estiverem qualificando um elemento, funcionarão como adjetivos. Caso se ligue a outra palavra por hífen, formará um adjetivo composto; como é um substantivo adjetivado, o adjetivo composto inteiro ficará invariável. Ex.: 1) Camisas **amarelo-ouro.** 2) Telhados **marrom-café.**

Observações importantes	**Azul-marinho, azul-celeste, ultravioleta e qualquer adjetivo composto iniciado por cor-de-**... são sempre invariáveis.	Blusas **azul-marinho** Blusas **azul-celeste** Blusas **cor-de-rosa**
	Os adjetivos compostos **surdo-mudo e pele-vermelha** têm os dois elementos flexionados.	Meninos **surdos-mudos** Crianças **peles-vermelhas**

3.5. Flexão de Grau

Os adjetivos flexionam-se em grau para indicar a intensidade da qualidade do ser. São dois os graus do adjetivo: o **comparativo** e o **superlativo**.

3.5.1. Grau comparativo

Igualdade	...	tão	...	como (quanto)	...
Superioridade	...	mais	...	(do que)	...
Inferioridade	...	menos	...	(do que)	...

3.5.1.1. Em concursos

Na comparação, a preposição é facultativa**: mais que** ou **mais do que, menos que** ou **menos do que.**

3.5.2. Grau superlativo

O superlativo expressa qualidades num grau muito elevado ou em grau máximo. O grau superlativo pode ser **absoluto** ou **relativo**.

Absoluto		Relativo	
ocorre quando a qualidade de um ser é intensificada, sem relação com outros seres.		ocorre quando a qualidade de um ser é intensificada em relação a um conjunto de seres.	
Analítico	**Sintético**	**Superioridade**	**Inferioridade**
a intensificação se faz com o auxílio de palavras que dão ideia de intensidade (advérbios). O secretário é **muito inteligente.**	a intensificação se faz por meio do acréscimo de sufixos. O secretário é **inteligentíssimo**.	Clara é **a mais** bela da sala.	Clara é **a menos** bela da sala.

3.5.2.1. Em concursos – fixando

Absoluto		Relativo	
Um elemento.		Um elemento e outros. Há **artigo.**	
Analítico	**Sintético**	**Superioridade**	**Inferioridade**
Advérbio	**S**ufixo	**a (o mais)**	**a (o menos)**

4. ARTIGO

É a palavra que acompanha o substantivo e indica a forma que está sendo empregado, pode ser artigo definido (sentido individual) ou indefinido (sentido geral). Indica, também, o gênero e o número dos substantivos.

4.1. Classificação do Artigo

Definido	individualiza e se refere a um ser conhecido	o, a, os, as	**O** presidente viajou.
Indefinido	generaliza e se refere a um ser desconhecido	um, uma, uns, umas	**Um** aluno faltou hoje.

4.2. Combinação do Artigo

Os artigos definidos e indefinidos podem combinar com preposições.

Preposição	Artigo			
	o, os	a, as	um, uns	uma, umas
a	ao, aos	à, às	-	-
de	do, dos	da, das	dum, duns	duma, dumas
em	no, nos	na, nas	num, nuns	numa, numas
por (per)	pelo, pelos	pela, pelas	-	-

4.3. Emprego do Artigo[7]

NÃO SE USA o artigo definido	
Em Provérbios e Comparações	Cão que ladra não morde. Amor com amor se paga. Amor e tosse na dá para esconder.
Depois de Cujo e o Substantivo Imediato	Era o homem cujo pai procurávamos. Há animais cujo pelo é liso.
Antes de Palavras que Designam Matérias de Estudo, usadas com os verbos ensinar, aprender, estudar e equivalentes	Estudava Literatura. Lecionava Português. Já não se estuda Latim nas escolas.
Antes de Nomes de Sentido Generalizado – antes de substantivos usados de uma maneira geral	Amor é sacrifício. Avareza não é economia. Escrever certo é difícil. Sal, pimenta e açúcar devem ser usados em quantidades moderadas.
Antes de Palavras que se Referem à Mesma Pessoa	Diretor da empresa e funcionário público.
Antes de Pronomes Tratamento	Sua Alteza casou com Dona Teresa Cristina. Espero não ter interrompido Vossa Excelência.
➥ **EXCEÇÃO:** senhor, senhora e senhorita admitem artigo.	Falei com a senhorita Ana. O senhor João morreu ontem.
➥ **Cuidado:** não quando nos dirigimos à própria pessoa	Adeus, senhor Antônio.
Antes dos Adjetivos São, Santo e Santa, quando acompanhados de nome próprio, assim como Nosso Senhor e Nossa Senhora	Santo Antônio é seu padroeiro e confidente
Antes de Pronome Possessivo usado em expressões com o valor de alguns	Quem não tem suas (algumas) dificuldades?
Com Nomes Próprios de Pessoas Usados Por Inteiro (famosos ou não)	João Figueiredo pediu para ser esquecido.
➥ **Observações:** Com nomes de pessoas, geralmente, não se usa artigo	Rita não compareceu à cerimônia.
➥ **Cuidado:** na linguagem coloquial de alguns Estados brasileiros, é frequente a anteposição de artigo a nomes de pessoas, a fim de indicar afetividade ou familiaridade	O Édson é meu irmão. A Sandra não quis sair comigo.
Antes das palavras Casa e Terra, quando não especificadas.	Eles estavam em casa. Voltou para casa mais tarde do que de hábito. Os marinheiros permaneciam em terra.

7. Recanto das letras. Disponível em <http://www.recantodasletras.com.br/gramatica/1408194>. Acesso em 2 abril 2014.

NÃO SE USA o artigo definido	
↳ **Cuidado: usa-se artigo antes das palavras Casa e Terra,** quando especificadas.	Ele estava na casa do amigo. Voltou para a casa dos pais. Os marinheiros permaneceram na terra dos anões.
Antes de Outro em sentido indeterminado	Uns estavam atentos, outros não. Um entrou no banco, outro no carro.
Com Ambos (ambas) é obrigatório o emprego do artigo definido. Coloque-o entre o numeral ambos e o substantivo a que se refere	O juiz solicitou a presença de ambos os cônjuges. Ambas as partes chegaram a um acordo.
Com Cujo (e flexões) não usamos artigo	Este é o homem cujo amigo desapareceu. Este é o autor cuja obra conheço.
Não se combina com preposição o artigo que faz parte do nome de revistas, jornais e obras literárias	Li a notícia em O Estado de São Paulo. A notícia foi publicada em O Globo.

USA-SE o artigo definido	
Nomes próprios geográficos Dica: use **voltei do, da** = com artigo	A Bahia = voltei da O Rio de Janeiro = voltei do A Amazônia = voltei da
Qualificando o lugar, haverá também o artigo	O velho Portugal = voltei do A Atenas de Péricles = voltei da A antiga Grécia = voltei da
↳**Cuidado:** **voltei de** = sem artigo	Portugal = voltei de Roma = voltei de Atenas = voltei de Curitiba = voltei de São Paulo = voltei de Paris = voltei de
Uso FACULTATIVO antes de pronomes possessivos	Foi rápida a sua entrevista. Foi rápida sua entrevista.

Artigo indefinido	
Transmite ao substantivo grande força expressiva	*Estou com* **uma sede**! O artigo indefinido denota a grande intensidade da sede que o emissor da frase sente.
Antepõe-se ao numeral quando não se pode precisá-lo	*Ela deve ter* **uns 15** *anos.*
Antes de nomes próprios para acentuar a semelhança de alguém com um personagem célebre. Nesse caso o nome próprio passa a ser um nome comum	*Revelou-se* **um Pavarotti**. (um grande cantor)

4.4. Em Concursos

PARALELISMO: quando há vários substantivos, usa-se o artigo em todos ou em nenhum.

1) Estudou livros, apostilas, tópicos e testes.

2) Estudou os livros, as apostilas, os tópicos e os testes.

Surge, assim, questão de crase:

Entregou o prêmio **a** aluna, professora e diretora. = O **a** é preposição.

Entregou o prêmio à aluna, à professora e **à** diretora. = Há artigo + preposição, ou seja, há o sinal indicativo de crase.

A	**artigo**	admite plural	**As** apostilas estão prontas.
	preposição	**não** admite plural	Fomos **a** Londres.
	Pronome pessoal	sentido de **algo, alguém**	Convidei-**a** para jantar
	Pronome demonstrativo	sentido de **esta, essa, aquela**	Ela foi **a** que mais conversou.

5. NUMERAL

É a palavra que atribui quantidade aos seres ou os situa em determinada sequência.

Os **quatro** últimos ingressos foram vendidos há pouco.	**quatro:** numeral = atributo numérico de "ingresso".
Eu quero café **duplo.**	**duplo:** numeral = atributo numérico de "café".
A **primeira** pessoa da fila pode entrar.	**primeira:** numeral = situa o ser "pessoa" na sequência de «fila».

Os **numerais** traduzem, em palavras, o que os números indicam em relação aos seres. Assim, quando a expressão é colocada em números (1, 1º, 1/3, etc.) não se trata de numerais, mas sim de algarismos. Estes últimos são uma classe gramatical específica às palavras (um, primeiro, terça parte, etc.).

Além dos numerais mais conhecidos, já que refletem a ideia expressa pelos números, existem mais algumas palavras consideradas numerais porque denotam quantidade, proporção ou ordenação. São alguns exemplos**: década, dúzia, par, ambos(as), novena**.

5.1. Classificação do Numeral

De acordo com suas funções, os numerais são classificados em:

Cardinais
Ordinais
Fracionários
Multiplicativos
Coletivos

5.2. Leitura dos Numerais

Separando os números em centenas, de trás para frente, obtêm-se conjuntos numéricos, em forma de centenas e, no início, também de dezenas ou unidades. Entre esses conjuntos usa-se vírgula; as unidades ligam-se pela conjunção **e**.

1.203.726	um milhão, duzentos **e** três mil, setecentos **e** vinte **e** seis.
45.520	quarenta **e** cinco mil, quinhentos **e** vinte.

5.3. Emprego dos Numerais[8]

<table>
<tr><td>Não se deve usar o numeral um antes de mil</td><td colspan="2">Ganhei mil reais.</td></tr>
<tr><td>Em relação ao primeiro dia do mês</td><td colspan="2">Fortaleza, 1º de dezembro de 2014.
Com relação ao primeiro dia, há gramáticos respeitados, como Evanildo Bechara, que defendem tanto o uso do ordinal como do cardinal. O emprego do ordinal, todavia, parece ter maior aceitação e, portanto, deve receber prioridade.</td></tr>
<tr><td>Com relação às datas – Uso de AOS, A e EM</td><td>É facultativo.
Assim, posso empregar qualquer uma das três opções.</td><td>– Aos 18 dias de março foi prolatada a sentença.
– A 18 de março foi prolatada a sentença.
– Em 18 de março foi prolatada a sentença.
– No dia 23 de março foi prolatada a sentença.</td></tr>
<tr><td>Os numerais milhares, milhões e bilhões exigem o artigo no masculino</td><td colspan="2">– Os milhares de mulheres compareceram à passeata.
– Os três milhões de árvores plantadas cresceram devagar.
– Não há oferta de trabalho para os dois bilhões de pessoas ociosas.</td></tr>
<tr><td>Na designação de artigos, capítulos e parágrafos, usam-se os ordinais de um a nove e os cardinais de dez em diante</td><td colspan="2">– Capítulo VII (sétimo)
– Capítulo X (dez)
– Artigo IX (nono)
– Artigo X (dez)
– Parágrafo X (dez)
– Parágrafo XI (onze)</td></tr>
<tr><td rowspan="2">Na designação de papas, séculos e reis, usam-se os ordinais de um a dez e os cardinais de onze em diante</td><td colspan="2">– Oficialmente o fim do Império Romano se deu no século V. (século quinto)
– A Reforma Protestante e a Contrarreforma ocorreram no século XVI. (século dezesseis)
– Pio X e Pio XII foram dois papas da Igreja Católica. (respectivamente Pio décimo e Pio doze)
– Dom Pedro II era maçom. (Pedro Segundo)</td></tr>
<tr><td>Observação: usar-se-ão, todavia, os ordinais em frases como:</td><td>No décimo quarto século depois do fim do Império Romano nasceu Nietzsche, o filósofo que mais perseguiu o cristianismo.</td></tr>
</table>

8. Português Uol. Disponível em <http://portugues.uol.com.br/gramatica/o-emprego-que-se-atribui-aos-numerais.html>. Acesso em 8 de junho 2016, alterado.

<table>
<tr><td rowspan="2">Na designação de páginas de um livro e nos endereços de apartamentos e casas de uma vila usam-se os cardinais</td><td colspan="2">Carla abriu o livro na página 5. (cinco)
Carla mora no apartamento 203. Casa 3. (três)</td></tr>
<tr><td>Observação:
Se o numeral anteceder o substantivo, o ordinal deve ser usado.</td><td>– Carla abriu o livro na 5ª página. (quinta)
– Carla abriu o livro na quinta página.</td></tr>
<tr><td rowspan="2">Não se usa o ponto entre os numerais, quando estes designam datas</td><td colspan="2">Hoje é dia 18 de agosto de 2013.</td></tr>
<tr><td>Observação:
Nos demais casos, o ponto deve ser colocado entre as centenas e milhares.</td><td>– Ele ganhou R$ 1.250.350,18 de prêmio.
– O juiz de Direito fez menção ao art. 1.184 do Código de Processo Civil.</td></tr>
<tr><td>Uso de sinais gráficos entre as datas: três opções, sendo a primeira mais aceita</td><td colspan="2">– / 12 / 2013
–.12.2013
– – 12 – 2013</td></tr>
<tr><td>Quantidade de dígitos em relação aos dias, meses e anos</td><td colspan="2">– Escrita: 18/01/2014
– No preenchimento de campos, seja em papéis, seja nos meios eletrônicos: 18/01/2014 ou 18/01/14
– no computador: O fato aconteceu a 20 de dezembro de 2013.
– O fato aconteceu a 20/12/2013.
– Ribeirão Preto, 26 de janeiro de 2014. (por causa do nome geográfico, no caso Ribeirão Preto)</td></tr>
<tr><td>Uso de sinais gráficos entre a data, o nome geográfico e entre este e a sigla correspondente ao estado ou país</td><td colspan="2">– Ribeirão preto, SP, 26 de janeiro de 2014.
– Ribeirão Preto-SP, 26 de janeiro de 2014.
– Ribeirão Preto (SP), 26 de janeiro de 2014.</td></tr>
</table>

6. ADVÉRBIO

Advérbio é uma palavra invariável que modifica o sentido do verbo, do adjetivo e do próprio advérbio. Esclareço: fazendo pergunta ao verbo, encontramos a circunstância expressa pelo advérbio. Modifica o adjetivo e o próprio advérbio através de intensidade.

6.1. Flexão do Advérbio

Embora seja invariável – não admite flexão de gênero e número -, alguns advérbios admitem variação de grau.

<table>
<tr><td rowspan="3">Comparativo</td><td>igualdade</td><td>tão</td><td>advérbio</td><td>tanto (como)</td><td>Ele fala tão alto quanto ela.</td></tr>
<tr><td>superioridade</td><td>mais</td><td>advérbio</td><td>que (do que)</td><td>Ele fala mais alto (do) que ela.</td></tr>
<tr><td>inferioridade</td><td>menos</td><td>advérbio</td><td>que (do que)</td><td>Ele fala menos alto (do) que ela.</td></tr>
</table>

Superlativo	analítico	acompanha outro advérbio	Ela fala **muito alto**.
	sintético	formado com sufixo	Ela fala **altíssimo**.

6.2. Classificação do Advérbio

Antes de listar os principais advérbios, aprendamos a diferença entre advérbio e locução adverbial. Sintaticamente, possuem função de adjunto adverbial, estudaremos na terceira parte.

Advérbio	uma palavra	ontem
Locução Adverbial	é um conjunto de palavras que pode exercer a função de advérbio.	de modo algum

6.3. Lista dos Principais Advérbios, Locuções Adverbiais e Palavras Denotativas

Como pedido nas últimas provas, houve acréscimo das **palavras denotativas** (palavras que, embora, em alguns aspectos (ser invariável, por exemplo), assemelhem-se a advérbios, não possuem, segundo a Nomenclatura Gramatical Brasileira, classificação especial. Do ponto de vista sintático, são expletivas, isto é, não assumem nenhuma função; do ponto de vista morfológico, são invariáveis (muitas delas vindas de outras classes gramaticais); do ponto de vista semântico, são inegavelmente importantes no contexto em que se encontram) à lista.

Modo	Bem, mal, assim, adrede, melhor, pior, depressa, acinte, debalde,devagar, ás pressas, às claras, às cegas, à toa, à vontade, às escondas, aos poucos, desse jeito, desse modo, dessa maneira, em geral, frente a frente, lado a lado, a pé, de cor, em vão e a maior parte dos que terminam em -mente:calmamente, tristemente, propositadamente, pacientemente, amorosamente, docemente, escandalosamente, bondosamente, generosamente.
Intensidade	Muito, demais, pouco, tão, menos, em excesso, bastante, pouco, mais, menos, demasiado, quanto, quão, tanto, assaz, que (equivale a quão), tudo, nada, todo, quase, de todo, de muito, por completo, bem (quando aplicado a propriedades graduáveis).
Tempo	Hoje, logo, primeiro, ontem, tarde outrora, amanhã, cedo, dantes, depois, ainda, antigamente, antes, doravante, nunca, então, ora, jamais, agora, sempre, já, enfim, afinal, amiúde, breve, constantemente, entrementes, imediatamente, primeiramente, provisoriamente, sucessivamente, às vezes, à tarde, à noite, de manhã, de repente, de vez em quando, de quando em quando, a qualquer momento, de tempos em tempos, em breve, hoje em dia.
Lugar	Aqui, antes, dentro, ali, adiante, fora, acolá, atrás, além, lá, detrás, aquém, cá, acima, onde, perto, aí, abaixo, aonde, longe, debaixo, algures, defronte, nenhures, adentro, afora, alhures, nenhures, aquém, embaixo, externamente, a distancia, à distancia de, de longe, de perto, em cima, à direita, à esquerda, ao lado, em volta.
Negação	Não, nem, nunca, jamais, de modo algum, de forma nenhuma, tampouco, de jeito nenhum.

Dúvida	Acaso, porventura, possivelmente, provavelmente, quiçá, talvez, casualmente, por certo, quem sabe.
Afirmação	Sim, certamente, realmente, decerto, efetivamente, certo, decididamente, realmente, deveras, indubitavelmente.
Exclusão	apesar, somente, só, salvo, unicamente, exclusive, exceto, senão, sequer, apenas, etc.
Inclusão	Ainda, até, mesmo, inclusivamente, também.
Ordem	Depois, primeiramente, ultimamente.
Designação	Eis.
Afastamento	Embora.
Adição	ainda, além disso, etc.
Afetividade	ainda bem, felizmente, infelizmente
Aproximação	quase, lá por, bem, uns, cerca de, por volta de, etc.
Explicação	isto é, por exemplo, a saber, etc.
Limitação	só, somente, unicamente, apenas, etc.
Realce	é que, cá, lá, não, mas, é porque, etc.
Retificação	aliás, isto é, ou melhor, ou antes, etc.
Situação	então, mas, se, agora, afinal, etc.

6.4. Em Concursos

Diferença entre advérbio, pronome indefinido e adjetivo

Advérbio	ligado ao verbo e invariável	Estudei **muito** = estudamos **muito**.
Adjetivo	qualifica e varia (gênero e número)	O livro é **caro** = os livros são **caros**.
Pronome indefinido	sentido vago	Estudamos **muitas** horas.

7. CONJUNÇÃO

É a palavra invariável que liga duas orações ou dois termos semelhantes de uma mesma oração.

Aprofundaremos os estudos em **sintaxe, no período composto.** Facilitando: a conjunção é invariável e liga orações.

Na sintaxe, as conjunções, como as preposições, não exercem propriamente uma função sintática: são **conectivos**.

7.1. Classificação

As conjunções podem ser **coordenativas** ou **subordinativas**. Coordenadas ligam orações independentes sintaticamente e subordinadas ligam orações que possuem dependência sintática.

Coordenadas	• aditivas • adversativas • alternativas • conclusivas • explicativas
Subordinadas	• integrantes • adverbiais

7.2. Coordenativas

Ligam orações de sentido completo e independente ou termos da oração que têm a mesma função gramatical. São elas:

Aditivas	Acrescentam uma ideia, adicionam.	e, nem, mas também,como também, além de (disso, disto, aquilo), quanto (depois de tanto), bem como e etc.
Adversativas	Possuem ideia de oposição, contraste.	mas, porém, todavia, entretanto, no entanto,senão, não obstante, contudo, etc. **Antes dos nexos adversativos a vírgula é obrigatória.**
Alternativas	Ideia de alternância ou escolha.	ou...ou, ou, ora...ora,já...já, quer...quer, etc.
Conclusivas	Apresentam ideia de conclusão ou consequência.	pois (equivalendo a logo), logo, portanto, então, por isso, por conseguinte, por isto, assim, etc.
Explicativas	Explicam a ideia de outra oração.	que, porque, porquanto, pois (equivalendo a porque).

Não se trata de memorizar, mas sim de interpretar, pois nas atuais provas há vários "peguinhas".

Exemplos:

Estudou **e** foi aprovada. Ela não só dirigiu o projeto **como também** escreveu o relatório.	**aditivas**
O carro capotou, **mas** ninguém se feriu. Tentou chegar cedo, **porém** não conseguiu.	**adversativas**
Ou escolho agora, **ou** fico sem a vaga.	**alternativa**
Ele bebeu bem mais do que poderia, **logo** ficou embriagado. Ela estava bem preparada para o teste, **portanto** não ficou nervosa.	**conclusivas**
Ele não entra **porque** está sem tempo. Não demore, **que** o filme já vai começar.	**explicativas**

7.3. Em Concursos[9]

Detalhes que são exigidos por várias bancas.

- As conjunções **"e"," antes", "agora"," quando"** são adversativas quando equivalem a **"mas"**.
- **"Senão"** é conjunção adversativa quando equivale a **«mas sim"**.
- Das conjunções adversativas, **"mas"** deve ser empregada sempre no início da oração: as outras (**porém, todavia, contudo**, etc.) podem vir no início ou no meio.
- A palavra **"pois",** quando é conjunção conclusiva, vem geralmente após um ou mais termos da oração a que pertence.
- Quando é conjunção explicativa," **pois**" vem, geralmente, após um verbo no imperativo e sempre no início da oração a que pertence.

7.4. Subordinativas

Ligam orações que possuem dependência sintática. Aprofundaremos o estudo em Período Composto.

7.4.1. Integrantes

Indicam que a oração subordinada por elas introduzida completa ou integra o sentido da principal. Introduzem orações que equivalem a substantivos.

Facilitando: encaixe o pronome demonstrativo catafórico **isto** antes da conjunção para se certificar.

Exemplo: Espero que seja convocado em breve.

Espero **isto**. O que é conjunção integrante. Em concursos, é pedida a diferença entre conjunção integrante e o pronome relativo (**que** equivale a **o qual** ou **a qual**).

7.4.2. Adverbiais

A oração subordinada por elas introduzida exerce a função de adjunto adverbial da principal. De acordo com a circunstância que expressam. São elas:

Causais	Indicam causa da oração principal. – Faz-se a pergunta **por quê**?	porque, que, como (= porque, no início da frase), pois que, visto que, uma vez que, porquanto, já que, desde que, etc.
Concessivas	Indicam ideia contrária, ideia oposta. – Encaixar a conjunção **embora.**	embora, ainda que, apesar de que, se bem que, mesmo que, por mais que, posto que, conquanto, etc.
Condicionais	Indicam hipótese, condição. – Encaixar a conjunção caso ou se.	se, caso, contanto que, salvo se, a não ser que, desde que, a menos que, sem que, etc.

9. Só português. Disponível em <http://www.soportugues.com.br/secoes/morf/morf85.php>. Acesso em 2 abril 2014, alterado.

Conformativas	Indicam regra, conformidade. – Encaixar a conjunção **conforme.**	conforme, como (= conforme), segundo, consoante, etc.
Finais	Expressam a finalidade ou o objetivo. – Faz-se a pergunta **para quê**?	para que, a fim de que, que, porque (= para que), que, etc.
Proporcionais	Indicam proporção, ações simultâneas (acontecem ao mesmo tempo). – Encaixar: à medida que.	à medida que, à proporção que, ao passo que e as combinações quanto mais...(mais), quanto menos... (menos), quanto menos. ..(mais), quanto menos...(menos), etc.
Temporais	Indicam tempo. – Faz-se a pergunta **quando**?	quando, enquanto, antes que, depois que, logo que, todas as vezes que, desde que, sempre que, assim que, agora que, mal (= assim que), etc.
Comparativas	Ocorre comparação entre as orações. – Encaixar a conjunção **como.**	como, assim como, tal como, como se, (tão)...como, tanto como, tanto quanto, do que, quanto, tal, qual, tal qual, que nem, que(combinado com menos ou mais), etc.
Consecutivas	Indicam a consequência da oração principal, o efeito. – Encaixar a locução **de modo que**.	de sorte que, de modo que, sem que (= que não), de forma que, de jeito que, que (tendo como antecedente na oração principal uma palavra como tal, tão, cada, tanto, tamanho), etc.

Exemplos:

causal	Ela cantou **porque** *ouviu sua música favorita.*
concessiva	**Embora** a prova estivesse fácil, demorou *para terminar.*
condicional	**Caso** você não estude, *ficará muito ansioso para a prova.*
conformativa	**Como** *eu havia te falado,* a prova não estava fácil.
final	Não vou fechar os portões da escola, **para que** *você possa terminar a pesquisa.*
proporcional	**Quanto mais** *você estudar,* mais fácil será sua boa classificação.
temporal	**Quando** *você voltar,* nós nos encontraremos.
comparativa	Ela andava leve **como** *uma borboleta.*
consecutiva	Comecei o dia tão mal **que** *não consegui me concentrar nos estudos.*

7.5. Em Concursos

Conjunção que pode sofrer alterações na classificação:

QUE	**aditiva**	Bate **que** bate, mas ninguém atende.
	explicativa	Corra, **que** está na hora.
	integrante	Afirme-lhe **que** irei.
	consecutiva	Onde estava, **que** não a vi?

QUE	**comparativa**	Ficou amarelo **que** nem um canário.
	concessiva	Coma, um pouco **que** seja.
	temporal	Chegados **que** fomos, dormimos no mesmo quarto.
	final	Vendo a namorada à sacada, fez sinal **que** descesse.
	causal	Ser humano **que** sou, aprendo todos os dias.

8. PREPOSIÇÃO

Assim como o advérbio, a preposição faz parte das classes gramaticais invariáveis. Em provas de concursos públicos, é pedida a relação que a preposição indica e, na maioria das vezes, é a mesma circunstância expressa pela locução adverbial.

8.1. Definição

É a palavra invariável que estabelece uma relação entre dois ou mais termos da oração. Essa relação é do tipo **subordinativa**, isto é, entre os elementos ligados pela preposição não há sentido separado, individualizado. O sentido da expressão é dependente da junção de todos os elementos que a preposição vincula.

Os candidatos **de** São Paulo falavam **sobre** a prova.

As preposições ligam termos, subordinam-nos. O termo que antecede a preposição é chamado de **regente** e o termo posposto é chamado de **regido**.

As preposições são palavras **invariáveis**, pois não sofrem flexão de gênero, número ou variação em grau como os nomes, nem de pessoa, número, tempo, modo, aspecto e voz como os verbos. Em diversas situações as preposições se **combinam** a outras palavras da língua (fenômeno da **contração**) e, assim, estabelecem uma relação de concordância em gênero e número com essas palavras às quais se ligam. Mesmo assim, não se trata de uma variação própria da preposição, mas sim da palavra com a qual ela se funde.

Combinação	não ocorre perda de som	
a	+ o (artigo)	ao
a	+ onde (advérbio ou pronome)	aonde
a	+ os (artigo)	aos

Contração	ocorre perda de som	
em	+ o (artigo)	no
por	+ a (artigo)	pela
de	+ isto (pronome)	disto

8.2. Classificação das preposições

Essenciais	desempenham apenas o papel de preposição	a, ante, após, até, com, contra, de, desde, em, entre, para, per, perante, por, sem, sob, sobre, trás
Acidentais	palavras de outras classes gramaticais que são usadas como preposição	• como (= na qualidade de), • conforme (= de acordo com), • segundo (= conforme), • consoante (= conforme), • durante, salvo, fora, mediante, tirante, exceto, senão, • visto (=por)

8.3. Locução Prepositiva

Como já visto em capítulos anteriores, locução é o conjunto de palavras. Assim, locução prepositiva é mais de uma palavra que possui a função de subordinar termos, ou seja, de ligar palavras. Facilitando: **p**reposição liga **p**alavras e conjunção liga orações.

abaixo de	acima de	acerca de
a fim de	além de	a par de
apesar de	antes de	depois de
ao invés de	diante de	em fase de
em vez de	graças a	junto a
junto com	junto de	à custa de
defronte de	através de	em via de
de encontro a	em frente de	em frente a
sob pena de	a respeito de	ao encontro de

8.4. Relações das Preposições

As preposições podem indicar relações. Faça, como no advérbio, a pergunta e encontre a relação.

Atenção: se estiver ligada ao verbo, a relação da preposição será a mesma circunstância da locução adverbial. A diferença entre preposição e locução adverbial é o fato de poder haver preposição que não faça parte da locução adverbial

Caneta **de** Maria	posse	de quem?
Ver **de** perto	lugar	de onde?
Mesa **de** trabalho	finalidade	para que a mesa?
Morreu **de** felicidade	causa	morreu de quê?
Falava **de** amor	assunto	falava de quê?
Saiu **com** os amigos	companhia	saiu com quem?
Sou **de** Ribeirão	lugar (origem)	de onde?
Bola **de** couro	matéria	de que é feita a bola?
A música é **de** Caetano Veloso	autoria	de quem?
A escolha será **por** sorteio	modo ou conformidade	como?
Andaremos **a** cavalo	meio	de quê?
Palmeiras jogou **contra** Corinthians	oposição	contra quem?
Tomei um copo **de** vinho	conteúdo	de quê?
Vendeu o livro **(a) por** R$ 50,00	preço	por quanto?
Formou-se **em** medicina	especialidade	em quê?
Olhe **para** frente sempre	destino ou direção	para onde?

Foi **até** o fim	limite	
Está **sem** paciência	ausência, falta	
Saiu do palco **sob** muitos aplausos	**lugar conotativo** (sentido figurado)	

9. INTERJEIÇÃO

Classe gramatical invariável que exprime emoções, sensações, estados de espírito, ou que procura agir sobre o interlocutor de forma sintetizada.

Exemplos:

Bravo! Bis!	Ai! Ai! Ai!	Ah	Hum!	Psiu!	Puxa!

9.1. Funções

Sintetizar uma frase exclamativa, exprimindo alegria, tristeza, dor, etc.	Você faz o que no Brasil?
	Eu? Eu negocio com madeiras.
	Ah, deve ser muito interessante.
Sintetizar uma frase **apelativa**	**Cuidado**! Saia da minha frente.

9.2. Formação

simples sons vocálicos	Oh!, Ah!, Ó, Ô.
palavras	Oba!, Olá!, Claro!
grupos de palavras (locuções interjetivas)	Meu Deus!, Ora bolas!

9.3. Classificação

Advertência	Cuidado!, Devagar!, Calma!, Sentido!, Atenção!, Olha!, Alerta!
Afugentamento	Fora!, Passa!, Rua!, Xô!
Alegria ou Satisfação	Oh!, Ah!, Eh!, Oba!, Viva!
Alívio	Arre!, Uf!, Ufa! Ah!
Animação ou Estímulo	Vamos!, Força!, Coragem!, Eia!, Ânimo!, Adiante!, Firme!, Toca!
Aplauso ou Aprovação	Bravo!, Bis!, Apoiado!, Viva!, Boa!
Concordância	Claro!, Sim!, Pois não!, Tá!, Hã-hã!
Repulsa ou Desaprovação	Credo!, Irra!, Ih!, Livra!, Safa!, Fora!, Abaixo!, Francamente!, Xi!, Chega!, Basta!, Ora!
Desejo ou Intenção	Oh!, Pudera!, Tomara!, Oxalá!

Desculpa	Perdão!
Dor ou Tristeza	Ai!, Ui!, Ai de mim!, Que pena!, Ah!, Oh!, Eh!
Dúvida ou Incredulidade	Qual!, Qual o quê!, Hum!, Epa!, Ora!
Espanto ou Admiração	Oh!, Ah!, Uai!, Puxa!, Céus!, Quê!, Caramba!, Opa!, Virgem!, Vixe!, Nossa!, Hem?!, Hein?, Cruz!, Putz!
Impaciência ou Contrariedade	Hum!, Hem!, Irra!, Raios!, Diabo!, Puxa!, Pô!, Ora!
Pedido de Auxílio	Socorro!, Aqui!, Piedade!
Saudação, Chamamento ou Invocação	Salve!, Viva!, Adeus!, Olá!, Alô!, Ei!, Tchau!, Ô, Ó, Psiu!, Socorro!, Valha-me, Deus!
Silêncio	Psiu!, Bico!, Silêncio!
Terror ou Medo	Credo!, Cruzes!, Uh!, Ui!, Oh!
Afetividade	oizinho, bravíssimo, até loguinho.

10. FIQUE DE OLHO

10.1. Questões comentadas 2023

01. (CEBRASPE - SME RE/PE - Professor – 2023 - adaptada) A palavra "paulatinamente" é formada por derivação parassintética.

( ) certo ( ) errado

➢ Comentários:

Nota da autora: Questão de processo de formação das palavras (item 1).

Seria parassintética se houvesse a junção de um prefixo e um sufixo a um adjetivo ou substantivo para a formação de um verbo. Não é o caso.

Ocorre derivação sufixal: radical (paulatino) + sufixo (mente).

Observação: o vocábulo é, morfologicamente, classificado como advérbio.

Resposta: Errado

Fragmento de texto para responder à questão.

O justo se desvela no decorrer das lutas de libertação na história. O justo é um saber que se vai constituindo à medida que nossa consciência da história se aguça. Mas não basta a consciência da história, pois procurar a justiça é uma atitude ética – é uma escolha. Não podemos cair em uma visão automática da história, na qual nossa simples posição em dado estrato social nos leva necessariamente a pensar de certa forma, a valorizar em certa medida. (...)

Roberto Aguiar. O que é justiça: uma abordagem dialética. Brasília: Senado Federal. Conselho Editorial, 2020, p. 319-20 (com adaptações).

---

02. (CEBRASPE - MP SC - Promotor - 2023 - adaptada) No último período, a palavra "certa" está empregada como pronome indefinido variável.

( ) certo ( ) errado

➢ Comentários:

Nota da autora: Questão de classes gramaticais.

Em "certa medida", o vocábulo denota valor vago, isto é, trata-se de um pronome indefinido que acompanha o substantivo. Substitua por "qualquer" e perceba que a ideia é idêntica.

Dica para a próxima prova: se estivesse depois do substantivo, seria classificada, morfologicamente, como adjetivo = medida certa → medida exata.

Resposta: Certo

Fragmentos de texto para responder à questão.

(...) Não podemos cair em uma visão automática da história, na qual nossa simples posição em dado estrato social nos leva **necessariamente** a pensar de certa forma, a valorizar em certa medida. (...)

E cada um de nós vislumbra o norte da justiça, por via da busca de uma visão coerente da história, aliada a uma prática e a uma análise rigorosa das circunstâncias **presentemente** vividas. (...)

Roberto Aguiar. O que é justiça: uma abordagem dialética. Brasília: Senado Federal. Conselho Editorial, 2020, p. 319-20 (com adaptações).

---

03. (CEBRASPE - MP SC - Promotor - 2023 - adaptada) Assim como "necessariamente", o advérbio "presentemente" estabelece uma relação sintática com um verbo no texto, modificando sua circunstância de modo.

( ) certo ( ) errado

➢ Comentários:

Nota da autora: Questão de classes gramaticais.

1. ... nos leva <u>necessariamente</u> a pensar: **advérbio de modo** que modifica a locução verbal "leva a pensar";
2. ... circunstâncias <u>presentemente</u> vividas: **advérbio de <u>tempo</u>** que modifica o adjetivo "vividas".

   2.1. Presentemente: agora, que ocorre no tempo presente.

Resposta: Errado

Fragmento de texto para responder à questão.

Em uma de suas últimas entrevistas, o antropólogo Darcy Ribeiro (1922-1997) relatou que havia fugido do hospital onde se submetia a tratamento contra um câncer, para terminar o livro que considerava o coroamento de sua obra: O povo brasileiro, publicado em 1995. Na mesma entrevista, reconhecia ser um homem de "muitas peles": foi etnólogo indigenista, antropólogo, educador, gestor público, político militante e romancista. Entretanto, dizia ter fracassado em sua missão de tornar o Brasil aquilo que "poderia ser". (...)

Diego Viana. Darcy Ribeiro: a chama da utopia. Revista Pesquisa FAPESP, 30/10/2022 (com adaptações).

---

04. (CEBRASPE - SME RE/PE - Professor – 2023 - adaptada) No segundo período, os vocábulos "indigenista", "público" e "militante" são adjetivos que qualificam, respectivamente, os termos "etnólogo", "gestor" e "político".

( ) certo ( ) errado

➢ Comentários:

Nota da autora: Questão de classes gramaticais.

No trecho: *foi etnólogo* ***indigenista****, antropólogo, educador, gestor* ***público****, político* ***militante*** *e romancista.*

Facilite! Leia assim: o etnólogo era indigenista, o gestor era público, o político era militante.

Os adjetivos qualificam os substantivos mencionados.

Resposta: Certo

Fragmento de texto para responder à questão.

(...) Na Coreia do Sul, por exemplo, 21% se interessam pela profissão e só 7% ingressam, de fato, na universidade, porque há muita concorrência e maior seleção. No Chile e no México, os dois índices são mais próximos: cerca de 7% se interessam pelo magistério e menos de 15% cursam pedagogia ou licenciatura. (...)

Internet: <noticias.uol.com.br > (com adaptações).

---

05. (CEBRASPE - SME RE/PE - Professor – 2023 - adaptada) A palavra "muita" (primeiro período), que expressa intensidade, pertence à classe gramatical dos advérbios.

( ) certo ( ) errado

➢ Comentários:

Nota da autora: Questão de classes gramaticais.

Pense rapidamente: como seria advérbio se a palavra está flexionada? O advérbio é invariável.

Perceba que possui sentido vago na quantidade, isto é, trata-se de um **pronome indefinido.**

Resposta: Errado

Parte III
SINTAXE

Capítulo 1

TERMOS ESSENCIAIS DA ORAÇÃO

Para acesso ao vídeo, utilize o QR Code ao lado.

1. INTRODUÇÃO

Sintaxe é o cerne da língua portuguesa, o âmago do estudo para todas as provas de concursos públicos.

Para fazer a análise, precisa-se da morfologia – substantivo, adjetivo, pronome, verbo e outras classes gramaticais. Para entender os tópicos nela contidos, é necessário seguir o passo a passo.

2. DEFINIÇÃO

A sintaxe estuda a relação lógica das palavras na frase, no período e no texto. É preciso haver coerência para que uma mensagem seja compreendida; a combinação dos vocábulos e das orações nada mais é do que a sintaxe.

3. SINTAXE DE ORAÇÃO – TERMOS ESSENCIAIS

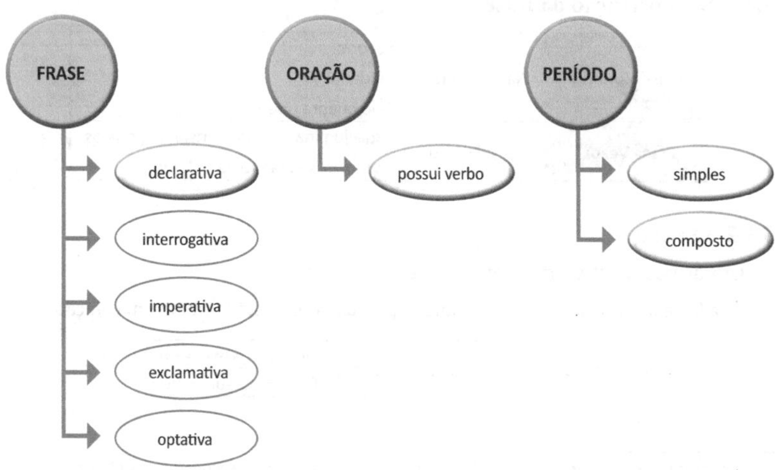

3.1. Frase, Oração e Período

3.1.1. Frase

Frase é uma informação que possui sentido completo. Pode ser representada por uma palavra ou várias e o verbo não é obrigatório. Exprime ideias, emoções, ordens ou apelos.

3.1.1.1. Tipos de frase[1]

Interrogativas	Uma pergunta é feita e se deseja obter alguma informação. A interrogação pode ser direta ou indireta.	Você estuda comigo domingo? = Interrogação direta Desejo saber se você estuda comigo domingo. = Interrogação indireta
Imperativas	O emissor da mensagem dá uma ordem, um conselho ou faz um pedido, utilizando o verbo no modo imperativo (afirmativo ou negativo).	Faça-o entrar no carro! = Afirmativa Não faça isso. = Negativa
Exclamativas	Possuem estado afetivo e apresentam entoação ligeiramente prolongada.	Que prova difícil! É uma delícia esse sanduíche!
Declarativas	É a constatação um fato. Informa ou declara alguma coisa. Podem ser afirmativas ou negativas.	Obrigaram o aluno a sair. = Afirmativa Ela não está na escola. = Negativa
Optativas	Usadas para exprimir um desejo.	Deus te abençoe! Bons ventos o tragam!

3.1.1.2. Construção da frase

Frase Nominal	Não há verbo.	Socorro! Cuidado! Belo quadro o seu!
Frase Verbal	Possui verbo.	A lua ilumina a cidade e inspira os poetas. Os músicos saíram para o show.

3.1.2. Oração

Oração possui estrutura sintática, ou seja, possui verbo.

Se a frase (precisa ter sentido completo) possuir verbo, será também uma oração.

A lua ilumina a cidade e inspira os poetas.	Oração = possui verbo.
	Frase = possui sentido.

1. Só português. Disponível em <http://www.soportugues.com.br/secoes/sint/sint2.php>. Acesso em 5 maio 2014, alterado.

3.1.3. Período

O período é formado por oração e pode ser classificado em simples ou composto.

Período Simples	Uma oração, um verbo.	A lua ilumina a cidade.
Período Composto	Mais de uma oração, mais de um verbo	A lua ilumina a cidade e inspira os poetas.

3.2. Termos Essenciais da Oração

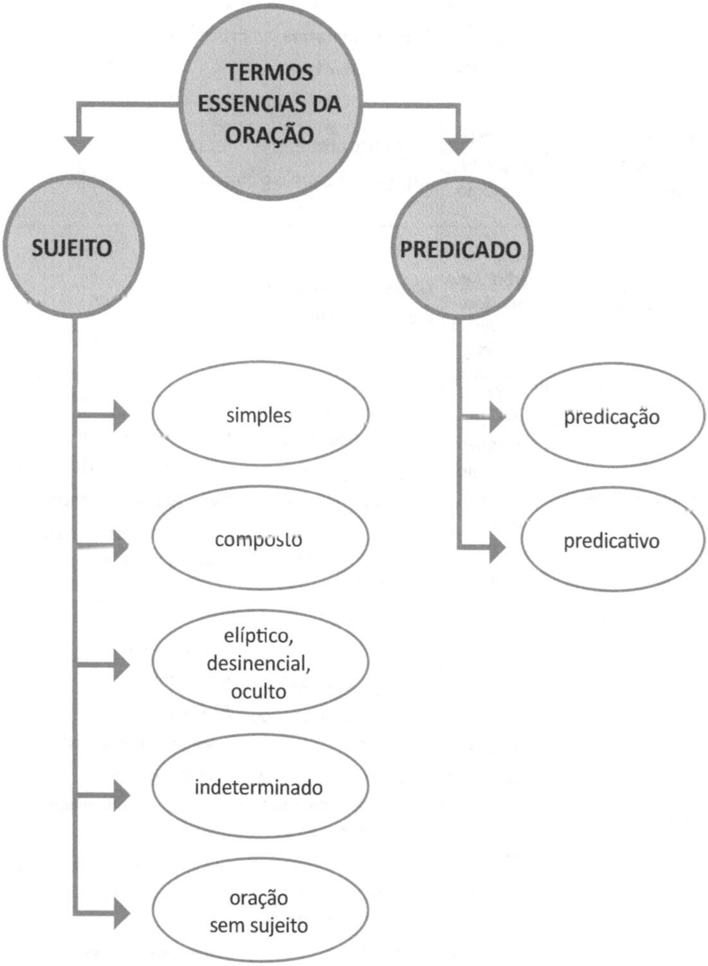

São termos essenciais da oração: sujeito e predicado.

Sujeito é o ser de quem se declara algo e predicado é a declaração feita do sujeito.

3.2.1. Sujeito

Para encontrar o sujeito faz-se a pergunta **o quê?** (para coisa) e **quem?** (para pessoa).

Atente-se: se há voz ativa, voz passiva e voz reflexiva, o sujeito não é apenas o ser que pratica ação. Pode praticar, sofrer ou praticar e sofrer a ação.

Classificam-se em:

<table>
<tr><td>Simples</td><td>um núcleo</td><td colspan="2">Muitos fatos estranhos ocorriam naquela situação.
= o que ocorriam?</td></tr>
<tr><td>Composto</td><td>mais de um núcleo</td><td colspan="2">Música e literatura fazem bem à alma.
= o que fazem bem?</td></tr>
<tr><td>Simples e implícito ou elíptico ou desinencial ou oculto</td><td>não está explícito na oração</td><td colspan="2">Fez o texto ontem.
= quem fez? Ele, mas o pronome não está explícito.</td></tr>
<tr><td>Oracional</td><td>Existe um verbo ou uma locução verbal no sujeito</td><td colspan="2">Convém que estude mais.
= o que convém?</td></tr>
<tr><td>Indeterminado</td><td>não se sabe quem é o sujeito. Pode ocorrer em duas situações:</td><td>1. Verbo na terceira pessoa do plural;
2. Verbo na terceira pessoa do singular + se (índice de indeterminação do sujeito)</td><td>Fizeram ótima prova.
= quem fizeram? Não se sabe.
Necessita-se de silêncio.
= quem necessita, necessita de algo (V.T.I.) – de silêncio é O.I.</td></tr>
<tr><td>Oração sem sujeito</td><td>não há sujeito e pode ocorrer em três situações:</td><td>1. Verbo haver no sentido de existir ou ocorrer;
2. Verbos ser, estar e fazer indicando tempo ou fenômeno meteorológico;
3. Verbos que indicam fenômenos da natureza.</td><td>Havia pessoas.
= existiam
São duas horas.
= ser indicando tempo
Está muito calor.
= estar indicando fenômeno meteorológico
Faz três anos que não a vejo.
= fazer indicando tempo decorrido
Ontem choveu demais.
= fenômeno da natureza</td></tr>
</table>

3.2.1.1. Em concursos

O que é pedido em concursos e pode gerar dúvidas:

- **Simples**: retirando o núcleo, o(s) termo(s) que resta(m) possui (possuem) função de adjunto adnominal.

Muitos **fatos** estranhos ocorriam naquela situação.

A.A. núcleo A.A.

- **Composto**: o termo que liga os núcleos é chamado de conjunção ou conectivo.

  Música e **literatura** fazem bem à alma.

  E = conectivo ou conjunção

- **Simples e implícito ou elíptico** ou **desinencial** ou **oculto:** No singular, sujeito = ele; no plural, sujeito = indeterminado.

  Fez o texto ontem. = sujeito simples e implícito (ele) – Fora de contexto.

  Fizeram o texto ontem. = sujeito indeterminado (verbo no plural).

- **Indeterminado:** Sempre muito pedida a diferença do **SE**.

Índice de indeterminação do sujeito	Verbo no singular + se.	Intransitivo, transitivo indireto e verbo de ligação.	Dormiu-se bem. Precisa-se de livros.
Pronome apassivador	Verbo no singular ou no plural + se. Admite plural porque possui sujeito.	transitivo direto + se ou transitivo direto e indireto + se	Encontrou-se o local da prova = encontraram-se os locais da prova. Dão-se aulas aos necessitados = aulas são dadas aos necessitados.

- **Oração sem sujeito:** Há pouco tempo, acrescentou-se o verbo **bastar** seguido da preposição **de** = Basta de problemas: oração sem sujeito.

  Fixando a concordância:

ORAÇÃO SEM SUJEITO verbo no singular	**SUJEITO** verbo admite plural
Havia alunos.	**Existiam** alunos.
Devia haver alunos.	**Deviam** existir alunos.
Havia de haver alunos.	**Haviam** de existir alunos.
Alunos: **objeto direto**	Alunos: **sujeito** *Por isso o verbo admite plural

Verbo **FAZER** indicando tempos decorrido: singular.

Faz dois anos. **Vai** fazer dois anos.

Em: **O dia amanheceu calmo**, embora o verbo indique fenômeno da natureza, **o dia** possui função de sujeito.

3.2.2. Predicado

Predicado é a declaração feita do sujeito, isto é, retirando-se o sujeito obtém-se o predicado. Pode haver oração sem sujeito, mas não há como existir oração sem predicado. São classificados em **verbal, nominal e verbo-nominal.**

Para classificá-lo, é necessário estudarmos os termos que fazem parte do predicado. Siga o passo a passo para evitar erros.

3.2.2.1. Predicação verbal

Predicação é a classificação do verbo. Vamos aprofundar:

Classificação	Teoria	Exemplo	Dica
Intransitivo	o verbo não exige complemento, por isso o prefixo IN.	O vulto desapareceu na planície.	Nunca caberão as palavras *algo* e *alguém* após o intransitivo.
Transitivo direto	o verbo exige complemento SEM preposição.	"Tenho duas mãos e o sentimento do mundo."	tem **algo**
Transitivo indireto	o verbo exige complemento COM preposição.	Todos precisam de felicidade.	precisa **DE algo**
Transitivo direto e indireto	o verbo exige dois complementos: com e sem preposição	Alguém ofereceu flor à Iemanjá.	oferece **algo a alguém**
Verbo de ligação	liga o sujeito ao predicativo (termo que qualifica) e **não indica ação. Indica estado.**	Todos ficaram felizes.	Para haver verbo de ligação, é preciso haver **predicativo**.

3.2.2.1.1. Estados do verbo de ligação

Por não indicar ação (movimento), o verbo de ligação pode expressar diferentes estados.

Estado	Verbo	Exemplo
permanente	ser, viver	Ele é alegre. Ele vive alegre.
transitório	estar, andar, achar-se, encontrar-se	Nós estamos felizes. Eles andam felizes.
mutatório	ficar, virar, tornar-se, fazer-se	Ficaram cansados. Tornaram-se exaustos.
continuidade de estado	continuar, permanecer	Todos continuam desconfiados. Alguém permanece desatento.
estado aparente	parecer	Ela parece satisfeita.

3.2.2.1.2. Em concursos

Note a diferença entre as orações abaixo.

Lembre-se de que para haver verbo de ligação é preciso haver predicativo!

Eles estavam	exaustos.
V.L.	ptivo sujeito

Eles estavam	em Londres.
intransitivo	adjunto adverbial de lugar

Elas ficaram	nervosas.
V.L.	ptivo sujeito

Elas ficaram	na escola.
intransitivo	adjunto adverbial de lugar

3.2.2.2. Predicativo

Predicativo é o termo que qualifica o sujeito ou o objeto.

Muito importante: para haver predicativo é necessário o verbo de ligação e para haver verbo de ligação é necessário o predicativo.

Fácil assim:

- **Predicativo** → Verbo de ligação
- **Verbo de ligação** → Predicativo

Predicativo do sujeito	**A plateia** aplaudiu o espetáculo **emocionada**.
A plateia (sujeito) aplaudiu o espetáculo (e estava = V.L.) emocionada.	

Predicativo do objeto	Encontrei **mortos os soldados**.
Encontrei (transitivo direto) os soldados (objeto direto) (e eles estavam) mortos.	

3.2.2.2.1. Morfossintaxe dos predicativos

Predicativo do sujeito	**adjetivos ou locuções adjetivas**	A lua é branca.
	substantivos	Ele é engenheiro.
	pronomes substantivos	Para Vinícius de Moraes, a beleza era tudo.
	numerais substantivos	Os irresponsáveis eram cinco.
	palavra substantivada	A vida é um querer sem fim.
	oração subordinada substantiva	A verdade é que ele foi aprovado.
Predicativo do objeto	**adjetivo**	Todos consideraram a prova difícil.
	substantivo	Nomearam-no síndico.

3.2.2.3. Classificação do predicado

PREDICADO	Teoria	Exemplo	Dica
Verbal	o núcleo é o verbo	Todos CAMINHAVAM tranquilamente pela praia.	menos o verbo de ligação
Nominal	o núcleo é o predicativo	Alguns estavam FELIZES.	há verbo de ligação
Verbo-nominal	há dois núcleos: verbo e predicativo	Todos CAMINHAVAM FELIZES pela praia.	verbo (+ V.L. oculto) + predicativo
	Todos CAMINHAVAM (e estavam) FELIZES pela praia.		

Facilitando:

predicados	verbo significativo	verbo de ligação	predicativo
P.V.	sim	não	não
P.N.	não	sim	sim
P.V.N.	sim	não explícito	sim

– Verbos significativos são os intransitivos, transitivos diretos, transitivos indiretos, transitivos diretos e indiretos.

Capítulo 2

TERMOS INTEGRANTES DA ORAÇÃO

Para acesso ao vídeo, utilize o QR Code ao lado.

1. INTRODUÇÃO

Termos integrantes, como o próprio nome diz, integram o sentido de outros termos, completam. São eles: complementos verbais – objeto direto e objeto indireto –, complemento nominal e agente da passiva.

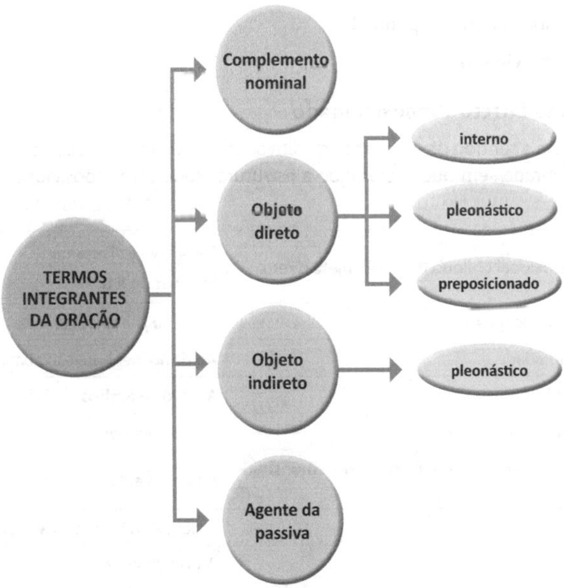

2. OBJETO DIRETO

Completa a significação de verbos transitivos diretos sem acompanhamento de preposição obrigatória.

Importante notar que dentro do objeto direto pode haver, também, o adjunto adnominal.

As mãos cálidas	encontram	**o estático olhar.**
sujeito	V.T.D.	**O.D.**

O estático olhar: objeto direto.

Núcleo: olhar (substantivo)

Adjunto Adnominal: o, estático.

Abriu	**os longos braços**	ao chegar.
V.T.D.	**O.D.**	

Os longos braços: objeto direto

Núcleo: braços (substantivo)

Adjunto adnominal: os, longos.

2.1. Em Concursos

Verbos intransitivos aparecem, frequentemente, como verbos transitivos diretos. Facilite: verbos não são intransitivos, apenas estão, pois no contexto podem sofrer alterações na predicação.

"... me sorri **um sorriso** pontual..."

Viveu **uma vida** tranquila.

2.2. Objeto Direto Preposicionado

Completa o sentido de um verbo transitivo direto (não exige preposição) e a preposição pode ser retirada sem que prejudique a estrutura. Pode ser preposicionado em algumas situações:

O pronome pessoal oblíquo tônico é objeto direto.	Ela amava **a si** mesma. Enganaram **a ti**.
Pronome relativo quem.	Era a moça **a quem** amava.
Evitar ambiguidade.	**Ao dono**, nenhum cão abandona.
Numeral ambos.	Aprovou **a ambos**.
Nomes próprios ou comuns.	Ele traiu **ao pai**.
Pronomes substantivos indefinidos ou demonstrativos.	Aprecio **a este**.
Reciprocidade.	Todos se odiavam uns **aos outros**.
Ênfase.	Pegou **da viola**. Bebeu **do vinho**. Comeu **do bolo**.

2.3. Objeto Direto Pleonástico

Ocorre repetição do objeto direto através de um pronome oblíquo átono. O pronome tem de se referir ao objeto direto.

Estes livros,	**já**	**os**	**li.**
O.D.		**O.D. pleonástico**	V.T.D.

A mim,	ninguém	**me**	engana.
O.I. (tônico)		**O.I. pleonástico (átono)**	

3. OBJETO INDIRETO

Completa a significação de verbos transitivos indiretos, com acompanhamento de preposição obrigatória.

Importante notar que dentro do objeto direto pode haver, também, o adjunto adnominal e, claro, a preposição.

Desobedeço	**a meus patrões.**
V.T.I. a: preposição meus: adjunto adnominal	**O.I.**

- Desobedece A alguém.

Precisamos	**de silêncio**	para estudar.
V.T.I.	**O.I.**	

- Precisamos DE algo.

Enviou	- lhe	o livro.
V.T.D.I.	**O.I.**	O.D.

- Enviou algo A alguém.

3.1. Objeto Indireto Pleonástico

Ocorre repetição do objeto indireto através de um pronome oblíquo átono. O pronome tem de se referir ao objeto indireto.

Aos pobres,	nega	**-lhes**	tudo.
O.I.	V.T.D.I.	**O.I. pleonástico**	O.D.

Ao estudante relapso,	nenhuma disciplina	**lhes**	interessa.
O.I.	SUJEITO	**O.I. pleonástico**	V.T.I.

4. MORFOSSINTAXE DOS COMPLEMENTOS VERBAIS

Os objetos podem ser representados por:

Substantivo	Leu **bons livros**. Gosta de **bons livros**.
Pronome Substantivo	Nunca li **aquilo**. Confiam **em mim**.

Numeral substantivo	– Quantos irmãos você tem? – Tenho **três**.
Palavra substantivada	Disse um sonoro "**sim**".
Oração subordinada	Espero **que você seja aprovado**.

5. AGENTE DA PASSIVA

É o termo da oração que pratica a ação verbal na voz passiva, sempre introduzido por preposição, com a finalidade de indicar o ser que pratica a ação verbal sofrida pelo sujeito.

Facilitando: é o termo que age na voz passiva.

Quanto à transposição da voz ativa para a passiva analítica (ser + particípio), já aprofundamos os estudos no capítulo 7 – Verbo.

A prova	foi adiada	**pela banca.**
sujeito paciente	*ser + particípio*	***agente da passiva***

Note que o agente da passiva passa a ser sujeito na voz ativa e que o sujeito paciente passa a objeto direto:

A banca	adiou	a prova.
sujeito ativo	*V.T.D.*	*O.D.*

Por isso é necessário o objeto direto para haver transposição da voz ativa para a passiva.

Exemplo com três verbos:

Os gabaritos	tinham sido encontrados	no pátio da escola	**pelos candidatos.**
sujeito paciente	ser particípio	adj. adverbial de lugar	**agente da passiva**

Se na voz passiva há três verbos, na ativa haverá dois: retira-se o **ser**.

Os candidatos	tinham encontrado	no pátio da escola	os gabaritos.
sujeito	= encontraram: V.T.D.	adj. adverbial de lugar	O.D.

5.1. Em concursos

Em provas recentes, a pegadinha das bancas é retirar o verbo **ser**, deixando explícito apenas o particípio.

Dica: tente transpor a oração para a voz ativa:

A passeata	feita	**por estudantes.**
sujeito paciente	(ser implícito) particípio	**agente da passiva**

Estudantes	fizeram	a passeata.
sujeito ativo	V.T.D.	objeto direto

5.2. Morfossintaxe do Agente da Passiva

O agente da passiva é representado por um substantivo ou por uma palavra ou oração com valor de substantivo.

O poema	foi escrito	por um grande poeta.	núcleo: **poeta = substantivo**
O poema	foi escrito	por ele.	núcleo: **ele = pronome substantivado**
O poema	foi feito	pelos três.	núcleo: **três = numeral substantivado**

6. COMPLEMENTO NOMINAL

É o termo da oração que se liga a um nome – substantivo, adjetivo ou advérbio – sempre por meio de uma preposição. Possui a função de completar o sentido do nome.

O novo projeto	é	acessível	**aos membros do grupo.**
sujeito	V.L.	predicativo do sujeito	**C.N.**

Faz-se a pergunta ao nome (regência nominal): é acessível **a algo** = completa adjetivo.

Alguns	tinham	medo	**do futuro.**
sujeito	V.T.D.	O.D.	**C.N.**

Quem tem medo, tem medo **de algo** = completa substantivo.

Agiu	contrariamente	**ao esperado.**
I.	adj. adverbial de modo	**C.N.**

Agiu contrariamente **a algo** = completa advérbio

6.1. Morfossintaxe do Complemento Nominal

O complemento nominal possui função substantiva, isto é, será representado por um substantivo ou palavra ou oração com valor de substantivo.

A obediência às **leis**	é necessária.
Leis: substantivo	
A necessidade **dela**	era a mesma dos outros.
Ela: pronome substantivo	

A confiança **nos dois**	é fundamental para o futuro.
Dois: numeral substantivado	
Tinha necessidade	**de que o ajudassem**.
De que o ajudasse: oração subordinada substantiva	
Caminhar a pé **lhe** era necessário.	
Lhe: pronome oblíquo = saudável a ele	
O remédio **nos** era prejudicial.	
Nos: pronome oblíquo = prejudicial a nós	

7. DIFERENÇA ENTRE COMPLEMENTO NOMINAL E OBJETO INDIRETO

Muito fácil se pensar assim:

1) Os dois termos são preposicionados;
2) O objeto indireto vem após o verbo;
3) O complemento nominal vem após um nome (não pode ser conjugado).

Todos	gostaram	**do resumo.**
sujeito	V.T.I.	**O.I.**

– Quem gosta, gosta de algo = complementa o verbo.

Todos	tinham	receio	**da reprovação.**
sujeito	V.T.D.	O.D.	**C.N.**

– Quem tem receio, tem receio de algo = completa o substantivo.

E como diferenciar os dois termos em outra situação? Mais fácil ainda! Vamos lá:

Entregaram	o prêmio	**ao vencedor.**
V.T.D.I.	O.D.	**O.I.**
Retire o objeto direto: Entregaram ao vencedor.		

– Retirou-se o objeto direto e manteve o sentido. Significa que o termo preposicionado está ligado ao verbo, ou seja, é objeto indireto.

Tinham	medo	**da reprovação.**
V.T.D.	O.D.	**C.N.**
Não é possível retirar o objeto direto e continuar correta oração.		

- Se retirar o objeto direto e a frase ficar incoerente, significa que o termo preposicionado está ligado ao nome, isto é, trata-se de um complemento nominal.

8. DIFERENÇA ENTRE COMPLEMENTO NOMINAL E AGENTE DA PASSIVA

A dica é tentar transpor a oração para a voz ativa. Simples, não é?

Candidatos	foram inscritos	**pelos agentes.**
Sujeito paciente	ser + particípio	**agente da passiva**
Voz ativa = Os agentes inscreveram os candidatos.		

Candidatos	ficaram atentos	**ao resultado.**
sujeito	V.L + predicativo do sujeito	**complemento nominal**
A oração já se encontra na voz ativa!		

9. DIFERENÇA ENTRE COMPLEMENTO NOMINAL E ADJUNTO ADNOMINAL

Adjunto adnominal	Complemento nominal
É um termo acessório da oração, logo, é **dispensável**.	É um termo integrante da oração, logo, é **Indispensável**.
Tem a função de caracterizar, determinar, explicar, modificar ou restringir.	Tem a função de completar um sentido.
Ocorre sob a forma de **artigo, adjetivo, numeral, pronome ou locução adjetiva**.	Ocorre sob a forma de **substantivos, pronomes, numerais e orações subordinadas substantivas completivas nominais**.
Pode, ou não, ser acompanhado por preposição.	É **sempre acompanhado de preposições**.
Tem impacto direto em **substantivos** (concretos ou abstratos).	Tem impacto direto em **substantivos abstratos, adjetivos e advérbios**.
Tem função de **agente:** executa a ação.	Tem função de **paciente:** sofre a ação.

Dicas

- **É sempre adjunto adnominal** se estiver ligado a um **substantivo concreto**:

  água da chuva, cama de madeira, brinco de ouro.

- **É sempre complemento nominal** se

- estiver ligado a um **adjetivo**:

  consciente dos riscos, orgulhoso de vocês.

– estiver ligado a um **advérbio**:

longe de confusões, independentemente de tudo.

– for usada qualquer **outra preposição** que não a preposição de (como: a, por, em,…):

respeito por eles, essencial para todos, cuidadoso com o trabalho.

SUBSTANTIVO ABSTRATO + PREPOSIÇÃO DE + SUBSTANTIVO

Nessa situação, a distinção é feita pelo valor ativo ou passivo que o termo apresenta:

– o **adjunto adnominal** tem valor agente.

A leitura **do aluno** foi perfeita! Você verificou o cálculo **dos engenheiros**?

O medo **da população** é inevitável.

– o **complemento nominal** tem valor paciente.

A leitura **do texto** foi perfeita! Você verificou o cálculo **das taxas**?

O medo **da doença** é inevitável.

Capítulo 3

TERMOS ACESSÓRIOS DA ORAÇÃO

Para acesso ao vídeo, utilize o QR Code ao lado.

1. INTRODUÇÃO

Termos acessórios são dispensáveis na estrutura básica da oração, mas são importantes para a compreensão do enunciado. Podem caracterizar o ser, determinar os substantivos e exprimirem circunstâncias. São eles: adjunto adnominal, adjunto adverbial e aposto.

2. ADJUNTO ADNOMINAL

É o termo que **determina**, **especifica** ou **explica** um substantivo. Possui função adjetiva na oração, a qual pode ser desempenhada por adjetivos, locuções adjetivas, artigos, pronomes adjetivos enumerais adjetivos.

Agrupam-se ao redor dos substantivos dentro de qualquer termo da oração – essencial, integrante ou mesmo acessório (adjunto adverbial).

Aqueles dois rapazes **interessados**	estudaram	**toda a** matéria.
Sujeito. Núcleo: rapazes (substantivo)	V.T.D.	O.D. Núcleo: matéria
Aqueles, dois e interessados: adjunto adnominal		**Toda e a:** adjunto adnominal

2.1. Morfossintaxe do Adjunto Adnominal

Artigo	**A** prova foi aplicada
Numeral adjetivo	**Três** candidatos chegaram.
Pronome adjetivo	**Aqueles** candidatos fizeram boa prova.
Pronome pessoal oblíquo (equivalendo a possessivo)	Roubaram-**me** a prova. = roubaram a minha prova. Não **te** reconheci a voz. = a tua voz.
Adjetivo	Candidatos **insatisfeitos** faltaram.
Locução adjetiva	Candidatos **da capital** chegaram.
Oração subordinada	O aluno **que estuda** é aprovado.
	O aluno estudioso = oração subordinada adjetiva.

2.2. Em Concursos

Predicativo e Adjunto Adnominal: para haver predicativo, obrigatoriamente haverá verbo de ligação (mesmo que implícito, como estudamos na parte I – termos essenciais da oração). O adjunto adnominal vem dentro de um termo da oração e não exige verbo de ligação.

Atenha-se ao código expresso aplicando-o de maneira correta, levando em consideração os termos em destaque:

a) Predicativo

B) Adjunto adnominal

a – O garoto parecia assustado. ( )

b – O garoto assustado deixou o colégio. ( )

c – Márcia continua aflita. ( )

d – Os alunos aflitos terminaram o simulado. ( )

e – O filho assustado abraçou a mãe. ( )

Respostas

a – predicativo = parecia: verbo de ligação.

b – adjunto adnominal = o garoto assustado: sujeito (núcleo: garoto).

c – predicativo = continua: verbo de ligação.

d – adjunto adnominal = os alunos aflitos: sujeito (núcleo: alunos).

e – adjunto adnominal = o filho assustado: sujeito (núcleo: filho).

3. ADJUNTO ADVERBIAL

É o termo da oração que indica **circunstância.** Pode modificar o sentido de um verbo (faz-se uma pergunta), de um adjetivo (intensidade) ou de um advérbio (intensidade).

Facilitando: indica circunstância do verbo e pode intensificar o sentido do adjetivo ou do próprio advérbio.

O verão	chegou	**cedo.**
	quando?	**tempo**

Leram	o livro	**na biblioteca.**
onde?		**lugar**

O verão	chegou	**muito**	**cedo.**
	quando?	**intensidade**	**tempo**

Ele	estava	**muito**	atrasado.
		intensidade	predicativo (adjetivo)

3.1. Diferença entre Adjunto Adverbial e Predicativo

Para ser predicativo, precisa-se do verbo de ligação (mesmo que implícito) e para ser adjunto adverbial, deve-se fazer pergunta ao verbo para saber a circunstância ou deve indicar intensidade do adjetivo ou advérbio.

Facilitando:

predicativo	varia
adjunto adverbial	não varia

Ele estava muito **atrasado** = Ela estava muito **atrasada**.

3.2. Classificação do Adjunto Adverbial

Circunstância	Exemplo	Dica
Acréscimo	**Além da alegria**, sentia cansaço.	+
Afirmação	**Certamente** será aprovado.	Não é necessário fazer pergunta.
Assunto	Falávamos **sobre política**.	Sobre o quê?
Causa	**Com o frio**, os animais morreram.	Por quê?
Companhia	**Com quem** você saiu ontem?	Com quem?
Concessão	**Apesar do nervosismo**, fez boa prova.	Embora, apesar de.
Condição	**Sem a autorização do fiscal**, você não poderá sair.	Se, caso.
Conformidade	Fez tudo **conforme o combinado.**	Regra.
Dúvida	**Quiça** acertemos todas as questões.	Não é necessário fazer pergunta.
Fim, finalidade	Eles vivem **para estudar.**	Para quê?
Frequência	**Sempre** vêm aqui.	Quando?
Instrumento	Desenhava **a lápis**.	Com o quê?
Intensidade	Todos corriam **bastante.**	Não é necessário fazer pergunta.
Limite	Estudava **até cansar.**	Até.
Lugar	Nasceu **em Ribeirão Preto.**	Onde?

Circunstância	Exemplo	Dica
Matéria	Era feito **de ferro.**	De quê?
Meio	Foi **de avião.**	De quê?
Modo	Ficamos **à vontade.**	Como?
Negação	**Não** pode haver enganos.	Não é necessário fazer pergunta.
Preço	Os livros são vendidos **a preços baixos.**	Quanto?
Substituição ou troca	Abandonou os estudos **por trabalhos rentáveis.**	Por o quê?
Tempo	**Ontem à noite** saiu com amigos.	Quando?

3.3. Morfossintaxe do Adjunto Adverbial

O adjunto adverbial é representado por um advérbio (invariável) ou por uma locução adverbial (variável).

4. APOSTO

É o termo explica ou especifica os substantivos e os pronomes. Pode vir separado dos demais termos da oração por vírgula, dois-pontos ou travessão.

Recentemente, o mais pedido em provas é o aposto especificativo – não possui sinal de pontuação. Compare:

Carlos Drummond de Andrade	**, grande poeta mineiro,**	escrevia sobre a arte de escrever.
	Aposto explicativo = com pontuação	

O poeta **Carlos Drummond de Andrade**	escrevia sobre a arte de escrever.
Aposto especificativo = sem pontuação	

4.1. Morfossintaxe do Aposto

O aposto possui função substantiva na oração. Seu núcleo é representado por um substantivo ou palavra substantivada.

4.2. Classificação do Aposto

Explicativo	Traduz, ou seja, dá significado a uma frase, geralmente vem entre vírgulas, dois pontos ou parênteses.	Foi aqui, **neste lugar tranquilo**, que o encontrei.

Enumerativo	É representado por dois pontos, e estabelece uma sequência de elementos que são usados para complementar a ideia fundamental da frase.	À tarde, irei à casa de dois amigos: **Fernando e Júnior**.
Resumidor ou Recapitulativo	É representado por um pronome que resume tudo o que foi expresso anteriormente.	Henrique, Adilson, Sten, Paulo, **todos** foram aprovados.
Comparativo	É usado para comparar.	Seus olhos, **lindos oceanos**, fazem-me acreditar no amor.
Distributivo	Distribui as informações de termos separadamente.	Marcelo e Adriano são amigos. **Este** é um baiano divertido, **aquele**, carioca.
Aposto de Oração	Usado para resumir termos anteriores.	Ele tem um único desejo: **que todos os candidatos sejam aprovados no concurso.**
Especificativo	Individualiza um substantivo de sentido genérico.	A rua **Garibaldi** está muito longe do bairro **Irajá**.

4.3. Em Concursos

Não confunda aposto especificativo com adjunto adnominal.

A obra **de Machado de Assis** é símbolo da literatura brasileira.

- Obra de Machado de Assis = obra **machadiana** (adjetivo). Se possui função de adjetivo, é adjunto adnominal.

5. VOCATIVO

O vocativo é um termo independente dentro da oração. Não faz parte do sujeito, nem do predicado, nem dos termos integrantes ou acessórios da oração.

Possui função de chamar ou interpelar o interlocutor (é com quem se fala). Vem, sempre, separado por sinal de pontuação.

"**Pai**, afasta de mim esse cálice." (Chico Buarque de Holanda e Milton Nascimento).

Dica: o vocativo não pode ser confundido com o sujeito.

1) A pontuação é obrigatória no vocativo;
2) A pontuação nunca poderá separar o sujeito.

No exemplo citado anteriormente:

- Pai: vocativo
- Sujeito: tu, pois o verbo está no imperativo afirmativo (afasta tu).

5.1. Morfossintaxe do Vocativo

Por se referir a um ser, o vocativo é representado por um substantivo ou por um pronome substantivo.

6. FIQUE DE OLHO

- Encontrar o sujeito e sempre analisar a oração na ordem direta;
- Predicação verbal – classificação do verbo;
- Verbo transitivo direto + se ou verbo transitivo direto e indireto + se = voz passiva e possui sujeito;
- Verbo de ligação, intransitivo e transitivo indireto + se = sujeito indeterminado.

6.1. Questões comentadas 2024 e 2023

Fragmento de texto para responder à questão.

As regiões metropolitanas e as grandes cidades brasileiras concentram hoje a atenção das autoridades de gestão territorial em nível local, regional e nacional. O conhecimento da complexa realidade dessas áreas em suas múltiplas dimensões e de modo dinâmico torna-se imprescindível para geri-las de forma eficiente. (...)

Cláudia Maria de Almeida, Gilberto Câmara e Antonio Miguel V. Monteiro (Org.). **Geoinformação em urbanismo. Cidade Real X Cidade Virtual**. São Paulo: Oficina de Texto, 2007, p. 5 e 6. (com adaptações).

---

01. (Cebraspe - CAU/BR - Advogado - 2024) O sujeito da oração apresentada no primeiro período do texto é "a atenção das autoridades de gestão territorial".

( ) certo ( ) errado

➢ Comentários:

Primeiro período: *As regiões metropolitanas e as grandes cidades brasileiras concentram hoje a atenção das autoridades de gestão territorial em nível local, regional e nacional.*

Sujeito do verbo "concentram": *As regiões metropolitanas e as grandes cidades brasileiras;*

Verbo transitivo direto: *concentram;*

Adjunto adverbial de tempo: *hoje;*

Objeto direto do verbo "concentram": *a atenção das autoridades de gestão territorial;*

Adjunto adverbial: *em nível local, regional e nacional.*

Resposta: Errado.

Texto CG1A1-I

Uma organização é um sistema complexo de comunicações com um objetivo funcional. Durante sua existência e atuação, a organização vai formando uma imagem perante seus diversos públicos em função de todo um conjunto de contatos realizados, e não somente pelas iniciativas planejadas de comunicação que ela toma para formar a imagem pretendida. Essa imagem, chamada imagem organizacional, pode ser descrita como uma compilação de opiniões e pontos de vista baseados em informações processadas de várias fontes, ao longo do tempo, que gera uma imagem mental dos atributos da organização.

Seguindo uma tendência já percebida na iniciativa privada, os órgãos públicos têm-se preocupado, cada vez mais, com sua imagem organizacional. A imagem organizacional pública tem valor estratégico na medida em que interfere diretamente no relacionamento da organização com diferentes atores, bem como na sua legitimação e credibilidade perante a sociedade. No entanto, apesar de sua relevância, ainda há poucos estudos sobre a imagem organizacional no contexto público, tanto nacional quanto internacionalmente.

Quando se trata da construção da imagem de uma organização, ressalta-se o papel dos veículos de imprensa. Esses veículos, ao publicarem uma notícia, atuam na associação e formação das crenças, das ideias, dos sentimentos e das impressões que uma pessoa ou um grupo tem ou passa a ter sobre aquela organização. Não obstante, a migração desses meios de comunicação para a Internet aumenta o volume de informações em circulação e eleva o seu poder de influência, uma vez que é possível acessar dados e informações de qualquer lugar e a qualquer momento, de modo a expandir a comunicação entre as pessoas e as organizações.

Carolina Coelho da Silveira, Carla Bonato Marcolin e Carlos Henrique Rodrigues. Como somos vistos? Análise da imagem organizacional pública utilizando ciência de dados. Internet: (com adaptações).

---

02. (Cebraspe - CGE RJ - Auditor do Estado - 2024) No primeiro período do terceiro parágrafo, a partícula "se", em ambas as suas ocorrências, indica que é indeterminado o sujeito sintático de cada uma das orações que formam o período.

( ) certo ( ) errado

➢ Comentários:

1. Quando se trata da construção da imagem de uma organização

   = o verbo tratar é transitivo indireto e está acompanhado pelo índice de indeterminação do sujeito "se";

   "da construção da imagem de uma organização" possui função de objeto indireto.

   O sujeito é indeterminado, nesse caso.

2. ressalta-se o papel dos veículos de imprensa.

   = o verbo "ressaltar" é transitivo direto (ressalta algo) e está acompanhado pelo pronome apassivador "se";

   "o papel dos veículos de imprensa" possui função de **sujeito paciente** porque a oração está na voz passiva sintética.

   Transponha para a passiva analítica: o papel dos veículos de imprensa é ressaltado.

Resposta: Errado

Fragmento de texto para responder à questão.

Em 1947, o físico brasileiro César Lattes causou grande impacto nos meios científicos internacionais e conquistou reconhecimento com sua descoberta que elucidou alguns problemas pendentes de solução no campo da radiação cósmica e confirmou a teoria do físico japonês Hideki Yukawa sobre a existência de uma partícula supostamente responsável pela ligação entre prótons e nêutrons nos núcleos atômicos. Esse último aspecto foi bastante para dar um relevo todo especial à descoberta, enriquecendo seu significado com a possibilidade de novas aberturas no controle das forças nucleares, tão cobiçado depois das explosões atômicas. (...)

Rodrigo Cunha. 60 anos do CNPq: da política nuclear ao desafio da descentralização. In: Ciência e Cultura, São Paulo, v. 63, n.º 2, 2011 (com adaptações).

---

03. (Cebraspe - CNPQ - Analista – 2024 - adaptada) O sujeito da forma verbal "confirmou" (primeiro período) é "César Lattes".

( ) certo ( ) errado

➢ Comentários:

No texto: Em 1947, o físico brasileiro César Lattes causou grande impacto nos meios científicos internacionais e conquistou reconhecimento com sua descoberta que elucidou alguns problemas pendentes de solução no campo da radiação cósmica e confirmou a teoria do físico japonês Hideki Yukawa sobre a existência de uma partícula supostamente responsável pela ligação entre prótons e nêutrons nos núcleos atômicos.

Venha comigo:

sujeito de "causou": o físico brasileiro César Lattes;

sujeito de "conquistou": o físico brasileiro César Lattes;

sujeito de "elucidou": o pronome relativo "que" o qual retoma "sua descoberta";

sujeito de "confirmou": o pronome relativo "**que**" o qual retoma "**sua descoberta**".

Lê-se: **sua descoberta** elucidou alguns problemas pendentes de solução no campo da radiação cósmica e **confirmou** a teoria do físico japonês.

Resposta: Errado

Fragmento de texto para responder à questão.

(...) Essas informações não são sistematicamente reunidas e padronizadas, tratando-se, portanto, de uma análise inédita e essencial para a prevenção e a resposta à violência contra meninas e meninos.

Internet: < www.unicef.org> (com adaptações).

---

04. (Cebraspe - PC AL - Delegado – 2023 - adaptada) O termo "Essas informações" exerce a função de sujeito das orações expressas pelas formas verbais "são" e "tratando-se".

( ) certo ( ) errado

➢ Comentários:

Sujeito de "são": essas informações.

O verbo "tratar" é transitivo indireto e está seguido pelo "se" (índice de indeterminação do sujeito). Isso indica que é impossível haver sujeito na segunda oração.

Resposta: Errado

Fragmento de texto para responder à questão.

O ordenamento jurídico vem sendo confrontado com as inovações tecnológicas decorrentes da aplicação da inteligência artificial (IA) nos sistemas computacionais. Não apenas se vivencia uma ampliação do uso de sistemas lastreados em IA no cotidiano, como também se observa a existência de robôs com sistemas computacionais cada vez mais potentes, nos quais os algoritmos passam a decidir autonomamente, superando a programação original. Nesse contexto, um dos grandes desafios ético-jurídicos do uso massivo de sistemas de inteligência artificial é a questão da responsabilidade civil advinda de danos decorrentes de robôs inteligentes, uma vez que os sistemas delituais tradicionais são baseados na culpa e essa centralidade da culpa na responsabilidade civil se encontra desafiada pela realidade de sistemas de inteligência artificial. (...)

B. L. da Anunciação Melo e H. Ribeiro Cardoso. Sistemas de inteligência artificial e responsabilidade civil: uma análise da proposta europeia acerca da atribuição de personalidade civil. In: Revista Brasileira de Direitos Fundamentais & Justiça, 16(1), 2020, p. 93-4 (com adaptações).

---

05. (CEBRASPE - MP SC - Promotor - 2023 - adaptada) No segundo período, o sujeito referencial da forma verbal "superando" é "robôs".

( ) certo ( ) errado

➢ Comentários:

No texto: *Os algoritmos passam a decidir autonomamente, superando a programação original.*

O termo "**os algoritmos**" é sujeito do verbo "passar" e do gerúndio "superando".

A ideia é esta: os algoritmos superam a programação original.

Observação: "a existência de robôs" possui função de sujeito paciente do verbo "observa-se". A oração está na voz passiva sintética (VTD + se) e equivale, na passiva analítica, a "a existência de robôs é observada".

Resposta: Errado

Fragmento de texto para responder à questão.

(...) Perante a autonomia algorítmica na qual os sistemas de IA passam a decidir de forma diversa da programada, há uma dificuldade de diferenciar quais danos decorreram de erro humano e aqueles que derivaram de uma escolha equivocada realizada pelo próprio sistema ao agir de forma autônoma. O comportamento emergente da máquina, em função do processo de aprendizado profundo, sem receber qualquer controle da parte de um agente humano, torna difícil indicar quem seria o responsável pelo dano, uma vez que o processo decisório decorreu de um aprendizado automático que culminou com escolhas equivocadas realizadas pelo próprio sistema. Há evidentes situações em que se pode vislumbrar a existência de culpa do operador do sistema, como naquelas em que não foram realizadas atualizações de *software* ou, até mesmo, de quebra de deveres objetivos de cuidado, como falhas que permitem que *hackers* interfiram no sistema. Entretanto, excluídas essas situações, estará ausente o juízo de censura necessário para a responsabilização com base na culpa.

B. L. da Anunciação Melo e H. Ribeiro Cardoso. Sistemas de inteligência artificial e responsabilidade civil: uma análise da proposta europeia acerca da atribuição de personalidade civil. In: Revista Brasileira de Direitos Fundamentais & Justiça, 16(1), 2020, p. 93-4 (com adaptações).

---

06. (CEBRASPE - MP SC - Promotor - 2023) No penúltimo período, o segmento "de quebra de deveres objetivos de cuidado" qualifica "situações".

( ) certo ( ) errado

➢ Comentários:

É necessário seguir o raciocínio exigido pela banca:

1. Há **evidentes situações** em que se pode vislumbrar a existência de culpa do operador;
2. como <u>**naquelas [situações]**</u> em que não foram realizadas atualizações de *software*...
3. ou, até mesmo, de quebra de deveres objetivos de cuidado...

O segmento "de quebra de deveres objetivos de cuidado" está qualificando "naquelas [situações]. O termo está implícito.

Resposta: Certo

Fragmentos de texto para responder à questão.

O justo se desvela no decorrer das lutas de libertação na história. O justo é um saber que se vai constituindo à medida que nossa consciência da história se aguça. Mas não basta a consciência da história, pois procurar a justiça é uma atitude <u>**ética**</u> – é uma escolha. [...]

A justiça é uma virtude **agente** que se explicita na prática social comprometida.

Roberto Aguiar. O que é justiça: uma abordagem dialética. Brasília: Senado Federal. Conselho Editorial, 2020, p. 319-20 (com adaptações).

---

07. (CEBRASPE - MP SC - Promotor - 2023 - adaptada) Os termos "ética" e "agente" desempenham funções sintáticas diferentes.

( ) certo ( ) errado

➢ Comentários:

É necessário fazer duas análises para não errar a questão.

I. No primeiro caso: procurar a justiça (sujeito) é (verbo de ligação) <u>uma atitude ética</u> (predicativo do sujeito).

No segundo caso: A justiça (sujeito) é (verbo de ligação) <u>uma virtude agente</u> (predicativo do sujeito).

II. No primeiro caso: o núcleo do predicativo é "atitude", e **"ética" é adjunto adnominal**.

No segundo caso: o núcleo do predicativo é "virtude", e **"agente" é adjunto adnominal**.

As funções sintáticas são idênticas.

Resposta: Errado

Fragmento de texto para responder à questão.

(...) A busca da justiça como virtude não é equidistante, não é neutra, não é equilibrada. Ela nos força, a cada momento, a tomar partido, a ser parcial, tendo a parcela maior dos seres humanos como fundamento. (...)

Roberto Aguiar. O que é justiça: uma abordagem dialética. Brasília: Senado Federal. Conselho Editorial, 2020, p. 319-20 (com adaptações).

---

08. (CEBRASPE - MP SC - Promotor - 2023 - adaptada) No segundo período, a forma pronominal "nos" funciona, sintaticamente, como complemento indireto da forma verbal "força".

( ) certo ( ) errado

➢ Comentários:

O verbo "forçar" é bitransitivo (força alguém a algo) e o pronome oblíquo possui função de objeto direto: força-nos (objeto direto) a tomar partido (objeto indireto oracional).

O pronome "nos" funciona como complemento **direto.**

Dica: o objeto indireto é oracional por possuir verbo (tomar).

Resposta: Errado

Fragmento de texto para responder à questão.

(...) Se aceitássemos essa visão, bastaria ficarmos quietos esperando que a história se fizesse de acordo com seus mecanismos. Mas o real é outro. (...)

---

09. (CEBRASPE - MP SC - Promotor - 2023 - adaptada) No primeiro período, a oração "ficarmos quietos" funciona, sintaticamente, como complemento da forma verbal "bastaria".

( ) certo ( ) errado

➢ Comentários:

Sempre, em primeiro lugar, é necessário encontrar o sujeito:

- O que bastaria?

- Ficarmos quietos. = **sujeito** oracional (há verbo).

Trata-se de uma oração subordinativa subjetiva reduzida de infinitivo (ficarmos).

Observação: para possuir função de complemento, deveria ser objeto direto ou objeto indireto.

Resposta: Errado

Fragmentos de texto para responder às questões.

(...) No Brasil, a figura do promotor de justiça só surge em 1609, quando é regulamentado o Tribunal de Relação na Bahia. No Império, tratava-se a instituição no Código de Processo Criminal, sem nenhuma referência constitucional. Somente na Constituição de 1824, foram criados o Supremo Tribunal de Justiça e os tribunais de relação, nomeando-se desembargadores, procuradores da Coroa, conhecidos como "chefe do parquet". No entanto, a expressão "Ministério Público" só seria utilizada no Decreto n.º 5.618, de 2 de maio de 1874. (...)

Internet: www.anpr.org.br (com adaptações)

---

10. (CEBRASPE - MP SC - Promotor - 2023 - adaptada) O sujeito das orações "tratava-se a instituição no Código de Processo Criminal" (segundo período) e "nomeando-se desembargadores, procuradores da Coroa, conhecidos como 'chefe do parquet'" (terceiro período) é indeterminado pelo emprego do pronome "se".

( ) certo ( ) errado

➢ Comentários:

Voltemos aos trechos.

1. No Império, **tratava-se** a instituição no Código de Processo Criminal, sem nenhuma referência constitucional.

→ O verbo é transitivo direto (tratava algo) e está acompanhado pelo **pronome apassivador** "se". A oração está na voz passiva sintética.

Transponha para a voz passiva analítica para facilitar o raciocínio: a instituição no Código de Processo Criminal era tratada sem nenhuma referência constitucional.

2. ... foram criados o Supremo Tribunal de Justiça e os tribunais de relação, **nomeando-se** desembargadores, procuradores da Coroa, conhecidos como "chefe do parquet".

→ O verbo é transitivo direto (nomeando alguém) e está acompanhado pelo **pronome apassivador** "se". A oração também está na voz passiva sintética.

Transponha para a voz passiva analítica: desembargadores, procuradores da Coroa, foram nomeados.

Nos dois casos, existe sujeito paciente: em 1 = a instituição; em 2 = desembargadores.

Dica para a próxima prova: o sujeito só será indeterminado caso o verbo, seguido de "se", for **intransitivo, transitivo indireto** ou **verbo de ligação**. Nesse caso o "se" será classificado como índice de indeterminação do sujeito.

Se for **transitivo direto** ou **transitivo direto e indireto**, haverá sujeito paciente e o "se" será **pronome apassivador**.

Resposta: Errado

---

11. (CEBRASPE - MP SC - Promotor - 2023 - adaptada) O segmento "a expressão 'Ministério Público'" (último período) contém um aposto.

( ) certo ( ) errado

➢ Comentários:

No trecho: *No entanto, a expressão "Ministério Público" só seria utilizada no Decreto n.º 5.618, de 2 de maio de 1874.*

Trata-se de um aposto especificativo, pois nomeia o vocábulo "expressão" e não possui pontuação.

Relembre a definição: O aposto especificativo serve para especificar ou individualizar um termo genérico da oração. Não se encontra destacado por sinais de pontuação, estando ligado diretamente ao termo que especifica ou através de uma preposição.

Dica: Apostos especificativos são maioritariamente nomes próprios.

A rua **XV de novembro** fica no bairro **São Luiz**.

O poeta **Mário Quintana** escreveu sobre pássaros.

Resposta: Certo

Fragmento de texto para responder à questão.

(...) A CF declara o MP como instituição permanente e essencial à função jurídica, incumbindo-lhe a defesa da ordem jurídica, do regime democrático e dos interesses sociais e individuais indisponíveis.

Internet: www.anpr.org.br (com adaptações)

---

12. (CEBRASPE - MP SC - Promotor - 2023 - adaptada) O segmento "como instituição permanente e essencial à função jurídica" funciona, sintaticamente, como predicativo do termo "o MP".

( ) certo ( ) errado

➢ Comentários:

Faça a análise completa:

A CF	declara	o MP	como instituição permanente e essencial à função jurídica
sujeito	v.t.d.	o.d.	predicativo do objeto

O verbo de ligação está implícito.

Lê-se: A CF declara o MP [e o MP **é**] como instituição permanente e essencial à função jurídica.

O segmento qualifica o objeto direto, há verbo de ligação implícito e é classificado como predicativo do objeto direto.

Resposta: Certo

Capítulo 4

PERÍODO COMPOSTO

Para acesso ao vídeo, utilize o QR Code ao lado.

1. INTRODUÇÃO

Estudamos o período simples nos capítulos anteriores, ou seja, as relações que os termos (vocábulos) possuem dentro da oração. Agora estudaremos as relações estabelecidas entre as orações, é a vez da conjunção – termo que liga orações.

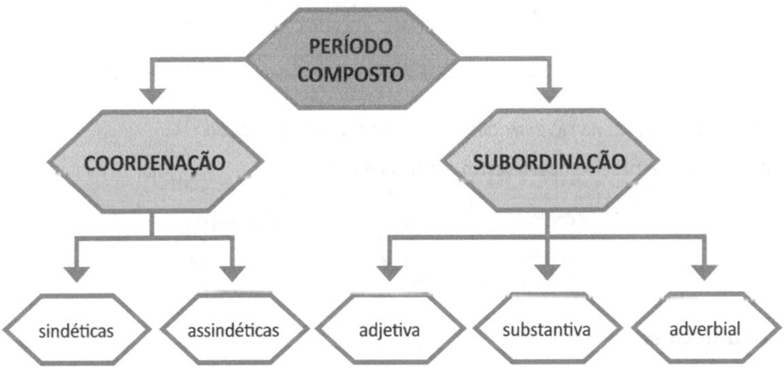

2. CONCEITOS

Período Simples	Possui uma oração.
Período Composto	Possui mais de uma oração.

Período Composto		
Coordenação	São orações que possuem independência sintática.	Ele estudou /e foi aprovado.
Subordinação	Há dependência sintática entre as orações, isto é, uma oração se subordina à outra.	Já que estudou, /foi aprovado.

3. COORDENAÇÃO

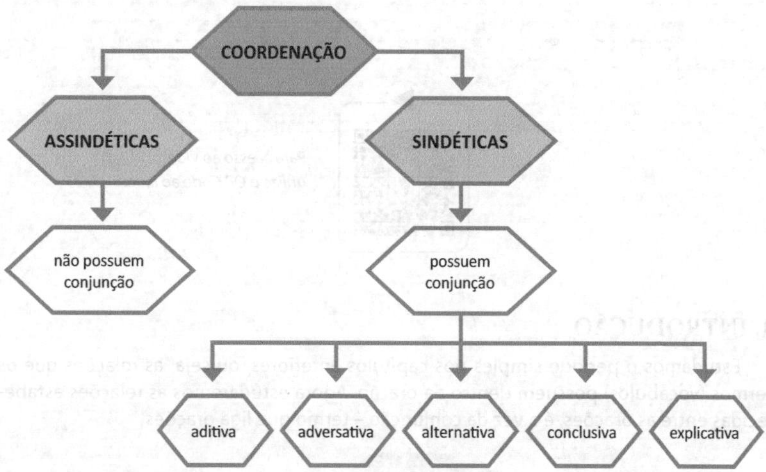

3.1. Assindéticas

As orações coordenadas assindéticas não possuem conjunção.

Importante: é preciso haver verbo em toda oração.

Acordou,	estudou,	viajou depois.
assindética	assindética	Assindética

3.2. Sindéticas

Possuem conjunção e são classificadas em:

Aditivas	Expressam ideia de **adição, acrescentamento**.	e, nem, não só... mas também, não só... como, assim... como.	Não só cantou como também dançou. Nem comprei o livro, nem estudei.
Adversativas	Exprimem fatos ou conceitos que se opõem ao que se declara na oração coordenada anterior, estabelecendo **contraste** ou **compensação**.	mas, contudo, todavia, entretanto, porém, no entanto, ainda, assim, senão.	Ficou muito cansada, contudo se divertiu. Não comprei o estudei, mas trabalhei.

Alternativas	Expressam ideia de **alternância de fatos** ou **escolha**.	ou... ou; ora...ora; quer...quer; seja...seja.	Ou usa o protetor solar, ou usa o óleo bronzeador. Quer eu durma quer eu fique acordada, estarei no quarto.
Conclusivas	Exprimem **conclusão** ou **consequência** referentes à oração anterior.	logo, portanto, por fim, por conseguinte, consequentemente.	Passou no concurso, portanto irá comemorar. Tomou muito sol, consequentemente ficou adoentado.
Explicativas	Indicam uma **justificativa** ou uma **explicação** referente ao fato expresso na declaração anterior.	que, porque, pois, isto é, ou seja, a saber, na verdade.	Passei na prova porque me esforcei. Não fui à aula pois merecia uma folga à noite.

3.3. Em Concursos

- A conjunção **e** pode indicar oposição. A vírgula é obrigatória, mas é claro que as bancas a retiram: Exemplo: Estudou e não foi aprovado = conjunção adversativa.
- Embora algumas gramáticas abominem, em concursos é pedido: **mas também** indica adição. Exemplo: Estudou mas também foi aprovado.
- **Pois**: no sentido de porque = explicação; no sentido de logo = conclusão.
- **Explicação e causa**: Explicação é coordenada – orações independentes; causa é subordinada (estudaremos a seguir).

  Explicação: O candidato devia estar doente, porque chorava muito.

  O choro do candidato não poderia ser a causa de sua doença.

  Causa: Ele está triste porque foi reprovado.

  A reprovação é a causa da tristeza dele.

4. SUBORDINAÇÃO

4.1. Introdução

As orações subordinadas possuem estrutura distinta das orações coordenadas -assindética e sindética. Veja:

Todos sabem	que é necessário ter coragem.
Oração principal	*Oração subordinada*

A oração principal rege a oração subordinada (possui conjunção ou verbo na forma nominal). As orações subordinadas são divididas em três tipos:

Tipos	Definição	Dica
Substantivas	Possuem valor de **substantivo** e vêm introduzidas por conjunção integrante.	Encaixa-se **isto** ou **disto** antes da conjunção.
Adjetivas	Possui valor e função de **adjetivo** e vêm introduzidas por pronome relativo.	Que = **o qual** Cujo
Adverbiais	Exercem função de **adjunto adverbial** do verbo da oração principal e exprimem circunstâncias. São introduzidas por conjunções subordinativas – exceto as integrantes.	Indicam circunstâncias.

4.2. Subordinada Substantiva

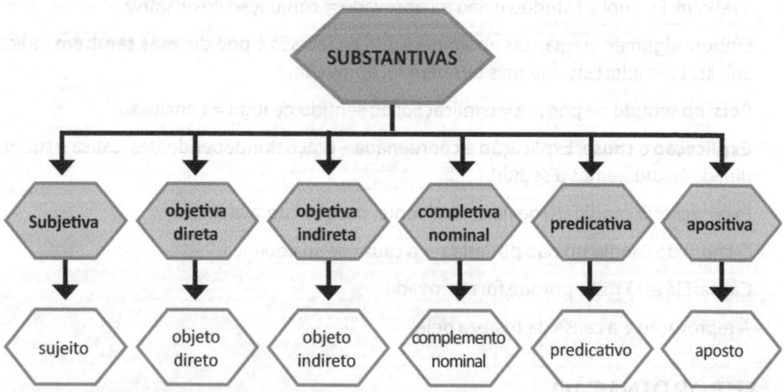

A oração substantiva possui função de substantivo e dependendo da função sintática que exerce, classifica-se em:

Subjetiva	Exerce a função sintática de **sujeito** do verbo da oração principal.	
	É preciso	que o grupo estude.
	V.L. + predicativo	**sujeito**
	Oração principal	*oração subordinada substantiva subjetiva*

<table>
<tr><td rowspan="4">Objetiva Direta</td><td colspan="2">Exerce função de objeto direto do verbo da oração principal
– que termina com V.T.D.</td></tr>
<tr><td>Os candidatos pediram</td><td>que a prova fosse adiada.</td></tr>
<tr><td>Sujeito + V.T.D</td><td>objeto direto</td></tr>
<tr><td>Oração principal</td><td>oração subordinada substantiva objetiva direta</td></tr>
<tr><td rowspan="4">Objetiva Indireta</td><td colspan="2">É objeto indireto do verbo da oração principal e vem precedida de preposição.
– a oração principal termina em V.T.I.</td></tr>
<tr><td>O autor precisa</td><td>de que alguém a ajude.</td></tr>
<tr><td>Sujeito + V.T.I.</td><td>Objeto indireto</td></tr>
<tr><td>Oração principal</td><td>oração subordinada substantiva objetiva indireta</td></tr>
<tr><td rowspan="4">Completiva Nominal</td><td colspan="2">Completa um nome que pertence à oração principal e possui preposição.
– a oração principal termina em NOME.</td></tr>
<tr><td>Tenho vontade</td><td>de que aconteça algo inesperado.</td></tr>
<tr><td>(eu) + V.T.D. + O.D.</td><td>Complemento nominal</td></tr>
<tr><td>Oração principal</td><td>oração subordinada substantiva completiva nominal</td></tr>
<tr><td rowspan="4">Predicativa</td><td colspan="2">Exerce papel de predicativo do sujeito do verbo da oração principal.
– a oração principal termina em VERBO DE LIGAÇÃO.</td></tr>
<tr><td>A verdade é</td><td>que você não virá.</td></tr>
<tr><td>Sujeito + V.L.</td><td>Predicativo do sujeito</td></tr>
<tr><td>Oração principal</td><td>oração subordinada substantiva predicativa</td></tr>
<tr><td rowspan="3">Apositiva</td><td colspan="2">Exerce função de aposto de algum termo da oração principal.
– normalmente há dois-pontos.</td></tr>
<tr><td>Toda a turma tem o mesmo objetivo:</td><td>que ele seja aprovado.</td></tr>
<tr><td>Oração principal</td><td>oração subordinada substantiva apositiva</td></tr>
</table>

4.2.1. Em concursos

- Certifique-se de que a oração é subordinada substantiva apenas encaixando o pronome demonstrativo **isto**. A conjunção que liga as orações é **conjunção integrante**.
- Expressões na voz passiva na oração principal = oração subjetiva: **Sabe-se – Soube-se – Conta-se – Diz-se – Comenta-se – É sabido – Foi anunciado – Ficou provado.**

4.3. Subordinada Adjetiva

As orações adjetivas exercem função sintática de adjunto adnominal do adjetivo. Relacionam-se a um nome da oração principal e são introduzidas por pronome relativo. Tópico muito exigido em questões de pontuação.

Conversei ontem com alunos	que estudam português.
Oração Principal	que = os quais
	que estudam = estudiosos – adjetivo
	oração subordinada adjetiva

Os escritores	que fizeram um ótimo trabalho	serão homenageados.
Oração Principal	que = os quais	Oração Principal
	oração subordinada adjetiva	

4.3.1. Classificação das subordinadas adjetivas

Classificação	Teoria	Dica
Explicativa	Explica, isto é, atribui característica própria e pode ser retirada do período sem que haja alteração no sentido.	Atente-se ao SENTIDO. Possui pontuação.
Restritiva	Restringe, ou seja, limita a significação do nome a que se refere e se retirada do período, altera o sentido, perde-se informação.	Atente-se ao SENTIDO. Não possui pontuação.

FIXANDO:

EXPLICATIVA	RESTRITIVA

TODOS	**ALGUNS**

Explicativa	Capitu, **que é uma personagem de Machado de Assis,** tinha olhos de ressaca.	= a qual A informação generaliza (Capitu é personagem)e pode ser retirada, explica.
	O irmão dela, **que era advogado,** prestou serviços ao réu.	= o qual A informação generaliza (o irmão era advogado) e pode ser retirada, explica.
Restritiva	Você é um dos poucos autores **que conheço.**	= os quais Conheço alguns autores e não todos. Não se pode retirar a informaçao da oração adjetiva.
	Eles são um dos alunos **que falaram conosco ontem.**	= os quais Conversamos com alguns alunos e não com todos. Não se pode retirar a informação da oração adjetiva.

4.3.2. Em concursos

A pontuação, nas orações adjetivas explicativas, pode ser através de vírgula(s), travessão (final de frase) ou travessões (no meio da oração principal), ou parênteses.

4.3.3. Funções sintáticas do pronome relativo

Nas orações adjetivas, o pronome relativo desempenha função sintática. Vamos às dicas.

SUJEITO	Os políticos **que** representaram o Brasil. = **Os políticos** representaram o Brasil: sujeito
OBJETO DIRETO	Entreguei o material **que** você pediu. Você pediu **o material** = O.D. Fernanda, a **quem** admiro, influenciou-me na decisão. Admiro **Fernanda**: a preposição pode ser retirada = objeto direto preposicionado.

OBJETO INDIRETO	O livro de **que** necessito hoje é este. Necessito **do livro** = O.I.
COMPLEMENTO NOMINAL	Eis as informações de **que** tem necessidade. Tem necessidade **das informações**. = C.N.
PREDICATIVO DO SUJEITO	Ele é o funcionário público **que** a maioria quer ser. A maioria quer ser **funcionário público**. = predicativo
AGENTE DA PASSIVA	Ele é o diretor por **quem** fui criticado. Fui criticado **pelo diretor**. = agente da passiva
ADJUNTO ADVERBIAL	Os fatos aconteceram no mês em **que** fez aniversário. Fez aniversário **no mês**. = adj. adverbial de tempo
ADJUNTO ADNOMINAL	Apenas o relativo **cujo** e suas variações podem possuir função de adjunto adnominal. Ele não consegue conviver com chefes **cujas** aspirações sejam apenas materiais. = Não conseguem conviver com chefes = As aspirações dos chefes são apenas materiais.

4.4. Subordinada Adverbial

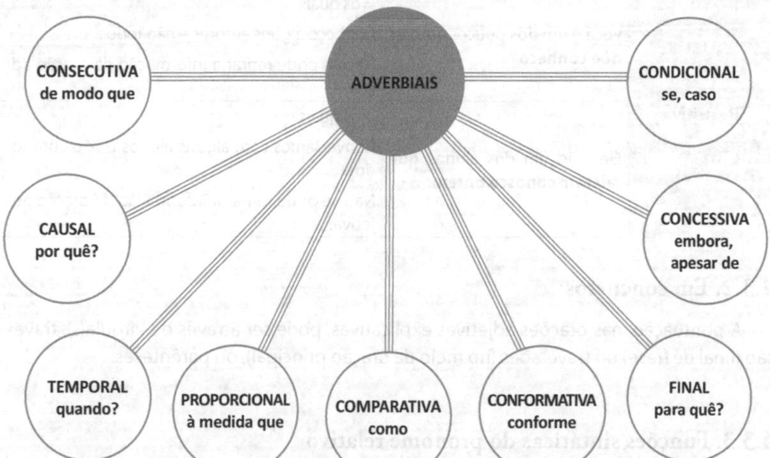

A oração subordinada adverbial exerce a função de **adjunto adverbial** do verbo da oração principal. Indica circunstância.

4.4.1. Classificação[1]

Iniciam-se pelas conjunções subordinativas, exceto as integrantes, que fazem parte apenas das orações subordinadas substantivas. São elas:

	Definição	Conjunções	Exemplo	Dica
Causal	É a causa, o motivo da oração principal.	**porque, como,pois, pois que, já que, uma vez que, visto que.**	Ela foi aprovada **porque se dedicou aos estudos.**	Faz-se a pergunta **por quê?** À oração principal
Consecutiva	Indica a consequência da oração principal	**que, de forma que, de sorte que, tanto que,** etc., e pelas estruturas **tão...que, tanto...que, tamanho...que.**	Fiz o trabalho tão concentrada **que nem percebi sua presença.**	Encaixa-se sempre a expressão **de modo que.**
Condicional	Algo que se impõe como necessário para a realização ou não de um fato.	**se, caso, contanto que, desde que, salvo se, exceto se, a não ser que, a menos que, sem que, uma vez que** – acompanhada de verbo no subjuntivo.	**Caso não se prepare com antecedência**, será difícil ser aprovado.	Substitua por **caso** e **se**.
Concessiva	Indica concessão em relação à oração principal, contraste, ideias opostas.	embora, conquanto, ainda que, ainda quando, mesmo que, se bem que, posto que, apesar de que.	**Embora a prova estivesse dificílima**, fui aprovado e convocado.	Encaixe **embora** e **apesar de**.
Comparativa	É uma comparação.	**como, tão...como** (quanto), **mais** (do) **que, menos** (do) **que.**	Estudou **como um louco.**	Normalmente há verbo implícito. No exemplo citado: como um louco (estuda).
Conformativa	Indica conformidade, regra.	**conforme**, **como, consoante** e **segundo**	**Conforme foi previsto**, houve atraso na entrega dos documentos.	Encaixe **conforme.**
Final	Indica finalidade da oração principal.	**a fim de que**, **que, porque** (= para que) e **para que.**	Estudaram de manhã **para depois irem ao cinema.**	Pergunta: **para quê?**
Proporcional	Indica proporcionalidade, ações simultâneas, acontecem ao mesmo tempo.	à proporção que, **à medida que**, **ao passo que, quanto maior...** (maior)**, quanto maior...**(menor)**, quanto menor...**(maior), **quanto menor...** (menor), **quanto mais...** (mais)**, quanto mais...** (menos)**, quanto menos...**(mais)**, quanto menos...**(menos).	À medida que estuda, aprende mais.	Encaixe: à medida que.

1. Só português. Disponível em <http://www.soportugues.com.br/secoes/morf/morf86.php>. Acesso em 5 maio 2014, alterado.

	Definição	Conjunções	Exemplo	Dica
Temporal	Indica o tempo da oração principal.	**quando, enquanto, mal, assim que, logo que, todas as vezes que, antes que, depois que, sempre que, desde que,** etc.	**"Quando você foi embora**, fez-se noite em meu viver..."	Pergunta: **quando?**

4.4.2. Em concursos

Observações importantes:

1. Onde há causa, há consequência. Associe assim:

Já que você não vai,	eu não vou
causa	por quê?
	consequência

A oração para que fazemos a pergunta **por quê?** indica a consequência, o efeito; enquanto a reposta indica causa.

2. À medida que indica proporção; **na medida em que** indica causa. Muito cuidado porque sempre é pedida a diferença.

3. As orações subordinadas e coordenadas podem vir mescladas. Resolva as questões de concursos para saber como está sendo exigido o assunto nos últimos concursos.

4.5. Orações Reduzidas

Orações reduzidas, como o próprio nome indica, são menores. Possuem duas características:

1. Apresentam o verbo em uma forma nominal.	gerúndio, particípio, infinitivo.
2. Não possuem conectivo.	conectivos: conjunções subordinativas ou pronomes relativas.

4.5.1. Classificação

1. Subordinada Reduzida de Infinitivo	2. Subordinada Reduzida de Gerúndio	3. Subordinada Reduzida de Particípio

ORAÇÕES REDUZIDAS		
1 INFINITIVO	É necessário **estudar todas as matérias.** = que estude todas as matérias.	**Oração subordinada substantiva** (isto) **subjetiva** (possui função de sujeito) **reduzida de infinitivo**
	Ele assegurou **serem de boa qualidade as máquinas.** = que eram de boa qualidade as máquinas.	**Oração subordinada substantiva** (isto) **objetiva direta reduzida de infinitivo**
	Gosto **de estudar sozinha.** = que eu estude sozinha.	**Oração subordinada substantiva** (disto) **objetiva indireta reduzida de infinitivo**

ORAÇÕES REDUZIDAS		
1 INFINITIVO	O melhor seria **fazerem a prova logo.** = que fizessem a prova logo.	**Oração subordinada substantiva** (isto) **predicativa reduzida de infinitivo**
	Ele estava disposto **a vender tudo.** = que ele vendesse tudo.	**Oração subordinada substantiva** (isto) **completiva nominal reduzida de infinitivo**
	Ela nos fez um convite: **comparecermos à sua formatura.** = que comparecêssemos à sua formatura.	**Oração subordinada substantiva apositiva reduzida de infinitivo**
	Aquele, **a dançar**, é meu irmão. = que dança – o qual dança.	**Oração subordinada adjetiva** (cabe pronome relativo) **explicativa** (com pontuação) **reduzida de infinitivo**
	Ela foi a primeira **a reclamar**. = que reclamou – a qual reclamou.	**Oração subordinada adjetiva** (cabe pronome relativo) **restritiva** (sem pontuação) **reduzida de infinitivo**
	Lamentou **por ter chegado muito cedo**. = porque chegou muito cedo.	**Oração subordinada adverbial causal** (por quê?) **reduzida de infinitivo**
	Ao rever os pais, deu-lhes vários beijos. = quando viu os pais.	**Oração subordinada adverbial temporal** (quando?) **reduzida de infinitivo**
	Fiz um empréstimo **para pagar a faculdade**. = para que pagasse a faculdade.	**Oração subordinada adverbial final** (para quê?) **reduzida de infinitivo**
	Apesar de estar triste, sorri. = apesar de que esteja triste.	Oração subordinada adverbial concessiva reduzida de infinitivo
	Se cumprirem a promessa eu cumpro a minha. = caso cumpram a promessa.	Oração subordinada adverbial condicional reduzida de infinitivo
	Ela se distraiu tanto **a ponto de esquecer a briga**. = que esqueceu a briga.	Oração subordinada adverbial consecutiva reduzida de infinitivo
2 GERÚNDIO	Encontrei Fernanda, **saindo do hotel**. = que saía do hotel – a qual saía.	**Oração subordinada adjetiva** (cabe pronome relativo) **explicativa** (com pontuação) **reduzida de gerúndio**
	Gosto de bichos **correndo pelo quintal**. = que correm pelo quinta.	**Oração subordinada adjetiva** (cabe pronome relativo) **restritiva** (sem pontuação) **reduzida de gerúndio**
	Não cumprindo a promessa, sentiu remorsos. = porque não cumpriu a promessa	**Oração subordinada adverbial causal** (por quê?) **reduzida de gerúndio**
	Faltando alguns minutos para o final da avaliação, todos terminaram. = quando faltavam alguns minutos para o final da avaliação.	**Oração subordinada adverbial temporal** (quando?) **reduzida de gerúndio**
	Mesmo estando doente fiz a prova. = mesmo que estivesse doente	**Oração subordinada adverbial concessiva reduzida de gerúndio**
	Mentindo assim será pior. = caso minta assim.	**Oração subordinada adverbial condicional reduzida de gerúndio**

<table>
<tr><th colspan="3">ORAÇÕES REDUZIDAS</th></tr>
<tr><td rowspan="6">3
PARTICÍPIO</td><td>Fiquei surpresa com a escultura, pintada de amarelo.
= que pintaram de amarelo – a qual</td><td>Oração subordinada adjetiva (cabe pronome relativo) explicativa (com pontuação) reduzida de particípio</td></tr>
<tr><td>Têm apenas um livro comprado.
= que comprou – que comprou</td><td>Oração subordinada adjetiva (cabe pronome relativo) restritiva (sem pontuação) reduzida de particípio</td></tr>
<tr><td>Ferido no rosto, ele não pode mais trabalhar.
= porque se feriu no rosto</td><td>Oração subordinada adverbial causal (por quê?) reduzida de particípio</td></tr>
<tr><td>Concluída a prova, foi comemorar.
= quando concluiu a prova</td><td>Oração subordinada adverbial temporal (quando?) reduzida de particípio</td></tr>
<tr><td>Vencido o campeonato, permanecerão treinando.
= mesmo que vençam o campeonato</td><td>Oração subordinada adverbial concessiva reduzida de particípio</td></tr>
<tr><td>Excluídas as doações, como funcionaremos?
=caso excluam as doações</td><td>Oração subordinada adverbial condicional reduzida de particípio</td></tr>
</table>

5. FIQUE DE OLHO

- Orações coordenadas – independentes sintaticamente;
- Orações subordinadas – dependentes sintaticamente. As mais pedidas: adjetivas (com pronome relativo) e adverbiais;
- Orações reduzidas – sem conjunção ou pronome relativo e com verbo na forma nominal (gerúndio, particípio ou inifinitivo).

5.1. Questões comentadas 2024 e 2023

Texto CB1A9

A partir do ano de 1990, o Brasil efetuou um programa unilateral de liberalização das importações, eliminando as barreiras não tarifárias e reduzindo a tarifa aduaneira média de 32,2% em 1990 para 10,7%, em 2005, **ainda que** tenha passado por alguns retrocessos pontuais em decorrência de problemas macroeconômicos. Esse notável desempenho estimulou o debate sobre a continuidade ou não do processo de abertura comercial, que é recorrente e se acentua na presença de desequilíbrios da taxa de câmbio. De um lado, um grupo de economistas assinala os ganhos que uma liberalização adicional proporcionaria sobre a produtividade e o investimento privado, fatores fundamentais para o crescimento econômico. De outro, especialistas apontam as inconveniências de uma redução tarifária em um cenário com fortes flutuações da taxa de câmbio e a necessidade de preservar o poder de barganha nas negociações comerciais de acesso aos mercados externos.

H. Kume; G. Piani; P. Miranda. Estudos de economia internacional – IPEA: 2000-2009.

In: Pesquisas em relações econômicas internacionais.

Brasília, Fundação Alexandre Gusmão, 2009, p. 116 (com adaptações).

---

01. (Cebraspe - APEX - Analista Aquisições e Jurídico - 2024) No texto CB1A9, a oração introduzida por "ainda que" (primeiro período) expressa

A) uma ressalva no passado.

B) uma dúvida no passado.

C) uma explicação no passado.

D) uma condição no passado.

➢ Comentários:

Alternativa "a" – A locução conjuntiva "ainda que" é concessiva e indica contradição (equivale a "embora): o programa eliminou as barreiras não tarifárias e reduziu a tarifa aduaneira ***versus*** passou por alguns retrocessos pontuais em decorrência de problemas macroeconômicos.

Isso significa que indica uma ressalva no passado.

Ressalva é *aquilo que se escreve para consertar o que foi escrito de maneira errada ou para validar a introdução de uma palavra ou trecho.*

Alternativa "b" – Não é dúvida, é certeza.

Alternativa "c" – As ideias são opostas, a oração não expressa uma explicação.

Alternativa "d" – Não é condição, é certeza.

RESPOSTA: A

Texto para responder às questões.

As regiões metropolitanas e as grandes cidades brasileiras concentram hoje a atenção das autoridades de gestão territorial em nível local, regional e nacional. O conhecimento da complexa realidade dessas áreas em suas múltiplas dimensões e de modo dinâmico torna-se imprescindível para geri-las de forma eficiente. Não se trata apenas do levantamento de dados brutos, mas da proficiente manipulação e interpretação desses dados a partir de processamentos quantitativos (matemáticos e lógicos) sobre uma base espacial, de forma a revelar características e processos intrínsecos aos fenômenos em análise. Dito de outra forma, não basta somente a confecção de mapas digitais coloridos ilustrando, por exemplo, a exclusão social de uma determinada cidade por quantis, mas é fundamental que, com o auxílio de técnicas apropriadas de análise espacial, se possam extrair tendências do padrão de manifestação da exclusão social de forma contínua no espaço. Ou ainda, não é suficiente apenas mapear a ocorrência de crimes em um sistema georreferenciado, mas sim estudá-los de forma dinâmica, entendendo a sua proliferação no espaço e no tempo em articulação com inúmeras variáveis socioeconômicas e biofísicas, e como as estradas podem atuar como vetores de expansão da criminalidade.

Nessa linha de pensamento, elaborar mapas estáticos de uso do solo urbano não mais atende às necessidades atuais dos gestores locais, mas é necessário que se permitam simulações de diferentes cenários futuros de expansão urbana e dinâmica de uso do solo em ambiente computacional. Aí reside o desafio da geoinformação em gestão urbana e regional, que pode ser entendida como um paradigma emergente na pesquisa multi e interdisciplinar que se dedica a explorar a extrema complexidade de problemas socioambientais em um ambiente de Sistemas de Informações Geográficas (SIG). Openshaw (2000) argumenta que a geoinformação não se reduz ao uso de técnicas computacionais para solucionar problemas espaciais, mas se refere, ao contrário, a uma forma totalmente nova de se fazer ciência em um contexto geográfico.

Cláudia Maria de Almeida, Gilberto Câmara e Antonio Miguel V. Monteiro (Org.). **Geoinformação em urbanismo. Cidade Real X Cidade Virtual**. São Paulo: Oficina de Texto, 2007, p. 5 e 6. (com adaptações).

---

02. (Cebraspe - CAU/BR - Advogado - 2024) Em todas as suas ocorrências nos 3º, 4º e 5º períodos do primeiro parágrafo, a conjunção "mas" introduz no texto uma ideia de contraste.

( ) certo ( ) errado

➢ Comentários:

Ocorrências e classificações:

Não se trata apenas do levantamento de dados brutos, **mas** da proficiente manipulação e interpretação desses dados...

= **ideia de adição**: não se trata apenas ..., mas [também]...

Dito de outra forma, não basta somente a confecção de mapas digitais coloridos ilustrando, por exemplo, a exclusão social de uma determinada cidade por quantis, **mas** é fundamental que, com o auxílio de técnicas apropriadas de análise espacial, se possam extrair tendências do padrão de manifestação da exclusão social de forma contínua no espaço.

= **ideia de adição**: não basta somente ..., mas é [também]...

Ou ainda, não é suficiente apenas mapear a ocorrência de crimes em um sistema georreferenciado, **mas** sim estudá-los de forma dinâmica, entendendo a sua proliferação no espaço e no tempo...

= **ideia de adição**: não é suficiente apenas ..., mas sim (mas também) ...

Dica: em todos os casos, analisando os vocábulos anteriores, fica evidente que haverá uma complementação, uma adição.

Não se trata de contraste, de oposição.

Resposta: Errado.

---

03. (Cebraspe - CAU/BR - Advogado - 2024) No trecho "mas é necessário que se permitam simulações de diferentes cenários futuros de expansão urbana e dinâmica de uso do solo em ambiente computacional", o vocábulo "que" introduz uma oração que exerce a função de sujeito da oração anterior.

( ) certo ( ) errado

➢ Comentários:

Pode ser inserido o pronome catafórico "isto" antes do "que", ou seja, a ideia é de que algo será mencionado.

O "que" é uma conjunção integrante que inicia uma oração subordinada substantiva.

Pergunta: o que é necessário?

Resposta: que se permitam simulações de diferentes cenários futuros de expansão urbana e dinâmica de uso do solo em ambiente computacional.

A oração é subjetiva, isto é, possui função de sujeito da oração anterior.

Resposta: Certo

Texto 2A1-I

O ordenamento jurídico vem sendo confrontado com as inovações tecnológicas decorrentes da aplicação da inteligência artificial (IA) nos sistemas computacionais. Não apenas se vivencia uma ampliação do uso de sistemas lastreados em IA no cotidiano, como também se observa a existência de robôs com sistemas computacionais cada vez mais potentes, nos quais os algoritmos passam a decidir autonomamente, superando a programação original. Nesse contexto, um dos grandes desafios ético-jurídicos do uso massivo de sistemas de inteligência artificial é a questão da responsabilidade civil advinda de danos decorrentes de robôs inteligentes, uma vez que os sistemas delituais tradicionais são baseados na culpa e essa centralidade da culpa na responsabilidade civil se encontra desafiada pela realidade de sistemas de inteligência artificial.

Perante a autonomia algorítmica na qual os sistemas de IA passam a decidir de forma diversa da programada, há uma dificuldade de diferenciar quais danos decorreram de erro humano e aqueles que derivaram de uma escolha equivocada realizada pelo próprio sistema ao agir de forma autônoma. O comportamento emergente da máquina, em função do processo de aprendizado profundo, sem receber qualquer controle da parte de um agente humano, torna difícil indicar quem seria o responsável pelo dano, uma vez que o processo decisório decorreu de um aprendizado automático que culminou com escolhas equivocadas realizadas pelo próprio sistema. Há evidentes situações em que se pode vislumbrar a existência de culpa do operador do sistema, como naquelas em que não foram realizadas atualizações de *software* ou, até mesmo, de quebra de deveres objetivos de cuidado, como falhas que permitem que *hackers* interfiram no sistema. Entretanto, excluídas essas situações, estará ausente o juízo de censura necessário para a responsabilização com base na culpa.

B. L. da Anunciação Melo e H. Ribeiro Cardoso. Sistemas de inteligência artificial e responsabilidade civil: uma análise da proposta europeia acerca da atribuição de personalidade civil. In: Revista Brasileira de Direitos Fundamentais & Justiça, 16(1), 2020, p. 93-4 (com adaptações).

---

04. (CEBRASPE - MP SC - Promotor - 2023) No segundo período do segundo parágrafo, a expressão "uma vez que" confere noção de consequência à oração "o processo decisório decorreu de um aprendizado automático".

( ) certo ( ) errado

➢ Comentários:

A locução conjuntiva "uma vez que" é classificada como **subordinativa adverbial causal**.

Dicas:

1. Sempre faça pergunta à outra oração para se certificar.

Por que o comportamento emergente da máquina torna difícil indicar quem seria o responsável pelo dano?	**Porque** o processo decisório decorreu de um aprendizado automático que culminou com escolhas equivocadas realizadas pelo próprio sistema.
A pergunta indica a **consequência.**	A resposta indica a **causa**.

2. Indicam causa: *porque, como, pois, pois que, já que, uma vez que, visto que.*
3. Indicam consequência: *que* (precedido de *tal, tanto, tão, tamanho*), *de forma que, de sorte que, tanto que, tão... que, tanto... que, tamanho... que.*

Resposta: Errado

---

05. (CEBRASPE - MP SC - Promotor - 2023) No último período do primeiro parágrafo, a oração "essa centralidade da culpa na responsabilidade civil se encontra desafiada pela realidade de sistemas de inteligência artificial" está coordenada, por adição, à oração imediatamente anterior a ela e ambas estão coordenadas à oração inicial desse período.

( ) certo ( ) errado

➢ Comentários:

Nota da autora: No gabarito preliminar, a banca considerou como "certo". Após recursos, alterou o gabarito para "errado".

No texto: *Nesse contexto, um dos grandes desafios ético-jurídicos do uso massivo de sistemas de inteligência artificial é a questão da responsabilidade civil advinda de danos decorrentes de robôs inteligentes, uma vez que os sistemas delituais tradicionais são baseados na culpa e essa centralidade da culpa na responsabilidade civil se encontra desafiada pela realidade de sistemas de inteligência artificial.*

1. A oração destacada é coordenada aditiva, pois inicia-se com a conjunção "e";
2. A oração anterior é subordinativa adverbial causal, não coordenativa, pois inicia-se com a locução conjuntiva "uma vez que".

Resposta: Errado

---

06. (CEBRASPE - MP SC - Promotor - 2023) No último período do segundo parágrafo, a oração "excluídas essas situações" expressa circunstância de modo.

( ) certo ( ) errado

➢ Comentários:

No texto: *Entretanto, excluídas essas situações, estará ausente o juízo de censura necessário...*

Equivale a: **caso** sejam excluídas, **se** forem excluídas.

Expressa circunstância condicional, não modal.

Resposta: Errado

Fragmento de texto para responder à questão.

O justo se desvela no decorrer das lutas de libertação na história. O justo é um saber que se vai constituindo à medida que nossa consciência da história se aguça. Mas não basta a consciência da história, pois procurar a justiça é uma atitude ética – é uma escolha. (...)

Roberto Aguiar. O que é justiça: uma abordagem dialética. Brasília: Senado Federal. Conselho Editorial, 2020, p. 319-20 (com adaptações).

---

07. (CEBRASPE - MP SC - Promotor - 2023 - adaptada) No segundo período, a locução conjuntiva "à medida que" denota proporcionalidade entre duas situações.

( ) certo ( ) errado

➢ Comentários:

O fato (nossa consciência da história se aguça) acontece proporcionalmente à ocorrência de outro (um saber que se vai constituindo).

Dica: pode ser substituída por "à proporção que", isto é, são ações simultâneas.

Resposta: Certo

Fragmento de texto para responder à questão.

(...) Foi na Constituição de 1891 que, pela primeira vez, o MP mereceu uma referência no texto fundamental. (...)

Internet: www.anpr.org.br (com adaptações)

---

08. (CEBRASPE - MP SC - Promotor - 2023 - adaptada) O vocábulo "que" introduz uma oração subordinada adjetiva restritiva.

( ) certo ( ) errado

➢ Comentários:

É necessário retirar os termos intercalados para evitar erro:

Foi na Constituição de 1891 que o MP mereceu uma referência no texto fundamental.

O vocábulo "que" não está retomando termo e não pode ser substituído por "a qual", ou seja, não é pronome relativo.

Trata-se de uma expressão expletiva (ou de realce – "foi... que"), pois pode ser retirada.

Lê-se: Na Constituição de 1891, o MP mereceu uma referência...

As expressões expletivas servem para dar ênfase. As mais comuns em provas são: *que, se, me, verbo "ser" + que.*

Resposta: Errado

Fragmento de texto para responder às questões.

O Brasil é um dos países com maior proporção de alunos matriculados em cursos de formação de professores, mas com um dos mais baixos índices de interesse na profissão. Para especialistas, isso mostra **que** a docência se torna opção pela facilidade em ingressar no ensino superior, pelas baixas mensalidades e pela alternativa de cursos a distância — não pela vocação.

Estudos internacionais mostram que um bom professor é um dos fatores que mais influenciam na aprendizagem. Os dados são de pesquisa feita pelo Banco Interamericano de Desenvolvimento (BID), que traçou o perfil de quem estuda para ser professor na América Latina e no Caribe. Enquanto, no Brasil, 20% dos universitários estão em cursos como licenciatura e pedagogia, na América Latina são 10% e, em países desenvolvidos, 8%.

Em compensação, só 5% dos jovens brasileiros dizem querer ser professores quando estão no ensino médio. E, apesar da grande quantidade de alunos matriculada em cursos de licenciatura e pedagogia no Brasil, faltam docentes **para** lecionar disciplinas específicas em áreas de ciências exatas e da natureza.

Na Coreia do Sul, por exemplo, 21% se interessam pela profissão e só 7% ingressam, de fato, na universidade, **porque há muita concorrência e maior seleção**. No Chile e no México, os dois índices são mais próximos: cerca de 7% se interessam pelo magistério e menos de 15% cursam pedagogia ou licenciatura.

"Muitos alunos concluintes do ensino médio entram em programas de formação de professores para conseguir um título", diz o economista chefe da divisão de educação no BID, Gregory Elacqua. **Ele afirma que isso não é bom para a educação.** (...)

Internet: <noticias.uol.com.br> (com adaptações).

Julgue os itens a seguir, no que diz respeito à sintaxe de períodos no texto.

---

09. (CEBRASPE - SME RE/PE - Professor - 2023) O primeiro período do texto é composto por coordenação e subordinação, sendo a última oração desse período classificada como coordenada sindética adversativa.

( ) certo ( ) errado

➢ Comentários:

Nota da autora: Para saber se o período é simples (uma oração) ou composto (mais de uma oração), é necessário encontrar o(s) verbo(s).

Pegadinha da banca: aparentemente o período é simples, mas, ao aprofundar um pouco na análise, nota-se o emprego da conjunção adversativa "mas" e percebe-se que existem termos implícitos.

Lê-se: O Brasil é um dos países com maior proporção de alunos matriculados em cursos de formação de professores, mas **[é um dos países]** com um dos mais baixos índices de interesse na profissão.

Classificação:

1. Oração coordenada: *O Brasil* ***é*** *um dos países com maior proporção de alunos matriculados em cursos de formação de professores.*
2. Oração coordenada adversativa: mas [**é** um dos países] com um dos mais baixos índices de interesse na profissão.

Não existe subordinação.

Resposta: Errado

10. (CEBRASPE - SME RE/PE - Professor - 2023) No segundo período do primeiro parágrafo, o vocábulo "que" introduz uma oração subordinada substantiva objetiva direta.

( ) certo ( ) errado

➢ Comentários:

1. Para introduzir uma oração **subordinada substantiva**, é necessário haver **conjunção integrante**, ou seja, encaixa-se o pronome catafórico "isto" antes do vocábulo e existe a ideia de que algo será mencionado: mostra **isto.**

   É uma conjunção integrante e a oração é substantiva.

2. Para ser **objetiva direta**, a oração principal (a que não possui conjunção ou pronome relativo) deve terminar em verbo transitivo direto: mostra algo – V.T.D.

   Feitas essas análises, sabemos que a oração é **subordinada substantiva objetiva direta.**

Resposta: Certo

11. (CEBRASPE - SME RE/PE - Professor - 2023) O último período do quinto parágrafo é composto por subordinação.

( ) certo ( ) errado

➢ Comentários:

Existem dois verbos, isto é, existem duas orações. Basta classificá-las.

Dica: Acompanhe o passo a passo.

Ele afirma	que isso não é bom para a educação.
afirma "**isto**"	que = conjunção integrante e **oração subordinada substantiva**
Sujeito + **V.T.D.**	**objetiva direta**

Resposta: Certo

12. (CEBRASPE - SME RE/PE - Professor - 2023) No segundo período do terceiro parágrafo, a oração introduzida pela preposição "para" expressa circunstância de finalidade.

( ) certo ( ) errado

➢ Comentários:

Simples demais! Basta fazer a pergunta correta.

- Faltam docentes **para quê? Para qual finalidade?**

- **Para** lecionar disciplinas específicas em áreas de ciências exatas e da natureza.

Observação: a oração subordinativa adverbial final é reduzida de infinitivo (lecionar).

Dica para a próxima prova: desenvolva a oração (retire o verbo da forma nominal, conjugue-o e insira uma conjunção, ou uma locução conjuntiva) = para que lecionem disciplinas...

Resposta: Certo

Capítulo 5

CONCORDÂNCIA

Para acesso ao vídeo, utilize o QR Code ao lado.

1. INTRODUÇÃO

Concordância é a correspondência de flexões existentes entre dois termos – ou mais – de uma oração, como entre verbo e sujeito, entre substantivo e adjetivo.

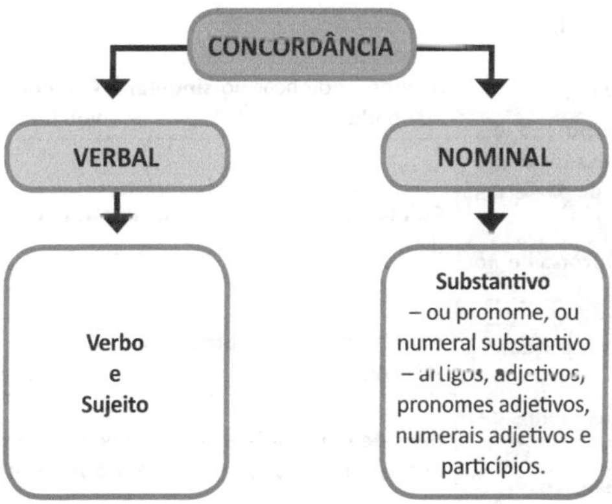

Fonte: http://espelhoesonho.blogspot.com.br/

2. CONCORDÂNCIA VERBAL

REGRA GERAL

O verbo concorda com o sujeito em número e pessoa.

"Você	me	faz	feliz."
sujeito		*verbo*	
pronome terceira pessoa singular		***verbo terceira pessoa singular***	

Música e literatura	fazem	bem à alma.
sujeito composto	*verbo*	
dois núcleos: terceira pessoa do plural	***verbo terceira pessoa plural***	

2.1. Casos Particulares[1]

<table>
<tr><td rowspan="2">Expressão partitiva
= parte de, uma porção de, o grosso de, metade de, a maioria de, a maior parte de, grande parte de...
+ substantivo ou pronome no plural</td><td>o verbo pode ficar no singular ou no plural.</td><td>A maioria dos alunos aprovou (aprovaram) a equipe.</td></tr>
<tr><td colspan="2">Coletivos: Um bando de vândalos destruiu (destruíram) o jardim.</td></tr>
<tr><td rowspan="2">Expressão que indica quantidade aproximada
= cerca de, mais de, menos de, perto de...
+ numeral e substantivo</td><td>o verbo concorda com o substantivo.</td><td>Cerca de mil pessoas participaram da manifestação.</td></tr>
<tr><td colspan="2">mais de um + verbos que exprimem reciprocidade, o plural é obrigatório: Mais de um colega se abraçaram.</td></tr>
<tr><td>Nomes que só existem no plural, o artigo manda na concordância</td><td>Sem artigo: verbo no singular.
Com artigo no plural: verbo no plural.</td><td>As Minas Gerais fazem sonhos.
Minas Gerais faz poesia e bons sons.</td></tr>
<tr><td rowspan="2">Pronome interrogativo ou indefinido plural
= quais, quantos, alguns, poucos, muitos, quaisquer, vários
+ de nós ou de vós</td><td>verbo concorda com o primeiro pronome -na terceira pessoa do plural- ou com o pronome pessoal.</td><td>Quais de vós são (sois) capazes?</td></tr>
<tr><td colspan="2">Interrogativo ou indefinido estiver no singular: verbo no singular: Qual de nós é capaz?</td></tr>
</table>

1. Só português. Disponível em <http://www.soportugues.com.br/secoes/sint/sint49.php>. Acesso em 9 maio 2014, alterado.

<table>
<tr><td rowspan="3">Expressão que indica porcentagem + substantivo</td><td>Sem modificador da porcentagem: facultativamente o verbo pode concordar com o substantivo ou com o número referente à porcentagem.</td><td>30% do orçamento da empresa deve (ou devem) destinar-se à Educação.
1% dos alunos faltaram (ou faltou) à prova.</td></tr>
<tr><td>Com modificador da porcentagem: o verbo concorda com o modificador que pode ser pronome demonstrativo, possessivo ou artigo.</td><td>Os 10% da classe estudam muito.
Este 1% dos alunos estuda mais.</td></tr>
<tr><td colspan="2">Expressão que indica porcentagem não é seguida de substantivo = verbo concorda com o número: 40% precisam de mudança.</td></tr>
<tr><td>Pronome relativo QUE</td><td>concordância em número e pessoa com o antecedente do pronome.</td><td>Fui eu que paguei o livro.
És tu que me fazes ver o sentido da vida.</td></tr>
<tr><td rowspan="2">Um dos que</td><td>verbo plural.</td><td>Você é um dos que admiram o livro.</td></tr>
<tr><td colspan="2">Ele foi um dos escritores que mais fez sucesso.
Ela é uma das alunas mais brilhante da sala.</td></tr>
<tr><td>Quem</td><td>verbo na terceira pessoa do singular
ou concordando com o antecedente do pronome.</td><td>Fui eu quem pagou o livro.
Fui eu quem paguei o livro.</td></tr>
<tr><td>Pronome de tratamento</td><td>verbo na 3ª pessoa do singular ou plural.</td><td>Vossa Excelência é casado?
Vossas Excelências vão escrever?</td></tr>
<tr><td rowspan="2">Bater, dar e soar</td><td>verbo concorda com o numeral.</td><td>Deu uma hora no relógio da sala. Deram cinco horas no relógio da sala.</td></tr>
<tr><td colspan="2">sujeito da oração = relógio, sino, torre, etc., o verbo concorda com o sujeito: O tradicional relógio da praça matriz dá nove horas.</td></tr>
<tr><td>Verbos Impessoais:
Haver no sentido de existir;
Fazer indicando tempo;
Indicam fenômenos da natureza.</td><td>verbo na 3ª pessoa do singular</td><td>Havia muitos alunos na sala.
Faz três anos que não viajamos.
Chovia ontem à tarde.</td></tr>
</table>

2.2. Sujeito Composto[2]

Sujeito é composto e **anteposto** ao verbo	verbo **plural** **Pai e filho conversavam.**
Sujeitos compostos formados por **pessoas gramaticais diferentes**: a primeira pessoa do plural prevalece sobre a segunda pessoa, que por sua vez, prevalece sobre a terceira.	Teus irmãos, tu e eu **tomaremos** a decisão. = nós Tu e teus irmãos **tomareis (tomarão)** a decisão. = vós (ou vocês)* *sujeito é composto, formado por um elemento da segunda pessoa e um da terceira, é possível empregar o verbo na terceira pessoa do plural. Pais e filhos **precisam** respeitar-se. = eles
Sujeito composto **posposto** ao verbo: em vez de concordar no plural com a totalidade do sujeito, o verbo pode estabelecer concordância com o **núcleo do sujeito mais próximo**. É uma opção, e não uma obrigação.	**Faltaram coragem e competência.** **Faltou coragem** e competência.
Quando ocorre ideia de **reciprocidade**, no entanto, a concordância é feita obrigatoriamente no **plural**.	Abraçaram-**se** vencedor e vencido. **Ofenderam-se** o jogador e o árbitro.

2.2.1. Casos particulares[3]

Sujeito composto por **núcleos sinônimos** ou quase sinônimos	verbo no **plural** ou no **singular**.	Descaso e desprezo **marcam (marca)** seu comportamento.
Sujeito composto por **núcleos dispostos em gradação**	verbo no **plural** ou concorda com o **último núcleo do sujeito**.	Com você, meu amor, uma hora, um minuto, um segundo me **satisfazem (satisfaz).**
Núcleos do sujeito composto são unidos por **ou** ou **nem**	verbo no **plural** se a declaração contida no predicado puder ser atribuída a todos os núcleos.	Drummond **ou** Bandeira **representam** a essência da poesia brasileira. **Nem** o professor **nem** o aluno **acertaram** a resposta.
	núcleos excludentes: verbo **singular**.	Roma ou Buenos Aires será a sede da próxima Olimpíada. Você ou ele será escolhido.
Um e outro	verbo no singular ou no plural.	Um e outro **compareceu (compareceram)** à festa. Nem um nem outro **saiu (saíram)** do colégio.

2. Só português. Disponível em <http://www.soportugues.com.br/secoes/sint/sint53.php>. Acesso em 9 maio 2014, alterado.
3. Só português. Disponível em <http://www.soportugues.com.br/secoes/sint/sint53.php>. Acesso em 2 abril 2014, alterado.

Núcleos do sujeito são unidos por **com**	o verbo pode ficar no **plural:** com = e.	O pai **com** o filho **montaram** o brinquedo. O governador **com** o secretariado **traçaram** os planos para o próximo semestre.
Núcleos do sujeito são unidos por **expressões correlativas: não só...mas ainda, não somente..., não apenas...mas também, tanto...quanto**	verbo no **plural.**	**Não só** a seca, **mas também** o pouco caso **castigam** o Nordeste. **Tanto** a mãe **quanto** o filho **ficaram** surpresos com a notícia.
Elementos do sujeito composto resumidos por **aposto recapitulativo**	a concordância é feita com o termo resumidor.	Filmes, novelas, boas conversas, **nada** o **tirava** da apatia. Trabalho, diversão, descanso, **tudo é** muito importante na vida das pessoas.

2.2.2. Verbo + SE[4]

Precisa-se de funcionários.

Alugam-se apartamentos à beira-mar.

Índice de indeterminação do sujeito	o **"se"** acompanha os verbos **intransitivos, transitivos indiretos** e de **ligação** = singular.	**Precisa-se** de governantes interessados em civilizar o país. **Confia-se** em teses absurdas. **Era-se** mais feliz no passado.
Pronome apassivador	acompanha verbos **transitivos diretos** e **indiretos** na formação da voz passiva sintética. O verbo deve concordar com o sujeito da oração.	**Construiu-se um posto** de saúde. **Construíram-se novos postos** de saúde. **Não se pouparam** esforços para despoluir o rio. **Não se devem poupar** esforços para despoluir o rio.

2.3. Verbo SER

O futuro	**é**	esperanças.
Sujeito	*Verbo **ser** concorda com o sujeito*	

O futuro	**são**	esperanças.
	*Verbo **ser** concorda com o predicativo do sujeito.*	*predicativo*

4. Só português. Disponível em <http://www.soportugues.com.br/secoes/sint/sint55.php>. Acesso em 2 abril 2014, alterado.

O VERBO SER CONCORDA COM O PREDICATIVO DO SUJEITO	
Sujeito representado pelos pronomes – isto, isso, aquilo, tudo, o – e o predicativo estiver no plural.	**Isso são lembranças** inesquecíveis. **Aquilo eram problemas** gravíssimos. **O** que eu admiro em você **são** os seus **cabelos** compridos.
Sujeito no singular – referindo-se a coisas – e o predicativo substantivo no plural.	**Nosso piquenique foram** só **guloseimas.** **Sua rotina eram só alegrias.**
Sujeito indicar pessoa, o verbo concorda com o sujeito.	Gustavo era só decepções. Minhas alegrias é esta criança. Admite-se a **concordância no singular** quando se deseja fazer prevalecer um elemento sobre o outro: **A vida é** ilusões.
Sujeito for pronome interrogativo que ou quem.	**Que são** esses papéis? **Quem são** aquelas crianças?
Impessoal na indicação de horas, dias e distâncias, o verbo ser concorda com o numeral.	**É uma** hora. **São três** da manhã. **Eram 25** de julho quando partimos. Daqui até a padaria **são dois** quarteirões. Hoje **é dia** quatro de março. Hoje **são quatro** de março.
Sujeito indicando peso, medida, quantidade + pouco, muito, menos de, mais de, etc. = verbo ser no singular.	Cinco quilos de açúcar **é mais do** que preciso. Três metros de tecido **é pouco** para fazer seu vestido. Duas semanas de férias **é muito** para mim.
Sujeito ou predicativo for pronome pessoal do caso reto, com este concordará o verbo.	No meu setor, **eu sou** a única mulher. Aqui os adultos **somos nós**.
	Ambos os termos representados por pronomes pessoais = verbo concorda com o pronome sujeito: Eu não sou ela. Ela não é eu.
Sujeito com sentido partitivo ou coletivo e o predicativo no plural = verbo ser concorda com o predicativo.	A grande maioria no protesto **eram jovens.** O resto **foram atitudes** imaturas.

2.4. Verbo PARECER[5]

Ocorre variação do verbo parecer e não se flexiona o infinitivo.	Alguns colegas **pareciam chorar** naquele momento.

5. Só português. Disponível em <http://www.soportugues.com.br/secoes/sint/sint58.php>. Acesso em 2 abril 2014, alterado.

A variação do verbo parecer não ocorre, o infinitivo sofre flexão.	Alguns colegas **parecia chorarem** naquele momento.

2.5. Haja Vista

A expressão é invariável.	**Haja vista** as lições dadas por ele. = tendo em vista **Haja vista** aos fatos explicados por esta teoria. = tendo em vista
O verbo haver pode variar = se não seguido de preposição, considerando-se o termo posposto como sujeito.	**Hajam vista** os exemplos de sua dedicação. = vejam-se

2.6. Em locuções verbais

Locução verbal é a junção de um **verbo auxiliar** a um **verbo principal** que indica uma **única ação verbal**.

O **verbo auxiliar** é flexionado em número, pessoa, tempo e modo para concordar com o sujeito; o **verbo principal** é conjugado na forma nominal, ou seja, no infinitivo, no gerúndio ou no particípio.

Exemplos:

Eles **devem estudar**. (equivale a **estudam**)

Ela **poderá entender**. (equivale a **entenderá**)

Os erros **poderiam ser** corrigidos. (equivale a **seriam**)

Note que apenas o verbo auxiliar é flexionado, isto é, apenas ele deve concordar com o sujeito.

- Por quê?

- Porque a flexão da forma nominal seria supérflua. É evidente que o seu sujeito é o mesmo da forma anterior.

- **Dica**:

Caso haja intercalação entre esses verbos, a regra permanecerá idêntica.

Esses dados **poderiam**, em tese, **ser** obtidos.

Lê-se: Esses dados **poderiam ser** obtidos.

3. CONCORDÂNCIA NOMINAL[6]

<table>
<tr><th colspan="4">REGRAS GERAIS</th></tr>
<tr><td>O adjetivo concorda em gênero e número com o substantivo.</td><td colspan="3">As mãos trêmulas denunciavam o que sentia.</td></tr>
<tr><td rowspan="2">Adjetivo referindo-se a vários substantivos, a concordância varia</td><td rowspan="2">Adjetivo anteposto aos substantivos:</td><td>O adjetivo concorda em gênero e número com o substantivo mais próximo.</td><td>Encontramos caídas as roupas e os prendedores.
Encontramos caída a roupa e os prendedores.
Encontramos caído o prendedor e a roupa.</td></tr>
<tr><td>Substantivos como nomes próprios, adjetivo plural.</td><td>As adoráveis Fernanda e Cláudia vieram me visitar.
Encontrei os divertidos primos e primas na festa.</td></tr>
<tr><td rowspan="2">Adjetivo posposto aos substantivos</td><td colspan="2">O adjetivo concorda com o substantivo mais próximo ou com todos eles.</td><td>A indústria oferece localização e atendimento perfeito.
A indústria oferece atendimento e localização perfeita.
A indústria oferece atendimento e localização perfeitos.</td></tr>
<tr><td colspan="2">Substantivos possuindo mesmo gênero, adjetivo no singular ou plural.</td><td>A beleza e a inteligência feminina(s).
O carro e o iate novo(s).</td></tr>
</table>

6. Só português. Disponível em <http://www.soportugues.com.br/secoes/sint/sint59.php>. Acesso em 2 abril 2014, alterado.

REGRAS GERAIS		
Expressões formadas pelo verbo SER + adjetivo	O adjetivo fica no masculino singular, se o substantivo não for acompanhado de nenhum modificador.	Água é **bom** para saúde.
	O adjetivo concorda com o substantivo, se este for modificado por **um artigo** ou qualquer outro determinativo.	**Esta** água é **boa** para saúde.
O adjetivo concorda em gênero e número com os pronomes pessoais a que se refere.	Juliana **as** viu ontem muito **felizes.**	
Nas expressões formadas por pronome indefinido neutro (nada, algo, muito, tanto, etc.) + preposição DE + adjetivo = adjetivo masculino singular.	Os jovens tinham **algo** de **misterioso.**	
A palavra só, quando equivale a "sozinho", tem função adjetiva e concorda com o nome a que se refere.	Cristina saiu **só.** Cristina e Débora saíram **sós.**	
	só – somente ou **apenas** – função adverbial: invariável. Eles **só** desejam uma palavra.	
Um único substantivo modificado por dois ou mais adjetivos no singular	O substantivo permanece no singular e coloca-se o artigo antes do último adjetivo.	Admiro a **cultura** espanhola e **a** portuguesa.
	O substantivo vai para o plural e o artigo antes do adjetivo é omitido.	Admiro as **culturas** espanhola e portuguesa.

3.1. Casos Particulares

É proibido – É necessário – É bom – É preciso – É permitido	
Formadas por verbo + adjetivo, ficam invariáveis se o substantivo a que se referem possuir sentido genérico (não vier precedido de artigo).	É **proibido** entrada de crianças. Em certos momentos, é **necessário** atenção. No verão, melancia é **bom.** É **preciso** cidadania. Não é **permitido** saída pelas portas laterais.
Sujeito dessas expressões estiver determinado por artigos, pronomes ou adjetivos, tanto o verbo como o adjetivo concordam com ele.	É **proibida a** entrada de crianças. **Esta** salada é **ótima**. **A** educação é **necessária**. São **precisas várias** medidas na educação.

Anexo – Obrigado – Mesmo – Próprio – Incluso – Quite	
Concordam em gênero e número com o substantivo ou pronome a que se referem. **São expressões adjetivas.**	Seguem **anexas** as documentações requeridas. A menina agradeceu: – Muito **obrigada.** Muito **obrigadas**, disseram as senhoras, nós **mesmas** faremos isso. Seguem **inclusos** os papéis solicitados. Já lhe paguei o que estava devendo: estamos **quites.**
Bastante – Caro – Barato – Longe	
Invariáveis quando advérbios. **Concordam com o nome a que se referem quando funcionam como adjetivos, pronomes adjetivos, ou numerais.**	As jogadoras estavam **bastante** cansadas. = advérbio Há **bastantes** pessoas insatisfeitas com o trabalho. = pronome adjetivo (muitos) Nunca pensei que o estudo fosse tão **caro**. = advérbio As casas estão **caras**. = adjetivo Achei **barato** este casaco. = advérbio Hoje as frutas estão **baratas**. = adjetivo "Vais ficando **longe** de mim como o sono, nas alvoradas." (Cecília Meireles) = advérbio "Levai-me a esses **longes** verdes, cavalos de vento!" (Cecília Meireles) = adjetivo)
Meio – Meia	
Quando adjetivo (metade), concorda com o nome a que se refere.	Pedi **meia** cerveja e **meia** porção de polentas.
Quando advérbio (modificando um adjetivo, sentido de um pouco) permanece invariável.	A noiva está **meio** nervosa.
Alerta – Menos	
Essas palavras, normalmente, são advérbios e permanecem invariáveis.	Os escoteiros estão sempre **alerta**. Carolina tem **menos** bonecas que sua amiga.

4. FIQUE DE OLHO

- Encontrar o sujeito e colocar a oração na ordem direta: sujeito + verbo + complemento;
- É fundamental saber análise sintática;
- Concordância verbal é mais pedida que a concordância nominal.

4.1. Questões comentadas 2024 e 2023

Texto para responder à questão.

O eucalipto é cortado, e dele se faz o papel. Processo quase alquímico. O inflexível se dobra, o marrom se torna branco, onde cabiam folhas verdes agora cabem ideias maduras. Chegada a obra-prima, alguém trabalha o preenchê-la. E era isso que fascinava tanto o jornalista Pinheiro Júnior – fosse jovem fosse experiente.

– Por que arquitetura? Por que arquitetura quando o senhor já havia contribuído tanto com esse talento, com esse dom?

– Uma das coisas que mais me atraiu na Última Hora foi a diagramação da UH, a paginação da UH. Enquanto os outros jornais eram jornais duros, feios, a UH era um jornal bonito, era um jornal, inclusive, a cores. Os outros jornais não eram. Arquitetura, em jornalismo, é exatamente a diagramação dos jornais.

Bruna Rezende e Victor Gabry. **A Arquitetura tem tudo a ver com o Jornalismo!** Uma conversa com Pinheiro Júnior, veterano do jornalismo, sobre o que ele ainda não falou. In: **Cadernos de reportagem**, 2018. Internet: <cadernosdereportagem.wordpress.com>.

---

01. (Cebraspe - CAU/BR - Advogado - 2024) No trecho "Uma das coisas que mais me atraiu na Última Hora foi a diagramação da UH, a paginação da UH" (terceiro parágrafo), a forma verbal "atraiu" poderia ser corretamente empregada no plural – **atraíram**.

( ) certo ( ) errado

➢ Comentários:

A regra é simples: na expressão "um dos que", o verbo pode ser flexionado no singular (concordando com "um") ou no plural (concordando com "os" – pronome demonstrativo).

Dica: "os que" = pronome demonstrativo + pronome relativo.

Lê-se: um daqueles os quais.

No contexto, estão corretas estas formas:

<u>**Uma**</u> das coisas que mais me **atraiu**. = uma coisa – sujeito singular.

Uma das <u>**coisas**</u> que mais me **atraíram**. = coisas – sujeito plural.

Resposta: Certo

Texto para responder à questão.

As regiões metropolitanas e as grandes cidades brasileiras concentram hoje a atenção das autoridades de gestão territorial em nível local, regional e nacional. O conhecimento da complexa realidade dessas áreas em suas múltiplas dimensões e de modo dinâmico torna-se imprescindível para geri-las de forma eficiente. Não se trata apenas do levantamento de dados brutos, mas da proficiente manipulação e interpretação desses dados a partir de processamentos quantitativos (matemáticos e lógicos) sobre uma base espacial, de forma a revelar características e processos intrínsecos aos fenômenos em análise. Dito de outra forma, não basta somente a confecção de mapas digitais coloridos ilustrando, por exemplo, a exclusão social de uma determinada cidade por quantis, mas é fundamental que, com o auxílio de técnicas apropriadas de análise espacial, se possam extrair tendências do padrão de manifestação da exclusão social de forma contínua no espaço. Ou ainda, não é suficiente apenas mapear a ocorrência de crimes em um sistema georreferenciado, mas sim estudá-los de forma dinâmica, entendendo a sua proliferação no espaço e no tempo em articulação com inúmeras variáveis socioeconômicas e biofísicas, e como as estradas podem atuar como vetores de expansão da criminalidade.

Nessa linha de pensamento, elaborar mapas estáticos de uso do solo urbano não mais atende às necessidades atuais dos gestores locais, mas é necessário que se permitam simulações de diferentes cenários futuros de expansão urbana e dinâmica de uso do solo em ambiente computacional. Aí reside o desafio da geoinformação em gestão urbana e regional, que pode ser entendida como um paradigma emergente na pesquisa multi e interdisciplinar que se dedica a explorar a extrema complexidade de problemas socioambientais em um ambiente de Sistemas de Informações Geográficas (SIG). Openshaw (2000) argumenta que a geoinformação não se reduz ao uso de técnicas computacionais para solucionar problemas espaciais, mas se refere, ao contrário, a uma forma totalmente nova de se fazer ciência em um contexto geográfico.

Cláudia Maria de Almeida, Gilberto Câmara e Antonio Miguel V. Monteiro (Org.). **Geoinformação em urbanismo. Cidade Real X Cidade Virtual**. São Paulo: Oficina de Texto, 2007, p. 5 e 6. (com adaptações).

---

02. (Cebraspe - CAU/BR - Advogado - 2024) No trecho "Aí reside o desafio da geoinformação em gestão urbana e regional, que pode ser entendida como um paradigma emergente na pesquisa multi e interdisciplinar", a flexão do feminino em "entendida" justifica-se pela concordância com o substantivo "gestão".

( ) certo ( ) errado

➢ Comentários:

- O que pode ser entendida como um paradigma emergente?

- A **geoinformação** em gestão urbana e regional.

Concorda com "geoinfomração".

Resposta: Errado.

Texto para responder à questão.

Quando falamos em direito, estamos falando inicialmente de um enorme conjunto de regras obrigatórias, o chamado direito positivo. Mas o vocábulo direito é usado também para os estudos, o curso de direito, a assim chamada "ciência do direito". Numa terceira acepção, a palavra designa os direitos de cada um de nós, chamados de direitos subjetivos, pois somos os sujeitos, os titulares, desses direitos.

Ninguém ignora que paira sobre nossas cabeças uma gigantesca teia de normas, que atinge praticamente todas as nossas atividades. Muitos pensadores têm destacado que o direito atual parece ter invadido tudo: há direito em toda parte, para todos, para tudo. A contrapartida é que, assim como temos de seguir as normas, os outros também têm de obedecer a elas e, desse modo, respeitar os direitos de cada um de nós, os ditos direitos subjetivos.

Vivemos num tempo em que as questões legais se tornaram corriqueiras. Apesar dessa popularização, ainda existe uma enorme dificuldade de acesso às coisas do direito. Ao mesmo tempo, os mecanismos da justiça são cada vez mais acionados, até para resolver quem fica com o cachorro depois da separação, ou se o condomínio pode impedir seus moradores de ter animais. A sobrecarga dos tribunais, e sua lentidão, é parcialmente consequência desse excesso de litigiosidade e da incapacidade das pessoas de resolver com bom senso, compreensão e respeito as questões de convivência em sociedade.

Eduardo Muylaert. Direito no cotidiano: guia de sobrevivência na selva das leis. São Paulo: Editora Contexto, 2020, p. 11-13 (com adaptações).

---

03. (Cebraspe - MP TO - Analista Ministerial - Letras - 2024) Estaria mantida a correção gramatical do texto caso se substituísse "atinge" (primeiro período do segundo parágrafo) por **atingem.**

( ) certo ( ) errado

➢ Comentários:

No texto: Ninguém ignora que paira sobre nossas cabeças uma gigantesca teia de normas, que **atinge** praticamente todas as nossas atividades.

Perceba que o verbo está posposto ao pronome relativo "que" o qual retoma "uma gigantesca teia de normas".

No texto, concorda com o núcleo "teia": a teia atinge todas as nossas atividades.

Na reescrita, passa a concordar com "normas": as normas atingem todas as nossas atividades.

A correção gramatical estaria mantida.

Observação: a banca não mencionou alteração de sentido.

Resposta: Certo

Texto 2A1-II

Desse antigo verão que me alterou a vida restam ligeiros traços apenas. (...)

Sem dúvida as árvores se despojaram e enegreceram, o açude estancou, as porteiras dos currais se abriram, inúteis. É sempre assim. Contudo, ignoro se as plantas murchas e negras foram vistas nessa época ou em secas posteriores, e guardo na memória um açude cheio, coberto de aves brancas e de flores. (...)

O meu verão é incompleto. O que me deixou foi a lembrança de importantes modificações nas pessoas. De ordinário pachorrentas, azucrinaram-se como tanajuras, zonzas. Findaram as longas conversas no alpendre, as visitas, os risos sonoros, os negócios lentos; surgiram rostos sombrios e rumores abafados. Enorme calor, nuvens de poeira. E no calor e na poeira, homens indo e vindo sem descanso, molhados de suor, aboiando monotonamente. (...)

Um dia faltou água em casa. Tive sede e recomendaram-me paciência. A carga de ancoretas chegaria logo. Tardou, a fonte era distante – e fiquei horas numa agonia, rondando o pote, com brasas na língua. (...) Chorei, embalei-me nas consolações, e os minutos foram pingando vagarosos. A boca enxuta, os beiços gretados, os olhos turvos, queimaduras interiores (...) E em redor os objetos se deformavam, trêmulos. Veio a imobilidade, veio o esquecimento. Não sei quanto durou o suplício. (...)

Espanto, e enorme, senti ao enxergar meu pai abatido na sala, o gesto lento. Habituara-me a vê-lo grave, silencioso, acumulando energia para gritos medonhos. Os gritos vulgares perdiam-se; os dele ocasionavam movimentos singulares: as pessoas atingidas baixavam a cabeça, humildes, ou corriam a executar ordens. Eu era ainda muito novo para compreender que a fazenda lhe pertencia. Notava diferenças entre os indivíduos que se sentavam nas redes e os que se acocoravam no alpendre. O gibão de meu pai tinha diversos enfeites; no de Amaro havia numerosos buracos e remendos. As nossas roupas grosseiras pareciam-me luxuosas comparadas à chita de sinhá Leopoldina, à camisa de José Baía, sura, de algodão cru. (...) Meu pai era terrivelmente poderoso, e essencialmente poderoso. Não me ocorria que o poder estivesse fora dele, de repente, o abandonasse, deixando-o fraco e normal, um gibão roto sobre a camisa curta.

Graciliano Ramos. Infância. Rio de Janeiro/São Paulo: Record, 2022, p. 29-33 (com adaptações)

---

04. (Cebraspe - PC PE - Escrivão - 2024) Acerca das relações de concordância verbal estabelecidas no texto 2A1-II, julgue os itens seguintes.

I No primeiro período do texto, a forma verbal "alterou" concorda com "vida".

II No quarto período do terceiro parágrafo, a forma verbal "Findaram" concorda com os termos "conversas", "visitas", "risos" e "negócios", os quais constituem núcleos do sujeito composto da oração.

III No primeiro período do quarto parágrafo, a forma verbal "faltou" concorda com "água".

Assinale a opção correta.

A) Nenhum item está certo.

B) Apenas o item I está certo.

C) Apenas o item II está certo.

D) Apenas os itens I e III estão certos.

E) Apenas os itens II e III estão certos.

➢ Comentários:

I. Errado

No texto: Desse antigo verão que me alterou a vida restam ligeiros traços apenas.

O que me alterou?

O antigo verão.

O pronome relativo "que" é o sujeito – e retoma "o antigo verão".

II. Certo

No texto: Findaram as longas conversas no alpendre, as visitas, os risos sonoros, os negócios lentos; surgiram rostos sombrios e rumores abafados.

O que findaram?

As longas conversas no alpendre, as visitas, os risos sonoros, os negócios lentos = sujeito.

III. Certo

No texto: Um dia faltou água em casa.

O que faltou?

Água = sujeito.

Na ordem direta: água faltou em casa um dia.

RESPOSTA: E

Fragmento de texto para responder às questões.

(...) **Foram solicitados** a cada estado brasileiro os dados de boletins de ocorrência dos últimos cinco anos, referentes a mortes violentas intencionais (homicídio doloso; feminicídio; latrocínio; lesão corporal seguida de morte; e mortes decorrentes de intervenção policial) e violência sexual (estupros e estupros de vulneráveis) contra crianças e adolescentes. (...)

Internet: < www.unicef.org> (com adaptações).

---

05. (Cebraspe - PC AL - Delegado – 2023 - adaptada) A substituição da locução verbal "Foram solicitados" pela forma correspondente no singular – **Foi solicitado** – prejudicaria a correção gramatical do trecho.

( ) certo ( ) errado

➢ Comentários:

Encontre o sujeito:

- O que foram solicitados?

- Os **<u>dados</u>** de boletins de ocorrência = sujeito.

Na ordem direta: Os dados de boletins de ocorrência dos últimos cinco anos foram solicitados a cada estado brasileiro.

Observação: A oração está na voz passiva analítica (verbo *ser* + particípio) e não possui agente da passiva.

Na ativa: Solicitaram (verbo na 3ª pessoa do plural para indeterminar o sujeito) os dados de boletins de ocorrência.

Resposta: Certo

Texto 2A1-I

O ordenamento jurídico vem sendo confrontado com as inovações tecnológicas decorrentes da aplicação da inteligência artificial (IA) nos sistemas computacionais. Não apenas se vivencia uma ampliação do uso de sistemas lastreados em IA no cotidiano, como também se observa a existência de robôs com sistemas computacionais cada vez mais potentes, nos quais os algoritmos passam a decidir autonomamente, superando a programação original. Nesse contexto, um dos grandes desafios ético-jurídicos do uso massivo de sistemas de inteligência artificial é a questão da responsabilidade civil advinda de danos decorrentes de robôs inteligentes, uma vez que os sistemas delituais tradicionais são baseados na culpa e essa centralidade da culpa na responsabilidade civil se encontra desafiada pela realidade de sistemas de inteligência artificial.

Perante a autonomia algorítmica na qual os sistemas de IA passam a decidir de forma diversa da programada, há uma dificuldade de diferenciar quais danos decorreram de erro humano e aqueles que derivaram de uma escolha equivocada realizada pelo próprio sistema ao agir de forma autônoma. O comportamento emergente da máquina, em função do processo de aprendizado profundo, sem receber qualquer controle da parte de um agente humano, torna difícil indicar quem seria o responsável pelo dano, uma vez que o processo decisório decorreu de um aprendizado automático que culminou com escolhas equivocadas realizadas pelo próprio sistema. Há evidentes situações em que se pode vislumbrar a existência de culpa do operador do sistema, como naquelas em que não foram realizadas atualizações de *software* ou, até mesmo, de quebra de deveres objetivos de cuidado, como falhas que permitem que *hackers* interfiram no sistema. Entretanto, excluídas essas situações, estará ausente o juízo de censura necessário para a responsabilização com base na culpa.

B. L. da Anunciação Melo e H. Ribeiro Cardoso. Sistemas de inteligência artificial e responsabilidade civil: uma análise da proposta europeia acerca da atribuição de personalidade civil. In: Revista Brasileira de Direitos Fundamentais & Justiça, 16(1), 2020, p. 93-4 (com adaptações).

---

06. (CEBRASPE - MP SC - Promotor - 2023) No último período do primeiro parágrafo, o termo "desafiada" concorda com "centralidade".

( ) certo ( ) errado

➢ Comentários:

No texto: *essa centralidade da culpa na responsabilidade civil se encontra desafiada pela realidade de sistemas de inteligência artificial.*

Faça análise sintática: o que se encontra desafiada? Essa **centralidade** da culpa = sujeito.

O termo "desafiada" possui função de predicativo de sujeito e concorda com o sujeito.
Resposta: Certo

---

07. (CEBRASPE - MP SC - Promotor - 2023) No texto, os termos da expressão "da programada" (primeiro período do segundo parágrafo) poderiam ser flexionados no gênero masculino – **do programado** –, sem prejuízo para a correção gramatical do texto.

( ) certo ( ) errado

➢ Comentários:

Nota da autora: Muito cuidado, porque a banca não menciona alteração de sentido, quer apenas que não ocorra erro gramatical.

1. No texto: Perante a autonomia algorítmica na qual os sistemas de IA passam a decidir de forma diversa **da [forma] programada.**
2. Na sugestão: Perante a autonomia algorítmica na qual os sistemas de IA passam a decidir de forma diversa **do [que foi] programado**.

O sentido foi alterado, mas a gramática permanece correta.

Resposta: Certo

---

08. (CEBRASPE - MP SC - Promotor - 2023) No trecho "os sistemas de IA passam a decidir" (primeiro período do segundo parágrafo), é facultativa a flexão da forma verbal "decidir" no plural, razão por que seria igualmente correta a expressão **os sistemas de IA passam a decidirem**.

( ) certo ( ) errado

➢ Comentários:

Trata-se de uma locução verbal e o verbo principal (decidir) não admite pluralização, apenas o verbo auxiliar é variável.

Dica: em locuções verbais, nunca serão pluralizados os dois verbos.

Resposta: Errado

Fragmento de texto para responder à questão.

(...) A justiça está se fazendo pela organização popular, pelo aguçamento dos conflitos. E cada um de nós vislumbra o norte da justiça, por via da busca de uma visão coerente da história, aliada a uma prática e a uma análise rigorosa das circunstâncias presentemente vividas. (...)

Roberto Aguiar. O que é justiça: uma abordagem dialética. Brasília: Senado Federal. Conselho Editorial. 2020, p. 319-20 (com adaptações).

---

09. (CEBRASPE - MP SC - Promotor - 2023 - adaptada) No trecho "cada um de nós vislumbra o norte da justiça" (segundo período), a flexão da forma verbal na primeira pessoa do plural – **vislumbramos** – prejudicaria a correção gramatical do texto.

( ) certo ( ) errado

➢ Comentários:

O verbo não pode ser pluralizado porque o sujeito é formado pela expressão "cada um".

Regra: O pronome indefinido **cada**, quando acompanhado dos numerais **um** e **uma**, funciona como um substantivo. Por trazer uma ideia de gradação e de distribuição, a concordância verbal com **cada um** e **cada uma** deve sempre ocorrer no **singular**.

Dica para a próxima prova: se **cada** estiver acompanhado por um **numeral maior que um**, o verbo deve ir para o plural = Cada três livros **custam** R$180.

Resposta: Certo

Fragmento de texto para responder às questões.

(...) "Darcy Ribeiro é uma figura fascinante e um dos autores latino-americanos que projetaram mais futuros. Em alguns dos textos, ele parece comentar em voz alta as alternativas, utópicas e distópicas, para o Brasil e a América Latina", observa o sociólogo Fabrício Pereira da Silva. "Este é um momento excelente para reexaminar suas ideias, suas utopias e seus projetos." (...)

Diego Viana. Darcy Ribeiro: a chama da utopia. Revista Pesquisa FAPESP, 30/10/2022 (com adaptações).

---

10. (CEBRASPE - SME RE/PE - Professor – 2023 - adaptada) No primeiro período, se a forma verbal 'projetaram' fosse flexionada no singular – **projetou** –, a concordância verbal, nesse caso, passaria a ser estabelecida com o termo 'figura', sem prejuízo da correção gramatical do texto.
( ) certo ( ) errado

➢ Comentários:

No trecho: *Darcy Ribeiro é uma figura fascinante e um dos autores latino-americanos que projetaram mais futuros.*
Como existe a expressão "um dos que", a concordância do verbo poderia ser no singular ou no plural, mas não concordaria com o termo "figura", mas com "Darcy Ribeiro".

No plural, a ênfase é em *autores latino-americanos: Darcy Ribeiro é uma figura fascinante e um dos <u>autores latino-americanos</u> que **projetaram** mais futuros.*

No singular, a ênfase é em *Darcy Ribeiro: <u>Darcy Ribeiro</u> é uma figura fascinante e um dos autores latino-americanos que **projetou** mais futuros.*

A regra é esta: *quando o sujeito é precedido da expressão UM DOS QUE (mesmo que haja um substantivo no meio da expressão, como em UM DOS POETAS QUE), o verbo pode ficar normalmente no singular ou no plural*[7].

Veja que há um pronome demonstrativo (os = aqueles) + pronome relativo (que).

Observação: alguns gramáticos não aceitam o verbo no singular; outros aceitam. A banca CEBRASPE também aceita as duas formas.

Resposta: Errado

Fragmento de texto para responder à questão.

(...) Estudos internacionais mostram que um bom professor é um dos fatores que mais influenciam na aprendizagem. Os dados são de pesquisa feita pelo Banco Interamericano de Desenvolvimento (BID), que traçou o perfil de quem estuda para ser professor na América Latina e no Caribe. Enquanto, no Brasil, 20% dos universitários estão em cursos como licenciatura e pedagogia, na América Latina são 10% e, em países desenvolvidos, 8%.

Em compensação, só 5% dos jovens brasileiros dizem querer ser professores quando estão no ensino médio. E, apesar da grande quantidade de alunos matriculada em cursos de licenciatura e pedagogia no Brasil, faltam docentes para lecionar disciplinas específicas em áreas de ciências exatas e da natureza.

---

7. Recanto das Letras. Disponível em <www.recantodasletras.com.br/gramatica/3042212>. Acesso em 26 julho 2023, com adaptações.

Na Coreia do Sul, por exemplo, 21% se interessam pela profissão e só 7% ingressam, de fato, na universidade, porque há muita concorrência e maior seleção. No Chile e no México, os dois índices são mais próximos: cerca de 7% se interessam pelo magistério e menos de 15% cursam pedagogia ou licenciatura. (...)

Internet: <noticias.uol.com.br > (com adaptações).

---

11. (CEBRASPE - SME RE/PE - Professor – 2023 - adaptada) Estaria mantida a correção gramatical do texto caso as formas verbais empregadas nos segmentos "20% dos universitários estão em cursos como licenciatura e pedagogia" (último período do primeiro parágrafo) e "21% se interessam pela profissão" (primeiro período do terceiro parágrafo) estivessem flexionadas no singular – **está** e **interessa**, respectivamente –, dada a possibilidade de concordância do verbo com a expressão **por cento**, representada graficamente por "%".

( ) certo ( ) errado

➢ Comentários:

Nota da autora: Fique de olho no resumo que CEBRASPE segue.

- Porcentagem com um número: o verbo concorda com o número inteiro

  = **1%** entendeu a regra. **100%** entenderam a regra.

- Porcentagem com dois números: o verbo concorda com o número inteiro, isto é, com o primeiro número

  = **1**,9% entendeu a regra. **90,**4% entenderam a regra.

- Porcentagem com determinante "do", "da": o verbo pode concordar com o número ou com o determinante

  = **1%** das aulas foi vendida. 1% d**as aulas** foram vendidas.

Voltemos, agora, à questão.

1. **20% dos universitários estão** em cursos como licenciatura e pedagogia

   Porcentagem + substantivo = o verbo pode concordar tanto com o numeral quanto com o substantivo. Como o numeral é acima de 1 e o substantivo é plural, não admite verbo no singular.

   Aqui já descobrimos que a resposta é "errado".

2. **21% se interessam** pela profissão

   Porcentagem sem substantivo = o verbo concorda com o numeral (21).

   Também não admite singular porque o numeral é maior que 1.

Resposta: Errado

Fragmento de texto para responder à questão.

(...) Não é fácil reduzir o trabalho do mediador de leitura a um manual de funções. Seu ofício essencial é ler de muitas formas possíveis: em primeiro lugar, para si mesmo, porque um mediador de leitura é um leitor sensível e perspicaz, que se deixa tocar pelos livros, que desfruta e que sonha em compartilhá-los com outras pessoas. Em segundo lugar, um mediador cria rituais, momentos e atmosferas

propícias para facilitar os encontros entre livros e leitores. Às vezes, pode fazer a hora do conto e ler em voz alta uma ou várias histórias a um grupo, mas, outras vezes, propicia leituras íntimas e solitárias ou encontros em pequenos grupos. Assim, em certas ocasiões, conversa ou recomenda algum livro; em outras, permanece em silêncio ou se oculta para deixar que livro e leitor conversem. (...)

Internet: <www.ceale.fae.ufmg.br> (com adaptações).

---

12. (CEBRASPE - SME RE/PE - Professor – 2023 - adaptada) A correção gramatical estaria mantida se o vocábulo "propícias" fosse substituído por **propícios.**

( ) certo ( ) errado

➢ Comentários:

Existem três substantivos antepostos ao adjetivo e este pode concordar apenas com o último ou com os três:

1. um mediador cria rituais, momentos e <u>atmosferas</u> **propícias** para facilitar os encontros entre livros e leitores;
2. um mediador cria <u>rituais</u>, <u>momentos</u> e <u>atmosferas</u> **propícios** para facilitar os encontros entre livros e leitores.

Observação: A banca questiona apenas a **correção gramatical**, não o sentido.

Perceba que a gramática permaneceria correta, mas o sentido é alterado: no primeiro caso, as atmosferas são propícias; no segundo caso, os rituais, os momentos e as atmosferas são propícios.

Atente-se, sempre, ao comando da questão.

Resposta: Certo

Capítulo 6

REGÊNCIA

Para acesso ao vídeo, utilize o QR Code ao lado.

1. INTRODUÇÃO

Regência trata das relações entre os termos da frase, estabelecendo a dependência entre eles.

Regente é o termo que exige complemento e **regido** é o termo complementar.

Ninguém	assistiu	à palestra.
	termo regente	termo regido

Necessidade	de ser fera.
termo regente	termo regido

Regência	
Verbal	**Nominal**
• V.T.D. • V.T.I. • V.T.D.I. • I.	• admiração a, por • doutor em • diferente de • suspeito de • longe de

2. REGÊNCIA VERBAL

Com o intuito de facilitar, vamos dividir o estudo de regência em:

1. Verbos que apresentam uso popular em desacordo com a norma culta;
2. Verbos que possuem mais de uma regência;
3. Lista de verbos notáveis.

2.1. Verbos que Apresentam Uso Popular em Desacordo com a Norma Culta

Verbo	Sentido	Regência	Exemplo
Custar	ser difícil	V.T.I.	Custou **a**o candidato aceitar a nota.

Implicar	acarretar	V.T.D.	Sua atitude implicará demissão.
Namorar	–	V.T.D.	Ela namora o advogado há alguns meses.
Obedecer e desobedecer	–	V.T.I.	Ele obedece **a**o patrão. Ela desobedece **a**o pai.
Admitem voz passiva, embora sejam transitivos indiretos: O patrão é obedecido por ele. O pai era desobedecido por ela.			
Pedir	–	V.T.D. (coisa) V.T.I. (pessoa)	Pediu licença e saiu. Pediu **a**o professor que lhe entregasse o gabarito.
Pede a preposição para quando subentendida a palavra licença		V.T.D.	Pediu (licença) para sair.
Preferir	–	V.T.D.I. (algo a algo)	Prefere cinema **a** teatro.
Responder	quando declaração da resposta	V.T.D.	Respondeu que não sabia o segredo.
	quando nomeia a coisa ou a pessoa a quem se dá a resposta	V.T.I.	Ele respondeu **a** todas as perguntas.
Simpatizar e antipatizar	–	V.T.I.	Simpatiza **com** ela.
Não admite o pronome oblíquo, por não ser pronominal.			

2.2. Verbos que Possuem mais de uma Regência

Verbo	Sentido	Regência	Exemplo
Aspirar	respirar, sorver (perfume, ar)	V.T.D.	Aspirou um ar venenoso.
	pretender/ desejar	V.T.I. (a)	Os candidatos aspiram **a** aprovações.
	O verbo aspirar **não aceita os pronomes lhe, lhes** como objeto indireto, por isso devemos substituí-los por a ele, a ela, a eles, a elas.		
Assistir	ver	V.T.I. (a)	Assistiu **a**o jogo.
	Usado nesse sentido, "assistir" não aceita lhe, lhes, como objeto indireto; por isso, quando necessário, deveremos trocá-lo por a ele, a ela, a eles, a elas.		
	socorrer, ajudar	V.T.D.	O amigo assistiu o doente.
	caber, pertencer	V.T.I. (a)	O poder de resolver assiste **a** ele apenas.

<table>
<tr><th>Verbo</th><th>Sentido</th><th>Regência</th><th>Exemplo</th></tr>
<tr><td rowspan="2">Chamar</td><td>mandar vir, solicitar a presença</td><td>V.T.D.</td><td>A professora chamou os alunos.</td></tr>
<tr><td>chamar pelo nome, apelidar</td><td>há quatro construções</td><td>Chamaram a menina de balão.
Chamaram a menina balão.
Chamaram à menina de balão.
Chamaram à menina balão.</td></tr>
<tr><td rowspan="3">Esquecer e lembrar</td><td>não pronominais: sem preposição</td><td colspan="2">Esqueceu o caderno.</td></tr>
<tr><td>pronominais: com preposição (de)</td><td colspan="2">Ele se esqueceu do caderno.</td></tr>
<tr><td colspan="3">Se a coisa esquecida possuir função de sujeito, sofre alteração:
Esqueceu-me o ocorrido. Lembrou-me o assunto.</td></tr>
<tr><td>Informar</td><td>Admite duas construções</td><td>V.T.D.I.</td><td>Informei a data ao aluno (algo a alguém).
Informei o aluno da data (alguém de algo).</td></tr>
<tr><td rowspan="2">Pagar e perdoar</td><td>Para coisa</td><td>V.T.D.</td><td>Paguei o DVD. Perdoei seus erros.</td></tr>
<tr><td>Para pessoa</td><td>V.T.I.</td><td>Paguei a você. Perdoei a você.</td></tr>
<tr><td rowspan="2">Proceder</td><td>ter fundamento</td><td>I.</td><td>Os boatos não procediam.</td></tr>
<tr><td>executar</td><td>V.T.I. (a)</td><td>Procederemos ao inquérito.</td></tr>
<tr><td rowspan="2">Querer</td><td>desejar</td><td>V.T.D.</td><td>"A gente quer dinheiro e felicidade."</td></tr>
<tr><td>estimar</td><td>V.T.I. (a)</td><td>Quero a meus amigos.</td></tr>
<tr><td rowspan="4">Visar</td><td>mirar</td><td>V.T.D.</td><td>Visou o alvo.</td></tr>
<tr><td>vistar</td><td>V.T.D.</td><td>Visou o cheque.</td></tr>
<tr><td>ter em vista</td><td>V.T.I. (a)</td><td>Visam a aprovações.</td></tr>
<tr><td colspan="3">O verbo visar não aceita os pronomes lhe, lhes como objeto indireto, por isso devemos substituí-los por a ele, a ela, a eles, a elas.</td></tr>
</table>

2.3. Lista de Verbos Notáveis

Verbo	Sentido	Regência	Exemplo
Abraçar	cingir com os braços, *ocupar-se de*, seguir	V.T.D.	Muitos abraçam as ideias comunistas.
	adotar como sua	V.T.D.	Abraçou nossa causa.
Agradar	fazer agrados, *mimar*, acaricia	V.T.D.	Ele agrada seu cão.
	ser agradável, *contentar*,satisfazer, sendo o sujeito da oração nome de **coisa**.	V.T.I. (a)	A música agradou **a**o público.
	ser agradável, *contentar*,satisfazer, quando o sujeito é nome de **pessoa**.	V.T.D.	Ela não consegue agradar o chefe.
	ser agradável, *contentar*,satisfazer	I.	A apresentação não agradou.
	gostar: pronominal	V.T.I. (de)	Agradou-**se** muito **d**o rapaz.
Agradecer	objeto direto de coisa e indireto de pessoa	V.T.I. (a)	Agradeci o presente **a** meu pai.
Ajudar	transitivo direto ou indireto	V.T.D. ou V.T.I. (a)	Ajudei este homem nos seus estudos. Ajudei **a** este homem nos seus estudos.
	Seguido de infinitivo	V.T.D.I.	Ajudei este homem **a** estudar.
Atender	acolher ou receber alguém com atenção, responder a alguém que se dirige a nós, ouvir, conceder, deferir um pedido	V.T.D.	O diretor atendeu os alunos. Deus atendeu a súplica de seu servo.
	dar atenção a alguém, ouvir-lhe os conselhos, levar em consideração, atentar, prestar atenção a, satisfazer	V.T.I. (a)	A mãe não atendia **a**os apelos do filho. Atenderemos **a**o chamado do cliente.
Chegar	aparece modificado por adjunto adverbial de lugar (rege a preposição **a**)	I.	Chegamos **a** São Paulo pela manhã.
Ensinar	objeto direto de coisa e indireto de pessoa ou objeto direto de pessoa e indireto no infinitivo (rege a preposição **a**)	V.T.D.I.	Ensino a dança **a** João. Ensina-o a converter cada espinho em flor.
Residir	aparece modificado por adjunto. Rege a preposição **em**	I.	Reside **n**a rua Garibaldi.

3. REGÊNCIA NOMINAL

É a relação existente entre um **nome** (substantivo, adjetivo ou advérbio) e os termos regidos por esse nome. Essa relação é sempre intermediada por uma **preposição**.

Lista dos nomes mais exigidos em provas.[1]

A

- acesso [a]
- acessível [a, para]
- acostumado [a, com]
- adequado [a]
- admiração [a, por]
- afável [com, para com]
- afeição [a, por]
- aflito [com, por]
- alheio [a, de]
- aliado [a, com]
- alusão [a]
- amante [de]
- amigo [de]
- amor [a, de, para com, por]
- amoroso [com]
- análogo [a]
- ansioso [de, para, por]
- antipatia [a, contra, por]
- aparentado [com]
- apologia [de]
- apto [a, para]
- assíduo [a, em]
- atenção [a]
- atento [a, em]
- atencioso [com, para com]
- aversão [a, para, por]
- avesso [a]
- ávido [de, por]

B

- benéfico **[a]**
- bom **[para].**

C

- cobiçoso **[de]**
- capacidade **[de, para]**
- capaz **[de, para]**
- cego **[a]**
- certeza **[de]**
- coerente **[com]**
- comum **[de]**
- compaixão **[de, para com, por]**
- compatível **[com]**
- concordância **[a, com, de, entre]**
- conforme **[a, com]**
- contemporâneo **[de]**
- constituído **[com, de, por]**
- consulta **[a]**
- contente **[com, de, em, por]**
- contíguo **[a]**
- constante **[em]**
- convênio **[entre]**
- cruel **[com, para, para com]**
- cuidadoso **[com]**
- cúmplice **[em]**
- curioso **[de, por**

D

- desacostumado **[a, com]**
- desatento **[a]**
- descontente **[com]**

---

1. Recanto das letras. Disponível em <http://www.recantodasletras.com.br/gramatica/74609>. Acesso em 2 abril 2014.

- desejoso **[de]**
- desfavorável **[a]**
- desleal **[a]**
- desrespeito **[a]**
- desgostoso **[com, de]**
- desprezo **[a, de, por]**
- devoção **[a, para, com, por]**
- devoto **[a, de]**
- diferente **[de]**
- dificuldade **[com, de, em, para]**
- digno **[de]**
- discordância **[com, de, sobre]**
- disposição **[para]**
- dotado **[de]**
- dúvida **[acerca de, em, sobre]**

E

- Equivalente **[a]**
- empenho **[de, em, por]**
- entendido **[em]**
- erudito **[em]**
- escasso **[de]**
- essencial **[para]**
- estreito **[de]**
- exato **[em]**

F

- fácil **[a, de, para]**
- facilidade **[de, em, para]**
- falho **[de, em]**
- falta **[a]**
- fanático **[por]**
- favorável **[a]**
- fiel **[a]**
- feliz **[de, com, em, por]**
- fértil **[de, em]**
- forte **[em]**
- fraco **[em, de]**
- furioso **[com]**

G

- grato **[a]**
- graduado **[a]**
- guerra **[a]**

H

- hábil **[em]**
- habituado **[a]**
- horror **[a, de, por]**
- hostil **[a, contra, para com]**

I

- ida **[a]**
- idêntico **[a]**
- impaciência **[com]**
- impossibilidade **[de, em]**
- impotente **[para, contra]**
- impróprio **[para]**
- imune **[a, de]**
- inábil **[para]**
- inacessível **[a]**
- incansável **[em]**
- incapaz **[de, para]**
- incerto **[em]**
- inconsequente **[com]**
- indeciso **[em]**
- indiferente **[a]**
- indigno **[de]**
- indulgente **[com, para com]**
- inerente **[a]**
- infiel **[a]**
- influência **[sobre]**
- ingrato **[com]**
- insensível **[a]**
- intolerante **[com]**
- invasão **[de]**
- inútil **[para]**
- isento **[de]**

J

- junto **[a, de]**

L

- leal **[a]**
- lento **[em]**
- liberal **[com]**

M

- maior **[de]**
- manifestação **[contra]**
- medo **[de, a]**
- menor **[de]**
- misericordioso **[com]**
- morador **[em]**

N

- natural **[de]**
- necessário **[a]**
- necessidade **[de]**
- nobre **[em]**
- nocivo **[a]**

O

- obediente **[a]**
- ódio **[a, contra]**
- ojeriza **[a, por]**
- oposto **[a]**
- orgulhoso **[de, com]**

P

- paixão **[de, por]**
- pálido **[de]**
- parecido **[a, com]**
- paralelo **[a]**
- parecido **[a, com]**
- pasmado **[de]**
- passível **[de]**
- peculiar **[a]**
- perito **[em]**
- prático **[em]**
- preferência **[a, por]**
- preferível **[a]**
- preste **[a, para]**
- pendente **[de]**
- prodigo **[em, de]**
- propício **[a]**
- próximo **[a, de]**
- pronto **[para, em]**
- propensão **[para]**
- próprio **[de, para]**

Q

- Querido **[de, por]**
- queixa **[contra]**

R

- receio **[de]**
- relação **[a, com, de, por, para com]**
- relacionado **[com]**
- rente **[a, de, com]**
- residente **[em]**
- respeito **[a, com, para com, por]**
- responsável **[por]**
- rico **[de, em]**

S

- sábio **[em]**
- satisfeito **[com, de, em, por]**
- semelhante **[a]**
- simpatia **[a, para com, por]**
- sito **[em]**
- situado **[a, em, entre]**
- solidário **[com]**
- superior **[a]**
- surdo **[a, de]**
- suspeito **[a, de]**

T

- tentativa **[contra, de, para, para com]**
- triunfo **[sobre]**

U

- último **[a, de, em]**

- união, **[a, com, entre]**
- único **[em]**
- útil **[a, para]**

- versado **[em]**
- visível **[a]**
- vizinho **[a, de, com]**

V

- vazio **[de]**

Z

- zelo **[a, de, por]**

ADVÉRBIOS		
longe [de]	perto [de]	proximamente [a, de]

Todos os advérbios formados de **adjetivos + sufixo** [-mente], apresentam a mesma preposição dos adjetivos:

Compatível [com]	compatívelmente [com]
Relativo [a]	relativamente [a]

4. FIQUE DE OLHO

- Normalmente ligada ao pronome relativo;
- Cuidado com o emprego do acento indicativo de crase.

4.1. Questões comentadas 2024 e 2023

Texto para responder à questão.

Quando falamos em direito, estamos falando inicialmente de um enorme conjunto de regras obrigatórias, o chamado direito positivo. Mas o vocábulo direito é usado também para os estudos, o curso de direito, a assim chamada "ciência do direito". Numa terceira acepção, a palavra designa os direitos de cada um de nós, chamados de direitos subjetivos, pois somos os sujeitos, os titulares, desses direitos.

Ninguém ignora que paira sobre nossas cabeças uma gigantesca teia de normas, que atinge praticamente todas as nossas atividades. Muitos pensadores têm destacado que o direito atual parece ter invadido tudo: há direito em toda parte, para todos, para tudo. A contrapartida é que, assim como temos de seguir as normas, os outros também têm de obedecer a elas e, desse modo, respeitar os direitos de cada um de nós, os ditos direitos subjetivos.

Vivemos num tempo em que as questões legais se tornaram corriqueiras. Apesar dessa popularização, ainda existe uma enorme dificuldade de acesso às coisas do direito. Ao mesmo tempo, os mecanismos da justiça são cada vez mais acionados, até para resolver quem fica com o cachorro depois da separação, ou se o condomínio pode impedir seus moradores de ter animais. A sobrecarga dos tribunais, e sua lentidão, é parcialmente consequência desse excesso de litigiosidade e da incapacidade das pessoas de resolver com bom senso, compreensão e respeito as questões de convivência em sociedade.

Eduardo Muylaert. Direito no cotidiano: guia de sobrevivência na selva das leis. São Paulo: Editora Contexto, 2020, p. 11-13 (com adaptações).

---

01. (Cebraspe - MP TO - Analista Ministerial - Letras - 2024) No terceiro período do segundo parágrafo, o termo "a elas" poderia ser corretamente substituído por **lhes**, escrevendo-se **obedecer-lhes**.

( ) certo ( ) errado

➢ Comentários:

O verbo é transitivo indireto e admite o pronome pessoal oblíquo "lhes".

Dica 1: não admitiria se o verbo fosse transitivo direto, ou seja, se não exigisse preposição.

Dica 2: verbos transitivos indiretos que não admitem o pronome "lhe" = **aspirar, visar** e **assistir.**

Fixe para a próxima prova:

Eles aspiram à aprovação = aspiram a ela.

Você visa à convocação = visa a ela.

Todos assistiram à aula = assistiram a ela.

Resposta: Certo

Texto CB1A9

A partir do ano de 1990, o Brasil efetuou um programa unilateral de liberalização das importações, eliminando as barreiras não tarifárias e reduzindo a tarifa aduaneira média de 32,2% em 1990 para 10,7%, em 2005, ainda que tenha passado por alguns retrocessos pontuais em decorrência de problemas macroeconômicos. Esse notável desempenho estimulou o debate sobre a continuidade ou não do processo de abertura comercial, que é recorrente e se acentua na presença de desequilíbrios da taxa de câmbio. De um lado, um grupo de economistas assinala os ganhos que uma liberalização adicional proporcionaria sobre a produtividade e o investimento privado, fatores fundamentais para o crescimento econômico. De outro, especialistas apontam as inconveniências de uma redução tarifária em um cenário com fortes flutuações da taxa de câmbio e a necessidade de preservar o poder de barganha nas negociações comerciais de acesso aos mercados externos.

H. Kume; G. Piani; P. Miranda. Estudos de economia internacional – IPEA: 2000-2009.

In: Pesquisas em relações econômicas internacionais.

Brasília, Fundação Alexandre Gusmão, 2009, p. 116 (com adaptações).

---

02. (Cebraspe - APEX - Analista Aquisições e Jurídico - 2024) Assinale a opção correta a respeito da regência dos vocábulos "fundamentais" (penúltimo período) e "acesso" (último período), considerado o seu emprego no texto CB1A9.

A) O primeiro poderia admitir também a preposição **a**, mas o segundo admite apenas a preposição **a**.

B) O primeiro admite apenas a preposição **para**, mas o segundo admite também a preposição **de**.

C) O primeiro admite apenas a preposição **para** e o segundo, apenas a preposição **a**.

D) O primeiro poderia admitir também a preposição **a** e o segundo, a preposição **de**.

➢ Comentários:

No texto:

1. **fundamentais para** o crescimento econômico
2. **acesso aos** mercados externos

Alternativa "a" – fundamental **para** ou fundamental **a**/acesso **a**.

Alternativa "b" – admite a preposição **para** ou a preposição **a**/não admite a preposição **de**.

Alternativa "c" – o primeiro admite a preposição **para** ou a preposição **a.**

Alternativa "d" – o segundo não admite a preposição **de.**

RESPOSTA: A

Texto 2A1-I

O ordenamento jurídico vem sendo confrontado com as inovações tecnológicas decorrentes da aplicação da inteligência artificial (IA) nos sistemas computacionais. Não apenas se vivencia uma ampliação do uso de sistemas lastreados em IA no cotidiano, como também se observa a existência de robôs com sistemas computacionais cada vez mais potentes, nos quais os algoritmos passam a decidir autonomamente, superando a programação original. Nesse contexto, um dos grandes desafios ético-jurídicos do uso massivo de sistemas de inteligência artificial é a questão da responsabilidade civil advinda de danos decorrentes de robôs inteligentes, uma vez que os sistemas delituais tradicionais são baseados na culpa e essa centralidade da culpa na responsabilidade civil se encontra desafiada pela realidade de sistemas de inteligência artificial.

Perante a autonomia algorítmica na qual os sistemas de IA passam a decidir de forma diversa da programada, há uma dificuldade de diferenciar quais danos decorreram de erro humano e aqueles que derivaram de uma escolha equivocada realizada pelo próprio sistema ao agir de forma autônoma. O comportamento emergente da máquina, em função do processo de aprendizado profundo, sem receber qualquer controle da parte de um agente humano, torna difícil indicar quem seria o responsável pelo dano, uma vez que o processo decisório decorreu de um aprendizado automático que culminou com escolhas equivocadas realizadas pelo próprio sistema. Há evidentes situações em que se pode vislumbrar a existência de culpa do operador do sistema, como naquelas em que não foram realizadas atualizações de *software* ou, até mesmo, de quebra de deveres objetivos de cuidado, como falhas que permitem que *hackers* interfiram no sistema. Entretanto, excluídas essas situações, estará ausente o juízo de censura necessário para a responsabilização com base na culpa.

B. L. da Anunciação Melo e H. Ribeiro Cardoso. Sistemas de inteligência artificial e responsabilidade civil: uma análise da proposta europeia acerca da atribuição de personalidade civil. In: Revista Brasileira de Direitos Fundamentais & Justiça, 16(1), 2020, p. 93-4 (com adaptações).

03. (CEBRASPE - MP SC - Promotor - 2023) No trecho "necessário para a responsabilização" (último período do segundo parágrafo), o segmento "para a" poderia ser substituído pelo vocábulo **à**.

( ) certo ( ) errado

➢ Comentários:

Segundo o *Dicionário de Regimes de Substantivos e Adjetivos*, de Francisco Fernandes, a regência do adjetivo "necessário" pode ser: **necessário a**, **necessário para** ou **necessário em**.

Como o termo regido é um substantivo feminino (responsabilização), deve haver a fusão da preposição "a" e do artigo "a", resultando no acento indicativo de crase.

Estão corretas estas regências: necessário para a responsabilização, necessário à responsabilização, necessário na responsabilização.

Resposta: Certo

---

04. (CEBRASPE - MP SC - Promotor - 2023) Em "culminou com escolhas" (segundo período do segundo parágrafo), a substituição da preposição "com" por **em** resultaria em incorreção gramatical no texto.

( ) certo ( ) errado

➢ Comentários:

O verbo "culminar", segundo o *Dicionário Prático de Regência Verbal*, de Celso Pedro Luft, admite tanto a preposição "com" como a preposição "em": **culminou com escolhas** ou **culminou em escolhas**.

Resposta: Errado

---

05. (CEBRASPE - MP SC - Promotor - 2023) Haja vista a regência de "confrontado" (primeiro período do primeiro parágrafo) admitida no texto, o complemento regido por esse termo só pode ser introduzido pela preposição "com".

( ) certo ( ) errado

➢ Comentários:

O verbo "confrontar" pode ser transitivo direto, transitivo indireto ou direto e indireto. Quando indireto ou direto e indireto, exigirá a preposição "com".

Observação: sendo pronominal, ou não; na voz ativa ou na voz passiva.

Exemplos: Confrontado com as inovações, confrontando as inovações, confrontando-se com as inovações, confrontando-se as inovações, confrontando o projeto com as inovações.

Resposta: Certo

Fragmento de texto para responder à questão.

(...) "A gente atrai as pessoas mais vulneráveis e que lá na frente vão enfrentar o desafio de educar crianças vulneráveis também", diz a diretora de políticas públicas do Instituto Península, que atua na área de formação de professores, Mariana

Breim. "Se é este público que está procurando a docência, temos de abraçá-lo e fazê-lo se apaixonar por ela", completa. Os dados mostram que 71% dos estudantes de pedagogia e licenciatura no Brasil são mulheres, índice semelhante ao verificado em outros países latinos.

Internet: <noticias.uol.com.br > (com adaptações).

---

06. (CEBRASPE - SME RE/PE - Professor – 2023 - adaptada) Sem prejuízo da correção gramatical do fragmento, o trecho 'temos de abraçá-lo e fazê-lo se apaixonar por ela' (segundo período) poderia ser reescrito da seguinte maneira: **temos de lhe abraçar e lhe fazer apaixonar-se por ela**.

( ) certo ( ) errado

➢ Comentários:

Na primeira substituição, há um erro crasso: o verbo "abraçar" é transitivo direto e não admite o pronome "lhe" como complemento.

Lembre-se de que os pronomes oblíquos "o(s)" e "a(s)" possuem função de objeto direto e o "lhe" de objeto indireto, ou de adjunto adnominal, ou de complemento nominal.

Resposta: Errado

4.2. Questões comentadas

4.2.1. Nível superior

Fragmento de texto para responder à questão.

(...) A discriminação direta é o repúdio ostensivo a indivíduos ou grupos, motivado pela condição racial, exemplo do que ocorre em países que proíbem a entrada de negros, judeus, muçulmanos, pessoas de origem árabe ou persa, ou ainda **lojas que se recusam a atender clientes de determinada raça**. Já a discriminação indireta é um processo em que a situação específica de grupos minoritários é ignorada — discriminação de fato — ou sobre a qual são impostas regras de "neutralidade racial" sem que se leve em conta a existência de diferenças sociais significativas — discriminação pelo direito ou discriminação por impacto adverso. A discriminação indireta é marcada pela ausência de intencionalidade explícita de discriminar pessoas. Isso pode acontecer porque a norma ou prática não leva em consideração ou não pode prever de forma concreta as consequências da norma.

Silvio Almeida. Racismo Estrutural (Feminismos Plurais). Editora Jandaíra. Edição do Kindle (com adaptações).

---

01. (Cespe/Cebraspe – DPE-RS - 2022 - adaptada) A supressão da preposição "a", em "lojas que se recusam a atender clientes de determinada raça", prejudicaria a correção gramatical do texto.

( ) certo ( ) errado

➢ Comentários:

O verbo *recusar*, quando pronominal (recusar-se) e no sentido de "negar-se", "opor-se", "resistir", é transitivo indireto e exige a preposição "a". A supressão da preposição acarretaria erro gramatical.

Resposta: Certo.

Fragmento de texto para responder à questão.

Amado nos levou com um grupo para descansarmos na fazenda de um amigo. Esta confirmava as descrições que eu lera no livro de Freyre: embaixo, as habitações de trabalhadores, a moenda, onde se mói a cana, uma capela ao longe; na colina, uma casa. O amigo de Amado e sua família estavam ausentes; tive uma primeira amostra da hospitalidade brasileira: todo mundo achava normal instalar-se na varanda e pedir que servissem bebidas. Amado encheu meu copo de suco de caju amarelo-pálido: ele pensava, como eu, que se conhece um país em grande parte pela boca. A seu pedido, amigos nos **convidaram para comer o prato mais típico do Nordeste**: a feijoada. (...)

Simone de Beauvoir. A força das coisas. Rio de Janeiro: Nova Fronteira, 2018, p. 497-498 (com adaptações).

---

02. (Cebraspe – MJ SP – Técnico em pesquisa e análise de dados - 2022 - adaptada) No trecho "convidaram para comer o prato mais típico do Nordeste", seria gramaticalmente correto substituir a preposição "para" pela preposição **a**.

( ) certo ( ) errado

➢ Comentários:

O verbo "convidar", no sentido de *pedir o comparecimento; solicitar que compareça; convocar; brindar com convite*, pode ser transitivo direto e indireto e admite tanto a preposição "a" quanto a preposição "para": amigos <u>nos</u> (objeto direto) convidaram <u>**a** comer</u> (objeto indireto) ou amigos nos convidaram **para** comer.

Resposta: Certo

Capítulo 7

CRASE

Para acesso ao vídeo, utilize o QR Code ao lado.

1. INTRODUÇÃO

A palavra crase significa fusão, junção, mistura. Ocorre com vogais idênticas e o primeiro **a** sempre será uma preposição.

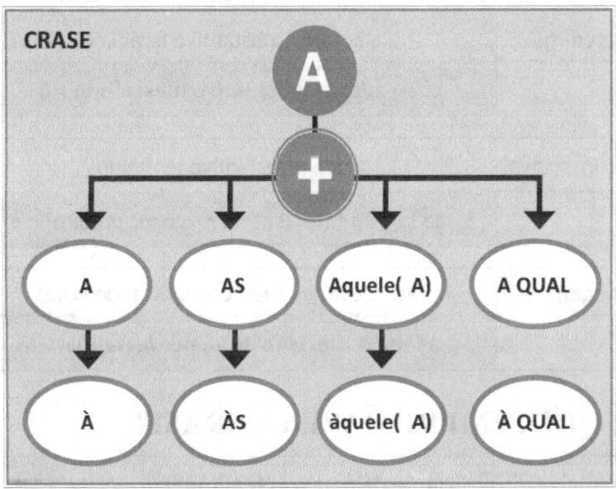

A TURMA DO PORTUGUÊS em... No mesmo descompasso

Argumento: Rafael Lewin | Arte: Rafael Lewin

Fonte: http://turmadoportugues.blogspot.com.br/

2. REGRA GERAL

Haverá crase quando o termo regente exigir a preposição **a** e o tremo regido admitir o artigo **a** ou **as.**

Referi-me	**à autora.**
Referi-me **a** (preposição)	+ **a** (artigo) = **à**

Ficou insensível	**à dor.**
Insensível **a** algo (preposição)	+ **a** (artigo) = **à**

Chegamos	**às sete horas.**
Chegamos **a** (preposição)	+ **as** (artigo) = **às**

Dica: Nos casos mencionados, basta trocar a o regido por um masculino correlato, ou seja, que pertença à mesma classe gramatical. Se obtiver a combinação **ao (preposição a + artigo o)**, haverá crase.

Referi-me	à autora. (substantivo feminino)
	ao autor. (substantivo masculino) = à

Ficou insensível	à dor. (substantivo feminino)
	ao sofrimento. (substantivo masculino) = à

Chegamos	à**s** sete horas. (numeral indicando hora)
	ao meio-dia. (substitua por meio-dia)= às

3. CASOS EM QUE SEMPRE HAVERÁ CRASE[1]

Diante de palavras femininas – Substitua sempre por uma masculina	
• Sou grata **à** aluna. • Álcool é prejudicial **à** saúde. • Este texto é posterior **à** invenção do conto.	• Sou grata **ao aluno**. • Álcool é prejudicial **ao organismo**. • Este texto é posterior **ao problema** do conto.
Diante da palavra moda = à moda de (mesmo que a expressão moda de fique subentendida)	
• O jogador fez um gol **à** (moda de) Romarinho. • Usava sapatos **à** (moda de) Luís XV.	
Na indicação de horas	
• Acordamos **às** seis horas. = **ao** meio-dia • Elas chegaram **às** dez horas. = **ao** meio-dia • Foram dormir **à** meia-noite. = **ao** meio-dia	

1. Só português. Disponível em < http://www.soportugues.com.br/secoes/sint/sint78.php>. Acesso em 2 abril 2014, alterado.

Em locuções adverbiais, prepositivas e conjuntivas formadas por palavras femininas.
• à tarde, às ocultas, às pressas, à medida que,
• à noite, às claras, às escondidas, à força,
• à vontade, à beça, à larga, à escuta, às avessas, à revelia, à exceção de, à imitação de, à esquerda, às turras, às vezes, à chave,
• à direita, à procura, à deriva, à toa, à luz,
• à sombra de, à frente de, à proporção que,
• à semelhança de, às ordens, à beira de

4. DIANTE DE NOMES DE LUGAR

Substitua o termo regente por um verbo que peça a preposição **de.**

Resultando na contração **da** significa que esse nome de lugar aceita o artigo e haverá crase.

- Vou **à** França. = Vim **da** França.
- Cheguei **à** Grécia. = Vim **da** Grécia.
- Retornarei **à** Itália. = Vim **da** Itália.

Observação: **Se especificar o nome do lugar, haverá crase**.

- Retornarei **à** São Paulo dos bandeirantes. = Vim **da** São Paulo dos bandeirantes.
- Irei **à** Salvador de Jorge Amado. = Vim **da** Salvador de Jorge Amado.

4.1. Peculiaridades

Algumas peculiaridades para que você possa estar atento(a): **Crase com nomes geográficos**[2].

Cidades

Como regra, não se usa o acento indicativo de crase diante dos nomes de cidades, porque eles repelem o artigo definido, como se pode observar: Salvador é uma festa. Venho *de* Florianópolis. Ele mora *em* Curitiba. Estivemos *em* Vitória. Assim sendo, nada de crase:

Bem-vindos **a** Salvador.

Vamos **a** Blumenau.

Refiro-me **a** Imperatriz/MA.

Somente quando modificados por algum elemento restritivo ou qualificativo é que os nomes de cidade podem receber o artigo feminino e, portanto, a crase. São casos raros:

Bem-vindos **à** Florianópolis das 42 praias.

Fomos **à** bela Blumenau.

Refiro-me **à** Brasília dos excluídos, e não dos políticos endinheirados.

2. LÍNGUA BRASIL – Instituto Euclides da Cunha. Disponível em: <http://www.linguabrasil.com.br/nao-tropece-detail.php?id=47>. Acesso em 17 out. 2016, alterado.

Estados

Em princípio, só dois estados brasileiros admitem a crase: a **Bahia** e a **Paraíba**. As demais unidades da Federação ou são nomes masculinos (o Amapá, o Acre, o Amazonas, o Ceará, o Espírito Santo, o Maranhão, o Mato Grosso do Sul, o Pará, o Paraná, o Piauí, o Rio de Janeiro, o Rio Grande do Norte, o Rio Grande do Sul, o Tocantins) ou não são determinados por artigo (Alagoas, Goiás, Mato Grosso, Minas Gerais, Pernambuco, Rondônia, Santa Catarina, São Paulo, Roraima, Sergipe). Sendo assim:

Bem-vindos **à** Bahia.

Vamos **à** Paraíba e **a** Santa Catarina.

Esse patrimônio incalculável pertence **a** Goiás.

Refiro-me **ao** Rio Grande do Sul e **ao** Pará.

Quanto a Mato Grosso, embora originalmente o artigo seja dispensável, há uma hesitação: quando não acompanhada da palavra "estado", é comum (provavelmente por analogia com **o** Mato Grosso do Sul) a construção "o Mato Grosso, do Mato Grosso, no Mato Grosso". Mas sempre se dirá "o Estado **de** Mato Grosso" – é a forma oficial.

Países

A presença da crase diante de um nome de país depende de ser esse nome determinado ou não pelo artigo feminino A. Entre os países que levam artigo – e que constituem a maioria – alguns são masculinos (*o Canadá, os Estados Unidos, o Japão, o Chile*), outros femininos (*a Rússia, a Venezuela, a Índia*). Existem países que rejeitam o artigo, como *Portugal, Israel, Angola, Moçambique, São Salvador, Liechtenstein*. E há nomes que se usam tanto com o artigo quanto sem ele, principalmente quando regidos de preposição – os brasileiros preferem com o artigo; os portugueses, sem ele: na França/em França; da Itália/de Itália; na Espanha/em Espanha; da Inglaterra/de Inglaterra. O mesmo vale para o continente: da Europa/de Europa. Portanto, escrevemos:

Bem-vindos **à** Argentina.

Quanto **à** Europa, refiro-me **à** França, **à** Áustria e **à** Alemanha.

O presidente chegou **à** Inglaterra por volta do meio-dia, mas não foi a Londres.

Enviamos saudações **à** Colômbia.

5. DIANTE DE PRONOME DEMONSTRATIVO

Haverá crase diante desses pronomes sempre que o termo regente exigir a preposição a.

Refiro-me	**a aquele**	livro
	Preposição a + pronome demonstrativo aquele = àquele	
Dediquei	**a aquele aluno**	o meu livro.
	Preposição a + pronome demonstrativo aquele = <u>àquele aluno</u>	

Não haverá crase	
Se o termo regente não pedir preposição	Aluguei aquele apartamento. = Aluguei algo

6. COM PRONOME RELATIVO

A QUAL	
Dependerá da regência do verbo – se exige ou não a preposição -, mas trabalharemos com dicas para que não ocorra erro.	A apostila à **qual** me referi. 1. O relativo retoma um substantivo feminino (apostila); 2. Substitua-o por um substantivo masculino: O livro **ao qual** me referi. Resultou em ao, há crase.
	A sessão à qual assisti foi muito rápida. 1. O relativo retoma um substantivo feminino (sessão); 2. Substitua-o por um substantivo masculino: O filme **ao qual** assisti. Resultou em ao, há crase.
Não resultando em **ao**, não há crase.	A propaganda **a qual** vi. = O filme **o qual** vi.

QUE	
Algumas gramáticas alegam não haver o acento indicativo de crase antes do **que**, mas há exceção e é pedido em concursos (comparação que está ligada ao pronome demonstrativo – estudaremos abaixo).	Sua caneta é igual à que comprei. 1. O relativo retoma um substantivo feminino (caneta); 2. Substitua-o por um substantivo masculino: Seu lápis é igual **ao que comprei**. Resultou em ao, há crase.

QUEM e CUJO	
Não há crase anteposta a quem e cujo por repelirem o artigo. Em caso de dúvida, substitua.	A mulher **a quem** obedeço. = O homem a quem obedeço. A autora **a cuja** obra me referi. = A autora a cujo livro me referi. *O **a** que acompanha o relativo cujo é preposição e não artigo: refiro-me à obra.

7. COM PRONOME DEMONSTRATIVO

Façamos, mais uma vez a substituição.

Sua ideia é ligada **à** de seus professores.	= Sua ideia é ligada àquela. = Seu dever é ligado **ao** de seus professores.

8. ANTES DA PALAVRA DISTÂNCIA

Se especificada, haverá crase.	A rua fica **à** distância de 50 Km daqui. Fiquem **à** distância de 100 metros do palco.	= Determina-se a distância. = A palavra distância está especificada.
Sem especificar = sem crase.	Ficaram a distância. Ensinou a distância. Foi reconhecido a distância.	
Observação: para evitar ambiguidade, pode-se usar a crase. Ensinou à distância. Ela o curou à distância.		

9. CRASE FACULTATIVA

Diante de nomes próprios femininos	Enviei o e-mail **a** Fernanda. Enviei o e-mail à Fernanda.	Facultativo porque o artigo pode ou não acompanhar o nome próprio.
Diante de pronome possessivo feminino	Referi-me **a** sua ideia. Referi-me à sua ideia.	Facultativo porque o artigo pode ou não acompanhar o pronome possessivo.
Após preposição até	Fui até **a** esquina. Fui até à esquina. O curso vai até **as** oito horas. O curso vai até à**s** oito horas.	

10. NÃO SE USA CRASE

Diante de substantivos masculinos	Fizeram o teste **a** lápis. Comprei o carro **a** prazo.
Diante de verbos	Estavam **a** estudar. Nada tem **a** dizer.
Diante de pronomes e das expressões de tratamento	Fez referência **a** Vossa Excelência. Peço **a** Vossa Senhoria que entenda.
	Exceção: diante de pronomes de tratamento que se referem à mulher: **senhora, dona, senhorita e madame**. Entregou o livro à senhorita (à madame) (à senhora) (à dona)
Diante de numerais cardinais	Chegou a cinquenta o número de aprovados. Daqui **a** duas semanas será a avaliação.
Singular + plural	Não vou **a** festas. Não se pode usar crase porque o **a** é apenas uma preposição.
Entre palavras repetidas dentro do adjunto adverbial	Ficaram frente **a** frente. Exceção: em palavras que façam parte de complemento verbal (objeto indireto) = Prefere guerra à guerra.

11. FIQUE DE OLHO

- É necessário saber análise sintática e regência;
- Cuidado com os casos proibidos do uso do acento indicativo de crase;
- Na maioria dos casos, pode substituir a palavra feminina por uma masculina da mesma classe gramatical e verificar se resulta em "ao". Se resultar em "ao" antes da masculina, haverá crase antes da palavra feminina.

11.1. Questões comentadas 2024 e 2023

Texto para responder à questão.

O eucalipto é cortado, e dele se faz o papel. Processo quase alquímico. O inflexível se dobra, o marrom se torna branco, onde cabiam folhas verdes agora cabem ideias maduras. Chegada a obra-prima, alguém trabalha o preenchê-la. E era isso que fascinava tanto o jornalista Pinheiro Júnior — fosse jovem fosse experiente.

— Por que arquitetura? Por que arquitetura quando o senhor já havia contribuído tanto com esse talento, com esse dom?

— Uma das coisas que mais me atraiu na Última Hora foi a diagramaçao da UH, a paginação da UH. Enquanto os outros jornais eram jornais duros, feios, a UH era um jornal bonito, era um jornal, inclusive, a cores. Os outros jornais não eram. Arquitetura, em jornalismo, é exatamente a diagramação dos jornais.

Bruna Rezende e Victor Gabry. **A Arquitetura tem tudo a ver com o Jornalismo!** Uma conversa com Pinheiro Júnior, veterano do jornalismo, sobre o que ele ainda não falou. In: **Cadernos de reportagem**, 2018. Internet: <cadernosdereportagem.wordpress.com>.

---

01. (Cebraspe - CAU/BR - Advogado - 2024) Em "Chegada a obra-prima" (quarto período do primeiro parágrafo), o emprego do sinal indicativo de crase é facultativo, de modo que seu emprego manteria os sentidos originais do texto.

( ) certo ( ) errado

➢ Comentários:

É inadmissível haver preposição no sujeito, ou seja, a crase é proibida porque "a obra-prima" possui função de sujeito.

O vocábulo "a" é artigo definido feminino.

Dica: admite plural. A preposição não admite (Fui a Londres).

Em "Fomos às praias", temos a contração da preposição "a" com o artigo "as". A preposição nunca será pluralizada.

Resposta: Errado.

Texto CG1A1-I

Uma organização é um sistema complexo de comunicações com um objetivo funcional. Durante sua existência e atuação, a organização vai formando uma imagem perante seus diversos públicos em função de todo um conjunto de contatos realizados, e não somente pelas iniciativas planejadas de comunicação que ela toma para formar a imagem pretendida. Essa imagem, chamada imagem organizacional, pode ser descrita como uma compilação de opiniões e pontos de vista baseados em informações processadas de várias fontes, ao longo do tempo, que gera uma imagem mental dos atributos da organização.

Seguindo uma tendência já percebida na iniciativa privada, os órgãos públicos têm-se preocupado, cada vez mais, com sua imagem organizacional. A imagem organizacional pública tem valor estratégico na medida em que interfere diretamente no relacionamento da organização com diferentes atores, bem como na sua legitimação e credibilidade perante a sociedade. No entanto, apesar de sua relevância, ainda há poucos estudos sobre a imagem organizacional no contexto público, tanto nacional quanto internacionalmente.

Quando se trata da construção da imagem de uma organização, ressalta-se o papel dos veículos de imprensa. Esses veículos, ao publicarem uma notícia, atuam na associação e formação das crenças, das ideias, dos sentimentos e das impressões que uma pessoa ou um grupo tem ou passa a ter sobre aquela organização. Não obstante, a migração desses meios de comunicação para a Internet aumenta o volume de informações em circulação e eleva o seu poder de influência, uma vez que é possível acessar dados e informações de qualquer lugar e a qualquer momento, de modo a expandir a comunicação entre as pessoas e as organizações.

Carolina Coelho da Silveira, Carla Bonato Marcolin e Carlos Henrique Rodrigues. Como somos vistos? Análise da imagem organizacional pública utilizando ciência de dados. Internet: (com adaptações).

---

02. (Cebraspe - CGE RJ - Auditor do Estado - 2024) É facultativo o emprego do sinal indicativo de crase no vocábulo "a" em "perante a sociedade" (segundo período do segundo parágrafo).

( ) certo ( ) errado

➢ Comentários:

O vocábulo "perante" é uma preposição que significa "diante de", "na presença de" e é impossível haver preposição + preposição.

O vocábulo "a" é artigo definido e o acento indicativo de crase é proibido nesse caso.

Dica I: substitua o termo feminino posposto por um termo feminino da mesma classe gramatical e veja que não resulta em "ao" – perante o povo.

Dica II: se resultasse em "ao", haveria preposição + artigo, isto é, haveria crase.

Exemplo: foi à biblioteca = foi ao espetáculo.

Resposta: Errado

Texto para responder à questão.

Quando falamos em direito, estamos falando inicialmente de um enorme conjunto de regras obrigatórias, o chamado direito positivo. Mas o vocábulo direito é usado também para os estudos, o curso de direito, a assim chamada "ciência do direito". Numa terceira acepção, a palavra designa os direitos de cada um de nós, chamados de direitos subjetivos, pois somos os sujeitos, os titulares, desses direitos.

Ninguém ignora que paira sobre nossas cabeças uma gigantesca teia de normas, que atinge praticamente todas as nossas atividades. Muitos pensadores têm destacado que o direito atual parece ter invadido tudo: há direito em toda parte, para todos, para tudo. A contrapartida é que, assim como temos de seguir as normas, os outros também têm de obedecer a elas e, desse modo, respeitar os direitos de cada um de nós, os ditos direitos subjetivos.

Vivemos num tempo em que as questões legais se tornaram corriqueiras. Apesar dessa popularização, ainda existe uma enorme dificuldade de acesso às coisas do direito. Ao mesmo tempo, os mecanismos da justiça são cada vez mais acionados, até para resolver quem fica com o cachorro depois da separação, ou se o condomínio pode impedir seus moradores de ter animais. A sobrecarga dos tribunais, e sua lentidão, é parcialmente consequência desse excesso de litigiosidade e da incapacidade das pessoas de resolver com bom senso, compreensão e respeito as questões de convivência em sociedade.

Eduardo Muylaert. Direito no cotidiano: guia de sobrevivência na selva das leis. São Paulo: Editora Contexto, 2020, p. 11-13 (com adaptações).

---

03. (Cebraspe - MP TO - Analista Ministerial - Letras - 2024) No segundo período do terceiro parágrafo, o emprego do sinal indicativo de crase no trecho "ainda existe uma enorme dificuldade de acesso às coisas do direito" é obrigatório.

( ) certo ( ) errado

➢ Comentários:

O substantivo "acesso" exige a preposição "a" e o substantivo feminino plural "coisas" está acompanhado pelo artigo definido plural "as" = às (crase obrigatória).

Dica 1: para evitar erro, substitua por uma palavra plural masculina da mesma classe gramatical e veja se resulta em "ao". Em caso positivo, a crase é obrigatória e você nem precisa pensar na regência = acesso **aos** direitos.

Dica 2: se estivesse no singular, o "a" seria apenas preposição e não admitiria o acento indicativo de crase = acesso **a** coisas.

Fixe: **singular + plural = sem crase.**

Resposta: Certo

Fragmento de texto para responder à questão.

(...) Perante a autonomia algorítmica na qual os sistemas de IA passam a decidir de forma diversa da programada, há uma dificuldade de diferenciar quais danos decorreram de erro humano e aqueles que derivaram de uma escolha equivocada realizada pelo próprio sistema ao agir de forma autônoma. (...)

B. L. da Anunciação Melo e H. Ribeiro Cardoso. Sistemas de inteligência artificial e responsabilidade civil: uma análise da proposta europeia acerca da atribuição de personalidade civil. In: Revista Brasileira de Direitos Fundamentais & Justiça, 16(1), 2020, p. 93-4 (com adaptações).

---

04. (CEBRASPE - MP SC - Promotor - 2023 - adaptada) No início do parágrafo, a substituição de "Perante a" por **Perante à** comprometeria a correção gramatical do texto.

( ) certo ( ) errado

➢ Comentários:

O vocábulo "perante" é classificado, morfologicamente, como preposição. É impossível haver outra preposição posposta, ou seja, a palavra posterior é um artigo definido feminino e não cabe o acento indicativo de crase.

Dica: em caso de dúvida, substitua a palavra posterior ao "a" por uma palavra masculina que pertença à mesma classe gramatical. Se resultar em "ao", haverá crase; caso contrário, não haverá = perante o evento (sem "ao" = sem crase).

Resposta: Certo

Fragmento de texto para responder à questão.

(...) O artigo 225 da Carta Magna transmite a ideia da imprescindibilidade de um meio ambiente ecologicamente equilibrado, criando o dever, tanto para o poder público quanto para a coletividade, de sua preservação. Esse comando é subjacente **a todas** as relações da República, sejam elas travadas sob a ordem econômico-financeira, sejam elas derivadas da gestão de direitos e garantias individuais e coletivos. (...)

Internet: <jus.com.br> (com adaptações).

---

05. (Cebraspe - PC AL - Delegado – 2023 - adaptada) Caso a expressão "a todas" fosse suprimida, o sinal indicativo de crase deveria ser necessariamente empregado no vocábulo "as" que precede "relações", para que a correção gramatical do texto fosse mantida.

( ) certo ( ) errado

➢ Comentários:

Nota da autora: Questão de crase e de regência nominal.

O adjetivo "subjacente" exige a preposição "a" (subjacente a algo) e está seguido por um substantivo feminino plural (relações) que está acompanhado pelo artigo definido plural. O acento indicativo de crase é obrigatório.

Dica: caso prefira, basta substituir a palavra feminina por uma masculina da mesma classe gramatical e veja se resulta em "ao" (preposição + artigo) – AO(s) no masculino = À(s) no feminino.

→ subjacentes **<u>às</u>** relações = subjacentes **<u>aos</u>** processos.

Resposta: Certo

11.2. Questões comentadas

11.2.1. Nível superior

Fragmento de texto para responder à questão.

(...) Eu lera no livro de Freyre que as moças do Nordeste casavam-se outrora aos treze anos. Um professor me apresentou sua filha, muito bonita, muito pintada, olhos de brasa: quatorze anos. Nunca encontrei adolescentes: eram crianças ou mulheres feitas. Estas, no entanto, fanavam-se com menos rapidez do que suas antepassadas; aos vinte e seis e vinte e quatro anos, respectivamente, Lucia e Cristina irradiavam juventude. A despeito dos costumes patriarcais do Nordeste, elas tinham liberdades; Lucia lecionava, e Cristina, desde a morte do pai, dirigia, nos arredores de Recife, um hotel de luxo pertencente **à família**; ambas faziam um pouco de jornalismo, e viajavam.

Simone de Beauvoir. A força das coisas. Rio de Janeiro: Nova Fronteira, 2018, p. 497-498 (com adaptações).

---

01. (Cebraspe – MJ SP – Técnico em pesquisa e análise de dados - 2022 - adaptada) Do emprego do sinal indicativo de crase no vocábulo "à", em "à família" (final do parágrafo), depreende-se que se trata de uma família específica.

( ) certo ( ) errado

➢ Comentários:

Não é qualquer família, é a família mencionada. Substitua por um pronome anafórico: pertencente **àquela** (a **essa**) família - de Lucia e Cristina. O acento indicativo de crase é obrigatório por haver preposição "a" + artigo definido "a".

Conceito: o artigo definido define ou individualiza, de forma precisa, os substantivos, seja uma pessoa, objeto ou lugar.

Resposta: Certo

11.2.2. Carreiras fiscais

Fragmento de texto para responder à questão.

(...) Quando a natureza atinge a existência humana, o impulso primário é buscar o culpado mais **à mão** no imaginário. Pode ser Deus, a cruel natureza ou o enigmático ente a que se denomina destino. Mas muito frequentemente destino é uma expressão que encobre com um véu de irracionalidade o que é apenas obra humana. (...)

Internet: <revistacult.uol.com.br> (com adaptações).

---

01. (Cespe/Cebraspe - DPE DF - Auditoria/2022 - adaptada) A supressão do sinal indicativo de crase na expressão "à mão" alteraria o sentido do texto e prejudicaria sua coerência.

( ) certo ( ) errado

➢ Comentários:

Com o acento indicativo de crase, "à mão" é uma locução adverbial de modo que significa *muito perto, mais próximo.*

Sem o acento de crase, temos uma preposição seguida de um substantivo. Isso significa que o sentido seria alterado e não existiria lógica entre as ideias, isto é, não haveria coerência.

Resposta: Certo

Capítulo 8

PONTUAÇÃO

Para acesso ao vídeo, utilize o QR Code ao lado.

1. INTRODUÇÃO

São sinais gráficos da linguagem escrita que indicam a entoação da leitura. Servem para compor a coesão e a coerência textual além de ressaltar especificidades semânticas e pragmáticas. Alguns exemplos foram retirados do Curso Prático de Gramática.[1]

2. VÍRGULA

A vírgula é empregada para separar termos de uma oração, ou orações de um período. É uma questão de sintaxe – período simples e período composto – e por esse motivo separaremos nosso estudo em dois tópicos: vírgula dentro da oração e vírgula entre as orações.

O poder da vírgula

"Se o homem soubesse o valor
que tem a mulher andaria
de quatro a sua procura"

Se você for mulher, certamente colocou
a vírgula depois de mulher.
Se for homem, certamente colocou
a vírgula depois de tem.

2.1. Vírgula no Interior da Oração

Iniciemos pela **ordem direta** da oração: **sujeito + verbo + complemento verbal + adjunto adverbial ou predicativo ou complemento nominal**.

1. TERRA, Ernani. Curso Prático de Gramática. 1. Ed. São Paulo: Editora Scipione, 2002. p.385.

Se a oração estiver na ordem apresentada, não se usa a vírgula.

Os poetas	escreveram	os textos	com entusiasmo.
sujeito	*V.T.D.*	*O.D.*	*adj. adv. modo*

A vírgula é usada para separar:

	Exemplo	Dica
Termos intercalados	Trabalharam muito**, logo,** merecem descansar.	Intercala conjunção
	Nossos alunos**, certamente,** serão aprovados.	Intercala adjunto adverbial
	Estudem**,** concurseiros**,** pois chegou a hora.	Intercala vocativo
	Mary**, aluna da turma top,** foi empossada.	Intercala aposto
	A música**, isto é,** o alimento da alma encanta a humanidade há séculos.	Intercala expressões explicativas: **isto é, a saber, por exemplo, ou melhor, ou antes, etc.**
Termos deslocados = normalmente, a oração não se inicia com o sujeito.	**Naquele dia,** muitos faltaram.	Adjunto adverbial anteposto. Em locução adverbial, a vírgula é obrigatória.
	Hoje, muitos faltaram.	Em advérbio anteposto, a vírgula é dispensável.
	Este assunto, já o li em uma revista.	Objeto direto pleonástico anteposto.
Palavras omitidas	A turma 1 estudou português e a turma 2**,** informática.	Zeugma ou elipse
Vocativo = a quem se dirige	**Alunos**, estudem mais. "**Deus! ó Deus!** onde estás que não respondes?" (Castro Alves)	Pode estar no início, meio ou final da frase.
Termos coordenados ligados por e, ou, nem	E o namorado**, e** os amigos**, e** os irmãos magoaram-no. Não andou por montanhas**, ou** florestas**, ou** cavernas.	Repetindo a conjunção coordenada indica ênfase (polissíndeto).
Datas	**Ribeirão Preto,** 26 de janeiro de 2014.	Separa o local.
Advérbios sim ou não	– Você leu o livro? – **Sim,** inteiro.	Usados como resposta.
Saudação	Com muito amor, Respeitosamente,	Em correspondência comercial ou social.
Termos de mesma função sintática	Leu o livros**, a apostila, os contos** e as poesias.	Objeto direto
Elementos paralelos	Tal pai, tal filho.	Em provérbios.

2.2. Vírgula entre as Orações

As orações, compondo um período, podem possuir vírgula ou não. Estudemos os casos.

<table>
<tr><th></th><th>Exemplo</th><th>Dica</th></tr>
<tr><td>Orações subordinadas adjetivas explicativas</td><td>O homem, que é um ser racional, aprende com os erros.</td><td>Sempre possuirão vírgula, ou travessão ou parênteses.</td></tr>
<tr><td rowspan="2">Orações subordinadas adjetivas restritivas</td><td>O aluno que estuda é aprovado.</td><td>Restringe (apenas o que estuda): sem pontuação.</td></tr>
<tr><td colspan="2">Observação: com verbos seguidos, pode-se inserir a vírgula.
O homem que fuma, adoece rápido.</td></tr>
<tr><td>Orações subordinadas adverbiais</td><td>Quando entrou na sala de aula, todos aplaudiram.</td><td>Oração deslocada: não se inicia com a oração principal.</td></tr>
<tr><td>Orações subordinadas substantivas</td><td>Espero que me telefone logo.
O remédio era esperar.</td><td>Não se separa da principal, exceto a apositiva.</td></tr>
<tr><td rowspan="4">Orações coordenadas</td><td>Chegou, ficou em silêncio, aguardou alguns minutos e aplicou a prova.</td><td>Separam-se por vírgula. Exceto as aditivas.</td></tr>
<tr><td>Os ignorantes falam muito, e os sábios se calam.</td><td>Sujeitos distintos: com vírgula.</td></tr>
<tr><td>E estuda, e enlouquece, e fica bravo, e será aprovado.</td><td>Polissíndeto (a conjunção indica ênfase): com vírgula.</td></tr>
<tr><td>Não estudou, e foi aprovado.</td><td>Conjunção e com valor adversativo: com vírgula.</td></tr>
<tr><td>Orações intercaladas</td><td>Eu, disse o candidato, preciso do voto de vocês.</td><td>Sempre serão separadas por vírgulas, travessões ou parênteses.</td></tr>
</table>

2.3. Vírgula facultativa

A. Antes do adjunto adverbial na ordem direta:

Ela saiu para fazer compras hoje pela manhã.

Ela saiu para fazer compras, **hoje pela manhã.**

B. Depois de objeto direto ou indireto no início da oração:

Os meus estudantes eu educo.

Os meus estudantes, **eu educo.**

C. Antes da conjunção "e" ligando orações coordenadas com sujeitos diferentes:

Marcelo chegou e Ana saiu.

Marcelo chegou, **e Ana saiu.**

D. Após o adjunto adverbial de curta extensão (até duas palavras):

À noite Marta faz exercícios.

À noite, Marta faz exercícios.

E. Com a expressão opinativa ou dativo de opinião:

Na minha opinião o problema está resolvido.

Na minha opinião, o problema está resolvido.

F. Antes de orações subordinadas adverbiais na ordem direta:

Eu vou ao cinema se você me chamar.

Eu vou ao cinema, se você me chamar.

G. Após as conjunções adversativa no início do período:

A investigação estava encerrada. Contudo surgiram novas provas que podem levar à reabertura da investigação.

A investigação estava encerrada. **Contudo,** surgiram novas provas que podem levar à reabertura da investigação.

Dica:

Com a conjunção "mas", essa regra não se aplica, e a vírgula nunca deve ser utilizada.

H. Antes do "ou" ligando orações:

Vamos solucionar essa questão de qualquer jeito ou morreremos tentando.

Vamos solucionar essa questão de qualquer jeito, **ou morreremos tentando.**

3. PONTO E VÍRGULA

É um sinal intermediário entre a vírgula e o ponto e não indica o término do período. Usa-se para separar:

- **Orações coordenadas não unidas por conjunção.**

  Ex.: Ele saiu tarde; chegou atrasado.

- **Orações coordenadas, quando pelo menos uma delas possui elementos separados por vírgula.**

  Ex.: O resultado foi: dois alunos foram a favor; quinze, contra.

- **Itens de uma enumeração.**

  Ex.: Considerando: 1) A alta taxa de desemprego; 2) A elevação da taxa de juros; 3) A recessão; solicitamos atenção.

- **Substituir a vírgula em conjunções adversativas.**

  Ex.: Gostaria de encontrar você hoje**;** todavia, a vida impede.

- **Orações coordenadas adversativas quando a conjunção aparecer no meio da oração**

  Ex.: Esperava receber todos os livros**;** recebi, porém, apenas dois.

4. DOIS-PONTOS

Introduzem algo importante. Utilizam-se:

para anunciar a fala de personagens nas histórias de ficção	"A porta abriu-se, um brado ressoou: – Até que enfim, meu rapaz!" (Eça de Queirós)
para anunciar uma citação	Assim escreveu Vinícius de Moraes**:** "Tristeza não tem fim, Felicidade sim."
para anunciar uma enumeração	Os alunos aprovados são**:** Júlia, Renata, Paulo e Marcos.
antes de orações apositivas	Só aceito com esta condição**:** *Irá casar comigo.*
para indicar um esclarecimento, resultado ou resumo do que se disse	Em síntese**:** estudou, foi aprovado e viajou em férias.
em invocação das correspondências	Prezados Senhores**:**

5. PONTO FINAL

Usado para fechar o período de frases declarativas e imperativas e em abreviaturas.

6. PONTO DE INTERROGAÇÃO

O ponto de interrogação é usado ao final de qualquer interrogação direta, ainda que a pergunta não exija resposta. Exemplos:

- Onde você comprou este curso**?**
- Quais seriam as causas de tantas discussões**?**

7. PONTO DE EXCLAMAÇÃO

O ponto de exclamação é utilizado após as interjeições, frases exclamativas e imperativas. Pode exprimir surpresa, espanto, susto, indignação, piedade, ordem, súplica, etc. Possui entoação descendente. Exemplos:

- "Como as mulheres são lindas**!**" (Manuel Bandeira)
- Pare, por favor**!**

8. RETICÊNCIAS

As reticências marcam uma interrupção da sequência lógica da frase. Podem ser usadas para:

indicar continuidade de uma ação ou fato	A vida passa...
indicar suspensão ou interrupção do pensamento	Acreditei que...
representar, na escrita, hesitações comuns na língua falada	Não vou estudar agora...porque...porque não consigo pensar.
realçar uma palavra ou expressão	Para que tanto...desespero?
realizar citações incompletas	"No meio do caminho tinha uma pedra, tinha..."
transmitir mais emoção e subjetividade para quem lê	(...) 'Stamos em pleno mar... Dois infinitos Ali se estreitam num abraço insano, Azuis, dourados, plácidos, sublimes... Qual dos dous é o céu? qual o oceano?... 'Stamos em pleno mar... . Abrindo as velas Ao quente arfar das virações marinhas, Veleiro brigue corre à flor dos mares, Como roçam na vaga as andorinhas... (...) (Navio Negreiro – Castro Alves)

9. PARÊNTESES

Isolam explicações, indicações, orações de caráter explicativo, palavras ou comentários acessórios.

Podem ser substituídos por vírgulas ou travessões.

10. TRAVESSÃO

O travessão simples (–) serve para dar início à fala de um personagem; indicar mudança do interlocutor nos diálogos; unir grupos de palavras que indicam itinerário.

O duplo travessão (– –) pode substituir dupla vírgula ou parênteses.

11. ASPAS

Destacam uma parte do texto. São usadas:

antes e depois de citações ou transcrições textuais	para representar nomes de livros ou legendas	para assinalar estrangeirismos, neologismos, gírias, expressões populares, ironia	para realçar uma palavra ou expressão
"Ia viajar! Viajei. Trinta e quatro vezes, às pressas, bufando, com todo o sangue na face, desfiz e refiz a mala". *(O prazer de viajar – Eça de Queirós)*	*Machado escreveu "Dom Casmurro".*	*Conversando com meu superior, dei a ele um "feedback" do serviço a mim requerido.*	*Você foi o "esperto" que respondeu a questão?*

12. COLCHETES

Os colchetes, assim como os parênteses, isolam explicações, indicações, orações de caráter explicativo, palavras ou comentários acessórios. Seu uso normalmente se restringe aos escritos de cunho didático, filológico, científico.

13. ASTERISCO

O asterisco (*) é usado nas remissões a notas ou explicações contidas em pé de páginas ou ao final de capítulos e nas substituições de nomes próprios não mencionados.

14. FIQUE DE OLHO

- É preciso saber análise sintática e período composto;
- Preste atenção nas intercalações – termos que podem ser retirados sem que haja incorreção na sequência sintática;
- Preste atenção nas inversões – orações que não se iniciam com sujeito e períodos que não se iniciam com a oração principal (sem conjunção ou pronome relativo);
- Orações adjetivas (com pronome relativo) explicativas = com pontuação antes do relativo e possuem ideia de "todos";
- Orações adjetivas (com pronome relativo) restritivas = sem pontuação antes do relativo e possuem ideia de "alguns".

14.1. Questões comentadas 2024 e 2023

Texto CB1A9

A partir do ano de 1990, o Brasil efetuou um programa unilateral de liberalização das importações, eliminando as barreiras não tarifárias e reduzindo a tarifa aduaneira média de 32,2% em 1990 para 10,7%, em 2005, ainda que tenha passado por alguns retrocessos pontuais em decorrência de problemas macroeconômicos. Esse notável desempenho estimulou o debate sobre a continuidade ou não do processo de abertura comercial, que é recorrente e se acentua na presença de desequilíbrios da taxa de câmbio. De um lado, um grupo de economistas assinala os ganhos que uma liberalização adicional proporcionaria sobre a produtividade e o investimento privado, fatores fundamentais para o crescimento econômico. De outro, especialistas apontam as inconveniências de uma redução tarifária em um cenário com fortes flutuações da taxa de câmbio e a necessidade de preservar o poder de barganha nas negociações comerciais de acesso aos mercados externos.

H. Kume; G. Piani; P. Miranda. Estudos de economia internacional – IPEA: 2000-2009.

In: Pesquisas em relações econômicas internacionais.

Brasília, Fundação Alexandre Gusmão, 2009, p. 116 (com adaptações).

01. (Cebraspe - APEX - Analista Aquisições e Jurídico - 2024) A correção gramatical do último período do texto CB1A9 seria mantida caso fosse inserida uma vírgula após

A) "barganha".

B) "apontam".

C) "acesso".

D) "tarifária".

➢ Comentários:

Último período: *De outro, especialistas apontam as inconveniências de uma redução tarifária em um cenário com fortes flutuações da taxa de câmbio e a necessidade de preservar o poder de barganha nas negociações comerciais de acesso aos mercados externos.*

Alternativa "a" – A vírgula antes do adjunto adverbial é facultativa.

Alternativa "b" – Não é possível haver vírgula entre verbo e complemento: transitivo direto + objeto direto.

Alternativa "c" – Não é possível haver vírgula entre o termo regente e o termo regido (acesso a algo).

Alternativa "d" – Só poderia se intercalasse o adjunto adverbial, isto é, se colocasse outra vírgula após "câmbio": *especialistas apontam as inconveniências de uma redução tarifária**, em um cenário com fortes flutuações da taxa de câmbio,** e a necessidade de preservar o poder de barganha...*

Uma vírgula apenas acarretaria erro.

RESPOSTA: A

Texto para responder à questão.

Fábula de um arquiteto

A arquitetura como construir portas,
de abrir; ou como construir o aberto;
construir, não como ilhar e prender,
nem construir como fechar secretos;
construir portas abertas, em portas;
casas exclusivamente portas e teto.
O arquiteto: o que abre para o homem
(tudo se sanearia desde casas abertas)
portas por-onde, jamais portas-contra;
por onde, livres: ar luz razão certa.

Até que, tantos livres o amedrontando,
renegou dar a viver no claro e aberto.

Onde vãos de abrir, ele foi amurando
opacos de fechar; onde vidro, concreto;
até fechar o homem: na capela útero,
com confortos de matriz, outra vez feto.

João Cabral de Melo Neto. Fábula de um arquiteto. In: Antologia poética. Rio de Janeiro: Ed. José Olympio, 1978, p.18.

---

02. (Cebraspe - CAU/BR - Advogado - 2024) A ausência de pontuação na enumeração presente em "por onde, livres: ar luz razão certa" (primeira estrofe) contraria a norma culta quanto ao emprego dos sinais de pontuação, mas atende à especificidade do gênero textual poético.

( ) certo ( ) errado

➢ Comentários:

Contraria a norma culta porque são termos coordenados, perceba que cabe a conjunção aditiva "e" entre os termos: ar [e] luz [e] razão certa.

Se pode ser inserida a conjunção "e", deve haver vírgula.

Por se tratar de um poema, a regra não precisa ser aplicada por questão estética.

Resposta: Certo

Fragmentos de texto para responder às questões.

Estudos internacionais mostram que um bom professor é um dos fatores que mais influenciam na aprendizagem. Os dados são de pesquisa feita pelo Banco Interamericano de Desenvolvimento (BID), que traçou o perfil de quem estuda para ser professor na América Latina e no Caribe. Enquanto, no Brasil, 20% dos universitários estão em cursos como licenciatura e pedagogia, na América Latina são 10% e, em países desenvolvidos, 8%.

[...]

"Muitos alunos concluintes do ensino **médio** entram em programas de formação de professores para conseguir um título", diz o economista chefe da divisão de educação no BID, Gregory Elacqua. Ele afirma que isso não é bom para a educação. (...)

Internet: <noticias.uol.com.br > (com adaptações).

---

03. (CEBRASPE - SME RE/PE - Professor - 2023) No trecho "na América Latina são 10% e, em países desenvolvidos, 8%" (final do primeiro parágrafo), as vírgulas empregadas têm a finalidade específica de isolar um adjunto adverbial, porém, devido à pequena extensão desse termo, caso a segunda vírgula empregada fosse omitida do trecho, não haveria prejuízo para a correção gramatical do texto.

( ) certo ( ) errado

➢ Comentários:

As vírgulas não isolam um adjunto adverbial. Trata-se de vírgula vicária, ou de zeugma. O importante é saber que existe um verbo implícito no lugar da vírgula.

Lê-se: na América Latina são 10% e, em países desenvolvidos **[são]** 8%.

Se a vírgula for omitida, o trecho ficaria incorreto: na América Latina são 10% e, em países desenvolvidos 8%".

Observação: quanto à menção de adjunto adverbial de pequena extensão (até duas palavras), a banca apenas tentou complicar seu raciocínio.

Resposta: Errado

---

04. (CEBRASPE - SME RE/PE - Professor - 2023) O emprego de vírgula logo após 'médio' (primeiro período do último parágrafo) prejudicaria a correção gramatical do texto, visto que, em regra, sujeito e predicado não devem ser separados por vírgula.

( ) certo ( ) errado

➢ Comentários:

Sujeito: **Muitos <u>alunos</u> concluintes do ensino médio**

Predicado: entram em programas de formação de professores

É impossível haver vírgula entre sujeito e predicado, ou entre sujeito e verbo.

Exceção: se houver intercalação = Ele, ontem à noite, foi ao cinema para descansar o cérebro.

Resposta: Certo

> Fragmento de texto para responder à questão.
>
> (...) Há evidentes situações em que se pode vislumbrar a existência de culpa do operador do sistema, como naquelas em que não foram realizadas atualizações **de software ou, até mesmo, de quebra** de deveres objetivos de cuidado, como falhas que permitem que *hackers* interfiram no sistema. Entretanto, excluídas essas situações, estará ausente o juízo de censura necessário para a responsabilização com base na culpa.
>
> B. L. da Anunciação Melo e H. Ribeiro Cardoso. Sistemas de inteligência artificial e responsabilidade civil: uma análise da proposta europeia acerca da atribuição de personalidade civil. In: Revista Brasileira de Direitos Fundamentais & Justiça, 16(1), 2020, p. 93-4 (com adaptações).

---

05. (CEBRASPE - MP SC - Promotor - 2023 - adaptada) No trecho "de *software* ou, até mesmo, de quebra", a eliminação da primeira vírgula prejudicaria a correção do texto.

( ) certo ( ) errado

➢ Comentários:

As duas vírgulas iniciais intercalam a expressão adverbial "até mesmo" e são obrigatórias.

Retirando a intercalação, lê-se: não foram realizadas atualizações **de software ou de quebra** de deveres objetivos de cuidado.

Dica para a próxima prova: as duas vírgulas que intercalam podem ser substituídas por dois travessões ou por parênteses.

Resposta: Certo

Fragmento de texto para responder às questões.

(...) Apesar de ter sido reitor, fundador e reformador de universidades, Darcy viveu a maior parte de sua carreira fora de instituições universitárias brasileiras. Entretanto, jamais deixou de refletir sobre seu projeto para o ensino superior. Publicou livros como **A universidade necessária e La universidad latinoamericana**, em que expôs seu projeto baseado em interdisciplinaridade, investimento em pesquisa científica avançada, compromisso social e participação do corpo discente na tomada de decisões.

Diego Viana. Darcy Ribeiro: a chama da utopia. Revista Pesquisa FAPESP, 30/10/2022 (com adaptações).

---

06. (CEBRASPE - SME RE/PE - Professor – 2023 - adaptada) No primeiro período, as vírgulas empregadas têm a finalidade de separar itens de uma enumeração.

( ) certo ( ) errado

➢ Comentários:

A primeira vírgula separa itens de enumeração: ter sido reitor, (e) fundador e reformador.

A segunda vírgula demarca inversão da oração subordinativa adverbial concessiva "Apesar de ter sido reitor, fundador e reformador de universidades".

O período não se inicia com a oração principal ("Darcy viveu a maior parte de sua carreira fora de instituições universitárias brasileiras").

Resposta: Errado

Fragmento de texto para responder à questão.

(...) Nesse contexto, um dos grandes desafios ético-jurídicos do uso massivo de sistemas de **inteligência artificial** é a questão da responsabilidade civil advinda de danos decorrentes de robôs inteligentes, uma vez que os sistemas delituais tradicionais são baseados na culpa e essa centralidade da culpa na responsabilidade civil se encontra desafiada pela realidade de sistemas de inteligência artificial. (...)

B. L. da Anunciação Melo e H. Ribeiro Cardoso. Sistemas de inteligência artificial e responsabilidade civil: uma análise da proposta europeia acerca da atribuição de personalidade civil. In: Revista Brasileira de Direitos Fundamentais & Justiça, 16(1), 2020, p. 93-4 (com adaptações).

---

07. (CEBRASPE - MP SC - Promotor - 2023 - adaptada) A inserção de uma vírgula logo após a expressão "inteligência artificial" manteria a correção gramatical do texto.

( ) certo ( ) errado

➢ Comentários:

A inserção da vírgula separaria o sujeito do verbo (ou do predicado) e a gramática estaria incorreta, pois esses termos não podem ser separados por pontuação.

Sujeito: um dos grandes desafios ético-jurídicos do uso massivo de sistemas de inteligência artificial

Verbo de ligação: é

Exceção: se houver intercalação, pode haver vírgula.

Dica para a próxima prova: Ele, **ontem à tarde**, foi ao cinema para descansar o cérebro.

Resposta: Errado

Fragmento de texto para responder à questão.

(...) Se aceitássemos essa visão, bastaria ficarmos quietos esperando que a história se fizesse de acordo com seus mecanismos. Mas o real é outro. (...)

Roberto Aguiar. O que é justiça: uma abordagem dialética. Brasília: Senado Federal. Conselho Editorial, 2020, p. 319-20 (com adaptações).

---

08. (CEBRASPE - MP SC - Promotor - 2023 - adaptada) A supressão da vírgula empregada logo após a palavra "visão" (primeiro período) acarretaria erro gramatical.
( ) certo ( ) errado

➢ Comentários:

Ocorreu inversão no período, pois a primeira oração é subordinativa adverbial condicional, e a vírgula é obrigatória.
A segunda oração é a principal, isto é, não possui conjunção nem pronome relativo.
Resposta: Certo

Fragmento de texto para responder à questão.

(...) Com isso, trouxe o aumento de pena para os atos de maus-tratos, ferimentos, mutilações, **entre outros**, contra cães e gatos. Uma inovação na matéria, pois confere proteção específica, de forma exclusiva e precisa, a dois animais domesticáveis que fazem parte da convivência de uma grande parcela do povo brasileiro. (...)

Internet: <jus.com.br> (com adaptações).

---

09. (Cebraspe - PC AL - Delegado – 2023 - adaptada) A supressão das vírgulas que isolam a expressão "entre outros" manteria a correção gramatical do trecho.
( ) certo ( ) errado

➢ Comentários:

A expressão indica adição. Possui sentido de "assim por diante", "e outros" e a supressão das vírgulas prejudicaria a correção gramatical.

Além disso, é necessário atentar-se ao fato de que a expressão está intercalada.

Lê-se: trouxe o aumento de pena para os atos de maus-tratos, ferimentos, mutilações contra cães e gatos.

As vírgulas poderiam ser retiradas caso a expressão também fosse suprimida.

Resposta: Errado

14.2. Questões comentadas

14.2.1. Nível superior

Fragmento de texto para responder às questões.

O terror torna-se total quando independe de toda oposição; reina supremo quando ninguém mais lhe barra o caminho. Se a legalidade é a essência do governo não tirânico e a ilegalidade é a essência da tirania, então o terror é a essência do domínio totalitário. O terror é a realização da lei do movimento. O seu principal objetivo é tornar possível, à força da natureza ou da história, propagar-se livremente por toda a humanidade, sem o estorvo de qualquer ação humana espontânea. Como tal, o terror procura "estabilizar" os homens, a fim de liberar as forças da natureza ou da história. Esse movimento seleciona os inimigos da humanidade contra os quais se desencadeia o terror, e não pode permitir que qualquer ação livre, de oposição ou de simpatia, interfira com a eliminação do "inimigo objetivo" da história ou da natureza, da classe ou da raça. Culpa e inocência viram conceitos vazios; "culpado" é quem estorva o caminho do processo natural ou histórico que já emitiu julgamento quanto às "raças inferiores", quanto a quem é "indigno de viver", quanto a "classes agonizantes e povos decadentes". O terror manda cumprir esses julgamentos, mas no seu tribunal todos os interessados são subjetivamente inocentes: os assassinados porque nada fizeram contra o regime, e os assassinos porque realmente não assassinaram, mas executaram uma sentença de morte pronunciada por um tribunal superior. Os próprios governantes não afirmam serem justos ou sábios, mas apenas executores de leis, teóricas ou naturais; não aplicam leis, mas executam um movimento segundo a sua lei inerente. (...)

Hannah Arendt. Origens do totalitarismo. Internet: <www.dhnet.org.br> (com adaptações)

---

01. (Cespe/Cebraspe - DPE RO - Analista/2022 - adaptada) No penúltimo período, os dois-pontos empregados após "inocentes" introduzem uma

A conclusão.

B citação.

C consequência

D explicação.

E síntese.

➢ Comentários:

Nota da autora: O sinal de dois pontos serve para **introduzir um esclarecimento ou explicação a respeito de algo já mencionado anteriormente, anteceder uma citação ou fala de alguém, introduzir um exemplo, uma observação, uma nota ou informação importante.**

Alternativa "a" – O sinal de dois pontos não conclui.

Alternativa "b" – Não se trata de uma referência ou de um trecho que foi mencionado.

Alternativa "c" – O sinal de dois pontos não indica consequência.

Alternativa "d" – Explica os motivos de os interessados serem subjetivamente inocentes e cabe a conjunção *pois* ou *porque*. Os motivos são: *os assassinados porque nada fizeram contra o regime, os assassinos porque realmente não assassinaram,* [os assassinos] *executaram uma sentença de morte pronunciada por um tribunal superior.*

Alternativa "e" – O sinal de dois pontos não sintetiza.

Resposta: D

Fragmento de texto para responder à questão.

Seja como for, está claro que a distinção entre o que seria natural e o que seria cultural não faz o menor sentido para os aborígenes australianos. Afinal de contas, no mundo deles, tudo é natural e cultural ao mesmo tempo. Para que se possa falar de natureza, é preciso que o homem tome distância do meio ambiente no qual está mergulhado, é preciso que se sinta exterior e superior ao mundo que o cerca. Ao se extrair do mundo por meio de um movimento de recuo, ele poderá perceber este mundo como um todo. Pensando bem, entender o mundo como um todo, como um conjunto coerente, diferente de nós mesmos e de nossos semelhantes, é uma ideia muito esquisita. Como diz o grande poeta português Fernando Pessoa, **vemos claramente que há montanhas, vales, planícies, florestas, árvores, flores e mato,** vemos claramente que há riachos e pedras, mas não vemos que há um todo ao qual isso tudo pertence, afinal só conhecemos o mundo por suas partes, jamais como um todo. (...)

Philippe Descola. Outras naturezas, outras culturas. São Paulo: Editora 34, 2016, p.22-23 (com adaptações).

---

02. (Cespe/Cebraspe - FUNPRESP - Analista Previdenciário/2022) No trecho "vemos claramente que há montanhas, vales, planícies, florestas, árvores, flores e mato" (sexto período), a inserção de uma vírgula entre "vemos" e "claramente" manteria a correção gramatical do texto.

( ) certo ( ) errado

➢ Comentários:

Manteria a correção gramatical caso fossem inseridas duas vírgulas para intercalar o advérbio: vemos**, claramente,** que há riachos. Outra opção é não usar vírgula alguma – como está no fragmento.

Resposta: Errado

Fragmento de texto para responder à questão.

Na concepção da política de redução de danos, **tem-se** como pressuposto o fator histórico-cultural do uso de psicotrópicos — uma vez que o uso dessas substâncias é parte indissociável da própria história da humanidade, a pretensão de um mundo livre de drogas não passa de uma quimera. Dentro dessa perspectiva, contemplam-se ações voltadas para as drogas lícitas e ilícitas, e suas intervenções não são de natureza estritamente públicas, delas participando, também, organizações não governamentais e necessariamente, com especial ênfase, o próprio cidadão que usa drogas.

Maurides de Melo Ribeiro. Drogas e redução de danos. São Paulo: Editora Saraiva, 2013, p. 45-46 (com adaptações).

03. (Cebraspe – MJ SP – Técnico em pesquisa e análise de dados - 2022 - adaptada) Seria gramaticalmente correto inserir uma vírgula logo após "tem-se" (primeiro período).

( ) certo ( ) errado

➢ Comentários:

Haveria a opção de intercalar a expressão "como pressuposto", mas inserir apenas uma vírgula acarretaria erro gramatical por separar o verbo do sujeito (o fator histórico-cultural).

Lê-se na passiva analítica: o fator histórico-cultural é tido como pressuposto.

Resposta: Errado

14.2.2. Carreiras fiscais

Fragmento de texto para responder à questão.

(...) Haveria algum sentido em pensar que, de alguma forma, as previsões claramente formuladas na ficção de Kafka, em **O processo** principalmente, teriam contribuído para que de fato ocorressem? Seria possível que uma profecia articulada de maneira tão impiedosa tivesse outro destino que não a sua realização? As três irmãs de K. e sua Milena morreram em campos de concentração. O judeu da Europa Central que Kafka ironizou e celebrou foi extinto de maneira abominável. Em termos espirituais, existe a possibilidade de Franz Kafka ter sentido seus dons proféticos como uma visitação de culpa, de que a capacidade de antever o tivesse exposto demais às suas emoções. K. torna-se o cúmplice, perplexo, porém quase impaciente, do crime perpetrado contra ele. Coexistem, em todos os suicídios, a apologia e a aquiescência. **Como diz o sacerdote, em triste zombaria (seria mesmo zombaria?)**: "A justiça nada quer de ti. Acolhe-te quando vens e te deixa ir quando partes". Essa formulação está muito próxima de ser uma definição da vida humana, da liberdade de ser culpado, que é a liberdade concedida ao homem expulso do Paraíso. Quem, senão Kafka, teria sido capaz de dizer isso em tão poucas palavras? Ou se saber condenado por ter sido capaz de fazê-lo?

George Steiner. Um comentário sobre O processo de Kafka. In: Nenhuma paixão desperdiçada. Tradução de Maria Alice Máximo. Rio de Janeiro: Record, 2001 (com adaptações).

01. (Cespe/Cebraspe - DPE DF - Auditoria/2022) No trecho "Como diz o sacerdote, em triste zombaria (seria mesmo zombaria?)", os parênteses, que poderiam ser substituídos por travessões, foram empregados para isolar uma digressão feita pelo autor do texto.

( ) certo ( ) errado

➢ Comentários:

1. Os parênteses foram usados para acrescentar um questionamento, trata-se de uma informação acessória. Os travessões são usados para dar ênfase. Não pode haver tal substituição;

2. O motivo está errado: *divagação* significa desvio do assunto e isso, como mencionado no item 1, não ocorre.

Resposta: Errado

Parte IV

TÓPICO COMPLEMENTAR

Capítulo 1

ESTUDO DOS VOCÁBULOS QUE, SE E COMO

1. A PALAVRA QUE[1]

Interjeição	exprime espanto, admiração, surpresa	**Quê!** Você ainda não está pronto?
Substantivo	equivale a **alguma coisa**	Ele tem certo **quê** misterioso.
Preposição	liga dois verbos de uma locução verbal em que o auxiliar é o verbo **ter**. Equivale a **de**	Tenho **que** sair agora. = Tenho de sair.
Partícula expletiva ou de realce	pode ser retirada da frase, sem prejuízo algum para o sentido.	Quase **que** não consigo chegar a tempo.
Advérbio	modifica um adjetivo ou um advérbio. Equivale a **quão**.	**Que** lindas flores!
Pronome	pronome relativo	retoma um termo e **o qual** e flexões. Não encontramos as pessoas **que** saíram.
	pronome indefinido	pode funcionar como pronome substantivo ou pronome adjetivo.
	pronome substantivo	equivale a **que coisa.** **Que** aconteceu com você?
	pronome adjetivo	determina um substantivo – função sintática: adjunto adnominal. **Que** vida é essa?
Conjunção	relaciona entre si duas orações	Quando funciona como conjunção coordenativa ou subordinativa, a palavra **que** recebe o nome da oração que introduz. Venha logo, **que** é tarde. = conjunção coordenativa explicativa Falou tanto **que** ficou rouco. = conjunção subordinativa consecutiva
		Quando inicia uma oração subordinada substantiva, a palavra **que** recebe o nome de **conjunção subordinativa integrante**. Desejo **que** você venha logo.

1. Brasil Escola. Disponível em <http://brasilescola.uol.com.br/gramatica/classificacao-das-palavras-que-e-se.htm>. Acesso em 24 julho 2014, alterado.

1.1. Funções Sintáticas da Palavra QUE

O pronome relativo "que" se refere a um termo da oração anterior (antecedente) projetando-o na oração seguinte, subordinada a esse antecedente. Veja:

O pronome relativo [que] se refere a um termo da oração anterior (antecedente) projetando-o na oração seguinte, subordinada a esse antecedente. Veja:

- Mudei para *a casa* / que eu mesmo construí.

Na frase acima, a palavra [que] se relaciona com o antecedente [a casa]. A oração que se subordina a esse antecedente é: *que eu mesmo construí*. Para melhor compreendermos qual o papel desempenhado pelo pronome relativo [que], vamos desdobrar o período composto em duas orações: Mudei para a casa. Eu mesmo construí a casa.

Não é difícil perceber, agora, que o relativo [que], introduz a segunda oração e, ao mesmo tempo, substitui [casa] na segunda oração. Observe que [casa], na segunda oração, exerce a função sintática de objeto direto. Como [que] a substitui, essa será a função sintática do pronome [que]. Portanto, [que] cumpre uma dupla função: substitui, na segunda oração, o termo antecedente (a casa) e ao mesmo tempo introduz a oração subordinada adjetiva.

O pronome relativo que pode ter *por antecedente* o demonstrativo [o, a, os, as]: Olha o (= isto) que esse menino fez na prova!

- Falo o (= aquilo) que sinto.

Lembro-lhe que é fundamental diferenciar o relativo [que] da conjunção integrante [que], que introduz uma oração subordinada substantiva. Para reconhecer o relativo [que] substitua-o por *o/a qual, os/as quais:*

- Comprei a casa que você indicou => [...] a qual você indicou.
- Você me deu um presente que me agradou => o qual me agradou.

O pronome relativo, que sempre tem uma função na oração adjetiva, a saber: *sujeito, predicativo do sujeito, objeto direto, objeto indireto, complemento nominal, agente da passiva e adjunto adverbial.*

Conscientemente falando, não é tão simples descobrir essas funções sem a ajuda de um "macete". Um muito usado é este:

1° Substitua o pronome relativo pelo seu antecedente;

2° Observe a função sintática do antecedente na nova posição que assumiu no lugar do pronome relativo.

3° A função do antecedente, em sua nova posição, será a mesma do pronome relativo [que] (substituído).

4° Em muitos casos, será necessário colocar a nova frase em ordem direta para maior clareza da função do antecedente.

Exemplos:

- O povo chorou os soldados que morreram em combate.

Substituindo: os soldados morreram em combate.

Função sintática: os soldados = objeto direto = que.

- Aqui está o livro que lerei nas férias.

Substituindo: o livro lerei nas férias. => lerei o livro nas férias.

Função Sintática: o livro = objeto direto = que.

- Comprei a casa a que você se referiu.

Substituindo: a casa você se referiu => você se referiu a casa.

Função sintática: a casa = objeto indireto = que.

- Este é o remédio de que tenho necessidade.

Substituindo: do remédio tenho necessidade => Tenho necessidade do remédio.

Função sintática: do remédio = complemento nominal = que.

- A casa em que moro é bem cuidada.

Substituindo: Na casa moro é bem cuidada. => moro na casa...

Função Sintática: na casa = adjunto adverbial = que.

- Ignoras o cínico que ele é.

Substituindo: o cínico ele é. => ele é o cínico.

Função Sintática: o cínico = predicativo do sujeito = que.

- Era venenosa a aranha por que você foi picado.

Substituindo: Era venenosa pela aranha você foi picado. => você foi picado pela aranha.

Função Sintática: foi picado pela aranha = agente da passiva = que.

Os Pronomes Relativos **onde, como e cujo** exercem sempre as funções sintáticas de: adjunto adverbial de lugar, de modo e adjunto adnominal, respectivamente:

- O salão do clube onde passamos o réveillon estava repleto

Substituindo: passamos o réveillon no salão do clube (adj. adv. de lugar)

- A foto cujo negativo lhe enviei ficou ótima.

Substituindo: o negativo da foto (adjunto adnominal) ficou ótima.

- A maneira firme como defendeu o rapaz causou admiração.

Substituindo: defendeu de maneira firme (adj. adv. de modo)o rapaz.[2]

2. (RECANTO DAS LETRAS, on-line). Disponível em <http://www.recantodasletras.com.br/gramatica/2530513>. Acesso em 10 julho 2014.

2. A PALAVRA SE

Conjunção	a conjunção relaciona entre si duas orações.	
	conjunção subordinativa integrante: inicia uma oração subordinada substantiva.	Perguntei **se** ele estava feliz.
	conjunção subordinativa condicional: inicia uma oração adverbial condicional (equivale a **caso**).	**Se** todos tivessem estudado, as notas seriam boas.
Partícula expletiva ou de realce	pode ser retirada da frase sem prejuízo algum para o sentido.	Passavam-**se** os dias e nada acontecia.
Parte integrante do verbo	ligada a verbo que pede objeto direto, caracteriza as orações que estão na voz passiva sintética. É também chamada de pronome apassivador.	Vendem-**se** livros. Aluga-**se** piano.
Índice de indeterminação do sujeito	vem ligando a um verbo que não é transitivo direto ou transitivo direto e indireto, tornando o sujeito indeterminado. O verbo deverá estar na terceira pessoa do singular.	Trabalha-**se** de dia. Precisa-**se** se apoio.
Pronome reflexivo	quando a palavra **se** é pronome pessoal, ela deverá estar sempre na mesma pessoa do sujeito da oração de que faz parte. Por isso o pronome oblíquo **se** sempre será reflexivo (equivalendo a **a si mesmo**), podendo assumir as seguintes funções sintáticas:	
	objeto direto	Ele cortou-**se** com o facão.
	objeto indireto	Ele **se** atribui muito valor.
	sujeito de um infinitivo	"Sofia deixou-**se** estar à janela."[3]

3. A PALAVRA COMO

Substantivo	aparece antecedido de um determinante ou especificando outro termo.	Estamos analisando a palavra "como".
Interjeição	expressa um espanto ou admiração.	Como! Não sabia que iríamos viajar?!
Preposição	Ocorre quando houver a possibilidade de se subentender o gerúndio (sendo) depois do termo em estudo, ou ainda se puder ser substituído pela locução "na qualidade de".	Na maioria dos concursos, ele atua como fiscal. = na qualidade de

3. Brasil Escola. Disponível em <http://brasilescola.uol.com.br/gramatica/classificacao-das-palavras-que-e-se.htm>. Acesso em 24 julho 2014, alterado.

<table>
<tr><td rowspan="1">Advérbio</td><td>Relaciona-se a um verbo ou a um adjetivo, exprimindo circunstância de intensidade ou modo.
Sintaticamente:adjunto adverbial de intensidade ou modo.</td><td>Como suporta conviver com essa angústia?</td></tr>
<tr><td rowspan="4">Conjunção</td><td colspan="2">introduz uma oração subordinada adverbial, levando-se em conta as respectivas circunstâncias expressas pelo fato verbal. Assim classificadas:</td></tr>
<tr><td>Causal – equivale-se a "porque", "já que", "uma vez que".</td><td>Como não tinha interesse, nem olhou a mercadoria.</td></tr>
<tr><td>Conformativa – apresenta-se passível de ser substituída por "conforme", "segundo".</td><td>Como já imaginávamos, não concluiu o trabalho.</td></tr>
<tr><td>Comparativa – pode ser substituída pela expressão "tal qual", representando o segundo elemento da comparação.</td><td>Dormia como um anjo. = tal qual um anjo</td></tr>
<tr><td>Pronome relativo</td><td>Assumindo tal função, aparece sempre antecedida de um substantivo, equivalendo-se a "com o(a) qual, pelo(a) qual" e demais variações. Nesse caso, exerce a função de adjunto adverbial de modo.</td><td>Esse foi o modo como fui recebido.
– pelo qual[4]</td></tr>
</table>

4. BrasilEscola.Disponívelem<http://concursos.brasilescola.uol.com.br/portugues/a-palavra-como funcoes-morfossintaticas.html>. Acesso em 24 julho 2014, alterado.

Parte V

COESÃO, COERÊNCIA E REESCRITA DE FRASES

Capítulo 1

COESÃO E COERÊNCIA

Para acesso ao vídeo, utilize o QR Code ao lado.

1. ELEMENTOS DA TEXTUALIDADE[1]

Os elementos da textualidade são empregados na produção textual para dar sentido à obra. Dentro dessa categoria, temos conceitos como contextualização, coesão, coerência e os cinco fatores pragmáticos dos textos: a intencionalidade, a informatividade, a aceitabilidade, a situacionalidade e a intertextualidade.

Esses elementos garantem a originalidade e a qualidade dos textos. O objetivo dos elementos da textualidade é garantir que as ideias do autor possam ir ao encontro da compreensão do leitor.

Textos bem escritos devem apresentar os seguintes aspectos:

Clareza da palavras

Uso de palavras de fácil compreensão;

Expressividade

Escolha das palavras adequadas baseada nos critérios de coesão e coerência;

Ordem direta das palavras

Uso do sujeito seguido do predicado;

Originalidade

Ser original e fugir dos clichês.

Os principais **elementos da textualidade** são:

Intencionalidade – Refere-se à comunicação eficiente, que permite que as intenções comunicativas fiquem claras para o leitor.

Aceitabilidade – Texto compatível com a expectativa do receptor. Depende da qualidade do texto.

Situacionalidade – Adequação do texto ao contexto de comunicação. Orienta o sentido do discurso.

Informatividade – Discurso menos prevísivel e mais informativo.

Intertextualidade – Mescla de textos e contextos.

1. GRUPO ESCOLAR. *Elementos da textualidade.* Disponível em: <https://www.grupoescolar.com/pesquisa/elementos-da-textualidade.html>. Acesso em: 1 outubro 2018. (com adaptações).

Contextualidade – Situação comunicativa concreta em que o texto foi produzido.

Coesão – Mecanismos linguísticos que garantem a ordenação do texto e a unidade semântica. A coesão dá a organização formal do texto.

Coerência – Referência a não contradição, a não tautologia e a relevância.

2. COESÃO E COERÊNCIA[2]

A **coesão** e a **coerência** são mecanismos fundamentais na construção textual. Para que um texto transmita uma mensagem, é essencial que possua sentido e seja harmonioso.

A **coesão** pode ser obtida através de alguns mecanismos: anáfora e catáfora. A anáfora e a catáfora se referem à informação expressa no texto e, por esse motivo, são qualificadas como **endofóricas**. A **anáfora** retoma um componente; a **catáfora** o antecipa, contribuindo com a ligação e a harmonia textual.

A **coerência** é a relação lógica das ideias de um texto que decorre da sua argumentação - resultado especialmente dos conhecimentos do transmissor da mensagem. Um texto contraditório e redundante ou cujas ideias iniciadas não são concluídas, é um texto incoerente. A incoerência compromete a clareza do discurso, a sua fluência e a eficácia da leitura. Assim a incoerência não é só uma questão de conhecimento, decorre também do uso de tempos verbais e da emissão de ideias contrárias.

O relatório está pronto, porém o estou finalizando até agora.

(processo verbal acabado e inacabado)

Ele é vegetariano e gosta de um bife muito mal passado.

(os vegetarianos são assim classificados pelo fato de se alimentar apenas de vegetais)

2.1. Diferença entre coesão e coerência

Coesão e coerência são coisas diferentes, tanto que um texto coeso pode ser um texto incoerente. Ambas têm em comum o fato de estarem relacionadas com as regras essenciais para uma boa produção textual.

A **coesão** textual tem como foco a articulação interna, isto é, as **questões gramaticais**. A **coerência** textual trata da **articulação externa e mais profunda** da mensagem.

3. TIPOS DE COESÃO

Conheça os tipos de coesão textual.

Referência Pessoal: utilização de pronomes pessoais e possessivos.

2. TODA MATÉRIA. *Coesão e coerência.* Disponível em: <https://www.todamateria.com.br/coesao-e-coerencia/>. Acesso em: 1 outubro 2018. (com adaptações).

João e Maria casaram. **Eles** são pais de Ana e Beto.

Referência pessoal anafórica

Os alunos do terceiro ano foram visitar o Museu da Língua Portuguesa. **Eles** foram acompanhados pelos professores da escola.

Referência pessoal anafórica

Referência Demonstrativa: utilização de pronomes demonstrativos e advérbios.

Fiz todas as tarefas, com exceção **desta**: arquivar a correspondência.

Referência demonstrativa catafórica

Referência Comparativa: utilização de comparações através de semelhanças.

Mais um dia **igual aos** outros...

Referência comparativa endofórica

Substituição

Substituir um elemento (nominal, verbal, frasal) por outro é uma forma de evitar as repetições.

Os alunos foram advertidos pelo **mau comportamento.** Caso isso volte a acontecer, **eles** serão suspensos.

Em vez de:

Os alunos foram advertidos pelo **mau comportamento.** Caso o **mau comportamento** volte a acontecer, **os alunos** serão suspensos.

Elipse

Um componente textual, quer seja um nome, um verbo ou uma frase, pode ser omitido através da elipse.

> **Maria** faz o almoço e ao mesmo tempo **conversa** ao telefone com a amiga.
>
> Em vez de:
>
> **Maria** faz o almoço e ao mesmo tempo **Maria** conversa ao telefone com a amiga.

Conjunção

A conjunção liga orações estabelecendo relação entre elas.

> Nós não sabemos quem é o culpado, **mas** ele sabe.
>
> Adversativa

Coesão Lexical

A coesão lexical consiste na utilização de palavras que possuem sentido aproximado ou que pertencem a um mesmo campo lexical. São elas: sinônimos, hiperônimos, nomes genéricos, entre outros.

> **Machado de Assis** é considerado o maior escritor brasileiro. O carioca nasceu no dia 21 de junho de 1839 e faleceu no Rio de Janeiro no dia 29 de setembro de 1908. **Gênio maior** de nossas letras, foi um dos fundadores da Academia Brasileira de Letras.

4. TIPOS DE COERÊNCIA[3]

Existem **tipos de coerência**, ou seja, elementos que colaboram para a construção da coerência global de um texto. São eles:

3. TODA MATÉRIA. *Coesão e coerência.* Disponível em: <https://www.todamateria.com.br/coesao-e-coerencia/>. Acesso em: 1 outubro 2018. (com adaptações).

Coerência sintática: está relacionada com a **estrutura linguística**, como termo de ordem dos elementos, seleção lexical etc., e também à coesão. Quando empregada, **eliminamos estruturas ambíguas, bem como o uso inadequado dos conectivos.**

Coerência semântica: o texto não pode ser contraditório, pois a semântica está relacionada com as **relações de sentido** entre as estruturas.

Coerência temática: todos os **enunciados** de um texto precisam ser **coerentes e relevantes para o tema**, com exceção das inserções explicativas. Os trechos irrelevantes devem ser evitados, impedindo assim o comprometimento da coerência temática.

Coerência pragmática: refere-se ao texto visto como uma **sequência de atos** de fala. Os textos, orais ou escritos, são exemplos dessas sequências, portanto, devem obedecer às condições para a sua realização. Se o locutor ordena algo a alguém, é contraditório que ele faça, ao mesmo tempo, um pedido. Quando fazemos uma pergunta para alguém, esperamos receber como resposta uma afirmação ou uma negação, jamais uma sequência de fala desconectada daquilo que foi indagado. Quando essas condições são ignoradas, temos como resultado a incoerência pragmática.

Coerência estilística: diz respeito ao emprego de uma **variedade de língua** adequada, que deve ser mantida do início ao fim de um texto para garantir a coerência estilística. A incoerência estilística não provoca prejuízos para a interpretabilidade de um texto, contudo, a mistura de registros — como o uso concomitante da linguagem coloquial e linguagem formal.

Coerência genérica: refere-se à **escolha adequada do gênero textual**, que deve estar de acordo com o conteúdo do enunciado. Em um anúncio de classificados, a prática social exige que ele tenha como objetivo ofertar algum serviço, bem como vender ou comprar algum produto, e que sua linguagem seja concisa e objetiva, pois essas são as características essenciais do gênero. Uma ruptura com esse padrão, entretanto, é comum nos textos literários, nos quais podemos encontrar um determinado gênero assumindo a forma de outro. (PORTUGUÊS UOL, 2018)

Coerência narrativa: nesse tipo de texto é obedecida uma **lógica entre ações e personagens**. Cada ação obedece a um tempo que permite conhecer a ordem dos acontecimentos sem contradições.

> Ele ligou à noite para acalmar o desespero dela. Sentou no sofá de couro já gasto, acendeu a luz do abajur na sala já escura. Chamou por querida, clamou por perdão. Relatou o dia e prometeu reduzir os hiatos que os separava. A conversa deu fome. Ele levantou e procurou os últimos vestígios do jantar. Ela ficou saciada com um copo de leite quente preparado enquanto ele lhe fazia juras que seriam quebradas na manhã seguinte.

Coerência argumentativa: são apresentados **exemplos, opiniões e dados utilizados como argumento para sustentar a conclusão.** Também é preciso obedecer a uma sequência lógica de acontecimentos para sustentar a argumentação e possibilitar a compreensão da conclusão.

> A violência escolar é um problema que envolve toda a comunidade. Do núcleo familiar ao convívio em sociedade, é o Estado, contudo, o responsável por oferecer as condições necessárias para a redução do problema até a sua quase eliminação.
>
> Cabe à sociedade interferir para que o Estado desempenhe de maneira satisfatória o seu papel e evite que problemas como a violência na escola prejudiquem o desenvolvimento da comunidade.
>
> Em suma, o problema só terá fim com o envolvimento conjunto da sociedade e Estado.

Coerência Descritiva: nesses textos é promovido um **retrato das pessoas, coisas e ambientes com detalhes** sobre suas particularidades. São usadas figuras que condizem com a cena, o ambiente e o tempo onde estão situados os personagens e acontecimentos.

> Fazia tão calor naquele dia, que as roupas pareciam aderir à pele. Cada passo na calçada era um desafio ao bem-estar devido à temperatura do ladrilho. Mesmo assim, saiu mais cedo e foi fazer as compras de aniversário para a surpresa da noite. Nem mesmo o calor seria suficiente para impedir a festa.

4.1. Princípios da coerência textual[4]

Princípio da não-contradição: ocorre quando as ideias não se contradizem e a lógica do texto não é interrompida.

Princípio da não-tautologia: ocorre quando um mesmo termo não é repetido exaustivamente, prejudicando a mensagem e tornando o texto inteligível.

Princípio da relevância: ocorre quando o interlocutor percebe a obediência à relação de ideias em uma sequência. Não há quebra. Quando o ordenamento é incorreto, ainda que as mensagens tenham significado isoladas, a compreensão dos sentidos do texto é prejudicada.

4. TODA MATÉRIA. *Coesão e coerência.* Disponível em: <https://www.todamateria.com.br/coesao-e-coerencia/>. Acesso em: 1 outubro 2018. (com adaptações).

5. INCOERÊNCIAS GRAMATICAIS[5]

Ser incoerente, gramaticalmente dizendo, não é nenhuma incoerência, ou seja, não constitui um assunto fora da lógica, descabido. Sim, pois não raro cometemos os inevitáveis desvios, os temíveis, por que não dizer assim, escorregões linguísticos. Tal recorrência mostra-se tão evidente que até mesmo aquelas pessoas que se sentem familiarizadas acerca dos aspectos que norteiam a língua apresentam certa vulnerabilidade em relação a esse aspecto.

Assim, em face dessa realidade, propomos a discorrer sobre algumas ocorrências, tidas como corriqueiras, de modo a fazer com que você se sinta um pouco mais a par dos pressupostos que as perfazem, visando assim a um pleno desempenho linguístico em quaisquer que sejam as situações de interlocução em que você se encontrar inserido (a):

> Muitas são as incoerências gramaticais cometidas, que acabam se tornando em um **ciclo vicioso**.
>
> Sim, elas realmente existem, razão pela qual podem até se tornar num **círculo vicioso**.

> Hoje é **1 de junho, 1 de setembro, 1 de dezembro**, enfim, sucessivamente.
>
> Quando o assunto estiver relacionado a datas, sobretudo em se tratando do primeiro dia de cada mês, opte sempre por dizer primeiro de e na escrita **1º de**...

> O dia parece interminável quando algo de **ruim** nos acontece, não é verdade?
>
> Acredite que em termos linguísticos, ele terá uma tendência a piorar ainda mais, pois o acento tônico do vocábulo em questão se situa na última sílaba, não na penúltima, como nos demonstra o exemplo. Dessa forma, pronuncie sempre **ruim.**

5. MUNDO EDUCAÇÃO BOL. *Incoerências gramaticais*. Disponível em: <https://mundoeducacao.bol.uol.com.br/gramatica/incoerencias-gramaticais.htm>. Acesso em: 2 outubro 2018. (com adaptações).

Porventura, perguntamos a você: o **preço** está caro ou barato?

Estamos falando de preço, não do produto, pois ele sim pode assumir tais qualificações. Nesse sentido cabe mencionar que em se tratando desse contexto, o conveniente e dizermos **preço alto e preço baixo.**

Capítulo 2

REESCRITA DE FRASES

1. PARÁFRASE E PERÍFRASE[1]

Paráfrase é um recurso de interpretação textual que consiste na reformulação de um texto, trocando as palavras e expressões originais, mas mantendo a ideia central da informação.

A intertextualidade é uma das principais características da paráfrase, pois para que esta exista é necessária a "ligação" com outro texto, que serve como alusão para a produção do novo conteúdo.

Em alguns casos, a paráfrase é considerada um mecanismo que ajuda a clarificar alguns textos, pois ajuda a explicá-los com termos e expressões que sejam mais simples de compreender, uma vez que a ideia central do conteúdo sempre é mantida.

No campo linguístico, a paráfrase pode significar o modo diferente de transmitir determinada mensagem que já foi dita anteriormente, alterando apenas algumas palavras por seus sinônimos, por exemplo.

Quando se diz que alguém parafraseou a obra de outro autor, significa que a apresentou com as suas próprias palavras, mas mantendo a ideia e o sentido original da mesma. Neste sentido, parafrasear ainda pode significar a nova abordagem, interpretação ou explicação que é dada a um conteúdo antigo (livro, narrativa, poema etc.).

Texto original

"Ai que moleza no corpo. Uma vontade de me estender no chão. Deixar que o capim cresça em volta. Deixar que os insetos, os fungos se abriguem em mim. Estranha alegria em virar uma paisagem".

Paráfrase

"Ai que fraqueza nos membros. Um desejo de deitar no piso. Permitir que o mato aumente ao redor. Permitir que os insetos, os fungos se alojem em mim. Desconhecida esta felicidade de se transformar numa paisagem".

1. SIGNIFICADOS. *Paráfrase*. Disponível em: <https://www.significados.com.br/parafrase/>. Acesso em: 3 outubro 2018. (com adaptações).

Texto Original
Minha terra tem palmeiras
Onde canta o sabiá,
As aves que aqui gorjeiam
Não gorjeiam como lá.

(Gonçalves Dias, "Canção do exílio")

Paráfrase
Meus olhos brasileiros se fecham saudosos
Minha boca procura a 'Canção do Exílio'.
Como era mesmo a 'Canção do Exílio'?
Eu tão esquecido de minha terra...
Ai terra que tem palmeiras
Onde canta o sabiá!

(Carlos Drummond De Andrade)

Perífrase é a substituição de um nome comum ou próprio por uma expressão que a caracterize. Nada mais é do que um circunlóquio, isto é, um rodeio de palavras.

O **povo lusitano** foi bastante satirizado por Gil Vicente.

Utilizou-se a expressão "povo lusitano" para substituir "os portugueses". Esse rodeio de palavras que substituiu um nome comum ou próprio chama-se perífrase.

Astro rei (Sol)

Última flor do Lácio (língua portuguesa)

Cidade-Luz (Paris)

Rainha da Borborema (Campina Grande)

Cidade Maravilhosa (Rio de Janeiro)

Fique de olho!

Enquanto a **paráfrase** usa da intertextualidade para exemplificar a ideia central do conteúdo original a partir de outras palavras, a **paródia** tem a intenção de recriar o texto original a partir de um ponto de vista crítico, irônico, cômico ou satírico.

Nesse sentido, a paródia age como uma ferramenta contestatória e provocadora, que utiliza de aspectos do conteúdo original, mas distorcendo ou confrontando a ideia central ali apresentada.

2. PARALELISMO[2]

O paralelismo consiste em criar uma **sequência de frases com estrutura idêntica**. É a simetria da frase. O princípio do paralelismo é facilitar a leitura do enunciado e proporcionar clareza à expressão. O paralelismo pode ser sintático e semântico.

2.1. Paralelismo sintático

O paralelismo sintático, ou paralelismo gramatical, observa a ligação existente entre as funções sintáticas ou morfológicas dos elementos da oração.

> O que espero das férias: viagens, praia e **visitar** lugares diferentes.
>
> Há aqui uma quebra na estrutura da oração, a partir do momento em que se utiliza o verbo visitar em vez de continuar a sequência morfológica com substantivos.
>
> O ideal seria: O que espero das férias: viagens, praia e **visitas a** lugares diferentes.

> Quando eu der a notícia, eles **ficariam** tristes.
>
> Nesse caso, ocorreu uma alternância nos tempos verbais. No primeiro período o verbo está no futuro do subjuntivo, o que obriga que o verbo do segundo período esteja no futuro do presente e não no futuro do pretérito.
>
> O correto seria assim: Quando eu der a notícia, eles **ficarão** tristes.
> Outra alternativa seria: Quando eu **desse** a notícia, eles ficariam tristes.

2. TODA MATÉRIA. *Paralelismo.* Disponível em: <https://www.todamateria.com.br/dica-de-redacao-uso-do-paralelismo/>. Acesso em: 3 outubro 2018, com adaptações.

Sem:
Eu pedi **para** ele vir cedo e **que** trouxesse guardanapos.

Com:
Eu pedi **que** ele viesse cedo e **que** trouxesse guardanapos.

Sem:
O professor sempre foi **disponível, compreensivo** e **teve paciência.**

Com:
O professor sempre foi **disponível, compreensivo** e **paciente.**

Sem:
O atleta brasileiro vencedor da maratona foi seguido **pelo** atleta argentino e **do** atleta uruguaio.

Com:
O atleta brasileiro vencedor da maratona foi seguido **pelo** atleta argentino e **pelo** atleta uruguaio.

Sem:
Após o incêndio, eles **vieram** com coragem mas **querendo** justiça.

Com:
Após o incêndio, eles **vieram** com coragem mas **quiseram** justiça.

2.2. Paralelismo semântico

O paralelismo semântico observa a correspondência de valores existentes no discurso.

2.3. Paralelismo morfológico

É entendido como o **perfeito uso** de **classes gramaticais** na frase em uma sequência de enumeração ou exemplificação.

Com: Proibido **fumar** e **comer** no local.
Sem: Proibido **fumar** e comida no local.

O evento durou o dia todo e algumas dores nos pés.

O sentido da oração foi interrompido. No que respeita à duração da festa era esperado algo como "O evento durou o dia todo e adentrou a noite.", por exemplo.

Preocupado, perguntou o quanto a namorada gostava dele. Ela respondeu que gostava milhares de reais que ele tinha no banco.

Também neste caso, há ausência de paralelismo. A namorada deveria dizer que gostava muito ou pouco do namorado. Não faz sentido tentar estabelecer uma relação entre valor sentimental e quantia financeira.

2.4. Paralelismos frequentes

a. não só ... mas também

Sem paralelismo:

Não só corrigiu os seus erros **e** é a ajuda do seu grupo de estudos.

Com paralelismo:

Não só corrigiu os seus erros, **mas também** ajudou o seu grupo de estudos.

b. por um lado ... por outro

Sem paralelismo:

Por um lado, eu concordo com a atitude dela, **por outro**, eu acho que ela fez o que era certo.

Com paralelismo:

Por um lado, eu concordo com a atitude dela, **por outro**, fico preocupada com as consequências.

c. quanto mais ... mais

Sem paralelismo:

Quanto mais eu o vejo, **talvez** não case com ele.

Com paralelismo:

Quanto mais eu o vejo, **mais** certeza tenho que não quero casar com ele.

d. tanto ... quanto

Sem paralelismo:

Tanto foram convidados adultos **e** crianças.

Com paralelismo:

Tanto foram convidados adultos **quanto** crianças.

e. ora ... ora, seja ... seja

Sem paralelismo:

Ora faz os deveres, **mas** não faz tudo.

Com paralelismo:

Ora faz os deveres, **ora** não faz.

f. não ... nem

Sem paralelismo:

Não posso contar para o patrão, **provavelmente** para a patroa.

Com paralelismo:

Não posso contar para o patrão, **nem** para a patroa.

g. primeiro ... segundo

Sem paralelismo:

Primeiro porque eu não como carne, **segundo** porque eu sou vegetariana.

Com paralelismo:

Primeiro porque eu não como carne, **segundo** porque não quero sair com você.

3. EM PROVAS

Vejamos como o assunto pode ser pedido em provas.

3.1. Semântica

A **semântica** estuda os significados das palavras. É dividida em **sincrônica** e **diacrônica.**[3]

> **Semântica Descritiva**:
>
> denominada de semântica sincrônica, essa classificação indica o estudo da **significação das palavras na atualidade**.
>
> **Semântica Histórica**:
> denominada de semântica diacrônica, se encarrega de estudar o **significado das palavras em determinado espaço de tempo**.

A semântica opõe-se à sintaxe, caso em que a primeira se ocupa do que algo significa, enquanto a segunda refere-se as estruturas ou padrões formais do modo como esse algo é expresso (por exemplo, escritos ou falados). Dependendo da concepção de significado que se tenha, existem diferentes semânticas. A semântica formal, a semântica da enunciação ou argumentativa e a semântica cognitiva, fenômeno, mas com conceitos e enfoques diferentes.[4]

A. SINONÍMIA

É a relação que se estabelece entre duas palavras ou mais que apresentam significados iguais ou semelhantes, ou seja, os sinônimos.

Exemplos: cômico – engraçado; débil – fraco, frágil; distante – afastado, remoto.

B. ANTONÍMIA

É a relação que se estabelece entre duas palavras ou mais que apresentam significados diferentes, contrários, isto é, os antônimos.

Exemplos: economizar – gastar; bem – mal; bom – ruim.

C. HOMONÍMIA

É a relação entre duas ou mais palavras que, apesar de possuírem significados diferentes, possuem a mesma estrutura fonológica, ou seja, os homônimos.

---

3. TODA MATÉRIA. *Semântica.* Disponível em: <https://www.todamateria.com.br/semantica/>. Acesso em: 3 outubro 2018. (com adaptações).
4. NOGUEIRA, Duda. *Língua Portuguesa para concursos.* 5 ed. Salvador: Juspodivm, 2018.

As homônimas podem ser classificadas em:

- **Homógrafas**

Palavras iguais na escrita e diferentes na pronúncia.

Exemplos: gosto (substantivo) – gosto (1ª pessoa singular presente indicativo do verbo gostar); conserto (substantivo) – conserto (1ª pessoa singular presente indicativo do verbo consertar).

- **Homófonas**

Palavras iguais na pronúncia e diferentes na escrita.

Exemplos: cela (substantivo) – sela (verbo); cessão (substantivo) – sessão (substantivo); cerrar (verbo) – serrar (verbo).

- **Perfeitas – homófonas e homógrafas**

Palavras iguais na pronúncia e na escrita.

Exemplos: cura (verbo) – cura (substantivo); verão (verbo) – verão (substantivo); cedo (verbo) – cedo (advérbio).

D. PARONÍMIA

É a relação que se estabelece entre duas ou mais palavras que possuem significados diferentes, mas são muito parecidas na pronúncia e na escrita, isto é, os parônimos.

Exemplos:

cavaleiro – cavalheiro

absolver – absorver

comprimento – cumprimento

aura (atmosfera) – áurea (dourada)

conjectura (suposição) – conjuntura (situação decorrente dos acontecimentos)

descriminar (desculpabilizar) – discriminar (diferenciar)

desfolhar (tirar ou perder as folhas) – folhear (passar as folhas de uma publicação)

despercebido (não notado) – desapercebido (desacautelado)

geminada (duplicada) – germinada (que germinou)

mugir (soltar mugidos) – mungir (ordenhar)

percursor (que percorre) – precursor (que antecipa os outros)

sobrescrever (endereçar) – subscrever (aprovar, assinar)

veicular (transmitir) – vincular (ligar)

descrição – discrição

onicolor – unicolor.

Quadro resumo

	Semântica		
	Escrita	**Pronúncia**	**Significação**
Homógrafos	igual	diferente	diferente
Homófonos	diferente	igual	diferente
Homônimos	igual	igual	diferente
Parônimos	semelhante	semelhante	diferente
Sinônimos	diferente	diferente	igual ou semelhante
Antônimos	diferente	diferente	oposto

E. POLISSEMIA

É a propriedade que uma mesma palavra tem de apresentar vários significados.

Exemplos: Ele ocupa um alto **posto** na empresa. Abasteci meu carro no **posto** da esquina.

Os convites eram de **graça**. Os fiéis agradecem a **graça** recebida.

F. HIPONÍMIA E HIPERONÍMIA

- **Hiponímia** representa cada parte, cada item de um todo.

  Maçã, goiaba, melão, morango, banana = hipônimas de frutas (o todo).

- **Hiperonímia** possui a ideia de um todo.

  Frutas é hiperonímia de maçã, goiaba, melão, morango, banana (partes).

G. CONOTAÇÃO E DENOTAÇÃO

- **Conotação**

  É o uso da palavra com um significado diferente do original, criado pelo contexto.

  Exemplo: Você tem um coração de **pedra**.

- **Denotação**

  É o uso da palavra com o seu sentido original.

  Exemplos: **Pedra** é um corpo duro e sólido, da natureza das rochas. A construção de um muro de **pedras**.

H. AMBIGUIDADE

À duplicidade de sentido, seja de uma palavra ou de uma expressão, dá-se o nome de ambiguidade. Ocorre, geralmente, nos seguintes casos:

Casos	Exemplos	Ambiguidade	Eliminando a ambiguidade
Má colocação do Adjunto Adverbial	Crianças que recebem leite materno frequentemente são mais sadias.	As crianças são mais sadias porque recebem leite frequentemente ou são frequentemente mais sadias porque recebem leite?	Crianças que recebem frequentemente leite materno são mais sadias. Crianças que recebem leite materno são frequentemente mais sadias.
Uso Incorreto do Pronome Relativo	Gabriela pegou o estojo vazio da aliança de diamantes que estava sobre a cama.	O que estava sobre a cama: o estojo vazio ou a aliança de diamantes?	Gabriela pegou o estojo vazio da aliança de diamantes a qual estava sobre a cama. Gabriela pegou o estojo vazio da aliança de diamantes o qual estava sobre a cama. **Observação**: Neste exemplo, pelo fato de os substantivos estojo e aliança pertencerem a gêneros diferentes, resolveu-se o problema substituindo os substantivos por o qual/a qual. Se pertencessem ao mesmo gênero, haveria necessidade de uma reestruturação diferente.
Má Colocação de Pronomes, Termos, Orações ou Frases	Aquela velha senhora encontrou o garotinho em seu quarto.	O garotinho estava no quarto dele ou da senhora?	Aquela velha senhora encontrou o garotinho no quarto dela. Aquela velha senhora encontrou o garotinho no quarto dele.
	Sentado na varanda, o menino avistou um mendigo.	Quem estava sentado na varanda: o menino ou o mendigo?	O menino avistou um mendigo que estava sentado na varanda. O menino que estava sentado na varanda avistou o mendigo.[2]

3.2. Causa e efeito

Indica as relações existentes entre as orações subordinadas adverbiais causais e as orações subordinadas adverbiais consecutivas. Surge a ideia de efeito também nas orações coordenadas conclusivas.

Lembre-se de que onde há causa, há efeito e onde há efeito, há causa.

Vamos relembrar:

Já que estudou durante dois anos,	foi aprovado e convocado rapidamente.
2. **Porque** estudou durante dois anos.	Por quê?
A resposta é a **causa**.	A pergunta é o **efeito** (a causa)

Indicam **causa**:

porque,
que,
como (= porque, no início da frase),
pois que,
visto que,
uma vez que,
porquanto,
já que,
desde que
etc.

Indicam **efeito** (as consecutivas):

de sorte que,
de modo que, sem que (= que não),
de forma que,
de jeito que,
que (tendo como antecedente na oração principal uma palavra como **tal, tão, cada, tanto, tamanho)**
etc.

Indicam **efeito** (as conclusivas):

logo,
pois (= logo),
portanto,
por conseguinte,
por isso,
assim.

3.3. Conectivos

Conectivos são conjunções que ligam as orações, são divididos em coordenativos e subordinativos.

a. Conectivos coordenativos são as seguintes conjunções coordenadas: aditivas, adversativas, alternativas, conclusivas e explicativas.

b. Quando as orações dependem sintaticamente umas das outras, chamamos **período composto por subordinação**. Esses períodos compõem-se de uma ou mais orações principais e uma ou mais orações subordinadas. **Conectivos subordinativos** são as seguintes conjunções e locuções subordinadas: causais, comparativas, concessivas, condicionais, finais, temporais, consecutivas e integrantes – introduzem as orações subordinadas substantivas.

Atenção! Complemento da teoria: **Capítulo 4 - Parte III.**

3.4. Pronomes demonstrativos e relativos

Assuntos já estudados na **parte II, capítulo 1**. Releia para fixar.

3.5. Transformação de oração reduzida em oração desenvolvida

Assuntos também já estudado na **parte III, capítulo 4, item 4.5**. Releia para fixar.

3.6. Nominalização[5]

Algumas palavras, em determinados usos, mesmo sem serem substantivos, assumem as características desta classe. Nesses casos dizemos que tais palavras foram **substantivadas**. **Substantivação** (ou **nominalização**) é um termo linguístico que significa a ação de utilizar como substantivo uma outra unidade lexical ou gramatical, que usualmente não se classifica como tal.

O **processo de substantivação** é a mudança de classe gramatical de um vocábulo. Apesar de as palavras possuírem determinadas características que são responsáveis por organizá-las em classes gramaticais, elas são passíveis de mudanças, como acontece com os vocábulos a seguir, por exemplo:

Não - classe original: advérbio

O seu **não** é inadmissível.

Não admito sua recusa.

No primeiro exemplo, a palavra 'não' é sujeito da oração e vem acompanhada por um artigo e um pronome possessivo. Essas são características fundamentais de um substantivo, portanto dizemos que houve substantivação da palavra 'não'. No segundo exemplo, o 'não' está negando o verbo 'admitir', e comporta-se exatamente como um advérbio, classe à qual, de fato, pertence. Veja, a seguir, outros exemplos.

Substantivação de Adjetivo

- O escritor é jovem. (adjetivo)
- O jovem chegou. (substantivo)
- O homem covarde não lutou. (adjetivo)
- O covarde não lutou. (substantivo)

---

5. INFO ESCOLA. *Substantivação de palavras*. Disponível em: < https://www.infoescola.com/portugues/substantivacao-de-palavras/>. Acesso em: 3 outubro 2018. (com adaptações).

• O profeta era sábio.	(adjetivo)
• O sábio falava pouco.	(substantivo)

Substantivação de Verbo

• Fui jantar.	(verbo)
• O jantar está na mesa.	(substantivo)
• Quero andar mais depressa.	(verbo)
• O andar dele é característico.	(substantivo)
• Vamos falar francamente.	(verbo)
• São vários os falares regionais.	(substantivo)

Substantivação de Pronome

• A Psicologia interessa-se pelo estudo do eu.	(substantivo)
• Eu estou perplexa com a situação.	(pronome)
• Esse barco é o nosso.	(substantivo)
• Nosso barco foi roubado.	(pronome)

Substantivação de Numeral

• Os dois chegaram cedo.	(substantivo)
• Ganhei dois presentes.	(numeral)
• O sete é número mágico.	(substantivo)
• Um gato tem mesmo sete vidas?	(numeral)
• Já lhe dei meu dois de copas.	(substantivo)
• A ginasta executou dois duplos arriscados.	(numeral)

Substantivação de Preposição

• É preciso pesar os prós e os contras.	(substantivo)
• Sou contra esta situação.	(preposição)

Substantivação de Interjeição

• Depois dos vivas, ele apareceu.	(substantivo)
• Viva São João!	(interjeição)
• Dois psius ouviram-se durante a prova.	(substantivo)
• Psiu! Façam silêncio por favor!	(interjeição)
• Ninguém escutava meus ais.	(substantivo)
• Ai! Que dor de cabeça!	(interjeição)

Substantivação de Conjunção

• Só quero saber o porquê.	(substantivo)
• Só lhe pedi porque não havia outra pessoa.	(conjunção)

4. FIQUE DE OLHO

- Podemos dizer que seja a revisão de tudo o que foi estudado até aqui;
- Assuntos importantes: pronome, verbo, análise sintática, conjunção (período composto), concordância, regência, crase, emprego das palavras "que", "se" e "como" e pontuação;
- Saber os elementos coesivos – palavras que retomam termos ou expressões;
- Substituição de tempos e modos verbais alteram o sentido.

4.1. Questões comentadas 2024 e 2023

Texto CB1A9

A partir do ano de 1990, o Brasil efetuou um programa unilateral de liberalização das importações, eliminando as barreiras não tarifárias e reduzindo a tarifa aduaneira média de 32,2% em 1990 para 10,7%, em 2005, ainda que tenha passado por alguns retrocessos pontuais em decorrência de problemas macroeconômicos. Esse notável desempenho estimulou o debate sobre a continuidade ou não do processo de abertura comercial, que é recorrente e se acentua na presença de desequilíbrios da taxa de câmbio. De um lado, um grupo de economistas assinala os ganhos que uma liberalização adicional proporcionaria sobre a produtividade e o investimento privado, fatores fundamentais para o crescimento econômico. De outro, especialistas apontam as inconveniências de uma redução tarifária em um cenário com fortes flutuações da taxa de câmbio e a necessidade de preservar o poder de barganha nas negociações comerciais de acesso aos mercados externos.

H. Kume; G. Piani; P. Miranda. Estudos de economia internacional – IPEA: 2000-2009.

In: Pesquisas em relações econômicas internacionais.

Brasília, Fundação Alexandre Gusmão, 2009, p. 116 (com adaptações).

---

01. (Cebraspe - APEX - Analista Aquisições e Jurídico - 2024) A palavra "recorrente" (segundo período do texto CB1A9) expressa uma característica de

A) "desempenho".

B) "abertura".

C) "debate".

D) "processo".

➢ Comentários:

No texto: *Esse notável desempenho estimulou o debate sobre a continuidade ou não do processo de abertura comercial, que é* ***recorrente*** *e se acentua na presença de desequilíbrios da taxa de câmbio.*

Alternativa "a" – O desempenho é notável. Não qualifica, mas nomeia – trata-se de um substantivo.

Alternativa "b" – A abertura comercial está relacionada ao processo, não indica característica do adjetivo mencionado.
Alternativa "c" – O debate é recorrente: qualifica "debate" – é um adjetivo.
Alternativa "d" – O processo é substantivo (nomeia).
RESPOSTA: C

Texto para responder à questão.

Fábula de um arquiteto

A arquitetura como construir portas,
de abrir; ou como construir o aberto;
construir, não como ilhar e prender,
nem construir como fechar secretos;
construir portas abertas, em portas;
casas exclusivamente portas e teto.
O arquiteto: o que abre para o homem
(tudo se sanearia desde casas abertas)
portas por-onde, jamais portas-contra;
por onde, livres: ar luz razão certa.

Até que, tantos livres o amedrontando,
renegou dar a viver no claro e aberto.
Onde vãos de abrir, ele foi amurando
opacos de fechar; onde vidro, concreto;
até fechar o homem: na capela útero,
com confortos de matriz, outra vez feto.

João Cabral de Melo Neto. Fábula de um arquiteto. In: Antologia poética. Rio de Janeiro: Ed. José Olympio, 1978, p.18.

---

02. (Cebraspe - CAU/BR - Advogado - 2024) Em "Até que, tantos livres o amedrontando" e "ele foi amurando" (ambos na segunda estrofe), as formas pronominais "o" e "ele" têm o mesmo referente: o arquiteto.

( ) certo ( ) errado

➢ Comentários:

Para encontrar o referente, é necessário voltar à estrofe anterior:

<u>O arquiteto</u>: o que abre para o homem

(tudo se sanearia desde casas abertas)
portas por-onde, jamais portas-contra;
por onde, livres: ar luz razão certa.

Até que, tantos livres **o** amedrontando,
renegou dar a viver no claro e aberto.
Onde vãos de abrir, **ele** foi amurando
opacos de fechar; onde vidro, concreto;
até fechar o homem: na capela útero,
com confortos de matriz, outra vez feto.

Perguntas necessárias:

1. Amedrontando quem? O arquiteto.
2. Quem foi amurando? O arquiteto.

Resposta: Certo

Texto para responder às questões.

O eucalipto é cortado, e dele se faz o papel. Processo quase alquímico. O inflexível se dobra, o marrom se torna branco, onde cabiam folhas verdes agora cabem ideias maduras. Chegada a obra-prima, alguém trabalha o preenchê-la. E era isso que fascinava tanto o jornalista Pinheiro Júnior – fosse jovem fosse experiente.

— Por que arquitetura? Por que arquitetura quando o senhor já havia contribuído tanto com esse talento, com esse dom?

— Uma das coisas que mais me atraiu na Última Hora foi a diagramação da UH, a paginação da UH. Enquanto os outros jornais eram jornais duros, feios, a UH era um jornal bonito, era um jornal, inclusive, a cores. Os outros jornais não eram. Arquitetura, em jornalismo, é exatamente a diagramação dos jornais.

Bruna Rezende e Victor Gabry. **A Arquitetura tem tudo a ver com o Jornalismo!** Uma conversa com Pinheiro Júnior, veterano do jornalismo, sobre o que ele ainda não falou. In: **Cadernos de reportagem**, 2018. Internet: <cadernosdereportagem.wordpress.com>.

---

03. (Cebraspe - CAU/BR - Advogado - 2024) No primeiro parágrafo, "inflexível", "marrom" e "folhas verdes" relacionam-se a "eucalipto", enquanto "dobra", "branco" e "ideias maduras" associam-se a "papel", apontando para as especificidades de seus significados, mas sem descartar a origem comum de ambos, "eucalipto" e "papel".

( ) certo ( ) errado

➢ Comentários:

Voltemos ao texto.

*O **eucalipto** é cortado, e dele se faz o **papel**. Processo quase alquímico. O **inflexível** se **dobra**, o **marrom** se torna **branco**, onde cabiam **folhas verdes** agora cabem **ideias maduras**.*

Chegada a obra-prima, alguém trabalha o preenchê-la. E era isso que fascinava tanto o jornalista Pinheiro Júnior – fosse jovem fosse experiente.

- Primeira análise correta: o eucalipto é inflexível, é marrom, possui folhas verdes.
- Segunda análise correta: o papel dobra, o papel torna-se branco, cabem ideias maduras no papel.

  Complementando a segunda análise: o eucalipto inflexível se dobra (papel); o eucalipto marrom torna-se branco (papel); cabiam as folhas verdes do eucalipto, agora cabem ideias maduras (no papel). Essa análise também está correta.

A dica está no primeiro período: *O **eucalipto** é cortado, e dele se faz o **papel**.*

Resposta: Certo

---

04. (Cebraspe - CAU/BR - Advogado - 2024) Seria preserva a correção gramatical e os sentidos do texto caso o termo "Por que", no trecho "– Por que arquitetura?", fosse substituído por **Por qual**.

( ) certo ( ) errado

➢ Comentários:

A substituição só seria possível se o vocábulo retomasse um termo, pois trata-se de um pronome relativo.

Exemplo: O caminho **por qual** passo todas as manhãs.

Nesse caso, retoma o substantivo "caminho".

Lê-se: passo todas as manhãs pelo caminho.

No texto, temos uma locução adverbial interrogativa.

Dica: advérbios interrogativos são aqueles que iniciam uma pergunta:

Quando saiu? – temporal e interrogativo.

Como saiu? – modal e interrogativo.

Onde foi? – local e interrogativo.

Resposta: Errado.

---

05. (Cebraspe - CAU/BR - Advogado - 2024) Mantendo-se a correção gramatical do texto, o último parágrafo poderia ser reescrito da seguinte forma, sem prejuízo do seu sentido original: Uma das coisas que mais me atraiu na Última Hora foi a sua diagramação, a sua paginação. Enquanto os outros jornais eram duros, feios, em preto e branco, a UH era um jornal bonito, em cores. Arquitetura, em jornalismo, é exatamente a diagramação dos jornais.

( ) certo ( ) errado

➢ Comentários:

É viável dividir os trechos para evitar erro.

1. Uma das coisas que mais me atraiu na Última Hora foi a diagramação da UH, a paginação da UH.

= Uma das coisas que mais me atraiu na Última Hora foi a sua diagramação, a sua paginação.

Observação: não havia necessidade de repetir UH. Na reescrita, como elemento coesivo, foi usado o pronome possessivo "sua".

2. Enquanto os outros jornais eram jornais duros, feios, a UH era um jornal bonito, era um jornal, inclusive, a cores. Os outros jornais não eram.

= Enquanto os outros jornais eram duros, feios, em preto e branco, a UH era um jornal bonito, em cores.

Observação: houve apenas alteração na ordem, e o sentido foi mantido.

3. Arquitetura, em jornalismo, é exatamente a diagramação dos jornais.

= Arquitetura, em jornalismo, é exatamente a diagramação dos jornais.

Resposta: Certo

Texto para responder às questões.

As regiões metropolitanas e as grandes cidades brasileiras concentram hoje a atenção das autoridades de gestão territorial em nível local, regional e nacional. O conhecimento da complexa realidade dessas áreas em suas múltiplas dimensões e de modo dinâmico torna-se imprescindível para geri-las de forma eficiente. Não se trata apenas do levantamento de dados brutos, mas da proficiente manipulação e interpretação desses dados a partir de processamentos quantitativos (matemáticos e lógicos) sobre uma base espacial, de forma a revelar características e processos intrínsecos aos fenômenos em análise. Dito de outra forma, não basta somente a confecção de mapas digitais coloridos ilustrando, por exemplo, a exclusão social de uma determinada cidade por quantis, mas é fundamental que, com o auxílio de técnicas apropriadas de análise espacial, se possam extrair tendências do padrão de manifestação da exclusão social de forma contínua no espaço. Ou ainda, não é suficiente apenas mapear a ocorrência de crimes em um sistema georreferenciado, mas sim estudá-los de forma dinâmica, entendendo a sua proliferação no espaço e no tempo em articulação com inúmeras variáveis socioeconômicas e biofísicas, e como as estradas podem atuar como vetores de expansão da criminalidade.

Nessa linha de pensamento, elaborar mapas estáticos de uso do solo urbano não mais atende às necessidades atuais dos gestores locais, mas é necessário que se permitam simulações de diferentes cenários futuros de expansão urbana e dinâmica de uso do solo em ambiente computacional. Aí reside o desafio da geoinformação em gestão urbana e regional, que pode ser entendida como um paradigma emergente na pesquisa multi e interdisciplinar que se dedica a explorar a extrema complexidade de problemas socioambientais em um ambiente de Sistemas de Informações Geográficas (SIG). Openshaw (2000) argumenta que a geoinformação não se reduz ao uso de técnicas computacionais para solucionar problemas espaciais, mas se refere, ao contrário, a uma forma totalmente nova de se fazer ciência em um contexto geográfico.

Cláudia Maria de Almeida, Gilberto Câmara e Antonio Miguel V. Monteiro (Org.). **Geoinformação em urbanismo. Cidade Real X Cidade Virtual**. São Paulo: Oficina de Texto, 2007, p. 5 e 6. (com adaptações).

---

06. (Cebraspe - CAU/BR - Advogado - 2024) Em "geri-las" (segundo período do primeiro parágrafo) e em "estudá-los" (último período do primeiro parágrafo), as formas pronominais exercem a função de complemento das formas verbais a que se ligam e referem-se a "áreas" e a "crimes", respectivamente.

( ) certo ( ) errado

➢ Comentários:

No texto:

1. As regiões metropolitanas e as grandes cidades brasileiras concentram hoje a atenção das autoridades de gestão territorial em nível local, regional e nacional. O conhecimento da complexa realidade <u>dessas áreas</u> em suas múltiplas dimensões e de modo dinâmico torna-se imprescindível para **geri-las** de forma eficiente.

   =

   Gerir algo de forma eficiente: verbo transitivo direto.

   Gerir **as áreas** de forma eficiente: objeto direto.

2. Ou ainda, não é suficiente apenas mapear a ocorrência de <u>crimes</u> em um sistema georreferenciado, mas sim **estudá-los** de forma dinâmica, entendendo a sua proliferação no espaço e no tempo em articulação com inúmeras variáveis socioeconômicas e biofísicas, e como as estradas podem atuar como vetores de expansão da criminalidade.

   =

   Estudar algo: verbo transitivo direto.

   Estudar **os crimes** de forma dinâmica: objeto direto.

Resposta: Certo

---

07. (Cebraspe - CAU/BR - Advogado - 2024) Em "que pode ser entendida como um paradigma emergente na pesquisa multi e interdisciplinar que se dedica a explorar a extrema complexidade de problemas socioambientais em um ambiente de Sistemas de Informações Geográficas (SIG)", o vocábulo "que" apresenta o mesmo referente em ambas as ocorrências.

( ) certo ( ) errado

➢ Comentários:

É necessário voltar ao período completo:

Aí reside o desafio da geoinformação em gestão urbana e regional, que pode ser entendida como um paradigma emergente na pesquisa multi e interdisciplinar que se dedica a explorar a extrema complexidade de problemas socioambientais em um ambiente de Sistemas de Informações Geográficas (SIG).

O "que" é pronome relativo. Faça pergunta para encontrar o termo retomado:

1. O que pode ser entendida como um paradigma? **A geoinformação em gestão urbana e regional.**
2. O que se dedica a explorar a extrema complexidade de problemas socioambientais? **A pesquisa multi e interdisciplinar.**

Os referentes são distintos.

Resposta: Errado.

Texto CG1A1-I

Uma organização é um sistema complexo de comunicações com um objetivo funcional. Durante sua existência e atuação, a organização vai formando uma imagem perante seus diversos públicos em função de todo um conjunto de contatos realizados, e não somente pelas iniciativas planejadas de comunicação que ela toma para formar a imagem pretendida. Essa imagem, chamada imagem organizacional, pode ser descrita como uma compilação de opiniões e pontos de vista baseados em informações processadas de várias fontes, ao longo do tempo, que gera uma imagem mental dos atributos da organização.

Seguindo uma tendência já percebida na iniciativa privada, os órgãos públicos têm-se preocupado, cada vez mais, com sua imagem organizacional. A imagem organizacional pública tem valor estratégico na medida em que interfere diretamente no relacionamento da organização com diferentes atores, bem como na sua legitimação e credibilidade perante a sociedade. No entanto, apesar de sua relevância, ainda há poucos estudos sobre a imagem organizacional no contexto público, tanto nacional quanto internacionalmente.

Quando se trata da construção da imagem de uma organização, ressalta-se o papel dos veículos de imprensa. Esses veículos, ao publicarem uma notícia, atuam na associação e formação das crenças, das ideias, dos sentimentos e das impressões que uma pessoa ou um grupo tem ou passa a ter sobre aquela organização. Não obstante, a migração desses meios de comunicação para a Internet aumenta o volume de informações em circulação e eleva o seu poder de influência, uma vez que é possível acessar dados e informações de qualquer lugar e a qualquer momento, de modo a expandir a comunicação entre as pessoas e as organizações.

Carolina Coelho da Silveira, Carla Bonato Marcolin e Carlos Henrique Rodrigues. Como somos vistos? Análise da imagem organizacional pública utilizando ciência de dados. Internet: (com adaptações).

---

08. (Cebraspe - CGE RJ - Auditor do Estado - 2024) Estariam mantidas a coerência das ideias do texto e sua correção gramatical caso o trecho "a migração desses meios de comunicação para a Internet aumenta o volume de informações em circulação e eleva o seu poder de influência" (terceiro período do terceiro parágrafo) fosse assim reescrito: **quando migraram para a Internet, esses meios de comunicação aumentaram o volume de informações em circulação e elevaram o seu poder de influência.**

( ) certo ( ) errado

➢ Comentários:

No texto: **a migração** desses meios de comunicação para a Internet aumenta o volume de informações em circulação e eleva o seu poder de influência.

Na reescrita: quando migraram para a Internet, **esses meios de comunicação** aumentaram o volume de informações em circulação e elevaram o seu poder de influência.

A coerência não é mantida porque o referente (o sujeito) foi alterado. Modificou-se, também, o tempo verbal: do presente (aumenta) para o pretérito perfeito (aumentaram).

Observação: a gramática permanece correta.

Resposta: Errado

09. (Cebraspe - CGE RJ - Auditor do Estado - 2024) A substituição do vocábulo "pretendida" (segundo período do primeiro parágrafo) pelo vocábulo **almejada** ou pela oração **a que aspira** manteria a correção gramatical e o sentido do texto.

( ) certo ( ) errado

➢ Comentários:

No texto: não somente pelas iniciativas planejadas de comunicação que ela toma para formar a imagem **pretendida**.

Nas reescritas:

1. não somente pelas iniciativas planejadas de comunicação que ela toma para formar a imagem **almejada**.

   = são vocábulos sinônimos – correto.

2. não somente pelas iniciativas planejadas de comunicação que ela toma para formar a imagem **a que aspira**.

   = o verbo "aspirar" é sinônimo de "pretender"; a inserção do pronome relativo "que" forma uma oração adjetiva restritiva; a preposição "a" foi inserida antes do relativo porque o verbo "aspirar" está no sentido de pretender, de almejar – correto.

Resposta: Certo

---

10. (Cebraspe - CGE RJ - Auditor do Estado - 2024) A correção gramatical do texto seria mantida caso se flexionasse a forma verbal "gera" (terceiro período do primeiro parágrafo) na terceira pessoa do plural — **geram** —, mas, nesse caso, as relações coesivas no período seriam alteradas.

( ) certo ( ) errado

➢ Comentários:

No texto: *Essa imagem, chamada imagem organizacional, pode ser descrita como uma compilação de opiniões e pontos de vista baseados em informações processadas de várias fontes, ao longo do tempo, que* ***gera*** *uma imagem mental dos atributos da organização.*

Na reescrita: Essa imagem, chamada imagem organizacional, pode ser descrita como uma compilação de opiniões e pontos de vista baseados em informações processadas de várias fontes, ao longo do tempo, que **geram** uma imagem mental dos atributos da organização.

A coerência não é mantida porque o referente (o sujeito) foi alterado.

Observação: a gramática permanece correta.

Resposta: Certo

---

11. (Cebraspe - CGE RJ - Auditor do Estado - 2024) O segmento "na medida em que" (segundo período do segundo parágrafo) introduz um argumento que expressa o motivo de a imagem organizacional pública ter valor estratégico.

( ) certo ( ) errado

➢ Comentários:

Simples: "na medida em que" é uma locução conjuntiva causal, ou seja, indica o motivo, a razão.

Dica: a banca sempre exige a diferença entre essa locução causal e "à medida que" – que indica proporcionalidade.

Compare:

À medida que exercita, erra menos questões. = **proporcionalidade**, ações simultâneas.

Na medida em que se dedicou, foi convocado. = **causalidade**.

- Por que foi convocado?

- Porque se dedicou.

Resposta: Certo

---

12. (Cebraspe - CGE RJ - Auditor do Estado - 2024) Caso a forma verbal "há" (terceiro período do segundo parágrafo) fosse substituída por **existem**, a correção gramatical e o sentido do texto seriam mantidos.

( ) certo ( ) errado

➢ Comentários:

No texto: ainda **há** poucos estudos sobre a imagem organizacional no contexto público.

O verbo é impessoal (possui sentido de "existir") e transitivo direto. "poucos estudos" possui função de objeto direto; a oração não possui sujeito.

Na reescrita: ainda **existem** poucos estudos sobre a imagem organizacional no contexto público.

O verbo é intransitivo e "poucos estudos" possui função de sujeito. O verbo deve com ele concordar.

O sentido é mantido, e a correção gramatical também.

Resposta: Certo

Texto CG1A1

Em 1947, o físico brasileiro César Lattes causou grande impacto nos meios científicos internacionais e conquistou reconhecimento com sua descoberta que elucidou alguns problemas pendentes de solução no campo da radiação cósmica e confirmou a teoria do físico japonês Hideki Yukawa sobre a existência de uma partícula supostamente responsável pela ligação entre prótons e nêutrons nos núcleos atômicos. Esse último aspecto foi bastante para dar um relevo todo especial à descoberta, enriquecendo seu significado com a possibilidade de novas aberturas no controle das forças nucleares, tão cobiçado depois das explosões atômicas. Toda a imprensa mundial e brasileira aclamou a descoberta, e a ciência brasileira saiu do porão para a sala de visitas.

No ano seguinte, Lattes voltou a causar impacto após conseguir a produção artificial daquela partícula em um acelerador do tipo circular, em Berkeley, nos Estados Unidos da América. E em 1949, a física no Brasil começou a se institucionalizar com a criação do Centro Brasileiro de Pesquisas Físicas. Junto com ela, a ciência, em geral, também organizava sua entidade representativa, com o surgimento da Sociedade Brasileira para o Progresso da Ciência (SBPC) naquele mesmo ano. Foi nesse caldo cultural que o almirante Álvaro Alberto ganhou mais argumentos para persuadir o governo brasileiro. Segundo seus depoimentos reproduzidos na coletânea **50 anos do CNPq contados pelos presidentes**, organizada por Shozo Motoyama, em maio de 1949, após a leitura de relatórios sobre a questão atômica, o presidente Dutra enviou ao Congresso Nacional um anteprojeto para criação do Conselho Nacional de Pesquisas, já prevendo seu papel na política nuclear. Depois de uma longa tramitação na Câmara dos Deputados e no Senado Federal, nascia o CNPq, com o almirante como seu primeiro presidente.

Rodrigo Cunha. 60 anos do CNPq: da política nuclear ao desafio da descentralização. In: Ciência e Cultura, São Paulo, v. 63, n.º 2, 2011 (com adaptações).

---

13. (Cebraspe - CNPQ - Analista - 2024) O pronome "daquela", no primeiro período do segundo parágrafo, indica que se trata, nesse trecho do texto, da mesma partícula especificada no primeiro período do primeiro parágrafo.

( ) certo ( ) errado

➢ Comentários:

Primeiro período do primeiro parágrafo:

Em 1947, o físico brasileiro César Lattes causou grande impacto nos meios científicos internacionais e conquistou reconhecimento com sua descoberta que elucidou alguns problemas pendentes de solução no campo da radiação cósmica e confirmou a teoria do físico japonês Hideki Yukawa sobre a existência de **uma partícula supostamente responsável pela ligação entre prótons e nêutrons nos núcleos atômicos.**

Primeiro período do segundo parágrafo:

No ano seguinte, Lattes voltou a causar impacto após conseguir a produção artificial **daquela partícula** em um acelerador do tipo circular, em Berkeley, nos Estados Unidos da América.

- Qual é a partícula?

- A partícula mencionada no primeiro parágrafo.

Resposta: Certo

---

14. (Cebraspe - CNPQ - Analista - 2024) A expressão "em maio de 1949" (penúltimo período do segundo parágrafo) indica a data da organização da citada coletânea por Shozo Motoyama.

( ) certo ( ) errado

➢ Comentários:

No texto: *Segundo seus depoimentos reproduzidos na coletânea 50 anos do CNPq contados pelos presidentes, organizada por Shozo Motoyama, em maio de 1949, após a leitura de relatórios sobre a questão atômica, o presidente Dutra enviou ao Congresso Nacional um anteprojeto...*

Atente-se à intercalação (duas vírgulas).

- Quando o presidente Dutra enviou um anteprojeto ao Congresso?

- Em maio de 1949.

A data não se refere à organização da coletânea.

Resposta: Errado

15. (Cebraspe - CNPQ - Analista - 2024) No penúltimo período do segundo parágrafo, o segmento "seus depoimentos" refere-se aos depoimentos do presidente Dutra reproduzidos na coletânea **50 anos do CNPq contados pelos presidentes**.

( ) certo ( ) errado

➢ Comentários:

No texto: Foi nesse caldo cultural que o almirante Álvaro Alberto ganhou mais argumentos para persuadir o governo brasileiro. Segundo seus depoimentos reproduzidos na coletânea 50 anos do CNPq contados pelos presidentes, organizada por Shozo Motoyama...

Os depoimentos eram do almirante Álvaro Alberto.

- O que fez o presidente Dutra?

- Enviou ao Congresso Nacional um anteprojeto para criação do Conselho Nacional de Pesquisas.

Não possui relação alguma com os depoimentos.

Resposta: Errado

16. (Cebraspe - CNPQ - Analista - 2024) A inserção de uma vírgula imediatamente após "bastante" (penúltimo período do primeiro parágrafo) preservaria a correção gramatical e os sentidos do texto.

( ) certo ( ) errado

➢ Comentários:

No texto: Esse último aspecto foi bastante para dar um relevo todo especial à descoberta...

É necessário fazer a análise sintática para perceber que a inserção da vírgula é proibida.

Esse último aspecto	foi	bastante	para dar um relevo todo especial à descoberta
sujeito	verbo de ligação	predicativo do sujeito	complemento nominal

Não pode usar vírgula entre o predicativo e o complemento nominal.

Exceção: se houver intercalação.

Exemplo: Esse último aspecto foi bastante**, todos sabem,** para dar um relevo especial à descoberta.

Resposta: Errado

17. (Cebraspe - CNPQ - Analista - 2024) A correção gramatical e a coerência das ideias do texto seriam preservadas caso o trecho "com o almirante como seu primeiro presidente" (final do segundo parágrafo) fosse reescrito da seguinte forma: **cujo primeiro presidente foi o almirante Álvaro Alberto**.

( ) certo ( ) errado

➢ Comentários:

No texto: Depois de uma longa tramitação na Câmara dos Deputados e no Senado Federal, nascia o CNPq, com o almirante como seu primeiro presidente.

Na reescrita: Depois de uma longa tramitação na Câmara dos Deputados e no Senado Federal, nascia o CNPq, **cujo primeiro presidente foi o almirante Álvaro Alberto**.

Análises:

1. O pronome relativo "cujo" concorda com o termo posterior (primeiro presidente);
2. O relativo indica posse do termo anterior: o primeiro presidente do CNPq.

Perceba que a gramática está correta e a coerência das ideias foi mantida.

Resposta: Certo

---

18. (Cebraspe - CNPQ - Analista - 2024) Sem prejuízo da correção gramatical e da coerência das ideias do texto, a forma verbal "nascia" (último período do segundo parágrafo) poderia ser substituída por **nasceu**.

( ) certo ( ) errado

➢ Comentários:

No texto: Depois de uma longa tramitação na Câmara dos Deputados e no Senado Federal, **nascia** o CNPq, com o almirante como seu primeiro presidente.

Na reescrita: Depois de uma longa tramitação na Câmara dos Deputados e no Senado Federal, **nasceu** o CNPq, com o almirante como seu primeiro presidente.

A gramática permanece correta e a coerência das ideias também porque, no texto, o verbo está conjugado no pretérito imperfeito do indicativo e está indicando algo que aconteceu no passado e que ainda prevalece. Na reescrita, o verbo foi conjugado no pretérito perfeito do indicativo e, também, se refere a uma ação passada. O que muda é que nesse caso a ação foi concluída.

A coerência (a lógica) não foi afetada.

Resposta: Certo

Texto CG1A1

Alguns problemas éticos com a inteligência artificial (IA) não são específicos dela. Por exemplo, existem paralelos com outras tecnologias de automação. Considere os robôs industriais que são programados e não são considerados IA, mas que, no entanto, acarretam consequências sociais quando levam ao desemprego. Não só isso, alguns dos problemas da IA estão relacionados às tecnologias com as quais ela está conectada, como mídias sociais e Internet, que, quando combinadas com a IA, nos apresentam novos desafios. É o caso das plataformas de mídia social que usam IA para saber mais sobre seus usuários, o que gera preocupações com a privacidade.

Essa ligação com outras tecnologias também significa que muitas vezes a IA não é visível. Isso é assim em primeiro lugar porque já se tornou uma parte arraigada de nossa vida cotidiana. A IA é frequentemente anunciada em aplicativos novos e espetaculares. Mas não devemos nos esquecer da IA que já alimenta plataformas de mídia social, mecanismos de busca e outras mídias e tecnologias que se tornaram parte de nossa experiência cotidiana. A IA está em todo lugar. A linha entre a

IA propriamente dita e outras formas de tecnologia pode ser confusa, tornando-se a IA invisível: se os sistemas de IA estão incorporados à tecnologia, tendemos a não os notar. E, se sabemos que há IA envolvida, é difícil dizer se é a IA que cria o problema ou o impacto, ou se é a outra tecnologia conectada à IA.

Em certo sentido, não há IA em si: a IA sempre depende de outras tecnologias e está inserida em práticas e procedimentos científicos e tecnológicos mais amplos. Embora ela também levante problemas éticos próprios e específicos, qualquer ética da IA deve estar conectada à ética mais geral das tecnologias de informação e comunicação digital, ética computacional, e assim por diante.

Mark Coeckelberg, Ética na inteligência artificial. São Paulo: Ubu Editora, 2023, p. 78 (com adaptações).

---

19. (Cebraspe - CTI - Tecnologista - 2024) Sem prejuízo da correção gramatical e dos sentidos do texto, o segmento "combinadas com a IA" (penúltimo período do primeiro parágrafo) poderia ser reescrito como **combinadas à IA**.

( ) certo ( ) errado

➢ Comentários:

Nota da autora: Questão de regência, crase e coesão (sentido).

No texto: combinadas **com** algo – sentido de "misturar, juntar coisas, associar".

Na reescrita: combinadas **a** algo – o sentido é o mesmo.

O acento indicativo de crase é obrigatório por haver a contração da preposição "a" e do artigo definido feminino "a" que acompanha o substantivo feminino IA.

Observação: o verbo "combinar" admite apenas preposição "com". No caso, foi usada a preposição "a" para evitar ambiguidade.

Resposta: Certo

---

20. (Cebraspe - CTI - Tecnologista - 2024) A coerência das ideias do terceiro período do primeiro parágrafo seria mantida caso a expressão "no entanto" fosse substituída por **não obstante**.

( ) certo ( ) errado

➢ Comentários:

No texto: *Considere os robôs industriais que são programados e não são considerados IA, mas que, **no entanto**, acarretam consequências sociais quando levam ao desemprego.*

A ideia é de oposição, de contradição.

A locução conjuntiva "no entanto" é coordenativa adversativa.

A locução conjuntiva "não obstante" também possui ideia de oposição, de contradição e pode ser classificada de duas maneiras:

1. **Coordenativa adversativa**: *Conduziu a uma velocidade acima da permitida por lei, não obstante, não conseguiu chegar a tempo.*

   = porém, mas, todavia.

2. **Subordinativa adverbial concessiva**: *Não obstante decisões judiciais, o candidato mantém sua candidatura ao congresso.*
   = apesar de, conquanto, ainda que, embora.

Por esse motivo, a substituição manteria a coerência (lógica) das ideias.

Resposta: Certo

---

21. (Cebraspe - CTI - Tecnologista - 2024) No último período do texto, a forma verbal "levante" está flexionada no modo imperativo devido ao emprego da conjunção "Embora".

( ) certo ( ) errado

➢ Comentários:

No texto: Embora ela também levante problemas éticos.

O verbo está indicando dúvida, não ordem ou desejo. Refere-se a algo que pode, ou não, acontecer. Está conjugado no presente do subjuntivo.

Dica: ao usar a conjunção concessiva "embora", o verbo deverá ser conjugado no modo subjuntivo.

= embora estude, embora faça, embora não entenda, embora aconteça (presente).

= embora estudasse, embora fizesse, embora não entendesse, embora acontecesse (pretérito imperfeito).

Resposta: Errado

---

22. (Cebraspe - CTI - Tecnologista - 2024) A inserção de uma vírgula imediatamente após "lugar" (segundo período do segundo parágrafo), além de gramaticalmente correta, preservaria as relações coesivas e de sentido do texto original.

( ) certo ( ) errado

➢ Comentários:

Trecho: *Isso é assim em primeiro lugar porque já se tornou uma parte arraigada de nossa vida cotidiana.*

A oração iniciada pela conjunção "porque" é causal e admite a supressão da vírgula.

Analisemos: apresenta a causa, o motivo, a razão para a situação descrita na oração subordinante.

Se inserir a vírgula, deverá, obrigatoriamente, intercalar a locução adverbial "em primeiro lugar": Isso é assim**, em primeiro lugar,** porque já se tornou uma parte arraigada de nossa vida cotidiana.

Dica: se a oração fosse explicativa, a vírgula seria obrigatória antes da conjunção "porque". Exemplo de explicativa (não indica o motivo, a razão): Ele não está em casa, porque não ouço barulho.

Resposta: Errado

Fragmento de texto para responder às questões.

(...) O Supremo Tribunal Federal, por sua vez, aduziu a interpretação de que o meio ambiente ecologicamente equilibrado inscrito na Carta Cidadã faz parte do rol de cláusulas pétreas, mas, por não estar contido no parágrafo 4.º do artigo 60, é tido como uma cláusula pétrea heterotópica, pela sua posição topográfica em outro capítulo. Diante disso, consagra-se que toda atividade passível de gerar impacto **no meio ambiente** deverá ser bem discutida, de modo a evitar quaisquer interferências negativas ao equilíbrio ambiental. Além disso, inúmeros princípios foram pulverizados nas legislações esparsas que dão supedâneo ao compromisso inarredável de um meio ambiente livre e contínuo em sua função.

Mais recentemente, o legislador ordinário, na esteira da campanha internacional **para com os cuidados** do meio ambiente e dos animais, acrescentou novos parágrafos ao art. 32 da Lei n.º 9.605/1998 (que dispõe sobre penalidades às ações lesivas ao meio ambiente), por meio da Lei n.º 14.064/2020. Com isso, trouxe o aumento de pena para os atos de maus-tratos, ferimentos, mutilações, entre outros, contra cães e gatos. Uma inovação na matéria, pois confere proteção específica, de forma exclusiva e precisa, a dois animais domesticáveis que fazem parte da convivência de uma grande parcela do povo brasileiro.

Primeiramente, é imprescindível analisar tal sanção no que se refere aos animais silvestres, domésticos ou domesticados (da nossa fauna ou de outros países, mas que aqui se encontrem), sem a especificação de nenhuma espécie, **nenhum epíteto**. Ora, a pena é de detenção, de três meses a um ano, e multa. (...)

Internet: <jus.com.br> (com adaptações).

---

23. (Cebraspe - PC AL - Delegado – 2023 - adaptada) A expressão "para com os cuidados" (segundo parágrafo) poderia ser substituída por **que visa aos cuidados**, sem prejuízo da correção gramatical e da coerência do texto.

( ) certo ( ) errado

➢ Comentários:

O verbo "visar", no sentido figurado, significa *possuir como objetivo ou propósito; objetivar*[6].

No texto, o sentido é de finalidade, ou seja, é o mesmo sentido de "visar".

Foi mantida a lógica (coerência) e foi mantida a correção gramatical.

Resposta: Certo

---

24. (Cebraspe - PC AL - Delegado – 2023) No primeiro período do último parágrafo, a expressão "nenhum epíteto" reforça a ideia do termo "nenhuma espécie", visto que ambos apresentam o mesmo sentido no texto.

( ) certo ( ) errado

6. Dicionário Online de Português. Disponível em <www.dicio.com.br/visar/>. Acesso em 8 de Agosto 2023.

➢ Comentários:

"Epíteto" significa *caracterização, descrição,* isto é, possui o mesmo sentido de "espécie" (*qualidade, estirpe, tipo*).

Se possuem o mesmo sentido, a segunda expressão foi usada para reforçar a primeira, para enfatizar a ideia.

Resposta: Certo

---

25. (Cebraspe - PC AL - Delegado – 2023 - adaptada) A correção gramatical do texto seria prejudicada caso o segmento "no meio ambiente" (segundo período do primeiro parágrafo) fosse substituído por **sobre o meio ambiente**.

( ) certo ( ) errado

➢ Comentários:

Nota da autora: Muita atenção! A banca cita apenas a correção gramatical, não o sentido nem a lógica.

No texto: *gerar impacto* ***no meio ambiente***; na reescrita: *gerar impacto* ***sobre meio ambiente***.

A gramática está correta.

Observação: houve apenas alteração de sentido: indica lugar no primeiro caso e indica relação no segundo caso.

Resposta: Errado

Fragmento de texto para responder às questões.

Entre 2016 e 2020, 35 mil crianças e adolescentes de 0 a 19 anos de idade foram mortos de forma violenta no Brasil — uma média de 7 mil por ano. Além disso, de 2017 a 2020, 180 mil sofreram violência sexual — uma média de 45 mil por ano. É o que revela o documento **Panorama da Violência Letal e Sexual contra Crianças e Adolescentes no Brasil**, do Fundo das Nações Unidas para a Infância (UNICEF) e do Fórum Brasileiro de Segurança Pública (FBSP).

Segundo o documento, a violência se dá de forma diferente de acordo com a idade da vítima. Crianças morrem, com frequência, em decorrência da violência doméstica, perpetrada por um agressor conhecido. O mesmo vale para a violência sexual contra elas, cometida dentro de casa, por pessoas próximas. Já os adolescentes morrem, majoritariamente, fora de casa, vítimas da violência armada urbana e do racismo.

Conforme os dados constantes no referido documento, a maioria das vítimas de mortes violentas é adolescente. Das 35 mil mortes violentas de pessoas com idade até 19 anos identificadas entre 2016 e 2020, mais de 31 mil tinham idade entre 15 e 19 anos. A violência letal, nos estados com dados disponíveis para a série histórica, teve um pico entre 2016 e 2017, e vem caindo, voltando aos patamares dos anos anteriores. Ao mesmo tempo, o número de crianças de até 4 anos de idade vítimas de violência letal aumenta, o que traz um sinal de alerta. (...)

Internet: < www.unicef.org> (com adaptações).

26. (Cebraspe - PC AL - Delegado - 2023) O período "Crianças morrem, com frequência, em decorrência da violência doméstica, perpetrada por um agressor conhecido." (segundo parágrafo) poderia ser reescrito, com manutenção das ideias e da correção gramatical do texto, da seguinte forma: **Crianças morrem, frequentemente, decorrente da violência doméstica, cujo agressor é conhecido.**

( ) certo ( ) errado

➢ Comentários:

A expressão "em decorrência de" indica consequência, o que foi ocasionado por uma razão.

Ao substituí-la por "decorrente", o sentido é alterado porque significa "capaz de decorrer; que decorre; que passa (o tempo); posterior".

Além disso, no período original, não possui ideia de posse, como na reescrita. Compare:

Original: violência doméstica, perpetrada por um agressor conhecido (agente da passiva)

= um agressor conhecido pratica a ação criminosa (na voz ativa).

Reescrita: violência doméstica, cujo agressor é conhecido.

= o relativo "cujo" concorda com o termo posterior e indica posse do anterior. Lê-se: o agressor da violência doméstica é conhecido.

A gramática permanece correta, mas, em dois trechos, o sentido foi alterado.

Resposta: Errado

---

27. (Cebraspe - PC AL - Delegado - 2023) Estariam preservadas a correção gramatical e a coerência da organização das ideias do segundo parágrafo caso os dois primeiros períodos fossem unidos em um só, substituindo-se o ponto que segue a palavra "vítima" (primeiro período) por vírgula, desde que feitos os devidos ajustes de maiúscula e minúscula.

( ) certo ( ) errado

➢ Comentários:

A gramática permaneceria correta, mas a coerência da organização das ideias seria alterada:

No texto: *Segundo o documento, a violência se dá de forma diferente de acordo com a idade da vítima. Crianças morrem, com frequência, em decorrência da violência doméstica, perpetrada por um agressor conhecido.*

= o segundo período explica como as crianças morrem.

Na reescrita: *Segundo o documento, a violência se dá de forma diferente de acordo com a idade da vítima, crianças morrem, com frequência, em decorrência da violência doméstica, perpetrada por um agressor conhecido.*

= o paralelismo sintático é alterado. Lê-se:

Segundo o documento, *a violência se dá de forma diferente de acordo com a idade da vítima,*

[**segundo o documento**] *crianças morrem, com frequência, em decorrência da violência doméstica, perpetrada por um agressor conhecido.*

O segundo período passa ter ideia também de conformidade (como o primeiro).

Resposta: Errado

28. (Cebraspe - PC AL - Delegado - 2023) A forma verbal "teve" (terceiro período do terceiro parágrafo) veicula, no texto, o mesmo sentido de **aconteceu**.

( ) certo ( ) errado

➢ Comentários:

Veicula a mesma ideia de **demonstrou**: A violência letal teve (demonstrou) um pico entre 2016 e 2017.

Observação: o verbo "ter", na <u>linguagem coloquial</u>, pode ser <u>impessoal</u> se possuir sentido de "haver" e não admitirá pluralização – Tem momentos difíceis às vezes. Tinha vários livros em cima da mesa.

Resposta: Errado

---

29. (Cebraspe - PC AL - Delegado - 2023) A substituição da locução verbal "vem caindo" (terceiro período do terceiro parágrafo) por **tornou a cair** manteria a correção gramatical do texto, mas não os seus sentidos.

( ) certo ( ) errado

➢ Comentários:

A correção gramatical seria mantida, mas o sentido seria alterado:

A violência letal teve um pico entre 2016 e 2017, e **vem caindo** = a ação está acontecendo.

A violência letal teve um pico entre 2016 e 2017, e **tornou a cair** = parou de cair e voltou a cair de novo.

Resposta: Certo

---

30. (Cebraspe - PC AL - Delegado - 2023) A substituição da expressão "Ao mesmo tempo" (último período do terceiro parágrafo) por **Ao passo que** prejudicaria a coesão e a correção gramatical do texto.

( ) certo ( ) errado

➢ Comentários:

A expressão "ao mesmo tempo" e a expressão "ao passo que" indicam simultaneidade, ou seja, os fatos aconteceram juntos. O sentido é mantido.

Quanto à gramática, haveria incorreção porque precisaria retirar a vírgula:

no texto: Ao mesmo tempo, o número de crianças de até 4 anos de idade vítimas de violência letal aumenta, o que traz um sinal de alerta;

na reescrita: Ao passo **que,** o número de crianças de até 4 anos de idade vítimas de violência letal aumenta, o que traz um sinal de alerta.

Resposta: Certo

Texto 2A1-I

O ordenamento jurídico vem sendo confrontado com as inovações tecnológicas decorrentes da aplicação da inteligência artificial (IA) nos sistemas computacionais. Não apenas se vivencia uma ampliação do uso de sistemas lastreados em IA no cotidiano, como também se observa a existência de robôs com sistemas computacionais cada vez mais potentes, nos quais os algoritmos passam a decidir autonomamente, superando a programação original. Nesse contexto, um dos grandes desafios ético-jurídicos do uso massivo de sistemas de inteligência artificial é a questão da responsabilidade civil advinda de danos decorrentes de robôs inteligentes, uma vez que os sistemas delituais tradicionais são baseados na culpa e essa centralidade da culpa na responsabilidade civil se encontra desafiada pela realidade de sistemas de inteligência artificial.

Perante a autonomia algorítmica na qual os sistemas de IA passam a decidir de forma diversa da programada, há uma dificuldade de diferenciar quais danos decorreram de erro humano e aqueles que derivaram de uma escolha equivocada realizada pelo próprio sistema ao agir de forma autônoma. O comportamento emergente da máquina, em função do processo de aprendizado profundo, sem receber qualquer controle da parte de um agente humano, torna difícil indicar quem seria o responsável pelo dano, uma vez que o processo decisório decorreu de um aprendizado automático que culminou com escolhas equivocadas realizadas pelo próprio sistema. Há evidentes situações em que se pode vislumbrar a existência de culpa do operador do sistema, como naquelas em que não foram realizadas atualizações de *software* ou, até mesmo, de quebra de deveres objetivos de cuidado, como falhas que permitem que *hackers* interfiram no sistema. Entretanto, excluídas essas situações, estará ausente o juízo de censura necessário para a responsabilização com base na culpa.

B. L. da Anunciação Melo e H. Ribeiro Cardoso. Sistemas de inteligência artificial e responsabilidade civil: uma análise da proposta europeia acerca da atribuição de personalidade civil. In: Revista Brasileira de Direitos Fundamentais & Justiça, 16(1), 2020, p. 93-4 (com adaptações).

---

31. (CEBRASPE - MP SC - Promotor - 2023) No segundo parágrafo, o vocábulo "que", em "que culminou com escolhas" (antepenúltimo período) e "que *hackers* interfiram no sistema" (penúltimo período), pertence à mesma classe gramatical.

( ) certo ( ) errado

➢ Comentários:

1. decorreu de um aprendizado automático **que** culminou com escolhas equivocadas

   - Retoma "um aprendizado automático" e pode ser substituído por **o qual** = **pronome relativo**;

2. falhas que permitem **que** *hackers* interfiram no sistema

   - cabe o pronome catafórico "isto" antes do "que" = **conjunção integrante.**

   Dica: perceba que algo será mencionado = falhas que permitem isto...

   Se é conjunção integrante, nesse caso, liga a oração principal à subordinada substantiva objetiva direta, pois a oração principal termina com um verbo transitivo direto.

Resposta: Errado

32. (CEBRASPE - MP SC - Promotor - 2023) A classificação gramatical do vocábulo "como" em "como também se observa a existência de robôs" (segundo período do primeiro parágrafo) é distinta de sua classificação em "como naquelas em que não foram realizadas atualizações" (penúltimo período do segundo parágrafo).

( ) certo ( ) errado

➢ Comentários:

A classificação é distinta, compare nos dois trechos:

1. *Não apenas se vivencia uma ampliação do uso de sistemas lastreados em IA no cotidiano,* ***como também*** *se observa a existência de robôs com sistemas computacionais cada vez mais potentes.*

   → A **locução conjuntiva** "como também" indica adição, é coordenativa e correlativa (ou copulativa).

   Dica: conjunções correlativas são **pares de conjunções** que unem dois elementos de igual importância em uma frase.

   As mais comuns são: ***não só, mas também / ou, ou / nem, nem / ora, ora / quer, quer.***

   Esses pares de conjunções correlativas podem juntar palavras, frases ou orações dentro de uma frase.

2. *Há evidentes situações em que se pode vislumbrar a existência de culpa do operador do sistema, como naquelas em que não foram realizadas atualizações de software.*

   → A **conjunção** "como" é **subordinativa adverbial comparativa**, ou seja, pode ser substituída por "tal qual".

Resposta: Certo

---

33. (CEBRASPE - MP SC - Promotor - 2023) No primeiro período do segundo parágrafo, o vocábulo "quais" classifica-se como conjunção integrante, pois introduz uma oração que funciona como complemento do verbo "diferenciar".

( ) certo ( ) errado

➢ Comentários:

No texto: *há uma dificuldade de diferenciar* ***quais*** *danos decorreram de erro humano.*

Há apenas dois vocábulos que são classificados como conjunção integrante: **que** e **se**.

No texto, trata-se de pronome interrogativo – a oração é interrogativa indireta (sem o ponto de interrogação).

Resposta: Errado

Fragmento de texto para responder à questão.

(...) A Constituição de 1988 é dotada de um capítulo próprio sobre o MP. Atendendo às características federais do Estado brasileiro, a CF trata do Ministério Público da União e daquele dos diversos estados-membros da Federação. (...)

Internet: www.anpr.org.br (com adaptações)

34. (CEBRASPE - MP SC - Promotor - 2023 - adaptada) Estaria preservada a correção gramatical do texto caso a oração "Atendendo às características federais do Estado brasileiro" (segundo período) fosse reescrita da seguinte maneira: **Atendendo a características federais do Estado brasileiro**.

( ) certo ( ) errado

➢ Comentários:

Nota da autora: Questão de reescrita e de crase. Perceba que a banca não menciona alteração de sentido, apenas exige a análise da correção gramatical.

Em singular (a) + plural (características) nunca poderá haver o sinal indicativo de crase porque não existe o artigo definido feminino plural.

Dica para a próxima prova: o sentido é alterado quando se retira o artigo definido, pois este define de forma precisa o substantivo.

Resposta: Certo

Fragmento de texto para responder às questões.

Justiça é justiça social. É atualização dos princípios condutores, emergindo nas lutas sociais, para levar à criação de uma sociedade em que cessem a exploração e a opressão do homem pelo homem. O direito não é mais, nem menos, do que a expressão daqueles princípios supremos, como modelo avançado de legítima organização social da liberdade. Mas até a injustiça como também o antidireito (isto é, a constituição de normas ilegítimas e sua imposição em sociedades mal organizadas) fazem parte do processo, pois nem a sociedade justa, nem a justiça corretamente vista, nem o direito mesmo, o legítimo, nascem de um berço metafísico ou são presente generoso dos deuses: eles brotam nas oposições, no conflito, no caminho penoso do progresso, com avanços e recuos. (...)

Roberto Lyra Filho. O que é direito. São Paulo: Brasiliense, 2003, p. 86 (com adaptações).

35. (CEBRASPE - MP SC - Promotor - 2023 - adaptada) Em "opressão do homem" (segundo período) e "presente generoso dos deuses" (último período), a substituição das locuções adjetivas "do homem" e "dos deuses" pelos adjetivos **humana** e **divino**, respectivamente, manteria a correção gramatical e as relações coesivas do texto original.

( ) certo ( ) errado

➢ Comentários:

Manteria a correção gramatical, mas as relações coesivas seriam alteradas. Basta analisar a primeira substituição sugerida.

1. cessem a exploração e a opressão <u>do homem</u> pelo homem

   cessem a exploração e a opressão **humana** pelo homem

   → na frase original, a expressão "do homem pelo homem" está ligada à exploração e à opressão; na reescrita, "humana" caracteriza apenas a "opressão".

   Para se referir aos dois termos, o adjetivo deveria estar no plural (humanas).

2. nascem de um berço metafísico ou são presente generoso <u>dos deuses</u>
   nascem de um berço metafísico ou são presente generoso **divino**
   → nesse caso, são mantidas a correção gramatical e a relação coesiva.

Resposta: Errado

---

36. (CEBRASPE - MP SC - Promotor - 2023 - adaptada) No último período, a flexão de plural e de gênero masculino na forma pronominal "eles" justifica-se pelo fato de o referente desse pronome, no texto, ser constituído por mais de um termo e apresentar diferentes gêneros gramaticais.
( ) certo ( ) errado

➢ Comentários:

É imprescindível voltar ao período anterior:

Mas até a injustiça como também o antidireito fazem parte do processo, pois nem a sociedade justa, nem a justiça corretamente vista, nem o direito mesmo, o legítimo, nascem de um berço metafísico ou são presente generoso dos deuses: <u>**eles**</u> brotam nas oposições, no conflito, no caminho penoso do progresso, com avanços e recuos.

A pergunta é: O que brotam nas oposições?

Resposta: A sociedade, a justiça, o direito.

São três termos: dois femininos e um masculino. Ao pluralizar, o masculino (direito) prevalece: eles.

Resposta: Certo

Texto 2A1-I

Quando se trata de obesidade, é importante ter em mente que vivemos um grave problema de saúde pública. Dados de 2019 do Ministério da Saúde apontam que cerca de 50% da população possuem excesso de peso (ou seja, têm índice de massa corporal – IMC – maior que 25) e 20% da população são obesos (IMC maior que 30).

As pesquisas são claras ao dizer que há correlação entre a condição de sobrepeso e de obesidade e a mortalidade por doenças cardíacas. Por isso, não é correto dizer que está tudo bem se a obesidade no país aumentar drasticamente. Mas, nesse contexto, muitas pessoas se amparam em um discurso médico para lembrar constantemente a toda pessoa gorda que ela precisa urgentemente emagrecer, o que também não é correto.

Médicos e nutricionistas garantem que é perfeitamente possível uma pessoa gorda ser mais saudável que uma pessoa magra. Magreza não é sinônimo de saúde, e não só gordos têm diabetes, hipertensão, problemas cardíacos e problemas articulares.

O excesso de peso e a obesidade têm diversas causas, como fatores genéticos, fisiológicos, sociais, psicológicos e nutricionais. Portanto, quando alguém diz a uma pessoa gorda que ela é assim porque quer ou porque não se esforça para emagrecer, está ignorando uma série de fatores que podem dificultar muito esse processo. Além disso, uma pessoa pode perder peso tomando remédios fortes, submetendo-se a cirurgias, adotando dietas agressivas ou longos períodos de jejum. Mas isso não significa que a saúde melhore.

O consumo excessivo de açucarados e de baixa qualidade nutricional é um fator importante para o crescimento da obesidade. Se os pais de uma criança permitem que ela tenha uma rotina mais sedentária, tenha como fonte de lazer o celular, o *videogame*, o computador e a televisão, e coma muitos produtos açucarados, ela pode adquirir sobrepeso ou mesmo obesidade. A genética, o meio social, a condição psicológica e até o desmame precoce são alguns dos fatores que também podem influenciar esse processo.

Os fiscais do corpo alheio que se convencem de que estão apenas incentivando as pessoas a emagrecerem podem não estar ajudando em nada. O estigma social em torno do corpo gordo leva as pessoas a buscar medidas extremas, não para alcançar a saúde, mas a magreza. Disso decorrem diversos transtornos alimentares e até o próprio agravamento da obesidade.

Uma pesquisa identificou que cerca de 65% dos executivos têm objeções à contratação de profissionais obesos. A vida das pessoas gordas é minada por diversas perdas de direitos. Se essas pessoas são privadas de dignidade, de acesso pleno aos sistemas de saúde e de concorrência justa aos postos de trabalho e submetidas a chacotas e opressões que deterioram sua autoestima e saúde mental, é no mínimo perverso dizer que elas são culpadas pela própria obesidade. Quem deve dizer se o excesso de peso de uma pessoa é um problema para a saúde dela é um profissional de saúde, amparado por tantos exames quanto forem necessários.

Lucas Mascarenhas de Miranda. Gordofobia na tela: um reflexo da sociedade. In: Ciência Hoje, ed. 385, mar./2022, p. 10-12 (com adaptações).

---

37. (Cebraspe - PC PE - Escrivão - 2024) Em relação ao período "Disso decorrem diversos transtornos alimentares e até o próprio agravamento da obesidade.", no final do penúltimo parágrafo do texto 2A1-I, assinale a opção correta.

A) O termo "Disso" retoma "a magreza", presente no período imediatamente anterior.

B) O termo "Disso" funciona como sujeito da oração que forma o período em questão.

C) O sujeito da oração que forma o período em questão classifica-se como simples.

D) O verbo **decorrer** exige complemento introduzido por preposição.

E) A substituição do termo "Disso" por **Nisso** seria gramaticalmente correta.

➢ Comentários:

Alternativa "a" – Retoma a ideia toda do período anterior: *O estigma social em torno do corpo gordo leva as pessoas a buscar medidas extremas, não para alcançar a saúde, mas a magreza.*

Alternativa "b" – Na ordem direta: sujeito (composto) + verbo (transitivo indireto) + complemento (objeto indireto) = diversos transtornos alimentares e até o próprio agravamento da obesidade decorrem disso.

O termo "disso" possui função de objeto indireto, ou seja, complementa o verbo "decorrer".

Alternativa "c" – O sujeito é composto porque possui dois núcleos: *diversos <u>transtornos</u> alimentares e até o próprio <u>agravamento</u> da obesidade.*

Alternativa "d" – O verbo é transitivo indireto e exige a preposição "de": decorre de algo.

Alternativa "e" – Como mencionado na alternativa anterior, o verbo exige a preposição "de". A regência estaria incorreta ao inserir a preposição "em".

Observação: seria aceitável se fosse intransitivo e seguido de adjunto adverbial: decorre em algumas cidades. Não é o caso.

RESPOSTA: D

38. (Cebraspe - PC PE - Escrivão - 2024) Cada uma das opções a seguir apresenta uma proposta de reorganização da estrutura do seguinte período do quarto parágrafo do texto 2A1-I: "Portanto, quando alguém diz a uma pessoa gorda que ela é assim porque quer ou porque não se esforça para emagrecer, está ignorando uma série de fatores que podem dificultar muito esse processo.".

Assinale a opção em que a proposta apresentada mantém a correção gramatical e o sentido do texto.

A) Quando alguém diz a uma pessoa gorda que ela é assim porque quer ou porque não se esforça para emagrecer, está, portanto, ignorando uma série de fatores que podem dificultar muito esse processo.

B) Portanto, alguém quando diz a uma pessoa gorda que ela é assim, porque quer ou porque não se esforça para emagrecer, está ignorando uma série de fatores que podem dificultar muito esse processo.

C) Portanto quando alguém diz a uma pessoa gorda que ela é assim, porque quer ou porque não se esforça para emagrecer, está ignorando uma série de fatores, que podem dificultar muito esse processo.

D) Quando alguém diz a uma pessoa gorda que ela é assim porque quer, ou porque não se esforça para emagrecer, está ignorando uma série de fatores, que podem, portanto, dificultar muito esse processo.

E) Quando alguém diz a uma pessoa gorda que ela é assim porque quer ou porque não se esforça para emagrecer, está ignorando portanto uma série de fatores que podem dificultar muito esse processo.

➢ Comentários:

Alternativa "a" – Ocorreu intercalação do conectivo "portanto", demarcada por vírgulas. O sentido permanece idêntico e a gramática está correta.

Alternativa "b" – Inversão incorreta: quando alguém diz (correta).

Alternativa "c" – Faltou vírgula após a conjunção "portanto" para demarcar a inversão da oração adverbial.

Alternativa "d" – O deslocamento da conjunção "portanto" altera o sentido. Além disso, não pode haver vírgula antes do pronome relativo porque a oração é adjetiva restritiva.

Alternativa "e" – É necessário intercalar a conjunção "portanto".

RESPOSTA: A

---

39. (Cebraspe - PC PE - Escrivão - 2024) Em relação a aspectos linguísticos do terceiro período do último parágrafo do texto 2A1-I, julgue os itens a seguir.

I Os termos "de dignidade", "de acesso pleno aos sistemas de saúde" e "de concorrência justa aos postos de trabalho" são regidos sintaticamente pelo termo "privadas".

II A inclusão da forma pronominal **sua** imediatamente antes de "saúde mental" preservaria a correção gramatical do texto.

III A correção gramatical do período seria mantida se fosse eliminada a forma pronominal "elas".

Assinale a opção correta.

A) Apenas o item II está certo.

B) Apenas o item III está certo.

C) Apenas os itens I e II estão certos.

D) Apenas os itens I e III estão certos.

E) Todos os itens estão certos.

➢ Comentários:

No texto: *Se essas pessoas são privadas de dignidade, de acesso pleno aos sistemas de saúde e de concorrência justa aos postos de trabalho e submetidas a chacotas e opressões que deterioram sua autoestima e saúde mental, é no mínimo perverso dizer que elas são culpadas pela própria obesidade.*

I. Certo. No texto: privadas → de dignidade,
→ de acesso pleno aos sistemas de saúde e
→ de concorrência justa aos postos de trabalho

Ocorre paralelismo sintático: os termos são coordenados e completam o predicativo do sujeito (privadas), ou seja, são complementos nominais.

I. Certo. Com inserção: deterioram sua autoestima e **sua** saúde mental.

Lê-se: autoestima das pessoas [obesas] e saúde mental das pessoas [obesas].

II. Certo. O sujeito ficaria implícito na oração, mas estaria evidente que está relacionado com "as pessoas [obesas]" – elemento mencionado no início do período.

RESPOSTA: E

---

40. (Cebraspe - PC PE - Escrivão - 2024) No segundo período do último parágrafo do texto 2A1-I, a palavra "minada" corresponde a uma forma de particípio do verbo **minar**, que, nesse contexto, tem o mesmo significado de

A) brotar.

B) prejudicar.

C) fomentar.

D) despontar.

E) irromper.

➢ Comentários:

No texto:

A vida das pessoas gordas é minada por diversas perdas de direitos.

Alternativa "a" – Não possui sentido de *nascer, surgir, despontar, desabrochar.*

Alternativa "b" – Está no sentido figurado, possui sentido de *consumir pouco a pouco*[7], *prejudicar.*

Alternativa "c" – Não possui sentido de *estimular, incentivar ou despertar o interesse por.*

Alternativa "d" – Não possui sentido de *começar a aparecer; surgir.*

Alternativa "e" – Não possui sentido de *invadir; entrar com ímpeto ou violentamente.*

RESPOSTA: B

---

7. Dicionário Online de Português. Disponível em < https://www.dicio.com.br/minar/>. Acesso em 27 Abril de 2024.

Texto 2A1-II

Desse antigo verão que me alterou a vida restam ligeiros traços apenas. (...)

Sem dúvida as árvores se despojaram e enegreceram, o açude estancou, as porteiras dos currais se abriram, inúteis. É sempre assim. Contudo, ignoro se as plantas murchas e negras foram vistas nessa época ou em secas posteriores, e guardo na memória um açude cheio, coberto de aves brancas e de flores. (...)

O meu verão é incompleto. O que me deixou foi a lembrança de importantes modificações nas pessoas. De ordinário pachorrentas, azucrinaram-se como tanajuras, zonzas. Findaram as longas conversas no alpendre, as visitas, os risos sonoros, os negócios lentos; surgiram rostos sombrios e rumores abafados. Enorme calor, nuvens de poeira. E no calor e na poeira, homens indo e vindo sem descanso, molhados de suor, aboiando monotonamente. (...)

Um dia faltou água em casa. Tive sede e recomendaram-me paciência. A carga de ancoretas chegaria logo. Tardou, a fonte era distante – e fiquei horas numa agonia, rondando o pote, com brasas na língua. (...) Chorei, embalei-me nas consolações, e os minutos foram pingando vagarosos. A boca enxuta, os beiços gretados, os olhos turvos, queimaduras interiores (...) E em redor os objetos se deformavam, trêmulos. Veio a imobilidade, veio o esquecimento. Não sei quanto durou o suplício. (...)

Espanto, e enorme, senti ao enxergar meu pai abatido na sala, o gesto lento. Habituara-me a vê-lo grave, silencioso, acumulando energia para gritos medonhos. Os gritos vulgares perdiam-se; os dele ocasionavam movimentos singulares: as pessoas atingidas baixavam a cabeça, humildes, ou corriam a executar ordens. Eu era ainda muito novo para compreender que a fazenda lhe pertencia. Notava diferenças entre os indivíduos que se sentavam nas redes e os que se acocoravam no alpendre. O gibão de meu pai tinha diversos enfeites; no de Amaro havia numerosos buracos e remendos. As nossas roupas grosseiras pareciam-me luxuosas comparadas à chita de sinhá Leopoldina, à camisa de José Baía, sura, de algodão cru. (...) Meu pai era terrivelmente poderoso, e essencialmente poderoso. Não me ocorria que o poder estivesse fora dele, de repente, o abandonasse, deixando-o fraco e normal, um gibão roto sobre a camisa curta.

Graciliano Ramos. Infância. Rio de Janeiro/São Paulo: Record, 2022, p. 29-33 (com adaptações)

---

41. (Cebraspe - PC PE - Escrivão - 2024) Em relação a aspectos linguísticos do trecho "Espanto, e enorme, senti ao enxergar meu pai abatido na sala, o gesto lento. Habituara-me a vê-lo grave, silencioso, acumulando energia para gritos medonhos", do último parágrafo do texto 2A1-II, julgue os itens a seguir.

I O adjetivo "enorme" qualifica o termo "Espanto".

II Os termos "grave" e "silencioso" funcionam como predicativos que se referem ao pai do narrador.

III O tempo em que está flexionada a forma verbal "Habituara" projeta essa ação para o futuro.

Assinale a opção correta.

A) Apenas o item II está certo.

B) Apenas o item III está certo.

C) Apenas os itens I e II estão certos.

D) Apenas os itens I e III estão certos.

E) Todos os itens estão certos.

➢ Comentários:

I. Certo. Lê-se: senti um espanto enorme.

II. Certo. Ver [meu pai] [e ele estava] grave e silencioso.

"meu pai": objeto direto

"grave" e "silencioso": predicativo do objeto.

III. Errado. O verbo está conjugado no pretérito mais-que-perfeito do indicativo. Não possui relação alguma como futuro.

RESPOSTA: C

---

42. (Cebraspe - PC PE - Escrivão - 2024) A respeito de aspectos linguísticos do trecho "Notava diferenças entre os indivíduos que se sentavam nas redes e os que se acocoravam no alpendre. O gibão de meu pai tinha diversos enfeites; no de Amaro havia numerosos buracos e remendos. As nossas roupas grosseiras pareciam-me luxuosas comparadas à chita de sinhá Leopoldina, à camisa de José Baía, sura, de algodão cru. (...) Meu pai era terrivelmente poderoso, e essencialmente poderoso. Não me ocorria que o poder estivesse fora dele, de repente, o abandonasse, deixando-o fraco e normal, um gibão roto sobre a camisa curta", do texto 2A1-II, assinale a opção correta.

A) O termo "os indivíduos" exerce a função de sujeito das formas verbais "sentavam" e "acocoravam".

B) O pronome "me", em "pareciam-me", poderia ser suprimido, junto do hífen, sem prejuízo da correção gramatical do texto.

C) Em "no de Amaro", está elíptico o vocábulo pai diante da preposição "no".

D) O emprego do sinal indicativo de crase em "comparadas à chita de sinhá Leopoldina" deve-se ao fato de os termos da expressão "sinhá Leopoldina" serem femininos.

E) Em "o abandonasse", a forma pronominal "o" retoma "o poder".

➢ Comentários:

Alternativa "a"

1. Os indivíduos que se sentavam: sujeito = que (retoma "indivíduos")
2. Os que se ancoravam no alpendre: sujeito = que (retoma "os" = aqueles – pronome demonstrativo).

Alternativa "b" – ... pareciam luxuosas: a especificação pode ser omitida sem que haja erro gramatical.

Alternativa "c" – Lê-se: **no gibão** de Amaro.

Alternativa "d" – A preposição "a" é exigida pelo vocábulo "comparadas" = comparadas "a" algo. E pelo fato de o termo posterior "chita" ser feminino e admitir o artigo feminino "a".

Alternativa "e" – Lê-se: abandonasse **meu pai**.

RESPOSTA: B

4.2. Questões comentadas

4.2.1. Nível superior

Texto CG1A1-II

Amado nos levou com um grupo para descansarmos na fazenda de um amigo. Esta confirmava as descrições que eu lera no livro de Freyre: embaixo, as habitações de trabalhadores, a moenda, onde se mói a cana, uma capela ao longe; na colina, uma casa. O amigo de Amado e sua família estavam ausentes; tive uma primeira amostra da hospitalidade brasileira: todo mundo achava normal instalar-se na varanda e pedir que servissem bebidas. Amado encheu meu copo de suco de caju amarelo-pálido: ele pensava, como eu, que se conhece um país em grande parte pela boca. A seu pedido, amigos nos convidaram para comer o prato mais típico do Nordeste: a feijoada.

Eu lera no livro de Freyre que as moças do Nordeste casavam-se outrora aos treze anos. Um professor me apresentou sua filha, muito bonita, muito pintada, olhos de brasa: quatorze anos. Nunca encontrei adolescentes: eram crianças ou mulheres feitas. Estas, no entanto, fanavam-se com menos rapidez do que **suas antepassadas**; aos vinte e seis e vinte e quatro anos, respectivamente, Lucia e Cristina irradiavam juventude. **A despeito** dos costumes patriarcais do Nordeste, elas tinham liberdades; Lucia lecionava, e Cristina, desde a morte do pai, dirigia, nos arredores de Recife, um hotel de luxo pertencente à família; ambas faziam um pouco de jornalismo, e viajavam.

Simone de Beauvoir. A força das coisas. Rio de Janeiro: Nova Fronteira, 2018, p. 497-498 (com adaptações).

---

01. (Cebraspe – MJ SP – Técnico em pesquisa e análise de dados - 2022) No segundo parágrafo, o vocábulo “suas”, em “suas antepassadas”, refere-se a “crianças”.

( ) certo ( ) errado

➢ Comentários:

O pronome demonstrativo “estas” retoma “mulheres feitas”. Em seguida, utiliza o pronome possessivo “suas” também para referir-se às mulheres feitas: são **as antepassadas <u>das mulheres feitas</u>**.

Resposta: Errado

---

02. (Cebraspe – MJ SP – Técnico em pesquisa e análise de dados - 2022) No último período do segundo parágrafo, a expressão “A despeito” poderia ser substituída por **Apesar**, sem prejuízo da correção gramatical e dos sentidos originais do texto.

( ) certo ( ) errado

➢ Comentários:

Tanto “a despeito” quanto “apesar” indicam concessão: a gramática continuaria correta e o sentido original seria mantido.

Resposta: Certo

Texto para responder às questões.

Seja como for, está claro que a distinção entre o que seria natural e o que seria cultural não faz o menor sentido para os aborígenes australianos. Afinal de contas, no mundo deles, tudo é natural e cultural ao mesmo tempo. Para que se possa falar de natureza, é preciso que o homem tome distância do meio ambiente no qual está mergulhado, é preciso que se sinta exterior e superior ao mundo que o cerca. Ao se extrair do mundo por meio de um movimento de recuo, ele **poderá** perceber este mundo como um todo. Pensando bem, entender o mundo como um todo, como um conjunto coerente, diferente de nós mesmos e de nossos semelhantes, é uma ideia muito esquisita. Como diz o grande poeta português Fernando Pessoa, vemos claramente que há montanhas, vales, planícies, florestas, árvores, flores e mato, vemos claramente que há riachos e pedras, mas não vemos que há um todo ao qual isso tudo pertence, afinal só conhecemos o mundo por suas partes, jamais como um todo. Mas, a partir do momento em que nos habituamos a representar a natureza como um todo, ela se torna, por assim dizer, um grande relógio, do qual podemos desmontar o mecanismo e **cujas** peças e engrenagem podemos aperfeiçoar. Na realidade, essa imagem começou a ganhar corpo relativamente tarde, a partir do século XVII, na Europa. Esse movimento, além de tardio na história da humanidade, só se produziu uma única vez. Para retomar uma fórmula muito conhecida de Descartes, o homem se fez então "mestre e senhor da natureza". Resultou daí um extraordinário desenvolvimento das ciências e das técnicas, mas também a exploração desenfreada de uma natureza composta, a partir de então, de objetos sem ligação com os humanos: plantas, animais, terras, águas e rochas convertidos em meros recursos que podemos usar e dos quais podemos tirar proveito. Naquela altura, a natureza havia perdido sua alma e nada mais nos impedia de vê-la unicamente como fonte de riqueza.

Philippe Descola. Outras naturezas, outras culturas. São Paulo: Editora 34, 2016, p.22-23 (com adaptações).

---

03. (Cespe/Cebraspe - FUNPRESP - Analista Previdenciário/2022) No quarto período do texto, o emprego do futuro na forma verbal "poderá" deve-se não a uma questão de encadeamento temporal, mas, sim, à expressão de uma relação lógica entre as ideias das orações que compõem esse período.

( ) certo ( ) errado

➢ Comentários:

Relação lógica entre as ideias das orações:

Ele poderá perceber o mundo como um todo: **oração principal**;

Quando ele poderá perceber?

Ao se extrair do mundo por meio de um movimento de recuo: **oração subordinada adverbial temporal reduzida de infinitivo**.

O verbo *poderá* refere-se a uma dúvida. O encadeamento temporal é demonstrado pela oração subordinativa.

Resposta: Certo

04. (Cespe/Cebraspe - FUNPRESP - Analista Previdenciário/2022) No sétimo período do texto, o pronome "cujas" remete a "mecanismo".

( ) certo ( ) errado

➢ Comentários:

O pronome relativo "cujas" concorda com o termo posterior e indica posse do termo anterior. Lê-se: podemos aperfeiçoar **peças** e engrenagens **do relógio**.

O mecanismo pode ser desmontado por nós, ou seja, não possui relação alguma com o pronome relativo.

Resposta: Errado

---

05. (Cespe/Cebraspe - FUNPRESP - Analista Previdenciário/2022) As expressões "daí" e "a partir de então", no penúltimo período do texto, e "Naquela altura", no último período, estabelecem uma sucessão temporal composta de três momentos distintos.

( ) certo ( ) errado

➢ Comentários:

As expressões referem-se a um único momento: **a partir do século XVII** – quando o homem se fez então "mestre e senhor da natureza".

"daí" → resultou um extraordinário desenvolvimento das ciências e das técnicas;

"a partir de então" → a exploração desenfreada de uma natureza composta de objetos sem ligação com os humanos;

"naquela altura" → a natureza havia perdido sua alma e nada mais nos impedia de vê-la unicamente como fonte de riqueza.

Resposta: Errado

---

06. (Cespe/Cebraspe - FUNPRESP - Analista Previdenciário/2022) Seriam mantidas a correção gramatical e a coerência do texto caso o trecho "Mas, a partir do momento em que nos habituamos a representar a natureza como um todo, ela se torna, por assim dizer, um grande relógio" (sétimo período) fosse reescrito da seguinte forma: Porém, desde que passamos a compreender a natureza como uma totalidade em si, ela se transformou em uma espécie de grande maquinário.

( ) certo ( ) errado

➢ Comentários:

Nota da autora: Divida o período para facilitar.

Mas = porém – conjunções coordenativas adversativas;

A partir do momento = desde que

Habituamo-nos a representar a natureza = passamos a compreender a natureza

Como um todo = como uma totalidade em si

Ela se torna = ela se transformou

Um grande relógio = uma espécie de grande maquinário.

Gramática correta e as ideias possuem lógica, isto é, existe nexo.

Atenção! A banca não menciona alteração de sentido, apenas cita a coerência.

Resposta: Certo

---

07. (Cespe/Cebraspe - FUNPRESP - Analista Previdenciário/2022) A expressão "Esse movimento" (nono período) remete à ideia de representar a natureza como um grande relógio.

( ) certo ( ) errado

➢ Comentários:

O pronome "esse" é anafórico.

Pergunta-se: qual movimento só se produziu uma única vez?

Resposta: *a partir do momento em que nos habituamos a representar a natureza como um todo,* ***ela*** [a natureza] ***se torna****, por assim dizer,* ***um grande relógio****, do qual podemos desmontar o mecanismo e cujas peças e engrenagem podemos aperfeiçoar.*

Resposta: Certo

Fragmento de texto para responder às questões.

A palavra sonho significa muitas coisas diferentes: "o sonho da minha vida" e "meu sonho de consumo" **são** expressões usadas pelas pessoas para dizer que pretendem ou conseguiram alcançar algo.

(...)

Deduz-se do anúncio que os sonhos são como **veleiros**, capazes de levar-nos a lugares idílicos, perfeitos, altamente... desejáveis. As equações "**sonho é igual a desejo**, que é igual a dinheiro" têm como variável oculta a **liberdade de ir, ser e principalmente ter**, liberdade que até os mais miseráveis podem experimentar no mundo de regras frouxas do sonho noturno, mas que no sonho diurno é **privilégio apenas dos detentores de um mágico cartão plástico**.

Entretanto, a rotina do trabalho diário e a falta de tempo para dormir e sonhar, que **acometem** a maioria dos trabalhadores, são cruciais para o mal-estar da civilização contemporânea. É gritante o contraste entre a relevância motivacional do sonho e sua banalização no mundo industrial globalizado. No século XXI, a busca pelo sono perdido envolve rastreadores de sono, colchões high-tech, máquinas de estimulação sonora, pijamas com biossensores, robôs para ajudar a dormir e uma cornucópia de remédios. A indústria da saúde do sono, um setor que cresce aceleradamente, tem valor estimado entre 30 bilhões e 40 bilhões de dólares. Mesmo assim impera a insônia. Se o tempo é sempre escasso, se despertamos diariamente com o toque insistente do despertador, ainda sonolentos e já atrasados para cumprir compromissos que se renovam ao infinito, se tão poucos se lembram de que sonham pela simples falta de oportunidade de contemplar a vida interior, quando a insônia grassa e o bocejo se impõe, chega-se a duvidar da sobrevivência do sonho. (...)

Sidarta Ribeiro. O oráculo da noite: a história e a ciência do sonho. São Paulo: Companhia das Letras, 2019, p. 19-20 (com adaptações).

08. (Cebraspe – PG DF – Analista Jurídico – Administração – 2021 - adaptada) Sem prejuízo da informação originalmente veiculada pelo fragmento de texto, a forma verbal "acometem" poderia ser substituída por **atacam**, dados os sentidos do verbo **acometer** e o contexto em que ele foi empregado no trecho.

( ) certo ( ) errado

➢ Comentários:

É necessário fazer três análises:

1. **Semântica**: "acometer" significa *ocasionar uma ação agressiva ou violenta (contra alguém ou alguma coisa); atacar;*
2. **Tempo e modo verbais**: os dois verbos estão no presente do indicativo;
3. **Concordância**: o verbo *atacar* também está no plural e concorda com o sujeito composto.

Resposta: Certo.

---

09. (Cebraspe – PG DF – Analista Jurídico – Administração – 2021 - adaptada) O trecho "privilégio apenas dos detentores de um mágico cartão plástico" refere-se, textualmente, à "liberdade de ir, ser e principalmente ter".

( ) certo ( ) errado

➢ Comentários:

Exatamente. A "liberdade de ir, ser e principalmente ter" é "privilégio apenas dos detentores de um mágico cartão plástico".

Resposta: Certo.

---

10. (Cebraspe – PG DF – Analista Jurídico – Administração – 2021 - adaptada) Seriam preservados o sentido original do fragmento de texto e sua correção gramatical caso o trecho 'sonho é igual a desejo' fosse substituído por **sonhar é igual à desejar.**

( ) certo ( ) errado

➢ Comentários:

O sentido é mantido, pois os substantivos foram substituídos por verbos que possuem o mesmo significado.

A gramática estaria incorreta porque não pode haver o sinal indicativo de crase antes de verbo.

Resposta: Errado.

4.2.2. Carreiras fiscais

Texto para responder às questões.

As forças da natureza são obviamente indiferentes a modos de produção, tempo e espaço. Mas são as estruturas sociais que determinam as consequências, o grau de sofrimento e quem morre mais. Em 1989, o terremoto de São Francisco, de intensidade 7,1 na escala Richter, causou a morte de 63 pessoas e deixou cerca de 3.700 feridos. Em 2010, o terremoto em Porto Príncipe, no Haiti, de magnitude 7,0 na escala Richter, matou mais de 300 mil pessoas e deixou 300 mil feridos. Dez meses depois, uma epidemia de cólera matou 9 mil pessoas.

Quando a natureza atinge a existência humana, o impulso primário é buscar o culpado mais à mão no imaginário. Pode ser Deus, a cruel natureza ou o enigmático ente a que se denomina destino. Mas muito frequentemente destino é uma expressão que encobre com um véu de irracionalidade o que é apenas obra humana.

O vírus atinge o planeta. O vírus ameaça a humanidade. **Planeta ou humanidade designam tanto os habitantes de Manhattan, da Avenue Foch, em Paris, do Leblon, no Rio de Janeiro, ou dos Jardins, em São Paulo, como também designam os 800 milhões de pessoas que passam fome no mundo, segundo dados da Organização das Nações Unidas (2017).** No planeta vive o 1% das pessoas que detém renda maior que os restantes 99% da população mundial. Vivem 42 pessoas cuja riqueza é igual à de 3,7 bilhões dos mais pobres que lutam para sobreviver, para suprir necessidades básicas. Vivem os que têm renda para ficar em casa e fazer suas compras de alimentos pela Internet, os que não vão comer hoje por causa da pandemia e os que já não comiam antes da pandemia. **Vivem os que podem se isolar e os que moram em aglomerados miseráveis, em um cômodo apenas, para os quais as palavras "confinamento", "isolamento" ou "quarentena" são piadas de mau gosto.** Vivem 4,5 bilhões de pessoas que não têm saneamento nem água encanada, desprovidas das condições mínimas de higiene.

Internet: <revistacult.uol.com.br> (com adaptações).

---

01. (Cespe/Cebraspe - DPE DF - Auditoria/2022) O sentido original do texto e sua correção gramatical seriam mantidos caso seus dois primeiros períodos passassem a compor um único período, da seguinte maneira: As forças da natureza são obviamente indiferentes a modos de produção, tempo e espaço, mas, são as estruturas sociais que determinam as consequências, o grau de sofrimento e quem morre mais.

( ) certo ( ) errado

➢ Comentários:

Nota da autora: A banca analisa o sinal de pontuação após a conjunção.

A **vírgula anteposta** à conjunção coordenada adversativa "mas" é **obrigatória**.

A **vírgula posposta** à conjunção coordenada adversativa "mas" é **proibida**.

Exceção: em casos de intercalação – Ele saiu, mas, apesar do conflito, voltou rapidamente.

Como na reescrita apresentada não há intercalação, a segunda vírgula é proibida.

Resposta: Errado

02. (Cespe/Cebraspe - DPE DF - Auditoria/2022) Sem prejuízo do sentido original e da correção gramatical do texto, o segundo período do terceiro parágrafo (“Planeta... Unidas (2017)).” poderia ser reescrito da seguinte forma: Os habitantes de Manhattan, os da Avenue Foch, em Paris, os do Leblon, no Rio de Janeiro, ou os dos Jardins, em São Paulo, tanto quanto os 800 milhões de pessoas que, segundo dados da Organização das Nações Unidas (2017), passam fome no mundo, enquadram-se na designação dos termos planeta e humanidade.

( ) certo ( ) errado

➢ Comentários:

Nota da autora: A banca refere-se ao **terceiro** período do terceiro parágrafo.

As expressões “tanto quanto” e “como também” indicam adição.

A conjunção “ou” e a conjunção “e” também indicam adição.

O verbo “designam” pode ser substituído pela expressão “enquadram-se na designação” por significar *nomear, determinar, caracterizar.*

Quanto à ordem, encontre os sujeitos e retire a intercalação para facilitar.

Sujeitos no texto:

1. Do verbo “passar”: os 800 milhões de pessoas;
2. Do verbo “designar”: planeta ou humanidade.

Complementos verbais: os habitantes de Manhattan, os da Avenue Foch, os do Leblon, ou os dos Jardins, os 800 milhões de pessoas.

Sujeitos na reescrita:

1. Do verbo “passar”: os 800 milhões de pessoas;
2. Do verbo “enquadrar-se”: os habitantes de Manhattan, os da Avenue Foch, os do Leblon, ou os dos Jardins, os 800 milhões de pessoas.

Não ocorreu prejuízo no sentido nem incorreção gramatical.

Resposta: Certo

---

03. (Cespe/Cebraspe - DPE DF - Auditoria/2022) No período “Vivem os que podem se isolar e os que moram em aglomerados miseráveis, em um cômodo apenas, para **os quais** as palavras ‘confinamento’, ‘isolamento’ ou ‘quarentena’ são piadas de mau gosto” (último parágrafo), “os quais” tem como referente “os que moram em aglomerados miseráveis, em um cômodo apenas”.

( ) certo ( ) errado

➢ Comentários:

1. É **pronome relativo** – equivale a “que”;
2. É **anafórico** – retoma termos já mencionados;
3. É necessário atentar-se ao contexto: para quem as palavras ‘confinamento’, ‘isolamento’ ou ‘quarentena’ são piadas de mau gosto? **Para os que moram em aglomerados miseráveis, em um cômodo apenas.**

Perceba que não pode retomar “os que podem se isolar”.

Resposta: Certo

Fragmento de texto para responder à questão.

Diante da lei **está** um porteiro. Um homem do campo dirige-se a este porteiro e pede para entrar na lei. Mas o porteiro diz que agora não pode permitir-lhe a entrada. O homem do campo reflete e depois pergunta se então não pode entrar mais tarde. "É possível", diz o porteiro, "mas agora não". (...)

Franz Kafka. O processo. Tradução de Modesto Carone. Companhia das Letras, 1997 (com adaptações).

---

04. (Cespe/Cebraspe - DPE DF - Auditoria/2022 - adaptada) A forma verbal "está" poderia ser substituída por **se posta**, sem prejuízo dos sentidos e da correção gramatical do texto.

( ) certo ( ) errado

➢ Comentários:

O verbo pronominal "postar-se" significa *colocar em determinada posição ou local, normalmente, visando sua permanência (nesta posição ou local) durante certo tempo; posicionar-se.*

O verbo "estar" possui significado equivalente: *permanecer, durante um tempo, em determinado momento ou lugar.*

Resposta: Certo

Fragmento de texto para responder à questão.

(...) Coexistem, em todos os suicídios, a apologia e a aquiescência. Como diz o sacerdote, em triste zombaria (seria mesmo zombaria?): "A justiça nada quer de ti. **Acolhe-te quando vens e te deixa ir quando partes**". Essa formulação está muito próxima de ser uma definição da vida humana, da liberdade de ser culpado, que é a liberdade concedida ao homem expulso do Paraíso. Quem, senão Kafka, teria sido capaz de dizer isso em tão poucas palavras? Ou se saber condenado por ter sido capaz de fazê-lo?

George Steiner. Um comentário sobre O processo de Kafka. In: Nenhuma paixão desperdiçada. Tradução de Maria Alice Máximo. Rio de Janeiro: Record, 2001 (com adaptações).

---

05. (Cespe/Cebraspe - DPE DF - Auditoria/2022) Em 'Acolhe-te quando vens e te deixa ir quando partes', a conjunção 'e' poderia ser substituída por ponto e vírgula, sem prejuízo do sentido original e da correção gramatical do texto.

( ) certo ( ) errado

➢ Comentários:

O sentido não seria alterado porque o sinal de ponto e vírgula pode separar orações coordenadas não unidas por conjunção, que guardem relação entre si.

Ocorreria erro gramatical, pois o pronome pessoal oblíquo átono não pode vir posposto ao sinal de pontuação.

Resposta: Errado

Fragmento de texto para responder à questão.

> A ideia de cultura foi cunhada e batizada no terceiro quartel do século XVIII como termo sintético para designar a administração do pensamento e do comportamento humanos. A palavra "cultura" não nasceu como um termo descritivo, uma forma reduzida para **as já alcançadas**, observadas e registradas regras de conduta de toda uma população. (...)
>
> Zygmunt Bauman. Vida líquida. Carlos Alberto Medeiros (Trad.).
> Rio de Janeiro: Zahar, 2009 (com adaptações).

---

06. (Cebraspe – TCE RJ – Analista Controle Externo - 2021 - adaptada) Infere-se do texto que, imediatamente após o artigo "as", no trecho "as já alcançadas", está omitido o termo **palavras**.

( ) certo ( ) errado

➢ Comentários:

Nota da autora: Basta encontrar o sujeito, ou seja, é imprescindível colocar a oração na ordem direta. O que foram alcançadas? Regras de conduta = sujeito.

Na ordem direta: **Regras de condutas** de toda uma população já alcançadas, observadas e registradas.

Não há relação alguma com o termo "palavras".

Resposta: Errado.

Fragmento de texto para responder à questão.

> (...) O termo "cultura" entrou no vocabulário como o nome de uma atividade intencional. No limiar da Era Moderna, **homens e mulheres**, não mais aceitos como "um dado não problematizado", como elos preordenados na cadeia da criação divina ("divina" como algo inegociável e com o qual não devemos nos imiscuir), indispensáveis, ainda que sórdidos, torpes e deixando muito a desejar, passaram a ser vistos ao mesmo tempo como **maleáveis** e terrivelmente **carentes** de ajustes e melhoras. (...)
>
> Zygmunt Bauman. Vida líquida. Carlos Alberto Medeiros (Trad.).
> Rio de Janeiro: Zahar, 2009 (com adaptações).

---

07. (Cebraspe – TCE RJ – Analista Controle Externo - 2021 - adaptada) Os adjetivos "maleáveis" e "carentes" referem-se a "homens e mulheres".

( ) certo ( ) errado

➢ Comentários:

Nota da autora: Como há várias intercalações, é aconselhável retirá-las para entender melhor o período. Lê-se: homens e mulheres passaram a ser vistos ao mesmo tempo como maleáveis e terrivelmente carentes de ajustes e melhoras.

Homens e mulheres [são] maleáveis e carentes.

Resposta: Certo.

Texto para responder à questão.

Só ao anoitecer Gregor acordou de um sono pesado, parecido com um desmaio. Por certo, não teria acordado muito mais tarde, mesmo que ninguém **o** perturbasse, pois **se** sentia suficientemente descansado e refeito; **no entanto**, tinha a impressão de que um passo furtivo e o ruído da porta do corredor sendo fechada com cuidado o haviam despertado. Aqui e ali, a luz dos postes elétricos da rua projetava pálidas manchas no teto e no alto dos móveis, mas embaixo, onde ele se achava, reinava a escuridão. Tateando desajeitadamente com as antenas que só agora ia aprendendo a valorizar, **arrastou-se até a porta para ver o que havia acontecido por ali**. Seu lado esquerdo parecia uma única longa cicatriz que lhe dava desagradáveis repuxões e o fazia coxear com suas duas fileiras de patas. De resto, uma patinha ficou gravemente ferida durante os incidentes da manhã — era quase um milagre que só uma tivesse se machucado — e se deixava arrastar sem vida. Só ao se aproximar da porta foi que Gregor percebeu o que o atraíra afinal: o cheiro da comida. É que lá havia uma tigela cheia de leite açucarado em que nadavam pedacinhos de pão. Ele quase chorou de alegria, pois estava muito mais faminto do que de manhã, e se apressou a mergulhar a cabeça quase até os olhos. Mas logo a retirou, desiludido; não só porque **comer** lhe era difícil por causa do flanco esquerdo — não conseguia **fazê-lo** sem a cooperação do corpo ofegante como porque, ainda por cima, já não gostava de leite, até então sua bebida preferida, com certeza o motivo pelo qual a irmã o havia deixado ali para ele, e foi quase com repugnância que se afastou da tigela e voltou capengando para o centro do quarto.

Franz Kafka. A metamorfose. Luiz A. de Araújo (Trad.). Barueri: Princípios, 2018.

---

08. (Cebraspe – TCE RJ – Analista Controle Externo - 2021 - adaptada) Sem prejuízo do sentido original do texto, a expressão "mesmo que" poderia ser substituída por **entretanto**.

( ) certo ( ) errado

➢ Comentários:

Nota da autora: o sentido é alterado porque a ênfase é modificada. Perceba que a banca não se refere à correção gramatical, ou seja, a questão não é de período composto.

Mesmo que: locução conjuntiva **subordinativa concessiva** que indica oposição. **Suaviza** a ideia oposta. Argumento principal: não teria acordado muito mais tarde.

→ Mesmo que ninguém o perturbasse, não teria acordado mais tarde.

Entretanto: conjunção **coordenada adversativa** que indica oposição ou limitação. **Ressalta** e destaca a ideia; dá ênfase à ideia. Argumento principal: ninguém o perturbasse.

→ Entretanto ninguém o perturbasse, não teria acordado mais tarde. = **Errado!** É impossível inverter a ordem.

Dicas:

1. O argumento principal na adversativa é o que acompanha a conjunção;
2. O argumento principal na concessiva é o que não acompanha a conjunção;
3. Quando concessiva, a ordem das orações pode ser invertida;
4. Quando adversativa, a ordem não pode ser invertida.

Resposta: Errado.

Parte VI

INTERPRETAÇÃO E COMPREENSÃO TEXTUAL

Capítulo 1

INTERPRETAÇÃO E COMPREENSÃO TEXTUAL

Para acesso ao vídeo, utilize o QR Code ao lado.

1. INTRODUÇÃO

A maioria dos candidatos possui dificuldade ao interpretar texto. Por quê? Simplesmente porque você não está habituado a ler. Para se criar o gosto pela leitura e eliminar a palavra **medo**, comece a ler revistas e jornais; assim, estará se preparando para duas matérias ao mesmo tempo: português e atualidades. Leia um texto, feche a revista e tente resumi-lo mentalmente. Analise: para que o autor escreveu? Qual o objetivo? Qual o tema (assunto) do texto? Note que o tema se repete na introdução (primeiro parágrafo) e na conclusão (último parágrafo).

Para obter domínio sobre a leitura, precisamos aprofundar, ou melhor, esclarecer alguns importantes tópicos. Vamos a eles:

Texto	É um **conjunto de palavras e frases** encadeadas que permitem interpretação e **transmitem uma mensagem**. É qualquer obra escrita em versão original e que constitui um livro ou um documento escrito. Um texto é uma unidade linguística de extensão superior à frase.
Contexto	É a relação entre o texto e a situação em que ele ocorre dentro do texto. É o conjunto de circunstâncias em que se produz a mensagem que se deseja emitir-lugar e tempo, cultura do emissor e do receptor etc. – e que permitem sua correta compreensão.
Intertexto	Os textos podem apresentar referências diretas ou indiretas a outros autores através de citações. É um texto dentro de outro texto.
Interpretação de texto	A primeira leitura deve ser feita cuidadosamente por ser o primeiro contato com o texto, extraindo-se informações e se preparando para a leitura interpretativa. Sublinhe palavras-chave e ideias importantes; encontre a ideia central de cada parágrafo. O segundo nível de leitura concentra-se nas perguntas e opções de respostas. Atente-se às palavras NÃO, EXCETO, RESPECTIVAMENTE, INCORRETO, SEMPRE, TODOS, NUNCA, pois fazem diferença na escolha adequada. Retorne ao texto sempre que necessário. Leia a frase anterior e posterior para ter ideia do sentido global proposto pelo autor. A banca nos oferece um texto completo e, nas questões, extrai uma parte do texto para pedir a análise. O segredo é voltar ao texto e ler as informações anteriores e posteriores à parte mencionada. Se fosse para analisar apenas o trecho, não haveria motivo para mencionar o texto completo. Aqui mora o grande segredo.

DICA: diferença entre INTERPRETAR e COMPREENDER[1]

A compreensão de texto significa decodificá-lo para entender o que foi dito. É a análise objetiva e a assimilação das palavras e ideias presentes no texto.

As expressões que geralmente se relacionam com a compreensão são:

Segundo o texto...
De acordo com o autor...
No texto...
O texto informa que...
O autor sugere...

A interpretação do texto é o que podemos concluir sobre ele, depois de estabelecer conexões entre o que está escrito e a realidade. São as conclusões que podemos tirar com base nas ideias do autor.

Essa análise ocorre de modo subjetivo, e são relacionadas com a dedução do leitor.

Existe uma ciência que estuda a teoria da interpretação, chamada de hermenêutica. Ela é um ramo da filosofia, que estuda a interpretação de textos em diversas áreas, como literatura, religião e direito.

Na interpretação de texto, as expressões geralmente utilizadas são:

Diante do que foi exposto, podemos concluir...
Infere-se do texto que...
O texto nos permite deduzir que...
Conclui-se do texto que...
O texto possibilita o entendimento de...

Fixe:

	Compreensão	Interpretação
O que é	É a análise do que está escrito no texto, a compreensão das frases e ideias presentes.	É o que podemos concluir sobre o que está escrito no texto. É o modo como interpretamos o conteúdo.
Informação	A informação está presente no texto.	A informação está fora do texto, mas tem conexão com ele.
Análise	Trabalha com a objetividade, com as frases e palavras que estão escritas no texto.	Trabalha com a subjetividade, com o que você entendeu sobre o texto.

1. DIFERENÇA.COM. *Compreensão e interpretação de texto.* Disponível em: <https://www.diferenca.com/compreensao-e-interpretacao-de-texto/>. Acesso em: 15 outubro 2018.

2. TIPOLOGIA TEXTUAL[2]

A expressão "tipologia textual" designa um fragmento de língua (um enunciado) que apresenta certas propriedades linguísticas intrínsecas, ou seja, tipologia textual é o uso de determinadas palavras, determinados tempos verbais, determinadas relações lógicas.

Além dessas marcas linguísticas, cada tipo textual tem um propósito. Em outras palavras, uma narração conta uma história, uma descrição apresenta as características físicas (ou psicológicas) de uma entidade, uma exposição ou dissertação apresenta fatos da realidade, uma argumentação defende uma ideia ou uma tese e uma injunção procura provocar uma reação do interlocutor, seja ela física ou verbal.

3. GÊNEROS TEXTUAIS[3]

Cada texto possuiu uma linguagem e uma estrutura. Note que existem inúmeros gêneros textuais dentro das categorias tipológicas de texto. Em outras palavras, gêneros textuais são estruturas textuais peculiares que surgem dos tipos de textos: narrativo, descritivo, dissertativo-argumentativo, expositivo e injuntivo.

a. Narração

Narração é um relato organizado de acontecimentos reais ou imaginários. São seus elementos constitutivos: personagens, circunstâncias, ação; o seu núcleo é o incidente, o episódio, e o que a distingue da descrição é a presença de personagens atuantes, que estão quase sempre em conflito.

A Narração envolve:

Quem? Personagem;
Quê? Fatos, enredo;
Quando? A época em que ocorreram os acontecimentos;
Onde? O lugar da ocorrência;
Como? O modo como se desenvolveram os acontecimentos;
Por quê? A causa dos acontecimentos.

Alguns exemplos de gêneros textuais narrativos:
Romance
Novela
Crônica
Contos de Fada
Fábula
Lendas

2. ALGO SOBRE. *Tipologia textual.* Disponível em: <https://www.algosobre.com.br/redacao/tipologia-textual.html>. Acesso em: 15 outubro 2018, com adaptações.
3. TODA MATÉRIA. *Gêneros textuais.* Disponível em: <https://www.todamateria.com.br/generos-textuais/>. Acesso em: 15 outubro 2018.

b. Descrição

Descrever é representar verbalmente um objeto, uma pessoa, um lugar, mediante a indicação de aspectos característicos, de pormenores individualizantes. Requer observação cuidadosa, para tornar aquilo que vai ser descrito um modelo inconfundível. Não se trata de enumerar uma série de elementos, mas de captar os traços capazes de transmitir uma impressão autêntica. Descrever é mais que apontar, é muito mais que fotografar. É pintar, é criar. Por isso, impõe-se o uso de palavras específicas, exatas.

São exemplos de gêneros textuais descritivos:
Diário
Relatos (viagens, históricos, etc.)
Biografia e autobiografia
Notícia
Currículo
Lista de compras
Cardápio
Anúncios de classificados

c. Dissertação/Exposição

O texto dissertativo expõe, analisa e interpreta os fatos da realidade. Ele é temático, ou seja, focaliza um assunto de caráter genérico, analisando-o, avaliando-o e explicando-o. Não estão em jogo propriedades concretas dos seres, nem mesmo as mudanças de eventos e estados; o que interessa numa dissertação é uma visão genérica e global do tema. Sendo assim, há uma predominância de termos abstratos. São relatadas mudanças de situação; no entanto, diferentemente do texto narrativo, não há necessariamente relações de anterioridade ou cronologia. Os enunciados se baseiam em relações lógicas – de analogia, causalidade, implicação etc. Como o texto dissertativo pretende expor verdades gerais, **predominam as formas verbais no presente**, embora outros tempos contribuam para veicular as noções lógicas das situações.

Exemplos de gêneros textuais dissertativos:
Editorial jornalístico
Carta de opinião
Resenha
Artigo
Ensaio
Monografia, dissertação de mestrado e tese de doutorado

Alguns exemplos de gêneros textuais expositivos:
Seminários
Palestras
Conferências
Entrevistas
Trabalhos acadêmicos
Enciclopédia
Verbetes de dicionários

d. Argumentação

Textos argumentativos são aqueles que tentam agir sobre o receptor. Ou seja, além de informar algo, num texto argumentativo, o autor busca convencer o leitor, fazê-lo crer na informação veiculada ou induzi-lo a agir de uma certa forma. A palavra-chave para definir um texto argumentativo é a persuasão. Contudo, o ato de persuadir pode tomar muitas faces, uma vez que cada receptor está mais propenso a aceitar argumentos de um tipo ou de outro. Da mesma forma, os recursos linguísticos usados com o objetivo de convencer vão ser inúmeros.

Argumentos podem se fundamentar, por exemplo, na autoridade, quando o emissor cita autores ou personalidades que contam com notório saber em alguma área. Argumentos podem se fundamentar também no consenso, quando certas proposições são consideradas e aceitas como verdadeiras. Argumentos também podem se fundamentar na lógica, em que relações de causa e efeito são levadas em conta. Argumentos podem se basear ainda em evidências, sendo que provas concretas constituem uma das mais eficazes formas de persuasão.

Para cada modalidade de argumento, há estratégias linguísticas eficientes. E o interessante é que as mesmas estratégias linguísticas podem ser usadas com eficiência, mesmo na falta de argumentos irrefutáveis.

e. Injunção

O texto injuntivo é centrado na ação ou procedimento, indicando o que fazer para realizá-la (lembrar, preparar...; ajustar, pressionar...). Há uma interação explícita entre os interlocutores e o falante procura provocar uma reação do ouvinte (pressione o botão select durante 2 segundos).

Assim, há uma grande incidência de **formas verbais no imperativo** (vamos cá para dentro, espera aí um momento...; repita os movimentos anteriores...), assim como a **existência de perguntas** (- Mas o que é?).

Alguns exemplos de gêneros textuais injuntivos:
Propaganda
Receita culinária
Bula de remédio
Manual de instruções
Regulamento
Textos prescritivos

3.1. Gêneros literários

<table>
<tr><td rowspan="10">Gênero Narrativo</td><td colspan="2">Na Antiguidade Clássica: épico, lírico e dramático.
Épico passou a ser considerado apenas uma variante do gênero literário narrativo, devido ao surgimento de concepções de prosa com características diferentes: o romance, a novela, o conto, a crônica, a fábula. Todas as obras narrativas possuem elementos estruturais e estilísticos em comum e devem responder a questionamentos, como: quem? o quê? quando? onde? por quê?</td></tr>
<tr><td>Épico (ou Epopeia)</td><td>Textos épicos são longos e narram histórias de um povo ou de uma nação, envolvem aventuras, guerras, viagens, gestos heroicos etc. Apresentam um tom de exaltação, valorização de seus heróis e seus feitos.</td></tr>
<tr><td>Romance</td><td>É um texto completo, com tempo, espaço e personagens bem definidos e de caráter mais verossímil. Conta as façanhas de um herói, mas principalmente uma história de amor vivida por ele e uma mulher, muitas vezes, "proibida" para ele. Apesar dos obstáculos que o separam, o casal vive sua paixão proibida, física, adúltera, pecaminosa e, por isso, costuma ser punido no final. É o tipo de narrativa mais comum na Idade Média.</td></tr>
<tr><td>Novela</td><td>Texto caracterizado por ser intermediário entre a longevidade do romance e a brevidade do conto. O Alienista, de Machado de Assis, e A Metamorfose, de Kafka são exemplos.</td></tr>
<tr><td>Conto</td><td>Texto narrativo breve, e de ficção, geralmente em prosa, que conta situações rotineiras, anedotas e até folclores (conto popular). Caracteriza-se por personagens previamente retratados.</td></tr>
<tr><td>Fábula</td><td>Texto de caráter fantástico que busca ser inverossímil. As personagens principais são não humanos e a finalidade é transmitir alguma lição de moral.</td></tr>
<tr><td>Crônica</td><td>Narrativa informal, breve, ligada à vida cotidiana, com linguagem coloquial. Pode ter um tom humorístico ou um toque de crítica indireta.</td></tr>
<tr><td>Crônica narrativo-descritiva</td><td>Há alternância entre os momentos narrativos e manifestos descritivos.</td></tr>
<tr><td>Ensaio</td><td>Texto literário breve, situado entre o poético e o didático, expondo ideias, críticas e reflexões morais e filosóficas a respeito de certo tema. É menos formal e mais flexível que o tratado. Há defesa de um ponto de vista pessoal e subjetivo sobre um tema sem que se paute em formalidades.</td></tr>
</table>

3.2. Gêneros dramáticos

Por serem pouco exigidos em concursos, apenas citaremos os tipos: tragédia, farsa, comédia, tragicomédia e poesia de cordel.

3.3. Gêneros líricos

Outro tópico pouco pedido. São eles: elegia, epitalâmia, ode, idílio, sátira, acalanto, acróstico, balada, canção, gazal, haicai, soneto, vilancete.

4. DICAS PARA INTERPRETAR

As dicas abaixo devem ser seguidas para treinar, para exercitar nas questões de concursos inseridas no tópico seguinte. Treine para que, no dia da prova, consiga não perder muito tempo.

1	Ler todo o texto: tenha uma visão geral do assunto;
2	se encontrar palavras desconhecidas, não interrompa a leitura;
3	ler, ler bem, ler profundamente, ou seja, ler o texto pelo menos duas vezes;
4	inferir (concluir ou deduzir a partir de exame dos fatos e de raciocínio);
5	voltar ao texto tantas quantas vezes precisar;
6	não permitir que prevaleçam suas ideias sobre as do autor;
7	fragmentar o texto (parágrafos, partes) para melhor compreensão;
8	verificar, com atenção e cuidado, o enunciado de cada questão;
9	o autor defende ideias e você deve percebê-las.

5. DISCURSO DIRETO E DISCURSO INDIRETO, DISCURSO INDIRETO LIVRE

DISCURSO DIRETOr	é a transcrição exata das falas das personagens, sem a participação do narrador. → 1ª pessoa	**verbo de elocução* - dois-pontos - mudança de linha - parágrafo - travessão**.
DISCURSO INDIRETO	é a apresentação das falas das personagens feita pelas palavras do narrador. → 3ª pessoa	**fala do narrador + verbo de elocução + conjunção + fala da personagem pelas palavras do narrador**.
DISCURSO INDIRETO LIVRE	é a apresentação das falas das personagens inseridas dentro do discurso do narrador. → 1ª pessoa → 3ª pessoa	não é introduzido por verbos de elocução, nem por sinais de pontuação ou conjunções. É um discurso dinâmico.[4]

***Verbos de elocução:** introduzem uma fala, indicando as atitudes e ações das personagens. Os mais usados pela banca são: *dizer, perguntar, responder, indagar, exclamar, ordenar, falar, comentar, observar, gritar, murmurar.*

5.1. Mudança das pessoas do discurso

Discurso direto	Discurso indireto
primeira pessoa	terceira pessoa
eu, me, mim, comigo	ele, ela, se, si, consigo, o, a, lhe
nós, nos, conosco	eles, elas, os, as, lhes
meu, meus, minha, minhas, nosso, nossos, nossa, nossas	seu, seus, sua e suas

4. Norma Culta. Disponível em <www.normaculta.com.br>. Acesso 29 Agosto 2022, com adaptações.

5.2. Mudança de tempos verbais

Discurso direto	Discurso indireto
Presente do indicativo	*pretérito imperfeito do indicativo*
Pretérito perfeito do indicativo	*pretérito mais-que-perfeito do indicativo*
Futuro do presente do indicativo	*futuro do pretérito do indicativo*
Presente do subjuntivo	
Futuro do subjuntivo	*pretérito imperfeito do subjuntivo*
Imperativo	

5.3. Mudança na pontuação das frases

Discurso direto	Discurso indireto
Frases interrogativas, exclamativas e imperativas	*frases declarativas* (o emissor constata um fato – informa ou declara alguma coisa)

5.4. Mudança dos advérbios e adjuntos adverbiais

Discurso direto	Discurso indireto
Ontem	*no dia anterior*
Hoje	*naquele dia e naquele momento*
Amanhã	*no dia seguinte*
Aqui, aí, cá	*ali e lá*
Este, esta e isto	*aquele, aquela, aquilo*

6. ARGUMENTAÇÃO[5]

A argumentação é um recurso que tem o propósito de convencer alguém, alterando sua opinião ou seu comportamento.

Os argumentos, na construção textual, são essenciais.

Há diferentes tipos de argumentos e a escolha certa consolida o texto.

6.1. Argumentação por citação

Sempre que queremos defender uma ideia, procuramos pessoas 'consagradas', que pensam como nós acerca do tema em evidência.

Apresentamos no corpo de nosso texto a menção de uma informação extraída de outra fonte.

5. Cabral, Marina. Brasil Escola. Disponível em <http://brasilescola.uol.com.br/redacao/a-argumentacao.htm>. Com alterações. Acesso em 14 agosto 2017.

A citação pode ser apresentada assim:

Assim parece ser porque, para Piaget, "toda moral consiste num sistema de regras e a essência de toda moralidade deve ser procurada no respeito que o indivíduo adquire por essas regras" (Piaget, 1994, p.11). A essência da moral é o respeito às regras. A capacidade intelectual de compreender que a regra expressa uma racionalidade em si mesma equilibrada.

O trecho citado deve estar de acordo com as ideias do texto, assim, tal estratégia poderá funcionar bem.

6.2. Argumentação por comprovação

A sustentação da argumentação se dará a partir das informações apresentadas (dados, estatísticas, percentuais) que a acompanham.

Esse recurso é explorado quando o objetivo é contestar um ponto de vista equivocado.

O ministro da Educação, Cristovam Buarque, lança hoje o Mapa da Exclusão Educacional. O estudo do Inep, feito a partir de dados do IBGE e do Censo Educacional do Ministério da Educação, mostra o número de crianças de sete a catorze anos que estão fora das escolas em cada estado.

Segundo o mapa, no Brasil, 1,4 milhão de crianças, ou 5,5 % da população nessa faixa etária (sete a catorze anos), para a qual o ensino é obrigatório, não frequentam as salas de aula.

O pior índice é do Amazonas: 16,8% das crianças do estado, ou 92,8 mil, estão fora da escola. O melhor, o Distrito Federal, com apenas 2,3% (7 200) de crianças excluídas, seguido por Rio Grande do Sul, com 2,7% (39 mil) e São Paulo, com 3,2% (168,7 mil).

(Mônica Bergamo. Folha de S. Paulo, 3.12.2003)

Nesse tipo de citação o autor precisa de dados que demonstrem sua tese.

6.3. Argumentação por raciocínio lógico

A criação de relações de causa e efeito é um recurso utilizado para demonstrar que uma conclusão (afirmada no texto) é necessária, e não fruto de uma interpretação pessoal que pode ser contestada.

"O fumo é o mais grave problema de saúde pública no Brasil. Assim como não admitimos que os comerciantes de maconha, crack ou heroína façam propaganda para os nossos filhos na TV, todas as formas de publicidade do cigarro deveriam ser proibidas terminantemente. Para os desobedientes, cadeia."

VARELLA, Drauzio. In: Folha de S. Paulo, 20 de maio de 2000.

Para a construção de um bom texto argumentativo faz-se necessário o conhecimento sobre a questão proposta, fundamentação para que seja realizado com sucesso.

7. PRESSUPOSTOS E SUBENTENDIDOS[6]

Pressupostos e subentendidos são informações implícitas num texto, não expressas formalmente, apenas sugeridas por marcas linguísticas ou pelo contexto. Cabe ao leitor,

---

6. Norma Culta. Disponível em <https://www.normaculta.com.br/pressuposto-e-subentendido/>. Acesso em 14 agosto 2017.

numa leitura proficiente, ir além da informação que se encontra explícita, identificando e compreendendo as informações implícitas, ou seja, lendo nas entrelinhas.

Os pressupostos são de mais fácil identificação, estando sugeridos no texto. Os subentendidos são deduzidos pelo leitor, sendo da sua responsabilidade.

Entenda melhor:

- Heloísa está cansada de ser professora.

Pressuposto: Heloísa é professora.

Subentendido: Talvez porque o salário é baixo ou há muita indisciplina.

- Infelizmente, meu marido continua trabalhando fora do país **Pressuposto**: O marido está trabalhando fora do país e a mulher não está satisfeita com essa situação.

Subentendido: Talvez por ter melhor salário fora do país ou por não encontrar trabalho no seu país.

7.1. Pressupostos

Os pressupostos são informações implícitas adicionais, facilmente compreendidas devido a palavras ou expressões presentes na frase que permitem ao leitor compreender essa informação implícita. O enunciado depende dessa pressuposição para que faça sentido. Assim, o pressuposto é verdadeiro e irrefutável.

Exemplos de pressupostos:

- Decidi deixar de comer carne.

Pressuposto: A pessoa comia carne antes.

- Finalmente acabei minha monografia.

Pressuposto: Demorou algum tempo para terminar a monografia.

- Alunos que estudam de manhã costumam ter melhor rendimento.

Pressuposto: Há alunos que não estudam de manhã.

- Desde que ela mudou de casa, nunca mais a vi.

Pressuposto: Costumava vê-la antes dela mudar de casa.

Marcas linguísticas que facilitam a identificação de pressupostos:

- Verbos que indicam fim, continuidade, mudança e implicações: começar, continuar, parar, deixar, acabar, conseguir, ...
- Advérbios: felizmente, finalmente, ainda, já, depois, antes, ...
- Pronome introdutório de orações subordinadas adjetivas: que
- Locuções que indicam circunstâncias: depois que, antes que, desde que, visto que, ...

7.2. Subentendidos

Os subentendidos são insinuações, informações escondidas, dependentes da interpretação do leitor. Não possuem marca linguística, sendo deduzidos através do contexto comunicacional e do conhecimento que os destinatários têm do mundo. Podem ser ou não verdadeiros e podem ser facilmente negados, visto serem unicamente da responsabilidade de quem interpreta a frase.

Exemplos de subentendidos:

- Quando sair de casa, não se esqueça de levar um casaco.

Subentendido: Está frio lá fora.

- Já tenho a garganta seca de tanto falar.

Subentendidos: Quero beber um copo de água ou quero parar de falar neste momento.

- Você vai a pé para casa agora?

Subentendidos: Eu posso lhe dar uma carona ou é perigoso andar a pé na rua a estas horas.

7.3. Indução e dedução

INDUÇÃO	parte de situações **particulares** para situações **gerais**. . → dos **efeitos para** a definição das **causas**.	*Foram observados* 100 cisnes, *todos eram brancos. Logo,* todos os cisnes *são brancos.* *Em uma pesquisa de opinião, das 1000 pessoas ouvidas, 800 afirmaram determinada posição. Isso leva a crer que 80% da população teria o mesmo posicionamento.*
DEDUÇÃO	parte de situações **gerais** para situações **particulares**. → das **causas para** a interpretação dos **efeitos**.	Todo homem *é mortal; João é um homem; logo, João é mortal.* *Um médico, ao realizar uma consulta, parte de seus conhecimentos prévios (universais) e busca interpretar os sintomas do paciente (particulares) e definir o tratamento mais adequado.*[7]

8. NÍVEIS DE LINGUAGEM[8]

A interação verbal entre os sujeitos é possível por meio das palavras e pode ser realizada por meio da fala e/ou da escrita. Dependendo da situação comunicativa, os usuários das línguas podem eleger qualquer um dos diferentes níveis de linguagem para interagir verbalmente com os outros. Isso significa que existem linguagens diferentes para ocasiões distintas, ou seja, em toda situação comunicativa, os falantes elegem o nível de linguagem mais adequado para que tanto o emissor quanto o receptor das mensagens possam compreender e ser compreendidos.

Nível 1: Norma culta/padrão

Cada língua possui sua estrutura e muitas delas possuem um conjunto de regras responsável pelo funcionamento dos elementos linguísticos. Esse conjunto de regras é conhecido como gramática normativa. Nela, os usuários da língua encontram a norma-padrão de funcionamento da língua chamada de "padrão ou culta", a qual deve, ou pelo menos deveria, ser de conhecimento e acessível a todos os falantes da mesma comunidade linguística.

7 MENEZES, Pedro. Disponível em <www.diferenca.com>. Acesso 28 Agosto 2022, com adaptações.

8. Mundo Educação. Disponível em <http://mundoeducacao.bol.uol.com.br/redacao/niveis-linguagem.htm>. Acesso em 14 agosto 2017.

Utilizar a norma culta da língua portuguesa não significa comunicar-se de maneira difícil e rebuscada. Embora à língua padrão seja atribuído certo prestigio cultural e status social, o uso da linguagem culta está menos relacionado à questão estética e muito mais associado à sua democratização, já que esse é o nível de linguagem ensinado nas escolas, nos manuais didáticos, cartilhas e dicionários das línguas etc.

Nível 2: Linguagem coloquial/informal/popular

A linguagem coloquial é aquela utilizada de maneira mais espontânea e corriqueira. Esse nível de linguagem não segue a rigor todas as regras da gramática normativa, pois está mais preocupado com a função da linguagem do que com a forma. Ao utilizar a linguagem coloquial, o falante está mais preocupado em transmitir o conteúdo da mensagem do que como esse conteúdo vai ser estruturado.

De maneira geral, os falantes utilizam a linguagem coloquial nas situações comunicativas mais informais, isto é, nos diálogos entre amigos, familiares etc.

Nível 3: Linguagem regional/regionalismo

A linguagem regional está relacionada com as variações ocorridas, principalmente na fala, nas mais variadas comunidades linguísticas. Essas variações são também chamadas de dialetos. O Brasil, por exemplo, apresenta uma imensa variedade de regionalismos na fala dos usuários nativos de cada uma de suas cinco regiões.

Nível 4: Gírias

A gíria é um estilo associado à linguagem coloquial/popular como meio de expressão cotidiana. Ela está relacionada ao cotidiano de certos grupos sociais e podem ser incorporadas ao léxico de uma língua conforme sua intensidade e frequência de uso pelos falantes, mas, de maneira geral, as palavras ou expressões provenientes das gírias são utilizadas durante um tempo por um certo grupo de usuários e depois são substituídas por outras por outros usuários de outras gerações. É o caso, por exemplo, de uma gíria bastante utilizada pelos falantes nas décadas de 80 e 90: "chuchu, beleza", mas que, atualmente, está quase obsoleta.

Nível 5: Linguagem vulgar

A linguagem vulgar é exatamente oposta à linguagem culta/padrão. As estruturas gramaticais não seguem regras ou normas de funcionamento. O mais interessante é que, mesmo de maneira bem rudimentar, os falantes conseguem compreender a mensagem e seus efeitos de sentido nas trocas de mensagens. Podemos considerar a linguagem vulgar como sendo um vício de linguagem. Veja alguns exemplos bastante recorrentes em nossa língua: "Nóis vai", "Pra mim ir", "Vamo ir".

9. FIQUE DE OLHO

- Fundamental saber a diferença entre compreender e interpretar:

	Definição	Expressões usadas no comando da questão
Interpretar	consiste em saber a conclusão do que está escrito, **a ideia está fora do texto.**	depreende-se/infere-se/conclui-se do texto; o texto permite deduzir; é possível subentender a partir do texto; qual a intenção do autor quando afirma; o texto possibilita o entendimento; com o apoio do texto, infere-se; o texto encaminha o leitor para; pretende o texto mostrar que o leitor...; o texto possibilita deduzir.

Compreender	consiste em analisar o que realmente está escrito, é necessário coletar dados do texto. **A ideia está no texto.**	segundo o texto; o autor/narrador do texto diz; o texto informa; no texto; tendo em vista o texto; de acordo com o texto; o autor sugere; o autor afirma; na opinião do autor do texto.

9.1. Questões comentadas 2024 e 2023

Texto para responder à questão.

O eucalipto é cortado, e dele se faz o papel. Processo quase alquímico. O inflexível se dobra, o marrom se torna branco, onde cabiam folhas verdes agora cabem ideias maduras. Chegada a obra-prima, alguém trabalha o preenchê-la. E era isso que fascinava tanto o jornalista Pinheiro Júnior – fosse jovem fosse experiente.

— Por que arquitetura? Por que arquitetura quando o senhor já havia contribuído tanto com esse talento, com esse dom?

— Uma das coisas que mais me atraiu na Última Hora foi a diagramação da UH, a paginação da UH. Enquanto os outros jornais eram jornais duros, feios, a UH era um jornal bonito, era um jornal, inclusive, a cores. Os outros jornais não eram. Arquitetura, em jornalismo, é exatamente a diagramação dos jornais.

Bruna Rezende e Victor Gabry. **A Arquitetura tem tudo a ver com o Jornalismo!** Uma conversa com Pinheiro Júnior, veterano do jornalismo, sobre o que ele ainda não falou. In: **Cadernos de reportagem**, 2018. Internet: <cadernosdereportagem.wordpress.com>.

---

01. (Cebraspe - CAU/BR - Advogado - 2024) O uso dos travessões no início do segundo e do terceiro parágrafos é um dos indicativos de que o gênero textual do fragmento apresentado é entrevista.

( ) certo ( ) errado

➢ Comentários:

Os dois parágrafos estão no discurso direto e está evidente que marcam a fala de duas pessoas.

Como há pergunta e resposta, trata-se de uma entrevista.

Resposta: Certo

Texto CG1A1-I

Uma organização é um sistema complexo de comunicações com um objetivo funcional. Durante sua existência e atuação, a organização vai formando uma imagem perante seus diversos públicos em função de todo um conjunto de contatos realizados, e não somente pelas iniciativas planejadas de comunicação que ela toma para formar a imagem pretendida. Essa imagem, chamada imagem organizacional, pode ser descrita como uma compilação de opiniões e pontos de vista baseados em informações processadas de várias fontes, ao longo do tempo, que gera uma imagem mental dos atributos da organização.

Seguindo uma tendência já percebida na iniciativa privada, os órgãos públicos têm-se preocupado, cada vez mais, com sua imagem organizacional. A imagem organizacional pública tem valor estratégico na medida em que interfere diretamente no relacionamento da organização com diferentes atores, bem como na sua legitimação e credibilidade perante a sociedade. No entanto, apesar de sua relevância, ainda há poucos estudos sobre a imagem organizacional no contexto público, tanto nacional quanto internacionalmente.

Quando se trata da construção da imagem de uma organização, ressalta-se o papel dos veículos de imprensa. Esses veículos, ao publicarem uma notícia, atuam na associação e formação das crenças, das ideias, dos sentimentos e das impressões que uma pessoa ou um grupo tem ou passa a ter sobre aquela organização. Não obstante, a migração desses meios de comunicação para a Internet aumenta o volume de informações em circulação e eleva o seu poder de influência, uma vez que é possível acessar dados e informações de qualquer lugar e a qualquer momento, de modo a expandir a comunicação entre as pessoas e as organizações.

Carolina Coelho da Silveira, Carla Bonato Marcolin e Carlos Henrique Rodrigues. Como somos vistos? Análise da imagem organizacional pública utilizando ciência de dados. Internet: (com adaptações).

---

02. (Cebraspe - CGE RJ - Auditor do Estado - 2024) Infere-se do texto que a preocupação com a imagem organizacional surgiu concomitantemente na iniciativa privada e nos órgãos públicos, mas apenas recentemente se difundiu na esfera pública.

( ) certo ( ) errado

➢ Comentários:

Não surgiu ao mesmo tempo: *Seguindo uma* ***tendência já percebida*** ***na iniciativa privada****, os órgãos públicos têm-se preocupado, cada vez mais, com sua imagem organizacional.*

Surgiu antes da iniciativa privada.

Resposta: Errado

---

03. (Cebraspe - CGE RJ - Auditor do Estado - 2024) De acordo com as ideias expressas no texto, no contexto de construção da imagem de uma organização, releva-se o papel dos veículos de imprensa na publicação de notícias.

( ) certo ( ) errado

➢ Comentários:

Ideia mencionada no último parágrafo: *Quando se trata da* ***construção da imagem de uma organização****,* ***ressalta-se o papel dos veículos de imprensa****. Esses veículos,* ***ao publicarem uma notícia****,* ***atuam na associação e formação das crenças, das ideias, dos sentimentos e das impressões*** *que uma pessoa ou um grupo tem ou passa a ter sobre aquela organização.*

Resposta: Certo

---

04. (Cebraspe - CGE RJ - Auditor do Estado - 2024) Entre os objetivos do texto, está o de informar que, dada a complexidade do sistema de comunicações de uma organização, que visa primordialmente ao alcance de objetivos funcionais, nem sempre a imagem organizacional alcançada e a pretendida coincidem, devido à existência de uma série de fatores não controláveis pela organização ao longo do processo de construção da sua imagem.

( ) certo ( ) errado

➢ Comentários:

No texto:

- *Uma organização é um sistema complexo de comunicações com um objetivo funcional.* [...]
- *a organização vai formando uma imagem perante seus diversos públicos em função de todo um conjunto de contatos realizados* [...]
- *a imagem organizacional pode ser descrita como uma compilação de opiniões e pontos de vista baseados em informações processadas de várias fontes, ao longo do tempo, que gera uma imagem mental dos atributos da organização.*

É impossível afirmar que existe uma série de fatores não controláveis pela organização.

Resposta: Errado

---

05. (Cebraspe - CGE RJ - Auditor do Estado - 2024) Entende-se do texto que a imagem que se forma da organização é determinante para a formação do conjunto de contatos que ela vai realizar.

( ) certo ( ) errado

➢ Comentários:

O vocábulo "determinante" é sinônimo de *causa, razão, motivo*, e, no texto, isso não pode ser confirmado.

É o contrário: *Durante sua existência e atuação, a organização vai formando uma imagem perante seus diversos públicos em função de todo um conjunto de contatos realizados*

O conjunto de contatos realizados é determinante.

Resposta: Errado

Texto CG1A1

Em 1947, o físico brasileiro César Lattes causou grande impacto nos meios científicos internacionais e conquistou reconhecimento com sua descoberta que elucidou alguns problemas pendentes de solução no campo da radiação cósmica e confirmou a teoria do físico japonês Hideki Yukawa sobre a existência de uma partícula supostamente responsável pela ligação entre prótons e nêutrons nos núcleos atômicos. Esse último aspecto foi bastante para dar um relevo todo especial à descoberta, enriquecendo seu significado com a possibilidade de novas aberturas no controle das forças nucleares, tão cobiçado depois das explosões atômicas. Toda a imprensa mundial e brasileira aclamou a descoberta, e a ciência brasileira saiu do porão para a sala de visitas.

No ano seguinte, Lattes voltou a causar impacto após conseguir a produção artificial daquela partícula em um acelerador do tipo circular, em Berkeley, nos Estados Unidos da América. E em 1949, a física no Brasil começou a se institucionalizar com a criação do Centro Brasileiro de Pesquisas Físicas. Junto com ela, a ciência, em geral, também organizava sua entidade representativa, com o surgimento da Sociedade Brasileira para o Progresso da Ciência (SBPC) naquele mesmo ano. Foi nesse caldo cultural que o almirante Álvaro Alberto ganhou mais argumentos para persuadir o governo brasileiro. Segundo seus depoimentos reproduzidos na coletânea **50 anos do CNPq contados pelos presidentes**, organizada por Shozo Motoyama, em maio de 1949, após a leitura de relatórios sobre a questão atômica, o presidente Dutra enviou ao Congresso Nacional um anteprojeto para criação do Conselho Nacional de Pesquisas, já prevendo seu papel na política nuclear. Depois de uma longa tramitação na Câmara dos Deputados e no Senado Federal, nascia o CNPq, com o almirante como seu primeiro presidente.

Rodrigo Cunha. 60 anos do CNPq: da política nuclear ao desafio da descentralização. In: Ciência e Cultura, São Paulo, v. 63, n.º 2, 2011 (com adaptações).

---

06. (Cebraspe - CNPQ - Analista - 2024) Depreende-se do texto que o almirante Álvaro Alberto estava envolvido com o projeto de criação do que viria a ser o CNPq enquanto César Lattes conquistava reconhecimento científico internacional.

( ) certo ( ) errado

➢ Comentários:

No primeiro parágrafo: *Em 1947, o físico brasileiro* ***César Lattes causou grande impacto nos meios científicos internacionais*** *e conquistou reconhecimento com sua descoberta que elucidou alguns problemas pendentes de solução no campo da radiação cósmica.*

No segundo parágrafo: *Foi nesse caldo cultural que* ***o almirante Álvaro Alberto ganhou mais argumentos para persuadir o governo brasileiro****.* [...] **Depois** de uma longa tramitação na Câmara dos Deputados e no Senado Federal, **nascia o CNPq**, com o almirante como seu primeiro presidente.

Resposta: Certo

---

07. (Cebraspe - CNPQ - Analista - 2024) Entende-se do texto que, apesar do impacto das descobertas de César Lattes, a ciência brasileira ainda ocupava uma posição marginal no cenário mundial quando da criação do CNPq.

( ) certo ( ) errado

➢ Comentários:

Não ocupava posição marginal:

1. Em **1947**, o físico brasileiro César Lattes causou grande impacto nos meios científicos internacionais e conquistou reconhecimento com sua descoberta que elucidou alguns problemas pendentes de solução no campo da radiação cósmica e confirmou a teoria do físico japonês...
2. Em **1949**, a **física no Brasil começou a se institucionalizar** com a criação do Centro Brasileiro de Pesquisas Físicas [...] Foi nesse caldo cultural que **o almirante Álvaro Alberto ganhou mais argumentos para persuadir o governo brasileiro**.
3. César Lattes causou grande impacto nos meios científicos internacionais e **conquistou reconhecimento com sua descoberta**.

Toda **a imprensa mundial e brasileira aclamou a descoberta**, e a ciência brasileira saiu do porão para a sala de visitas.

Resposta: Errado

---

08. (Cebraspe - CNPQ - Analista - 2024) À época da criação do CNPq, a física nuclear era um campo de conhecimento estratégico na política nacional e internacional, conforme se infere do texto.

( ) certo ( ) errado

➢ Comentários:

Trechos que ratificam a informação:

1. ***a ciência brasileira saiu do porão para a sala de visitas*** (em 1947).

   Motivo: *o físico brasileiro César Lattes causou grande impacto nos meios científicos internacionais e conquistou reconhecimento com sua descoberta que elucidou alguns problemas pendentes de solução no campo da radiação cósmica e confirmou a teoria do físico japonês Hideki Yukawa sobre* ***a existência de uma partícula supostamente responsável pela ligação entre prótons e nêutrons nos núcleos atômicos.***

2. *Depois de uma longa tramitação na Câmara dos Deputados e no Senado Federal,* ***nasceu o CNPq****, com o almirante como seu primeiro presidente.* (após 1949).

Resposta: Certo

---

09. (Cebraspe - CNPQ - Analista - 2024) Depreende-se do primeiro parágrafo que a imprensa nacional e internacional congratulou o físico japonês Hideki Yukawa pela sua descoberta da existência de uma partícula que liga prótons e nêutrons nos núcleos atômicos.

( ) certo ( ) errado

➢ Comentários:

Quem descobriu a existência de uma partícula foi o físico brasileiro **César Lattes**.

O físico japonês Hideki Yukawa criou a teoria sobre a existência de uma partícula supostamente responsável pela ligação entre prótons e nêutrons nos núcleos atômicos.

Resposta: Errado

Texto CG1A1

Alguns problemas éticos com a inteligência artificial (IA) não são específicos dela. Por exemplo, existem paralelos com outras tecnologias de automação. Considere os robôs industriais que são programados e não são considerados IA, mas que, no entanto, acarretam consequências sociais quando levam ao desemprego. Não só isso, alguns dos problemas da IA estão relacionados às tecnologias com as quais ela está conectada, como mídias sociais e Internet, que, quando combinadas com a IA, nos apresentam novos desafios. É o caso das plataformas de mídia social que usam IA para saber mais sobre seus usuários, o que gera preocupações com a privacidade.

Essa ligação com outras tecnologias também significa que muitas vezes a IA não é visível. Isso é assim em primeiro lugar porque já se tornou uma parte arraigada de nossa vida cotidiana. A IA é frequentemente anunciada em aplicativos novos e espetaculares. Mas não devemos nos esquecer da IA que já alimenta plataformas de mídia social, mecanismos de busca e outras mídias e tecnologias que se tornaram parte de nossa experiência cotidiana. A IA está em todo lugar. A linha entre a IA propriamente dita e outras formas de tecnologia pode ser confusa, tornando-se a IA invisível: se os sistemas de IA estão incorporados à tecnologia, tendemos a não os notar. E, se sabemos que há IA envolvida, é difícil dizer se é a IA que cria o problema ou o impacto, ou se é a outra tecnologia conectada à IA.

Em certo sentido, não há IA em si: a IA sempre depende de outras tecnologias e está inserida em práticas e procedimentos científicos e tecnológicos mais amplos. Embora ela também levante problemas éticos próprios e específicos, qualquer ética da IA deve estar conectada à ética mais geral das tecnologias de informação e comunicação digital, ética computacional, e assim por diante.

Mark Coeckelberg, Ética na inteligência artificial. São Paulo: Ubu Editora, 2023, p. 78 (com adaptações).

---

10. (Cebraspe - CTI - Tecnologista - 2024) No texto, o exemplo dos problemas relativos à privacidade dos usuários de mídias sociais ilustra uma questão ética restrita à IA.

( ) certo ( ) errado

➢ Comentários:

A questão ética **não** é restrita à IA.

No primeiro parágrafo: *Não só isso, **alguns dos problemas da IA estão relacionados às tecnologias com as quais ela está conectada**, como mídias sociais e Internet, que, quando combinadas com a IA, nos apresentam novos desafios. **É o caso das plataformas de mídia social que usam IA para saber mais sobre seus usuários**, **o que gera preocupações com a privacidade.***

Resposta: Errado

---

11. (Cebraspe - CTI - Tecnologista - 2024) O primeiro parágrafo do texto versa sobre problemas éticos comuns à IA e a outras tecnologias, bem como sobre problemas éticos decorrentes da sobreposição da IA a outras tecnologias.

( ) certo ( ) errado

➢ Comentários:

Comuns à IA: *Alguns problemas éticos com a inteligência artificial (IA) não são específicos dela.*

Comuns à outras tecnologias: *existem paralelos com outras tecnologias de automação. Considere os robôs industriais que são programados e não são considerados IA.*

Decorrentes da sobreposição (acrescentamento, justaposição): *Não só isso, alguns dos problemas da IA **estão relacionados às tecnologias com as quais ela está conectada, como mídias sociais e Internet**, que, quando combinadas com a IA, nos apresentam novos desafios. É o caso das plataformas de mídia social que usam IA para saber mais sobre seus usuários, o que gera preocupações com a privacidade.*

Resposta: Certo

12. (Cebraspe - CTI - Tecnologista - 2024) Segundo o texto, são inéditos os dilemas éticos suscitados pelas inovações empreendidas pela IA.

( ) certo ( ) errado

➢ Comentários:

É impossível inferir que os dilemas sejam inéditos, apenas menciona que "apresentam novos desafios".

Resposta: Errado

13. (Cebraspe - CTI - Tecnologista - 2024) A argumentação no texto é desenvolvida no sentido de relativizar o papel da IA na geração dos problemas éticos relacionados à tecnologia na atualidade.

( ) certo ( ) errado

➢ Comentários:

Nota da autora: Relativizar significa *"descrever algo relacionando uma coisa com outra. Relacionar, referir."*

Isso ocorre no texto todo e foi enfatizado nestes trechos:

1º §: *Alguns problemas éticos com a inteligência artificial (IA)* ***não são específicos dela***.

2º §: *E, se sabemos que há IA envolvida,* ***é difícil dizer se é a IA que cria o problema ou o impacto, ou se é a outra tecnologia conectada à IA***.

3º §: não há IA em si: ***a IA sempre depende de outras tecnologias*** *e está inserida em práticas e procedimentos científicos e tecnológicos mais amplos.*

Resposta: Certo

14. (Cebraspe - CTI - Tecnologista - 2024) Entende-se do texto que a invisibilidade da IA decorre de sua frequente conexão com outras tecnologias.

( ) certo ( ) errado

➢ Comentários:

Ideia mencionada no último parágrafo: ***Essa ligação com outras tecnologias*** *também* ***significa*** *que muitas vezes* ***a IA não é visível***.

Resposta: Certo

Texto 2A1-I

Quando se trata de obesidade, é importante ter em mente que vivemos um grave problema de saúde pública. Dados de 2019 do Ministério da Saúde apontam que cerca de 50% da população possuem excesso de peso (ou seja, têm índice de massa corporal – IMC – maior que 25) e 20% da população são obesos (IMC maior que 30).

As pesquisas são claras ao dizer que há correlação entre a condição de sobrepeso e de obesidade e a mortalidade por doenças cardíacas. Por isso, não é correto dizer que está tudo bem se a obesidade no país aumentar drasticamente. Mas, nesse contexto, muitas pessoas se amparam em um discurso médico para lembrar constantemente a toda pessoa gorda que ela precisa urgentemente emagrecer, o que também não é correto.

Médicos e nutricionistas garantem que é perfeitamente possível uma pessoa gorda ser mais saudável que uma pessoa magra. Magreza não é sinônimo de saúde, e não só gordos têm diabetes, hipertensão, problemas cardíacos e problemas articulares.

O excesso de peso e a obesidade têm diversas causas, como fatores genéticos, fisiológicos, sociais, psicológicos e nutricionais. Portanto, quando alguém diz a uma pessoa gorda que ela é assim porque quer ou porque não se esforça para emagrecer, está ignorando uma série de fatores que podem dificultar muito esse processo. Além disso, uma pessoa pode perder peso tomando remédios fortes, submetendo-se a cirurgias, adotando dietas agressivas ou longos períodos de jejum. Mas isso não significa que a saúde melhore.

O consumo excessivo de açucarados e de baixa qualidade nutricional é um fator importante para o crescimento da obesidade. Se os pais de uma criança permitem que ela tenha uma rotina mais sedentária, tenha como fonte de lazer o celular, o *videogame*, o computador e a televisão, e coma muitos produtos açucarados, ela pode adquirir sobrepeso ou mesmo obesidade. A genética, o meio social, a condição psicológica e até o desmame precoce são alguns dos fatores que também podem influenciar esse processo.

Os fiscais do corpo alheio que se convencem de que estão apenas incentivando as pessoas a emagrecerem podem não estar ajudando em nada. O estigma social em torno do corpo gordo leva as pessoas a buscar medidas extremas, não para alcançar a saúde, mas a magreza. Disso decorrem diversos transtornos alimentares e até o próprio agravamento da obesidade.

Uma pesquisa identificou que cerca de 65% dos executivos têm objeções à contratação de profissionais obesos. A vida das pessoas gordas é minada por diversas perdas de direitos. Se essas pessoas são privadas de dignidade, de acesso pleno aos sistemas de saúde e de concorrência justa aos postos de trabalho e submetidas a chacotas e opressões que deterioram sua autoestima e saúde mental, é no mínimo perverso dizer que elas são culpadas pela própria obesidade. Quem deve dizer se o excesso de peso de uma pessoa é um problema para a saúde dela é um profissional de saúde, amparado por tantos exames quanto forem necessários.

Lucas Mascarenhas de Miranda. Gordofobia na tela: um reflexo da sociedade. In: Ciência Hoje, ed. 385, mar./2022, p. 10-12 (com adaptações).

---

15. (Cebraspe - PC PE - Escrivão - 2024) De acordo com as ideias do texto 2A1-I, é correto afirmar que

I obesidade é uma condição fisiológica que exige da pessoa obesa empenho em perder peso a fim de garantir que não desenvolva doenças cardíacas.

II pessoas obesas desenvolvem transtornos alimentares porque são orientadas por pessoas magras a adotar medidas extremas para reduzir a massa corporal.

III a obesidade é causada por fatores distintos, o que torna o emagrecimento um processo complexo, em que se faz necessária a atuação embasada de profissionais da saúde.

Assinale a opção correta.

A) Apenas o item I está certo.

B) Apenas o item III está certo.

C) Apenas os itens I e II estão certos.

D) Apenas os itens II e III estão certos.

E) Todos os itens estão certos.

➢ Comentários:

I. Errado. A perda de peso não está relacionada com a garantia de não desenvolvimento de doenças cardíacas: *é perfeitamente possível uma pessoa gorda ser mais saudável que uma pessoa magra. Magreza não é sinônimo de saúde, e não só gordos têm diabetes, hipertensão, problemas cardíacos e problemas articulares.*

II. Errado. As pessoas obesas não são orientadas pelas pessoas magras: *Os fiscais do corpo alheio que se convencem de que estão apenas incentivando as pessoas a emagrecerem podem não estar ajudando em nada.*

III. Certo.

Causada por fatores distintos: *fatores genéticos, fisiológicos, sociais, psicológicos e nutricionais;*

Processo complexo: *A genética, o meio social, a condição psicológica e até o desmame precoce são alguns dos fatores que também podem influenciar esse processo.*

Profissionais da saúde: *Quem deve dizer se o excesso de peso de uma pessoa é um problema para a saúde dela é um profissional de saúde, amparado por tantos exames quanto forem necessários.*

RESPOSTA: B

---

16. (Cebraspe - PC PE - Escrivão - 2024) Conclui-se do texto 2A1-I que

A) as pessoas com IMC acima de 25 são classificadas como obesas.

B) médicos e nutricionistas recomendam o uso de tratamentos medicamentosos no combate ao excesso de peso, desde que amparados em exames prévios.

C) a palavra gordo ou gorda é usada de forma pejorativa pela sociedade para se referir a pessoas com sobrepeso.

D) aproximadamente metade da população brasileira está obesa, segundo dados do Ministério da Saúde.

E) a obesidade infantil está associada a hábitos como consumo de bebidas açucaradas e uso rotineiro do celular e similares nos momentos de lazer das crianças.

➢ Comentários:

Alternativa "a" – Maior que 25: excesso de peso; **maior que 30**: obesos.

Alternativa "b" – *Médicos e nutricionistas garantem que é perfeitamente possível uma pessoa gorda ser mais saudável que uma pessoa magra.*

A pessoa pode tomar remédio fortes para emagrecer e a saúde não melhorar. É preciso fazer exames.

Alternativa "c" – Apenas menciona que *a vida das pessoas gordas é minada por diversas perdas de direitos.* Não há relação alguma com sentido pejorativo.

Alternativa "d" – Apenas 20% são obesos: *cerca de* ***50%*** *da população possuem* ***excesso de peso*** *(ou seja, têm índice de massa corporal – IMC – maior que 25) e* ***20% da população são obesos*** *(IMC maior que 30).*

Alternativa "e" – No 5º parágrafo: *Se os pais de uma criança permitem que ela tenha uma rotina mais sedentária, tenha como* ***fonte de lazer o celular, o videogame, o computador e a televisão, e coma muitos produtos açucarados****, ela pode adquirir sobrepeso ou mesmo obesidade.*

RESPOSTA: E

Texto CG1A1-I

Entre 2016 e 2020, 35 mil crianças e adolescentes de 0 a 19 anos de idade foram mortos de forma violenta no Brasil – uma média de 7 mil por ano. Além disso, de 2017 a 2020, 180 mil sofreram violência sexual – uma média de 45 mil por ano. É o que revela o documento **Panorama da Violência Letal e Sexual contra Crianças e Adolescentes no Brasil**, do Fundo das Nações Unidas para a Infância (UNICEF) e do Fórum Brasileiro de Segurança Pública (FBSP).

Segundo o documento, a violência se dá de forma diferente de acordo com a idade da vítima. Crianças morrem, com frequência, em decorrência da violência doméstica, perpetrada por um agressor conhecido. O mesmo vale para a violência sexual contra elas, cometida dentro de casa, por pessoas próximas. Já os adolescentes morrem, majoritariamente, fora de casa, vítimas da violência armada urbana e do racismo.

Conforme os dados constantes no referido documento, a maioria das vítimas de mortes violentas é adolescente. Das 35 mil mortes violentas de pessoas com idade até 19 anos identificadas entre 2016 e 2020, mais de 31 mil tinham idade entre 15 e 19 anos. A violência letal, nos estados com dados disponíveis para a série histórica, teve um pico entre 2016 e 2017, e vem caindo, voltando aos patamares dos anos anteriores. Ao mesmo tempo, o número de crianças de até 4 anos de idade vítimas de violência letal aumenta, o que traz um sinal de alerta.

"A violência contra a criança acontece, principalmente, em casa. A violência contra adolescentes acontece na rua, com foco em meninos negros. Embora sejam fenômenos complementares e simultâneos, é crucial entendê-los também em suas diferenças, para desenhar políticas públicas efetivas de prevenção e resposta às violências", afirma Florence Bauer, representante do UNICEF no Brasil.

Os dados publicados no panorama foram obtidos pelo FBSP, por meio da Lei de Acesso à Informação. Foram solicitados a cada estado brasileiro os dados de boletins de ocorrência dos últimos cinco anos, referentes a mortes violentas intencionais (homicídio doloso; feminicídio; latrocínio; lesão corporal seguida de morte; e mortes decorrentes de intervenção policial) e violência sexual (estupros e estupros de vulneráveis) contra crianças e adolescentes. Essas informações não são sistematicamente reunidas e padronizadas, tratando-se, portanto, de uma análise inédita e essencial para a prevenção e a resposta à violência contra meninas e meninos.

Internet: < www.unicef.org> (com adaptações).

Em relação às ideias veiculadas no texto CG1A1-I, julgue os itens que se seguem.

---

17. (Cebraspe - PC AL - Delegado - 2023) Infere-se das informações do texto que, de acordo com o documento mencionado, desde 2018 o número de crianças de até 4 anos de idade mortas em decorrência de violência tem sido maior que o número de adolescentes mortos na mesma circunstância.

( ) certo ( ) errado

➢ Comentários:

É impossível inferir esse dado. Segundo o texto, *o número de crianças de até 4 anos de idade vítimas de violência letal aumenta,* mas **a morte de adolescentes é maior**: *Das 35 mil mortes violentas de pessoas com idade até 19 anos identificadas entre 2016 e 2020, mais de 31 mil tinham idade entre 15 e 19 anos.*

Resposta: Errado

---

18. (Cebraspe - PC AL - Delegado - 2023) De acordo com a citação apresentada no quarto parágrafo, a efetividade das políticas públicas voltadas para o combate à violência contra crianças e à violência contra adolescentes está relacionada ao entendimento das diferenças existentes entre essas duas formas de violência.

( ) certo ( ) errado

➢ Comentários:

Ideia explícita no texto: ***A violência contra a criança acontece****, principalmente,* ***em casa. A violência contra adolescentes acontece na rua****, com foco em meninos negros. Embora sejam fenômenos complementares e simultâneos,* ***é crucial entendê-los também em suas diferenças, para desenhar políticas públicas efetivas de prevenção e resposta às violências****.*

Resposta: Certo

---

19. (Cebraspe - PC AL - Delegado - 2023) Com base no referido documento do UNICEF e do FBSP, o texto mostra que a violência sofrida pelos adolescentes, diferentemente daquela sofrida pelas crianças, tem origem predominantemente fora do ambiente doméstico.

( ) certo ( ) errado

➢ Comentários:

No segundo parágrafo: *os* ***adolescentes morrem****, majoritariamente,* ***fora de casa, vítimas da violência armada urbana e do racismo****.*

No quarto parágrafo: *A violência contra a criança acontece, principalmente, em casa.* ***A violência contra adolescentes acontece na rua****, com* ***foco em meninos negros****.*

Resposta: Certo

Texto CG1A1-II

O ordenamento jurídico pátrio, embasado pela Constituição Federal de 1988, apresenta capítulo próprio para a defesa do meio ambiente – algo que nunca havia ocorrido antes na história das constituições brasileiras. O artigo 225 da Carta Magna transmite a ideia da imprescindibilidade de um meio ambiente ecologicamente equilibrado, criando o dever, tanto para o poder público quanto para a coletividade, de sua preservação. Esse comando é subjacente a todas as relações da República, sejam elas travadas sob a ordem econômico-financeira, sejam elas derivadas da gestão de direitos e garantias individuais e coletivos. Ou seja, tudo deverá passar pelo crivo do meio ambiente sadio e equilibrado para a presente e as futuras gerações.

O Supremo Tribunal Federal, por sua vez, aduziu a interpretação de que o meio ambiente ecologicamente equilibrado inscrito na Carta Cidadã faz parte do rol de cláusulas pétreas, mas, por não estar contido no parágrafo 4.º do artigo 60, é tido como uma cláusula pétrea heterotópica, pela sua posição topográfica em outro capítulo. Diante disso, consagra-se que toda atividade passível de gerar impacto no meio ambiente deverá ser bem discutida, de modo a evitar quaisquer interferências negativas ao equilíbrio ambiental. Além disso, inúmeros princípios foram pulverizados nas legislações esparsas que dão supedâneo ao compromisso inarredável de um meio ambiente livre e contínuo em sua função.

Mais recentemente, o legislador ordinário, na esteira da campanha internacional para com os cuidados do meio ambiente e dos animais, acrescentou novos parágrafos ao art. 32 da Lei n.º 9.605/1998 (que dispõe sobre penalidades às ações lesivas ao meio ambiente), por meio da Lei n.º 14.064/2020. Com isso, trouxe o aumento de pena para os atos de maus-tratos, ferimentos, mutilações, entre outros, contra cães e gatos. Uma inovação na matéria, pois confere proteção específica, de forma exclusiva e precisa, a dois animais domesticáveis que fazem parte da convivência de uma grande parcela do povo brasileiro.

Primeiramente, é imprescindível analisar tal sanção no que se refere aos animais silvestres, domésticos ou domesticados (da nossa fauna ou de outros países, mas que aqui se encontrem), sem a especificação de nenhuma espécie, nenhum epíteto. Ora, a pena é de detenção, de três meses a um ano, e multa. No entanto, com o parágrafo 1.º-A, há uma rotação inevitável de aumento de pena para tais condutas quando estas forem desferidas contra cães e gatos, e uma sanção de reclusão, de dois anos a cinco anos, multa e proibição da guarda. Certamente, trata-se de situação peculiar e que traz implicâncias de várias searas ao ordenamento jurídico.

Internet: <jus.com.br> (com adaptações).

---

20. (Cebraspe - PC AL - Delegado - 2023) O texto trata da presença da questão ambiental na Constituição Federal de 1988 como um avanço em relação às constituições brasileiras anteriores.

( ) certo ( ) errado

➢ Comentários:

No início do texto: *O ordenamento jurídico pátrio, embasado pela Constituição Federal de 1988, apresenta capítulo próprio para a defesa do meio ambiente –* ***algo que nunca havia ocorrido antes na história das constituições brasileiras.***

Resposta: Certo

---

21. (Cebraspe - PC AL - Delegado - 2023) Destaca-se, no texto, uma crítica à localização do capítulo referente ao meio ambiente na Constituição Federal de 1988, uma vez que a questão não é inserida no rol de cláusulas pétreas presente no artigo 60.

( ) certo ( ) errado

➢ Comentários:

Não se trata de uma crítica, mas sim de uma explanação: *O Supremo Tribunal Federal, por sua vez, aduziu a interpretação de que o meio ambiente ecologicamente equilibrado inscrito na Carta Cidadã faz parte do rol de cláusulas pétreas, mas,* ***por não estar contido no parágrafo 4.º do artigo 60, é tido como uma cláusula pétrea heterotópica, pela sua posição topográfica em outro capítulo.***

Resposta: Errado

---

22. (Cebraspe - PC AL - Delegado - 2023) Evidencia-se, no texto, a ideia de que, não fosse o tratamento dado à questão ambiental na Constituição Federal de 1988, o meio ambiente sadio e equilibrado para a presente e para as futuras gerações estaria seriamente ameaçado.

( ) certo ( ) errado

➢ Comentários:

Ocorreu extrapolação textual, pois no texto apenas é mencionado que o *ordenamento jurídico pátrio, embasado pela Constituição Federal de 1988, apresenta capítulo próprio para a defesa do meio ambiente.* ***O artigo 225 da Carta Magna transmite a ideia da imprescindibilidade de um meio ambiente ecologicamente equilibrado, criando o dever, tanto para o poder público quanto para a coletividade, de sua preservação***.

No final do primeiro parágrafo, acrescenta que *tudo deverá passar pelo crivo do meio ambiente sadio e equilibrado para a presente e as futuras gerações.*

Perceba que não demonstra responsabilidade ou garantia alguma.

Resposta: Errado

---

23. (Cebraspe - PC AL - Delegado - 2023) No primeiro parágrafo, o vocábulo "subjacente" (terceiro período) indica a forma não explícita como o crivo do meio ambiente sadio e equilibrado para a presente e as futuras gerações está presente em todas as relações da República.

( ) certo ( ) errado

➢ Comentários:

A palavra "subjacente", no sentido figurado, significa: *que está oculto; não expresso; implícito, subentendido, oculto.*

A palavra "crivo" significa *crítica ou prova; avaliação detalhada sobre algo ou alguém de acordo com certos parâmetros*[9].

9. Dicionário Online de Português. Disponível em <www.dicio.com.br/>.

No parágrafo mencionado, lê-se: ***Esse comando*** [a criação do dever da preservação do meio ambiente ecologicamente equilibrado] ***é subjacente a todas as relações da República****, sejam elas travadas sob a ordem econômico-financeira, sejam elas derivadas da gestão de direitos e garantias individuais e coletivos. Ou seja,* ***tudo deverá passar pelo crivo do meio ambiente sadio e equilibrado para a presente e as futuras gerações****.*

Resposta: Certo

Texto CB1A1-I

Em uma de suas últimas entrevistas, o antropólogo Darcy Ribeiro (1922-1997) relatou que havia fugido do hospital onde se submetia a tratamento contra um câncer, para terminar o livro que considerava o coroamento de sua obra: O povo brasileiro, publicado em 1995. Na mesma entrevista, reconhecia ser um homem de "muitas peles": foi etnólogo indigenista, antropólogo, educador, gestor público, político militante e romancista. Entretanto, dizia ter fracassado em sua missão de tornar o Brasil aquilo que "poderia ser".

"Darcy Ribeiro é uma figura fascinante e um dos autores latino-americanos que projetaram mais futuros. Em alguns dos textos, ele parece comentar em voz alta as alternativas, utópicas e distópicas, para o Brasil e a América Latina", observa o sociólogo Fabrício Pereira da Silva. "Este é um momento excelente para reexaminar suas ideias, suas utopias e seus projetos."

Sua carreira de educador teve início na Escola Brasileira de Administração Pública, da Fundação Getúlio Vargas, no Rio de Janeiro, onde, durante dois anos, ensinou etnologia brasileira. Na mesma época, participou da fundação do Museu do Índio, em 1953, e, dois anos mais tarde, da criação do primeiro curso de pós-graduação em antropologia cultural no Brasil. Ao deixar o Serviço de Proteção aos Índios, lecionou na Universidade do Brasil, atual Universidade Federal do Rio de Janeiro (UFRJ). Nesse período, desenvolveu trabalhos com o pedagogo Anísio Teixeira (1900-1971), uma das principais referências em educação no Brasil e defensor do ensino básico integral. Sua influência perduraria por toda a trajetória de Darcy Ribeiro e se concretizaria no projeto dos centros integrados de educação pública (CIEP), escolas de tempo integral criadas no Rio de Janeiro nos anos 80 do século passado.

A crítica ao colonialismo, a análise dos povos latino-americanos e a valorização do ponto de vista indígena fazem da obra de Darcy Ribeiro uma fonte de inspiração para pesquisadores do campo de estudos pós-coloniais e decoloniais, de acordo com Pereira da Silva. "São releituras e apropriações, porque, quando ele publicou, esses termos não eram usados. A tendência ao evolucionismo e ao eurocentrismo de seus primeiros anos deu lugar, no exílio, a uma visão mais diversificada, em que a América Latina aparece como um polo civilizacional", afirma.

Apesar de ter sido reitor, fundador e reformador de universidades, Darcy viveu a maior parte de sua carreira fora de instituições universitárias brasileiras. Entretanto, jamais deixou de refletir sobre seu projeto para o ensino superior. Publicou livros como **A universidade necessária e La universidad latinoamericana**, em que expôs seu projeto baseado em interdisciplinaridade, investimento em pesquisa científica avançada, compromisso social e participação do corpo discente na tomada de decisões.

Diego Viana. Darcy Ribeiro: a chama da utopia. Revista Pesquisa FAPESP, 30/10/2022 (com adaptações).

---

24. (CEBRASPE - SME RE/PE - Professor - 2023) De acordo com o texto, Darcy Ribeiro se considerava fracassado por ter-se dedicado a muitas áreas do conhecimento.

( ) certo ( ) errado

➢ Comentários:

1. Darcy Ribeiro *foi etnólogo indigenista, antropólogo, educador, gestor público, político militante e romancista.*

   Isso significa que se dedicou a muitas áreas do conhecimento.

2. *Entretanto,* ***dizia ter fracassado em sua missão de tornar o Brasil aquilo que "poderia ser".***

   O motivo de se sentir fracassado não foi por ter-se dedicado a muitas áreas.

Resposta: Errado

---

25. (CEBRASPE - SME RE/PE - Professor - 2023) Com o emprego da expressão 'em voz alta' (segundo parágrafo), o sociólogo Fabrício Pereira da Silva sugere uma semelhança entre a escrita de Darcy Ribeiro e o discurso falado.

( ) certo ( ) errado

➢ Comentários:

Ocorre essa sugestão porque, no período anterior, o sociólogo menciona que Darcy Ribeiro é um dos **autores** latino-americanos que projetaram mais futuros. Em seguida, diz que em alguns textos, ele parece comentar em voz alta as alternativas para o Brasil e a América. Como era etnólogo indigenista, antropólogo, **educador**, gestor público, político militante e romancista, é possível deduzir que falava com as pessoas.

"Em voz alta": dava ênfase ao assunto ao escrever.

Resposta: Certo

---

26. (CEBRASPE - SME RE/PE - Professor - 2023) O texto informa que Darcy Ribeiro foi pioneiro no campo educacional de antropologia cultural no Brasil.

( ) certo ( ) errado

➢ Comentários:

Darcy Ribeiro foi um desbravador, um percursor e um explorador de antropologia cultural no Brasil: *Sua carreira de educador teve início na Escola Brasileira de Administração Pública, da Fundação Getúlio Vargas, no Rio de Janeiro, onde,* ***durante dois anos, ensinou etnologia brasileira.*** *Na mesma época,* ***participou da fundação do Museu do Índio****, em 1953, e, dois anos mais tarde,* ***da criação do primeiro curso de pós-graduação em antropologia cultural no Brasil.*** *Ao deixar o Serviço de Proteção aos Índios, lecionou na Universidade do Brasil, atual Universidade Federal do Rio de Janeiro (UFRJ).*

Ele criou o primeiro curso de pós-graduação em antropologia cultural no Brasil: foi pioneiro.

Resposta: Certo

---

27. (CEBRASPE - SME RE/PE - Professor - 2023) Infere-se do texto que Darcy Ribeiro atuou pouco tempo como professor universitário no Brasil.

( ) certo ( ) errado

➢ Comentários:

No último parágrafo: *Apesar de ter sido reitor, fundador e reformador de universidades,* ***Darcy viveu a maior parte de sua carreira fora de instituições universitárias brasileiras****. Entretanto, jamais deixou de refletir sobre seu projeto para o ensino superior.*

Resposta: Certo

---

28. (CEBRASPE - SME RE/PE - Professor - 2023) De acordo com o texto, Darcy Ribeiro era rotulado como pensador pós-colonial.

( ) certo ( ) errado

➢ Comentários:

A obra de Darcy Ribeiro foi *uma fonte de inspiração para* ***pesquisadores do campo de estudos pós-coloniais*** *e decoloniais.*

Ele não foi rotulado como pensador pós-colonial.

Resposta: Errado

---

29. (CEBRASPE - SME RE/PE - Professor - 2023) O texto apresenta elementos do projeto pensado por Darcy Ribeiro para o ensino superior brasileiro.

( ) certo ( ) errado

➢ Comentários:

No terceiro parágrafo: *Em 1955, participou da criação do primeiro curso de pós-graduação em antropologia cultural no Brasil.*

No último parágrafo: ***jamais deixou de refletir sobre seu projeto para o ensino superior****. Publicou livros como* ***A universidade necessária e La universidad latinoamericana****, em que expôs seu projeto baseado em interdisciplinaridade, investimento em pesquisa científica avançada, compromisso social e participação do corpo discente na tomada de decisões.*

Resposta: Certo

---

30. (CEBRASPE - SME RE/PE - Professor - 2023) O texto é essencialmente narrativo, pois relata fatos da vida de um personagem principal.

( ) certo ( ) errado

➢ Comentários:

O texto é essencialmente dissertativo expositivo: apresenta dados e fatos sobre um tema de forma organizada e completa. Possui o objetivo de descrever e de apresentar informações. O objetivo é informar, expor algo.

Dica: não tenta convencer o leitor, não há divergência de ideias

Resposta: Errado

Parte VII

REDAÇÃO OFICIAL

Capítulo 1

REDAÇÃO OFICIAL

1. INTRODUÇÃO

Caro(a) leitor(a), foi lançada, no final de 2018, a terceira edição do **Manual de Redação da Presidência da República** – revista, atualizada e ampliada.

Com o intuito de facilitar seu estudo, foram disponibilizadas aqui as mudanças ocorridas e que podem (devem) ser exigidas nas próximas provas. Ficou mais fácil consultar e entender o MRPR.

A principal alteração foi a **EXTINÇÃO** dos documentos **MEMORANDO** e **AVISO**.

Os **ATRIBUTOS** também foram alterados. *A redação oficial deve caracterizar-se por: clareza e precisão; objetividade; concisão; coesão e coerência; impessoalidade; formalidade e padronização; e uso da norma padrão da língua portuguesa.*

A **FONTE** usada alterou de *Times New Roman* (em 2002) para **Calibri** ou **Carlito**.

Houve importantes **acréscimos**: **SIGNATÁRIOS** – cargos interinos e substitutos, signatárias do sexo feminino –, **GRAFIA DE CARGOS COMPOSTOS**, emprego do **VOCATIVO** e **VARIAÇÕES DOS DOCUMENTOS OFICIAIS.**

2. PANORAMA DA COMUNICAÇÃO OFICIAL[1]

A finalidade da língua é comunicar, quer pela fala, quer pela escrita. Para que haja comunicação, são necessários:

a) alguém que comunique;

b) algo a ser comunicado;

c) alguém que receba essa comunicação.

No caso da redação oficial, **quem comunica é** sempre **o serviço público** (este/esta ou aquele/aquela Ministério, Secretaria, Departamento, Divisão, Serviço, Seção); **o que se comunica é** sempre **algum assunto relativo às atribuições do órgão que comunica**; e **o destinatário** dessa comunicação **é o público, uma instituição privada ou outro órgão ou entidade pública**, do Poder Executivo ou dos outros Poderes. Além disso, deve-se considerar a intenção do emissor e a finalidade do documento, para que o texto esteja adequado à situação comunicativa.

A necessidade de empregar determinado nível de linguagem nos atos e nos expedientes oficiais decorre, de um lado, do próprio caráter público desses atos e comunicações; de outro, de sua finalidade. Os atos oficiais, aqui entendidos como atos de caráter normativo,

1. Presidência da República 3ª edição, revista, atualizada e ampliada pela Subchefia para Assuntos Jurídicos da Casa Civil da Presidência da República.

ou estabelecem regras para a conduta dos cidadãos, ou regulam o funcionamento dos órgãos e entidades públicos, o que só é alcançado se, em sua elaboração, for empregada a linguagem adequada. O mesmo se dá com os expedientes oficiais, cuja **finalidade precípua é a de informar com clareza e objetividade.**

3. O QUE É REDAÇÃO OFICIAL[2]

Em uma frase, pode-se dizer que redação oficial é a maneira pela qual o Poder Público redige comunicações oficiais e atos normativos. Neste Manual, interessa-nos tratá-la do ponto de vista da administração pública federal.

A redação oficial não é necessariamente árida e contrária à evolução da língua. É que **sua finalidade básica – comunicar com objetividade e máxima clareza – impõe certos parâmetros ao uso que se faz da língua**, de maneira diversa daquele da literatura, do texto jornalístico, da correspondência particular etc.

Apresentadas essas características fundamentais da redação oficial, passemos à análise pormenorizada de cada um de seus atributos.

4. ATRIBUTOS DA REDAÇÃO OFICIAL[3]

A redação oficial deve caracterizar-se por:

- **clareza e precisão;**
- **objetividade;**
- **concisão;**
- **coesão e coerência;**
- **impessoalidade;**
- **formalidade e padronização; e**
- **uso da norma padrão da língua portuguesa.**

Fundamentalmente, esses atributos decorrem da Constituição, que dispõe, no art. 37: "A administração pública direta, indireta, de qualquer dos Poderes da União, dos Estados, do Distrito Federal e dos Municípios obedecerá aos princípios de legalidade, impessoalidade, moralidade, publicidade e eficiência (...)". Sendo a publicidade, a impessoalidade e a eficiência princípios fundamentais de toda a administração pública, devem igualmente nortear a elaboração dos atos e das comunicações oficiais.

4.1. Clareza e precisão

CLAREZA

A clareza deve ser a qualidade básica de todo texto oficial. Pode-se definir como claro aquele texto que possibilita imediata compreensão pelo leitor. Não se concebe que um do-

---

2. Presidência da República 3a edição, revista, atualizada e ampliada pela Subchefia para Assuntos Jurídicos da Casa Civil da Presidência da República.
3. Presidência da República 3a edição, revista, atualizada e ampliada pela Subchefia para Assuntos Jurídicos da Casa Civil da Presidência da República.

cumento oficial ou um ato normativo de qualquer natureza seja redigido de forma obscura, que dificulte ou impossibilite sua compreensão. A transparência é requisito do próprio Estado de Direito: **é inaceitável que um texto oficial ou um ato normativo não seja entendido pelos cidadãos.** O princípio constitucional da publicidade não se esgota na mera publicação do texto, estendendo-se, ainda, à necessidade de que o texto seja claro.

Para a obtenção de clareza, sugere-se:

a) utilizar palavras e expressões simples, em seu sentido comum, salvo quando o texto versar sobre assunto técnico, hipótese em que se utilizará nomenclatura própria da área;

b) usar frases curtas, bem estruturadas; apresentar as orações na ordem direta e evitar intercalações excessivas. Em certas ocasiões, para evitar ambiguidade, sugere-se a adoção da ordem inversa da oração;

c) buscar a uniformidade do tempo verbal em todo o texto;

d) não utilizar regionalismos e neologismos;

e) pontuar adequadamente o texto;

f) explicitar o significado da sigla na primeira referência a ela; e

g) utilizar palavras e expressões em outro idioma apenas quando indispensáveis, em razão de serem designações ou expressões de uso já consagrado ou de não terem exata tradução. Nesse caso, grafe-as em itálico.

PRECISÃO

O atributo da precisão **complementa a clareza** e caracteriza-se por:

a) articulação da linguagem comum ou técnica para a perfeita compreensão da ideia veiculada no texto;

b) manifestação do pensamento ou da ideia com as mesmas palavras, evitando o emprego de sinonímia com propósito meramente estilístico; e

c) escolha de expressão ou palavra que não confira duplo sentido ao texto.

É indispensável, também, a releitura de todo o texto redigido. A ocorrência, em textos oficiais, de trechos obscuros provém principalmente da falta da releitura, o que tornaria possível sua correção. Na revisão de um expediente, deve-se avaliar se ele será de fácil compreensão por seu destinatário. O que nos parece óbvio pode ser desconhecido por terceiros. O domínio que adquirimos sobre certos assuntos, em decorrência de nossa experiência profissional, muitas vezes, faz com que os tomemos como de conhecimento geral, o que nem sempre é verdade. Explicite, desenvolva, esclareça, precise os termos técnicos, o significado das siglas e das abreviações e os conceitos específicos que não possam ser dispensados.

A revisão atenta exige tempo. A pressa com que são elaboradas certas comunicações quase sempre compromete sua clareza. "Não há assuntos urgentes, há assuntos atrasados", diz a máxima. Evite-se, pois, o atraso, com sua indesejável repercussão no texto redigido.

A clareza e a precisão não são atributos que se atinjam por si sós: elas dependem estritamente das demais características da redação oficial, apresentadas a seguir.

4.2. Objetividade

Ser objetivo é ir diretamente ao assunto que se deseja abordar, sem voltas e sem redundâncias. Para conseguir isso, é fundamental que o redator saiba de antemão qual é a ideia principal e quais são as secundárias.

Procure perceber certa hierarquia de ideias que existe em todo texto de alguma complexidade: as fundamentais e as secundárias. Essas últimas podem esclarecer o sentido daquelas, detalhá-las, exemplificá-las; mas existem também ideias secundárias que não acrescentam informação alguma ao texto, nem têm maior relação com as fundamentais, podendo, por isso, ser dispensadas, o que também proporcionará mais objetividade ao texto.

A objetividade conduz o leitor ao contato mais direto com o assunto e com as informações, sem subterfúgios, sem excessos de palavras e de ideias. É errado supor que a objetividade suprime a delicadeza de expressão ou torna o texto rude e grosseiro.

4.3. Concisão

A concisão é antes uma qualidade do que uma característica do texto oficial. **Conciso é o texto que consegue transmitir o máximo de informações com o mínimo de palavras.** Não se deve de forma alguma entendê-la como economia de pensamento, isto é, não se deve eliminar passagens substanciais do texto com o único objetivo de reduzi-lo em tamanho. Trata-se, exclusivamente, de excluir palavras inúteis, redundâncias e passagens que nada acrescentem ao que já foi dito.

Detalhes irrelevantes são dispensáveis: o texto deve evitar caracterizações e comentários supérfluos, adjetivos e advérbios inúteis, subordinação excessiva.

4.4. Coesão e coerência

É indispensável que o texto tenha coesão e coerência. **Tais atributos favorecem a conexão, a ligação, a harmonia entre os elementos de um texto.** Percebe-se que o texto tem coesão e coerência quando se lê um texto e se verifica que as palavras, as frases e os parágrafos estão entrelaçados, dando continuidade uns aos outros.

Alguns mecanismos que estabelecem a coesão e a coerência de um texto são: **referência, substituição, elipse e uso de conjunção.**

A referência diz respeito aos termos que se relacionam a outros necessários à sua interpretação. Esse mecanismo pode dar-se por retomada de um termo, relação com o que é precedente no texto, ou por antecipação de um termo cuja interpretação dependa do que se segue.

Exemplos:

O Deputado evitou a instalação da CPI da corrupção. Ele aguardou a decisão do Plenário.

O TCU apontou estas irregularidades: falta de assinatura e de identificação no documento.

A substituição é a colocação de um item lexical no lugar de outro(s) ou no lugar de uma oração.

Exemplos:

O Presidente assinou o acordo. O Chefe do Poder Executivo federal propôs reduzir as alíquotas. O ofício está pronto. O documento trata da exoneração do servidor.

Os governadores decidiram acatar a decisão. Em seguida, os prefeitos fizeram o mesmo.

A elipse consiste na omissão de um termo recuperável pelo contexto.

Exemplo:

O decreto regulamenta os casos gerais; a portaria, os particulares. **(Na segunda oração, houve a omissão do verbo "regulamenta").**

Outra estratégia para proporcionar coesão e coerência ao texto é utilizar conjunção para estabelecer ligação entre orações, períodos ou parágrafos.

Exemplo:

O Embaixador compareceu à reunião, pois identificou o interesse de seu Governo pelo assunto.

4.5. Impessoalidade

A impessoalidade decorre de princípio constitucional (Constituição, art. 37), e seu significado remete a dois aspectos: o primeiro é a obrigatoriedade de que a administração pública proceda de modo a não privilegiar ou prejudicar ninguém, de que o seu norte seja, sempre, o interesse público; o segundo, a abstração da pessoalidade dos atos administrativos, pois, apesar de a ação administrativa ser exercida por intermédio de seus servidores, é resultado tão-somente da vontade estatal.

A redação oficial é elaborada sempre em nome do serviço público e sempre em atendimento ao interesse geral dos cidadãos. Sendo assim, os assuntos objetos dos expedientes oficiais não devem ser tratados de outra forma que não a estritamente impessoal.

Percebe-se, assim, que o tratamento impessoal que deve ser dado aos assuntos que constam das comunicações oficiais decorre:

a) **da ausência de impressões individuais de quem comunica**: embora se trate, por exemplo, de um expediente assinado por Chefe de determinada Seção, a comunicação é sempre feita em nome do serviço público. Obtém-se, assim, uma desejável padronização, que permite que as comunicações elaboradas em diferentes setores da administração pública guardem entre si certa uniformidade;

b) **da impessoalidade de quem recebe a comunicação**: ela pode ser dirigida a um cidadão, sempre concebido como público, ou a uma instituição privada, a outro órgão ou a outra entidade pública. Em todos os casos, temos um destinatário concebido de forma homogênea e impessoal; e

c) **do caráter impessoal do próprio assunto tratado**: se o universo temático das comunicações oficiais se restringe a questões que dizem respeito ao interesse público, é natural não caber qualquer tom particular ou pessoal.

Não há lugar na redação oficial para impressões pessoais, como as que, por exemplo, constam de uma carta a um amigo, ou de um artigo assinado de jornal, ou mesmo de um texto literário. A redação oficial deve ser isenta da interferência da individualidade de quem a elabora. **A concisão, a clareza, a objetividade e a formalidade** de que nos valemos para elaborar os expedientes oficiais **contribuem**, ainda, **para que seja alcançada a necessária impessoalidade**.

4.6. Formalidade e padronização

As comunicações administrativas devem ser sempre formais, isto é, obedecer a certas regras de forma (BRASIL, 2015a). Isso é válido tanto para as comunicações feitas em meio eletrônico (por exemplo, o e-mail, o documento gerado no SEI!, o documento em html etc.), quanto para os eventuais documentos impressos.

É imperativa, ainda, certa formalidade de tratamento. Não se trata somente do correto emprego deste ou daquele pronome de tratamento para uma autoridade de certo nível, mais do que isso: a formalidade diz respeito à civilidade no próprio enfoque dado ao assunto do qual cuida a comunicação.

A formalidade de tratamento vincula-se, também, à necessária uniformidade das comunicações. Ora, se a administração pública federal é una, é natural que as comunicações que expeça sigam o mesmo padrão. O estabelecimento desse padrão, uma das metas deste Manual, exige que se atente para todas as características da redação oficial e que se cuide, ainda, da apresentação dos textos.

A digitação sem erros, o uso de papéis uniformes para o texto definitivo, nas exceções em que se fizer necessária a impressão, e a correta diagramação do texto são indispensáveis para a padronização.

Em razão de seu caráter público e de sua finalidade, os atos normativos e os expedientes oficiais requerem o uso do padrão culto do idioma, que acata os preceitos da gramática formal e emprega um léxico compartilhado pelo conjunto dos usuários da língua. O uso do padrão culto é, portanto, imprescindível na redação oficial por estar acima das diferenças lexicais, morfológicas ou sintáticas, regionais; dos modismos vocabulares e das particularidades linguísticas.

Recomendações:

- a língua culta é contra a pobreza de expressão e não contra a sua simplicidade;
- o uso do padrão culto não significa empregar a língua de modo rebuscado ou utilizar figuras de linguagem próprias do estilo literário;
- a consulta ao dicionário e à gramática é imperativa na redação de um bom texto.

Pode-se concluir que não existe propriamente um padrão oficial de linguagem, o que há é o uso da norma padrão nos atos e nas comunicações oficiais. É claro que haverá preferência pelo uso de determinadas expressões, ou será obedecida certa tradição no emprego das formas sintáticas, mas isso não implica, necessariamente, que se consagre a utilização de uma forma de linguagem burocrática. O jargão burocrático, como todo jargão, deve ser evitado, pois terá sempre sua compreensão limitada.

5. AS COMUNICAÇÕES OFICIAIS[4]

A redação das comunicações oficiais deve, antes de tudo, seguir os preceitos explicitados no Capítulo I, "Aspectos gerais da redação oficial". Além disso, há características espe-

---

4. Presidência da República 3ª edição, revista, atualizada e ampliada pela Subchefia para Assuntos Jurídicos da Casa Civil da Presidência da República.

cíficas de cada tipo de expediente, que serão tratadas em detalhe neste capítulo. Antes de passarmos à sua análise, vejamos outros aspectos comuns a quase todas as modalidades de comunicação oficial.

5.1. Pronomes de tratamento

Tradicionalmente, o emprego dos pronomes de tratamento adota a segunda pessoa do plural, de maneira indireta, para referenciar atributos da pessoa à qual se dirige. Na redação oficial, é necessário atenção para o uso dos pronomes de tratamento em três momentos distintos: no endereçamento, no vocativo e no corpo do texto. No vocativo, o autor dirige-se ao destinatário no início do documento. No corpo do texto, pode-se empregar os pronomes de tratamento em sua forma abreviada ou por extenso. O endereçamento é o texto utilizado no envelope que contém a correspondência oficial.

A seguir, alguns exemplos de utilização de pronomes de tratamento no texto oficial.

Autoridade	Endereçamento	Vocativo	Tratamento no corpo do texto	Abreviatura
Presidente da República	A Sua Excelência o Senhor	Excelentíssimo Senhor Presidente da República,	Vossa Excelência	Não se usa
Presidente do Congresso Nacional	A Sua Excelência o Senhor	Excelentíssimo Senhor Presidente do Congresso Nacional,	Vossa Excelência	Não se usa
Presidente do Supremo Tribunal Federal	A Sua Excelência o Senhor	Excelentíssimo Senhor Presidente do Supremo Tribunal Federal,	Vossa Excelência	Não se usa
Vice-Presidente da República	A Sua Excelência o Senhor	Senhor Vice-Presidente da República,	Vossa Excelência	V. Exa.
Ministro de Estado	A Sua Excelência o Senhor	Senhor Ministro,	Vossa Excelência	V. Exa.
Secretário-Executivo de Ministério e demais ocupantes de cargos de natureza especial	A Sua Excelência o Senhor	Senhor Secretário-Executivo,	Vossa Excelência	V. Exa.

Autoridade	Endereçamento	Vocativo	Tratamento no corpo do texto	Abreviatura
Embaixador	A Sua Excelência o Senhor	Senhor Embaixador,	Vossa Excelência	V. Exa.
Oficial-General das Forças Armadas	A Sua Excelência o Senhor	Senhor + Posto,	Vossa Excelência	V. Exa.
Outros postos militares	Ao Senhor	Senhor + Posto,	Vossa Senhoria	V. Sa.
Senador da República	A Sua Excelência o Senhor	Senhor Senador,	Vossa Excelência	V. Exa.
Deputado Federal	A Sua Excelência o Senhor	Senhor Deputado,	Vossa Excelência	V. Exa.
Ministro do Tribunal de Contas da União	A Sua Excelência o Senhor	Senhor Ministro do Tribunal de Contas da União,	Vossa Excelência	V. Exa.
Ministro dos Tribunais Superiores	A Sua Excelência o Senhor	Senhor Ministro,	Vossa Excelência	V. Exa.

5.2. Signatário

5.2.1. Cargos interino e substituto

Na identificação do signatário, depois do nome do cargo, é possível utilizar os termos interino e substituto, conforme situações a seguir: interino é aquele nomeado para ocupar transitoriamente cargo público durante a vacância; substituto é aquele designado para exercer as atribuições de cargo público vago ou no caso de afastamento e impedimentos legais ou regulamentares do titular. Esses termos devem ser utilizados depois do nome do cargo, sem hífen, sem vírgula e em minúsculo. Exemplos: Diretor-Geral interino, Secretário-Executivo substituto.

5.2.2. Signatárias do sexo feminino

Na identificação do signatário, o cargo ocupado por pessoa do sexo feminino deve ser flexionado no gênero feminino. Exemplos: Ministra de Estado, Secretária-Executiva interina, Técnica Administrativa, Coordenadora Administrativa.

5.3. Grafia de cargos compostos

Escrevem-se com hífen:

a) cargos formados pelo adjetivo "geral": **diretor-geral, relator-geral, ouvidor-geral**;

b) postos e gradações da diplomacia: **primeiro-secretário, segundo-secretário**;

c) postos da hierarquia militar: **tenente-coronel, capitão-tenente**;

Atenção: nomes compostos com elemento de ligação preposicionado ficam sem hífen: general de exército, general de brigada, tenente-brigadeiro do ar, capitão de mar e guerra;

---

d) cargos que denotam hierarquia dentro de uma empresa: **diretor-presidente, diretor-adjunto, editor-chefe, editor-assistente, sócio-gerente, diretor-executivo**;

e) cargos formados por numerais: **primeiro-ministro, primeira-dama**;

f) cargos formados com os prefixos "ex" ou "vice": **ex-diretor, vice-coordenador**.

O novo Acordo Ortográfico tornou opcional o uso de iniciais maiúsculas em palavras usadas reverencialmente, por exemplo para cargos e títulos (exemplo: o Presidente francês ou o presidente francês). Porém, em palavras com hífen, após se optar pelo uso da maiúscula ou da minúscula, deve-se manter a escolha para a grafia de todos os elementos hifenizados: pode-se escrever "Vice-Presidente" ou "vice-presidente", mas não "Vice-presidente".

5.4. Vocativo

O vocativo é uma invocação ao destinatário. Nas comunicações oficiais, o vocativo será sempre seguido de vírgula. Em comunicações dirigidas aos **Chefes de Poder, utiliza-se a expressão Excelentíssimo Senhor ou Excelentíssima Senhora e o cargo respectivo**, seguidos de vírgula. Exemplos: Excelentíssimo Senhor Presidente da República, Excelentíssimo Senhor Presidente do Congresso Nacional, Excelentíssimo Senhor Presidente do Supremo Tribunal Federal.

As **demais autoridades**, mesmo aquelas tratadas por Vossa Excelência, receberão o vocativo **Senhor ou Senhora** seguido do **cargo respectivo**. Exemplos: Senhora Senadora, Senhor Juiz, Senhora Ministra.

Na hipótese de comunicação com particular, pode-se utilizar o **vocativo Senhor ou Senhora** e a forma utilizada pela instituição para referir-se ao interlocutor: **beneficiário, usuário, contribuinte, eleitor** etc. Exemplos: Senhora Beneficiária, Senhor Contribuinte.

Ainda, quando o destinatário for um particular, no vocativo, pode-se utilizar Senhor ou Senhora seguido do nome do particular ou pode-se utilizar o vocativo "Prezado Senhor" ou "Prezada Senhora".

Em comunicações oficiais, **está abolido o uso de Digníssimo (DD) e de Ilustríssimo (Ilmo.).** Evite-se o uso de "doutor" indiscriminadamente. O tratamento por meio de Senhor confere a formalidade desejada.

6. O PADRÃO OFÍCIO[5]

Até a segunda edição deste Manual, havia três tipos de expedientes que se diferenciavam antes pela finalidade do que pela forma: o ofício, o aviso e o memorando. **Com o obje-**

---

5. Presidência da República 3ª edição, revista, atualizada e ampliada pela Subchefia para Assuntos Jurídicos da Casa Civil da Presidência da República.

tivo de uniformizá-los, deve-se adotar nomenclatura e diagramação únicas, que sigam o que chamamos de padrão ofício.

A distinção básica anterior entre os três era:

a) aviso: era expedido exclusivamente por Ministros de Estado, para autoridades de mesma hierarquia;

b) ofício: era expedido para e pelas demais autoridades; e

c) memorando: era expedido entre unidades administrativas de um mesmo órgão.

Atenção: Nesta nova edição ficou abolida aquela distinção e passou-se a utilizar o termo ofício nas três hipóteses.

A seguir, será apresentada a estrutura do padrão ofício, de acordo com a ordem com que cada elemento aparece no documento oficial.

6.1. Partes do documento no padrão ofício

6.1.1. Cabeçalho

O cabeçalho é utilizado apenas na primeira página do documento, centralizado na área determinada pela formatação (ver subitem "5.2 Formatação e apresentação"). No cabeçalho deverão constar os seguintes elementos:

a) **brasão de Armas da República**[6]: no topo da página. Não há necessidade de ser aplicado em cores. O uso de marca da instituição deve ser evitado na correspondência oficial para não se sobrepor ao Brasão de Armas da República.

b) nome do órgão principal;

c) nomes dos órgãos secundários, quando necessários, da maior para a menor hierarquia; e

d) **espaçamento**: entrelinhas simples (1,0).

Exemplo:

[Nome do órgão]
[Secretaria/Diretoria]
[Departamento/Setor/Entidade]

---

6. O desenho oficial atualizado do Brasão de Armas da República pode ser localizado no sítio eletrônico da Presidência da República, na seção Símbolos Nacionais. Disponível em: <http://www2.planalto.gov.br/acervo/simbolosnacionais/brasao/brasao-da-republica>. No caso de documento a ser impresso, exclusivamente quando o signatário for o Presidente da República, Ministro de Estado ou a autoridade máxima de autarquia, será utilizado timbre em relevo branco, nos termos do disposto no Decreto no 80.739, de 14 de novembro de 1977.

Os dados do órgão, tais como endereço, telefone, endereço de correspondência eletrônica, sítio eletrônico oficial da instituição, podem ser informados no rodapé do documento, centralizados.

6.1.2. Identificação do expediente

Os documentos oficiais devem ser identificados da seguinte maneira:

a) **nome do documento**: tipo de expediente por extenso, com todas as letras maiúsculas;

b) **indicação de numeração**: abreviatura da palavra "número", padronizada como Nº;

c) **informações do documento**: número, ano (com quatro dígitos) e siglas usuais do setor que expede o documento, da menor para a maior hierarquia, separados por barra (/); e d) **alinhamento**: à margem esquerda da página.

Exemplo:
OFÍCIO No 652/2018/SAA/SE/MT

6.1.3. Local e data do documento

Na grafia de datas em um documento, o conteúdo deve constar da seguinte forma:

a) **composição**: local e data do documento;

b) **informação de local**: nome da cidade onde foi expedido o documento, seguido de vírgula. Não se deve utilizar a sigla da unidade da federação depois do nome da cidade;

c) **dia do mês**: em numeração ordinal se for o primeiro dia do mês e em numeração cardinal para os demais dias do mês. Não se deve utilizar zero à esquerda do número que indica o dia do mês;

d) **nome do mês**: deve ser escrito com inicial minúscula;

e) **pontuação**: coloca-se ponto-final depois da data; e

f) **alinhamento**: o texto da data deve ser alinhado à margem direita da página.

Exemplo: Brasília, 2 de fevereiro de 2018.

6.1.4. Endereçamento

O endereçamento é a parte do documento que informa quem receberá o expediente. Nele deverão constar os seguintes elementos:

a) **vocativo**: na forma de tratamento adequada para quem receberá o expediente (ver subitem "4.1 Pronomes de tratamento");

b) **nome**: nome do destinatário do expediente;

c) **cargo**: cargo do destinatário do expediente;

d) **endereço**: endereço postal de quem receberá o expediente, dividido em duas linhas: primeira linha: informação de localidade/logradouro do destinatário ou, no caso de ofício ao mesmo órgão, informação do setor; segunda linha: CEP e cidade/unidade da federação, separados por espaço simples. Na separação entre cidade e unidade da federação pode ser substituída a barra pelo ponto ou pelo travessão. No caso de ofício ao mesmo órgão, não é obrigatória a informação do CEP, podendo ficar apenas a informação da cidade/unidade da federação; e

e) **alinhamento**: à margem esquerda da página.

O pronome de tratamento no endereçamento das comunicações dirigidas às autoridades tratadas por Vossa Excelência terá a seguinte forma: "A Sua Excelência o Senhor" ou "A Sua Excelência a Senhora".

Quando o tratamento destinado ao receptor for Vossa Senhoria, o endereçamento a ser empregado é "Ao Senhor" ou "À Senhora". Ressalte-se que não se utiliza a expressão "A Sua Senhoria o Senhor" ou "A Sua Senhoria a Senhora".

6.1.5. Assunto

O assunto deve dar uma ideia geral do que trata o documento, de forma sucinta.

Ele deve ser grafado da seguinte maneira:

a) **título**: a palavra Assunto deve anteceder a frase que define o conteúdo do documento, seguida de dois-pontos;

b) **descrição do assunto**: a frase que descreve o conteúdo do documento deve ser escrita com inicial maiúscula, não se deve utilizar verbos e sugere-se utilizar de quatro a cinco palavras;

c) **destaque**: todo o texto referente ao assunto, inclusive o título, deve ser destacado em negrito;

d) **pontuação**: coloca-se ponto-final depois do assunto; e

e) **alinhamento**: à margem esquerda da página.

6.1.6. Texto do documento

O texto do documento oficial deve seguir a seguinte padronização de estrutura:

I – nos casos em que não seja usado para encaminhamento de documentos, o expediente deve conter a seguinte estrutura:

a) **introdução**: em que é apresentado o objetivo da comunicação. Evite o uso das formas: Tenho a honra de, Tenho o prazer de, Cumpre-me informar que. Prefira empregar a forma direta: Informo, Solicito, Comunico;

b) **desenvolvimento**: em que o assunto é detalhado; se o texto contiver mais de uma ideia sobre o assunto, elas devem ser tratadas em parágrafos distintos, o que confere maior clareza à exposição; e

c) **conclusão**: em que é afirmada a posição sobre o assunto.

II – quando forem usados para encaminhamento de documentos, a estrutura é modificada:

a) **introdução**: deve iniciar com referência ao expediente que solicitou o encaminhamento. Se a remessa do documento não tiver sido solicitada, deve iniciar com a informação do motivo da comunicação, que é encaminhar, indicando a seguir os dados completos do documento encaminhado (tipo, data, origem ou signatário e assunto de que se trata) e a razão pela qual está sendo encaminhado; e

b) **desenvolvimento**: se o autor da comunicação desejar fazer algum comentário a respeito do documento que encaminha, poderá acrescentar parágrafos de desenvolvimento. Caso contrário, não há parágrafos de desenvolvimento em expediente usado para encaminhamento de documentos.

III – tanto na estrutura I quanto na estrutura II, o texto do documento deve ser formatado da seguinte maneira:

a) **alinhamento**: justificado;

b) **espaçamento entre linhas**: simples;

c) **parágrafos**:

i espaçamento entre parágrafos: de 6 pontos após cada parágrafo;

ii recuo de parágrafo: 2,5 cm de distância da margem esquerda;

iii numeração dos parágrafos: apenas quando o documento tiver três ou mais parágrafos, desde o primeiro parágrafo. Não se numeram o vocativo e o fecho;

d) **fonte: Calibri ou Carlito;**

i corpo do texto: tamanho 12 pontos;

ii citações recuadas: tamanho 11 pontos; e

iii notas de Rodapé: tamanho 10 pontos;

e) **símbolos**: para símbolos não existentes nas fontes indicadas, pode-se utilizar as fontes *Symbol* e *Wingdings*.

6.1.7. Fechos para comunicações

O fecho das comunicações oficiais objetiva, além da finalidade óbvia de arrematar o texto, saudar o destinatário. Os modelos para fecho anteriormente utilizados foram regulados pela Portaria no 1, de 1937, do Ministério da Justiça, que estabelecia quinze padrões. Com o objetivo de simplificá-los e uniformizá-los, este Manual estabelece o emprego de somente dois fechos diferentes para todas as modalidades de comunicação oficial:

a) Para autoridades de hierarquia superior a do remetente, inclusive o Presidente da República:

Respeitosamente,

b) Para autoridades de mesma hierarquia, de hierarquia inferior ou demais casos: Atenciosamente,

Ficam excluídas dessa fórmula as comunicações dirigidas a autoridades estrangeiras, que atendem a rito e tradição próprios.

O fecho da comunicação deve ser formatado da seguinte maneira:

a) **alinhamento**: alinhado à margem esquerda da página;

b) **recuo de parágrafo**: 2,5 cm de distância da margem esquerda;

c) **espaçamento entre linhas**: simples;

d) **espaçamento entre parágrafos**: de 6 pontos após cada parágrafo; e

e) **não deve ser numerado**.

6.1.8. Identificação do signatário

Excluídas as comunicações assinadas pelo Presidente da República, todas as demais comunicações oficiais devem informar o signatário segundo o padrão:

a) **nome**: nome da autoridade que as expede, grafado em letras maiúsculas, sem negrito. Não se usa linha acima do nome do signatário;

b) **cargo**: cargo da autoridade que expede o documento, redigido apenas com as iniciais maiúsculas. As preposições que liguem as palavras do cargo devem ser grafadas em minúsculas; e

c) **alinhamento**: a identificação do signatário deve ser centralizada na página. Para evitar equívocos, recomenda-se não deixar a assinatura em página isolada do expediente. Transfira para essa página ao menos a última frase anterior ao fecho.

6.1.9. Numeração das páginas

A numeração das páginas é obrigatória apenas a partir da segunda página da comunicação. Ela deve ser centralizada na página e obedecer à seguinte formatação:

a) **posição**: no rodapé do documento, ou acima da área de 2 cm da margem inferior; e

b) fonte: **Calibri ou Carlito**.

6.2. Formatação e apresentação

Os documentos do padrão ofício devem obedecer à seguinte formatação:

a) **tamanho do papel**: A4 (29,7 cm x 21 cm);

b) **margem lateral esquerda**: no mínimo, 3 cm de largura;

c) **margem lateral direita**: 1,5 cm;

d) **margens superior e inferior**: 2 cm;

e) **área de cabeçalho**: na primeira página, 5 cm a partir da margem superior do papel;

f) **área de rodapé**: nos 2 cm da margem inferior do documento;

g) **impressão**: na correspondência oficial, a impressão pode ocorrer em ambas as faces do papel. Nesse caso, as margens esquerda e direita terão as distâncias invertidas nas páginas pares (margem espelho);

h) **cores**: os textos devem ser impressos na cor preta em papel branco, reservando-se, se necessário, a impressão colorida para gráficos e ilustrações;

i) **destaques**: para destaques deve-se utilizar, sem abuso, o negrito. Deve-se evitar destaques com uso de itálico, sublinhado, letras maiúsculas, sombreado, sombra, relevo, bordas ou qualquer outra forma de formatação que afete a sobriedade e a padronização do documento;

j) **palavras estrangeiras**: palavras estrangeiras devem ser grafadas em itálico;

k) **arquivamento**: dentro do possível, todos os documentos elaborados devem ter o arquivo de texto preservado para consulta posterior ou aproveitamento de trechos para casos análogos. Deve ser utilizado, preferencialmente, formato de arquivo que possa ser lido e editado pela maioria dos editores de texto utilizados no serviço público, tais como DOCX, ODT ou RTF.

l) **nome do arquivo**: para facilitar a localização, os nomes dos arquivos devem ser formados da seguinte maneira:

tipo do documento + número do documento + ano do documento (com 4 dígitos) + palavras-chaves do conteúdo

Exemplo: Ofício 123_2018_relatório produtividade anual

Seguem exemplos de Ofício:

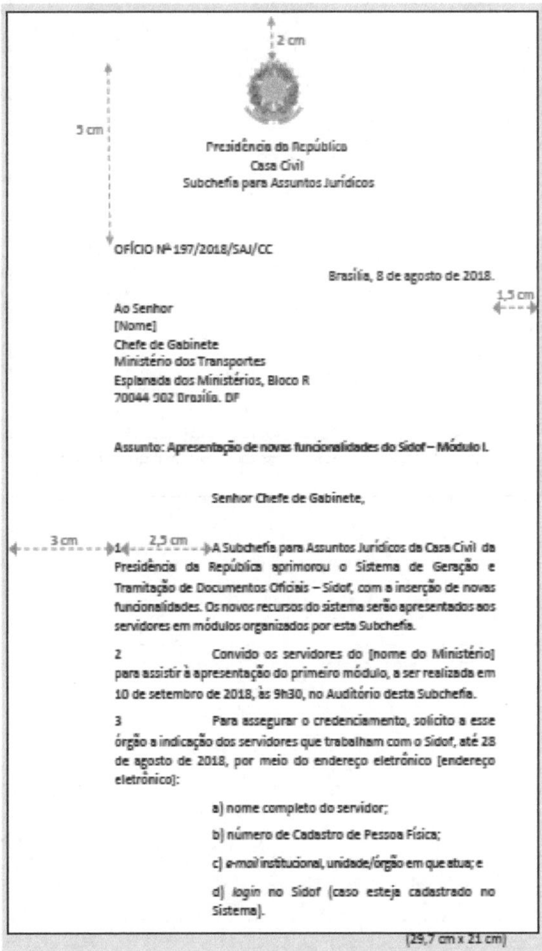

Presidência da República
Casa Civil
Subchefia para Assuntos Jurídicos

OFÍCIO Nº 197/2018/SAJ/CC

Brasília, 8 de agosto de 2018.

Ao Senhor
[Nome]
Chefe de Gabinete
Ministério dos Transportes
Esplanada dos Ministérios, Bloco R
70044-902 Brasília. DF

Assunto: Apresentação de novas funcionalidades do Sidof – Módulo I.

Senhor Chefe de Gabinete,

1 A Subchefia para Assuntos Jurídicos da Casa Civil da Presidência da República aprimorou o Sistema de Geração e Tramitação de Documentos Oficiais – Sidof, com a inserção de novas funcionalidades. Os novos recursos do sistema serão apresentados aos servidores em módulos organizados por esta Subchefia.

2 Convido os servidores do [nome do Ministério] para assistir à apresentação do primeiro módulo, a ser realizada em 10 de setembro de 2018, às 9h30, no Auditório desta Subchefia.

3 Para assegurar o credenciamento, solicito a esse órgão a indicação dos servidores que trabalham com o Sidof, até 28 de agosto de 2018, por meio do endereço eletrônico [endereço eletrônico]:

a) nome completo do servidor;

b) número de Cadastro de Pessoa Física;

c) *e-mail* institucional, unidade/órgão em que atua; e

d) *login* no Sidof (caso esteja cadastrado no Sistema).

2 cm

4 **Caso o servidor ainda não seja cadastrado no Sistema, será necessário o envio de autorização da chefia imediata.**

O envio das informações solicitadas acima é fundamental para garantir a inscrição do servidor no evento.

Atenciosamente,

(espaço para assinatura)

[NOME DO SIGNATÁRIO]
[Cargo do Signatário]

2

[Endereço] – Telefone: (xx) xxxx-xxxx
2 cm CEP 00000-000 Cidade/UF – http://www.xxxxxxxxxxxxxxxxxx.gov.br

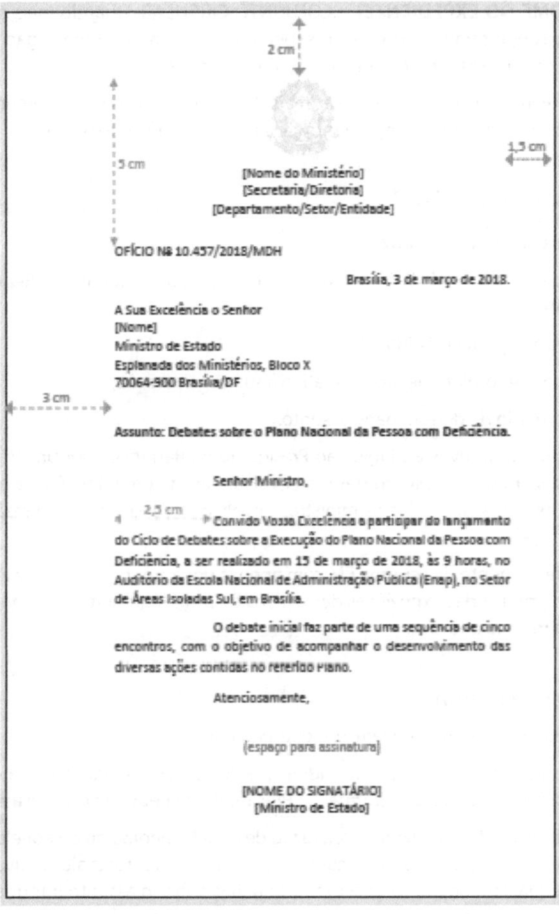

[Nome do Ministério]
[Secretaria/Diretoria]
[Departamento/Setor/Entidade]

OFÍCIO Nº 10.457/2018/MDH

Brasília, 3 de março de 2018.

A Sua Excelência o Senhor
[Nome]
Ministro de Estado
Esplanada dos Ministérios, Bloco X
70064-900 Brasília/DF

Assunto: Debates sobre o Plano Nacional da Pessoa com Deficiência.

Senhor Ministro,

Convido Vossa Excelência a participar do lançamento do Ciclo de Debates sobre a Execução do Plano Nacional da Pessoa com Deficiência, a ser realizado em 15 de março de 2018, às 9 horas, no Auditório da Escola Nacional de Administração Pública (Enap), no Setor de Áreas Isoladas Sul, em Brasília.

O debate inicial faz parte de uma sequência de cinco encontros, com o objetivo de acompanhar o desenvolvimento das diversas ações contidas no referido Plano.

Atenciosamente,

[espaço para assinatura]

[NOME DO SIGNATÁRIO]
[Ministro de Estado]

7. TIPOS DE DOCUMENTOS[7]

7.1. Variações dos documentos oficiais

Os documentos oficiais podem ser identificados de acordo com algumas possíveis variações:

a) **[NOME DO EXPEDIENTE] + CIRCULAR**: Quando um órgão envia o mesmo expediente para mais de um órgão receptor. A sigla na epígrafe será apenas do órgão remetente.

b) **[NOME DO EXPEDIENTE] + CONJUNTO**: Quando mais de um órgão envia, conjuntamente, o mesmo expediente para um único órgão receptor. As siglas dos órgãos remetentes constarão na epígrafe.

7. Presidência da República 3ª edição, revista, atualizada e ampliada pela Subchefia para Assuntos Jurídicos da Casa Civil da Presidência da República.

c) **[NOME DO EXPEDIENTE]** + CONJUNTO CIRCULAR: Quando mais de um órgão envia, conjuntamente, o mesmo expediente para mais de um órgão receptor. As siglas dos órgãos remetentes constarão na epígrafe.

Nos expedientes circulares, por haver mais de um receptor, o órgão remetente poderá inserir no rodapé as siglas ou nomes dos órgãos que receberão o expediente.

7.2. Exposição de Motivos[8]

7.2.1. Definição e finalidade

Exposição de motivos (EM) é o expediente dirigido ao Presidente da República ou ao Vice-Presidente para:

a) propor alguma medida;

b) submeter projeto de ato normativo à sua consideração; ou

c) informá-lo de determinado assunto.

A exposição de motivos é dirigida ao Presidente da República por um Ministro de Estado. Nos casos em que o assunto tratado envolva mais de um ministério, a exposição de motivos será assinada por todos os ministros envolvidos, sendo, por essa razão, chamada de interministerial.

Independentemente de ser uma EM com apenas um autor ou uma EM interministerial, a sequência numérica das exposições de motivos é única. A numeração começa e termina dentro de um mesmo ano civil.

7.2.2. Forma e estrutura

As exposições de motivos devem, obrigatoriamente:

a) apontar, na introdução: o problema que demanda a adoção da medida ou do ato normativo proposto; ou informar ao Presidente da República algum assunto;

b) indicar, no desenvolvimento: a razão de aquela medida ou de aquele ato normativo ser o ideal para se solucionar o problema e as eventuais alternativas existentes para equacioná-lo; ou fornecer mais detalhes sobre o assunto informado, quando for esse o caso; e

c) na conclusão: novamente, propor a medida a ser tomada ou o ato normativo a ser editado para solucionar o problema; ou apresentar as considerações finais no caso de EMs apenas informativas.

As Exposições de Motivos que encaminham proposições normativas devem seguir o prescrito no Decreto nº 9.191, de 1º de novembro de 2017. Em síntese, elas devem ser instruídas com parecer jurídico e parecer de mérito que permitam a adequada avaliação da proposta.

O atendimento dos requisitos do Decreto nº 9.191, de 2017, nas exposições de motivos que proponham a edição de ato normativo, tem como propósito:

8. Presidência da República 3ª edição, revista, atualizada e ampliada pela Subchefia para Assuntos Jurídicos da Casa Civil da Presidência da República.

a) permitir a adequada reflexão sobre o problema que se busca resolver;

b) ensejar avaliação das diversas causas do problema e dos efeitos que podem ter a adoção da medida ou a edição do ato, em consonância com as questões que devem ser analisadas na elaboração de proposições normativas no âmbito do Poder Executivo;

c) conferir transparência aos atos propostos;

d) resumir os principais aspectos da proposta; e

e) evitar a devolução a proposta de ato normativo para complementação ou reformulação da proposta.

A exposição de motivos é a principal modalidade de comunicação dirigida ao Presidente da República pelos ministros. Além disso, pode, em certos casos, ser encaminhada cópia ao Congresso Nacional ou ao Poder Judiciário.

Exemplo de exposição de motivos:

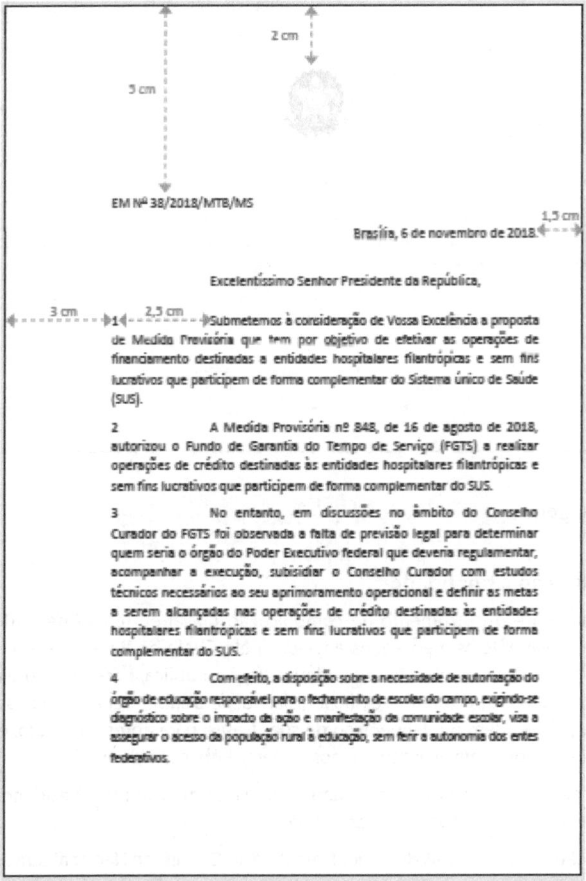

EM Nº 38/2018/MTB/MS

Brasília, 6 de novembro de 2018.

Excelentíssimo Senhor Presidente da República,

1 Submetemos à consideração de Vossa Excelência a proposta de Medida Provisória que tem por objetivo de efetivar as operações de financiamento destinadas a entidades hospitalares filantrópicas e sem fins lucrativos que participem de forma complementar do Sistema único de Saúde (SUS).

2 A Medida Provisória nº 848, de 16 de agosto de 2018, autorizou o Fundo de Garantia do Tempo de Serviço (FGTS) a realizar operações de crédito destinadas às entidades hospitalares filantrópicas e sem fins lucrativos que participem de forma complementar do SUS.

3 No entanto, em discussões no âmbito do Conselho Curador do FGTS foi observada a falta de previsão legal para determinar quem seria o órgão do Poder Executivo federal que deveria regulamentar, acompanhar a execução, subisidiar o Conselho Curador com estudos técnicos necessários ao seu aprimoramento operacional e definir as metas a serem alcançadas nas operações de crédito destinadas às entidades hospitalares filantrópicas e sem fins lucrativos que participem de forma complementar do SUS.

4 Com efeito, a disposição sobre a necessidade de autorização do órgão de educação responsável para o fechamento de escolas do campo, exigindo-se diagnóstico sobre o impacto da ação e manifestação da comunidade escolar, visa a assegurar o acesso da população rural à educação, sem ferir a autonomia dos entes federativos.

5 O presente Projeto de Lei representa medida importante para institucionalizar instrumentos de gestão voltados para a melhoria da qualidade da educação básica das populações do campo.

6 Essas, Excelentíssimo Senhor Presidente, são as razões que justificam o encaminhamento da presente proposta de ato normativo à consideração de Vossa Excelência.

Respeitosamente,

(espaço para assinatura)

[NOME DO SIGNATÁRIO]
[Ministro de Estado]

2

7.3. Mensagem

7.3.1. Definição e finalidade

A Mensagem é o instrumento de comunicação oficial entre os Chefes dos Poderes Públicos, notadamente as mensagens enviadas pelo Chefe do Poder Executivo ao Poder Legislativo para informar sobre fato da administração pública; para expor o plano de governo por ocasião da abertura de sessão legislativa; para submeter ao Congresso Nacional matérias que dependem de deliberação de suas Casas; para apresentar veto; enfim, fazer comunicações do que seja de interesse dos Poderes Públicos e da Nação.

Minuta de mensagem pode ser encaminhada pelos ministérios à Presidência da República, a cujas assessorias caberá a redação final.

As mensagens mais usuais do Poder Executivo ao Congresso Nacional têm as seguintes finalidades:

a) Encaminhamento de proposta de emenda constitucional, de projeto de lei ordinária, de projeto de lei complementar e os que compreendem plano plurianual, diretrizes orçamentárias, orçamentos anuais e créditos adicionais;

b) Encaminhamento de medida provisória;

c) Indicação de autoridades;

d) Pedido de autorização para o Presidente ou o Vice-Presidente da República se ausentarem do país por mais de 15 dias;

e) Encaminhamento de atos de concessão e de renovação de concessão de emissoras de rádio e TV;

f) Encaminhamento das contas referentes ao exercício anterior;

g) Mensagem de abertura da sessão legislativa;

h) Comunicação de sanção (com restituição de autógrafos);

i) Comunicação de veto;

j) Outras mensagens remetidas ao Legislativo: Apreciação de intervenção federal (Constituição, art. 36, § 2º) Encaminhamento de atos internacionais que acarretam encargos ou compromissos gravosos (Constituição, art. 49, *caput*, inciso I); Pedido de estabelecimento de alíquotas aplicáveis às operações e prestações interestaduais e de exportação (Constituição, art. 155, § 2º, inciso IV); Proposta de fixação de limites globais para o montante da dívida consolidada (Constituição, art. 52, *caput*, inciso VI); Pedido de autorização para operações financeiras externas (Constituição, art. 52, *caput*, inciso V); Convocação extraordinária do Congresso Nacional (Constituição, art. 57, § 6º); Pedido de autorização para exonerar o Procurador-Geral da República (Constituição, art. 52, inciso XI, e art. 128, § 2º); Pedido de autorização para declarar guerra e decretar mobilização nacional (Constituição, art. 84, inciso XIX); Pedido de autorização ou referendo para celebrar a paz (Constituição, art. 84, inciso XX); Justificativa para decretação do estado de defesa ou de sua prorrogação (Constituição, art. 136, § 4º); Pedido de autorização para decretar o estado de sítio (Constituição, art. 137);

Relato das medidas praticadas na vigência do estado de sítio ou de defesa (Constituição, art. 141, parágrafo único); Proposta de modificação de projetos de leis que compreendem plano plurianual, diretrizes orçamentárias, orçamentos anuais e créditos adicionais (Constituição, art. 166, § 5º); Pedido de autorização para utilizar recursos que ficarem sem despesas correspondentes, em decorrência de veto, emenda ou rejeição do projeto de lei orçamentária anual (Constituição, art. 166, § 8º);

Pedido de autorização para alienar ou conceder terras públicas com área superior a 2.500 ha (Constituição, art. 188, § 1º).

7.3.2. Forma e estrutura

As mensagens contêm:

a) brasão: timbre em relevo branco

b) identificação do expediente: MENSAGEM No, alinhada à margem esquerda, no início do texto;

c) vocativo: alinhado à margem esquerda, de acordo com o pronome de tratamento e o cargo do destinatário, com o recuo de parágrafo dado ao texto;

d) texto: iniciado a 2 cm do vocativo; e

e) local e data: posicionados a 2 cm do final do texto, alinhados à margem direita.

A mensagem, como os demais atos assinados pelo Presidente da República, não traz identificação de seu signatário.

Exemplo de mensagem:

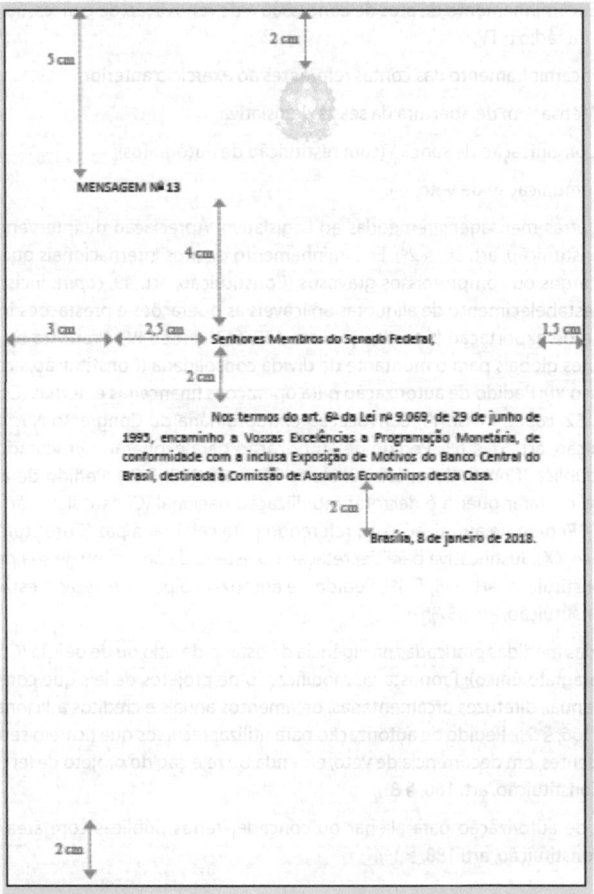

7.4. Correio eletrônico (*e-mail*)

7.4.1. Definição e finalidade

A utilização do *e-mail* para a comunicação tornou-se prática comum, não só em âmbito privado, mas também na administração pública. O termo *e-mail* pode ser empregado com três sentidos. Dependendo do contexto, pode significar gênero textual, endereço eletrônico ou sistema de transmissão de mensagem eletrônica.

Como gênero textual, o *e-mail* pode ser considerado um documento oficial, assim como o ofício. Portanto, deve-se evitar o uso de linguagem incompatível com uma comunicação oficial.

Como endereço eletrônico utilizado pelos servidores públicos, o *e-mail* deve ser oficial, utilizando-se a extensão ".gov.br", por exemplo.

Como sistema de transmissão de mensagens eletrônicas, por seu baixo custo e celeridade, transformou-se na principal forma de envio e recebimento de documentos na administração pública.

7.4.2. Valor documental

Nos termos da Medida Provisória nº 2.200-2, de 24 de agosto de 2001, para que o *e-mail* tenha valor documental, isto é, para que possa ser aceito como documento original, é necessário existir certificação digital que ateste a identidade do remetente, segundo os parâmetros de integridade, autenticidade e validade jurídica da Infraestrutura de Chaves Públicas Brasileira – ICP-Brasil.

O destinatário poderá reconhecer como válido o *e-mail* sem certificação digital ou com certificação digital fora ICP-Brasil; contudo, caso haja questionamento, será obrigatório a repetição do ato por meio documento físico assinado ou por meio eletrônico reconhecido pela ICP-Brasil.

Salvo lei específica, não é dado ao ente público impor a aceitação de documento eletrônico que não atenda os parâmetros da ICP-Brasil.

7.4.3. Forma e estrutura

Um dos atrativos de comunicação por correio eletrônico é sua flexibilidade. Assim, não interessa definir padronização da mensagem comunicada. No entanto, devem-se observar algumas orientações quanto à sua estrutura.

7.4.3.1. Campo "Assunto"

O assunto deve ser o mais claro e específico possível, relacionado ao conteúdo global da mensagem. Assim, quem irá receber a mensagem identificará rapidamente do que se trata; quem a envia poderá, posteriormente, localizar a mensagem na caixa do correio eletrônico.

Deve-se assegurar que o assunto reflita claramente o conteúdo completo da mensagem para que não pareça, ao receptor, que se trata de mensagem não solicitada/lixo eletrônico. Em vez de "Reunião", um assunto mais preciso seria "Agendamento de reunião sobre a Reforma da Previdência".

7.4.3.2. Local e data

São desnecessários no corpo da mensagem, uma vez que o próprio sistema apresenta essa informação.

7.4.3.3. Saudação inicial/vocativo

O texto dos correios eletrônicos deve ser iniciado por uma saudação. Quando endereçado para outras instituições, para receptores desconhecidos ou para particulares, deve-se utilizar o vocativo conforme os demais documentos oficiais, ou seja, "Senhor" ou "Senhora", seguido do cargo respectivo, ou "Prezado Senhor", "Prezada Senhora".

Exemplos:

Senhor Coordenador,

Prezada Senhora,

7.4.3.4. Fecho

Atenciosamente é o fecho padrão em comunicações oficiais. Com o uso do *e-mail*, popularizou-se o uso de abreviações como "Att.", e de outros fechos, como "Abraços", "Saudações", que, apesar de amplamente usados, não são fechos oficiais e, portanto, não devem ser utilizados em *e-mails* profissionais.

O correio eletrônico, em algumas situações, aceita uma saudação inicial e um fecho menos formais. No entanto, a linguagem do texto dos correios eletrônicos deve ser formal, como a que se usaria em qualquer outro documento oficial.

7.4.3.5. Bloco de texto da assinatura

Sugere-se que todas as instituições da administração pública adotem um padrão de texto de assinatura. A assinatura do *e-mail* deve conter o nome completo, o cargo, a unidade, o órgão e o telefone do remetente.

Exemplo:

Maria da Silva

Assessora

Subchefia para Assuntos Jurídicos da Casa Civil

(61)XXXX-XXXX

7.4.4. Anexos

A possibilidade de anexar documentos, planilhas e imagens de diversos formatos é uma das vantagens do *e-mail*. A mensagem que encaminha algum arquivo deve trazer informações mínimas sobre o conteúdo do anexo.

Antes de enviar um anexo, é preciso avaliar se ele é realmente indispensável e se seria possível colocá-lo no corpo do correio eletrônico.

Deve-se evitar o tamanho excessivo e o reencaminhamento de anexos nas mensagens de resposta.

Os arquivos anexados devem estar em formatos usuais e que apresentem poucos riscos de segurança. Quando se tratar de documento ainda em discussão, os arquivos devem, necessariamente, ser enviados, em formato que possa ser editado.

7.4.5. Recomendações

Sempre que necessário, deve-se utilizar recurso de confirmação de leitura. Caso não esteja disponível, deve constar da mensagem pedido de confirmação de recebimento; Apesar da imensa lista de fontes disponíveis nos computadores, mantêm-se a recomendação de tipo de fonte, tamanho e cor dos documentos oficiais: Calibri ou Carlito, tamanho 12, cor preta; Fundo ou papéis de parede eletrônicos não devem ser utilizados, pois não são apropriados para mensagens profissionais, além de sobrecarregar o tamanho da mensagem eletrônica; A mensagem do correio eletrônico deve ser revisada com o mesmo cuidado com que se revisam outros documentos oficiais; O texto profissional dispensa manifestações emocionais. Por isso, ícones e *emoticons* não devem ser utilizados; Os textos das mensagens eletrônicas não podem ser redigidos com abreviações como "vc", "pq", usuais das conversas na internet, ou neologismos, como "naum", "eh", "aki"; Não se deve utilizar texto em caixa alta para destaques de palavras ou trechos da mensagem pois denota agressividade de parte do emissor da comunicação. Evite-se o uso de imagens no corpo do *e-mail*, inclusive das Armas da República Federativa do Brasil e de logotipos do ente público junto ao texto da assinatura. Não devem ser remetidas mensagem com tamanho total que possa exceder a capacidade do servidor do destinatário.

Atenção! Para ter acesso ao MANUAL DE REDAÇÃO DA PRESIDÊNCIA DA REPÚBLICA completo, basta acessar este link: http://www4.planalto.gov.br/centrodeestudos/assuntos/manual-de-redacao-da-presidencia-da-republica/manual-de-redacao.pdf

---

8. QUESTÕES COMENTADAS

8.1. Nível médio

---

01. (Cebraspe - MPC SC - Técnico em Atividades Administrativas - 2022) Ainda que a comunicação por correio eletrônico apresente uma padronização mais flexível e menos formal que a dos demais documentos oficiais, o uso de abreviações como Att. ou de expressões como Abraços e Saudações no fecho de uma mensagem por correio eletrônico não é recomendado.

( ) certo ( ) errado

➢ Comentários:

No MRPR: **Atenciosamente** é o fecho padrão em comunicações oficiais. Com o uso do *e-mail*, popularizou-se o uso de abreviações como "**Att.**", e de outros fechos, como "**Abraços**", "**Saudações**", que, apesar de amplamente usados, **não são fechos oficiais e, portanto, não devem ser utilizados em *e-mails* profissionais**.

Observação: a abreviação e "atenciosamente" é "At.te.".

Resposta: Certo

---

02. (Cebraspe - MPC SC - Técnico em Atividades Administrativas - 2022) Recomenda-se o emprego de **Respeitosamente** como fecho de correspondências oficiais cujo destinatário ocupe cargo superior ao do remetente e de **Atenciosamente** para os demais casos.

( ) certo ( ) errado

➢ Comentários:

Para autoridades de **hierarquia superior**: Respeitosamente.

Para autoridades de mesma hierarquia, de hierarquia inferior ou demais casos: Atenciosamente.

Resposta: Certo

Com base no Manual de Redação da Presidência da República (MRPR), julgue os itens a seguir, relativos ao padrão ofício.

---

03. (Cebraspe – DEPEN – Agente Federal - 2021) De acordo com a última edição do MRPR, a distinção entre aviso, memorando e ofício foi abolida, passando-se a adotar o termo ofício como única nomenclatura para todos os expedientes, com o objetivo de uniformizá-los.

( ) certo ( ) errado

➢ Comentários:

Lê-se no MRPR: *Até a segunda edição deste Manual, havia três tipos de expedientes que se diferenciavam antes pela finalidade do que pela forma:* ***o ofício, o aviso e o memorando****. Com o objetivo de* ***uniformizá-los****, deve-se adotar nomenclatura e diagramação únicas, que sigam o que chamamos de padrão* ***ofício****.*

Resposta: Certo.

---

04. (Cebraspe – DEPEN – Agente Federal - 2021) Nas comunicações oficiais para autoridade de hierarquia superior à do remetente, deve-se utilizar, exceto para o presidente da República, o fecho "Respeitosamente,".

( ) certo ( ) errado

➢ Comentários:

Para o Presidente da República, usa-se "Respeitosamente".

No MRP: *O Manual estabelece o emprego de somente dois fechos diferentes para todas as modalidades de comunicação oficial:*

a) Para autoridades de hierarquia superior a do remetente, inclusive o Presidente da República: ***Respeitosamente,***

b) Para autoridades de mesma hierarquia, de hierarquia inferior ou demais casos: ***Atenciosamente,***

Ficam excluídas dessa fórmula as comunicações dirigidas a autoridades estrangeiras, que atendem a rito e tradição próprios.

Resposta: Errado.

8.2. Nível superior

Texto CB1A1-I

MPC | MINISTÉRIO PÚBLICO DE CONTAS SANTA CATARINA

PORTARIA MPC Nº 321/2022

A PROCURADORA-GERAL DO MINISTÉRIO PÚBLICO DE CONTAS DO ESTADO DE SANTA CATARINA, no uso de suas atribuições conferidas pelo art. 108, *caput*, da Lei Complementar nº 202, de 15 de dezembro de 2000, c/c o artigo 7º, IV, do Regimento Interno instituído pela Portaria MPC nº 48/2018, de 31 de agosto de 2018,

RESOLVE:

ATRIBUIR a FULANA DE TAL, matrícula nº 010.101-0, Função de Confiança, nível FC-2, nos termos do artigo 3º da Lei Complementar nº 297/2005, com efeitos a partir de 1º de outubro de 2019.

Florianópolis, 1º de setembro de 2022.

[NOME DA SIGNATÁRIA]
Procuradora-Geral de Contas

---

01. (Cebraspe - MPC SC - Analista de Contas Públicas - 2022) Na indicação do dia na data de expedição do documento oficial, o MRPR admite tanto o uso de numeral ordinal quanto o de numeral cardinal, razão por que seria igualmente apropriado usar **01** em vez de "1º" na data de expedição da portaria em apreço.

( ) certo ( ) errado

➢ Comentários:

No MRPR: *em* ***numeração ordinal se for o primeiro dia do mês*** *e em numeração cardinal para os demais dias do mês. Não se deve utilizar zero à esquerda do número que indica o dia do mês.*

Admite apenas "1º" – numeral ordinal.

Resposta: Errado

---

02. (Cebraspe - MPC SC - Analista de Contas Públicas - 2022) A ausência de fecho na portaria em apreço justifica-se pelo fato de ser opcional o uso desse elemento em portaria emitida pela autoridade máxima do órgão, conforme previsto no MRPR.

( ) certo ( ) errado

➢ Comentários:

A ausência não se justiça por tal motivo. Em portaria não existe fecho: *a portaria contém parte preliminar, parte normativa e parte final, dessa forma, as considerações do subitem "19.1 Forma e estrutura" são válidas. Porém* ***a portaria não possui fecho*** *e, além disso, as portarias relativas às questões de pessoal não contêm ementa.*

Resposta: Errado

---

03. (Cebraspe - MPC SC - Analista de Contas Públicas - 2022) Inexiste ementa nessa portaria porque o propósito comunicativo do documento apresentado é tratar de uma questão de pessoal.

( ) certo ( ) errado

➢ Comentários:

Não é pelo motivo mencionado. Em portaria não existe ementa: *a portaria contém parte preliminar, parte normativa e parte final, dessa forma, as considerações do subitem "19.1 Forma e estrutura" são válidas. Porém a portaria não possui fecho e, além disso,* ***as portarias*** *relativas às questões de pessoal* ***não contêm ementa****.*

Observação: *A ementa é a parte do ato que resume o conteúdo do ato normativo para permitir, de modo objetivo e claro, o conhecimento da matéria legislada.*

Resposta: Errado

---

04. (Cebraspe - MPC SC - Analista de Contas Públicas - 2022) A portaria é um documento oficial que trata de questões de natureza administrativa, tais como: instruções sobre a organização e o funcionamento de serviço, questões de pessoal e outros atos da competência da autoridade que a expede.

( ) certo ( ) errado

➢ Comentários:

No MRPR: *É o instrumento pelo qual Ministros ou outras autoridades expedem* ***instruções sobre a organização e o funcionamento de serviço, sobre questões de pessoal e outros atos de sua competência.***

Resposta: Certo

---

05. (Cebraspe - MPC SC - Analista de Contas Públicas - 2022) Na portaria em apreço, emprega-se um padrão oficial de linguagem que corresponde a um desenvolvimento da norma padrão denominado jargão burocrático, conforme preconizado pelo MRPR.

( ) certo ( ) errado

➢ Comentários:

No MRPR: *não existe propriamente um padrão oficial de linguagem, o que há é o uso da norma padrão nos atos e nas comunicações oficiais. É claro que haverá preferência pelo uso de determinadas expressões, ou será obedecida certa tradição no emprego das formas sintáticas, mas isso não implica, necessariamente, que se consagre a utilização de uma forma de linguagem burocrática.* ***O jargão burocrático****, como todo jargão,* ***deve ser evitado, pois terá sempre sua compreensão limitada.***

Resposta: Errado

Considerando as disposições do Manual de Redação da Presidência da República (MRPR) acerca da redação oficial, julgue os itens a seguir.

---

06. (Cebraspe – PRF - 2021) Entre as características da redação oficial incluem-se a objetividade, a impessoalidade e a informatividade.

( ) certo ( ) errado

➢ Comentários:

São características da redação oficial: clareza e precisão; **OBJETIVIDADE**; concisão; coesão e coerência; **IMPESSOALIDADE**; formalidade e padronização; e uso da norma padrão da língua portuguesa.

Erro: informatividade.

Resposta: Errado.

---

07. (Cebraspe – PRF - 2021) O assunto das comunicações oficiais deve apresentar de forma geral o que será tratado no documento e seu formato deve seguir as orientações do MRPR, conforme o exemplo a seguir.

Assunto: Realização de concurso público.

( ) certo ( ) errado

➢ Comentários:

O assunto deve dar uma ideia geral do que trata o documento, de forma sucinta.

Ele deve ser grafado da seguinte maneira:

a) título: a palavra Assunto deve anteceder a frase que define o conteúdo do documento, seguida de dois-pontos;

b) descrição do assunto: a frase que descreve o conteúdo do documento deve ser escrita com inicial maiúscula, não se deve utilizar verbos e sugere-se utilizar de quatro a cinco palavras;

c) destaque: todo o texto referente ao assunto, inclusive o título, deve ser destacado em negrito;

d) pontuação: coloca-se ponto-final depois do assunto; e

e) alinhamento: à margem esquerda da página.

Exemplos:

Assunto: Encaminhamento do Relatório de Gestão julho/2018.
Assunto: Aquisição de computadores.

Resposta: Certo.

---

08. (Cebraspe – PRF - 2021) De acordo com a legislação vigente, o *e-mail* institucional tem valor documental e, por isso, deve ser aceito como documento original.

( ) certo ( ) errado

➢ Comentários:

O "e-mail" apenas terá valor documental se existir certificação digital que ateste a identidade do remetente, segundo os parâmetros de integridade, autenticidade e validade jurídica da Infraestrutura de Chaves Públicas Brasileira – ICP-Brasil.

Resposta: Errado.

---

09. (Cebraspe – PRF - 2021) O vocativo, nas comunicações oficiais, deverá ser sempre seguido de vírgula.

( ) certo ( ) errado

➢ Comentários:

O vocativo é uma invocação ao destinatário. Nas comunicações oficiais, o vocativo será sempre seguido de vírgula.

Não só nas comunicações oficiais, convenhamos.

Resposta: Certo.

---

10. (Cebraspe – PRF - 2021) Na identificação do signatário de uma comunicação oficial destinada a uma pessoa do sexo feminino, dispensa-se flexão de gênero no nome do cargo.

( ) certo ( ) errado

➢ Comentários:

Na identificação do signatário, o cargo ocupado por pessoa do sexo feminino deve ser flexionado no gênero feminino.

Exemplos:

Ministra de Estado
Secretária-Executiva interina
Técnica Administrativa
Coordenadora Administrativa

Resposta: Errado.

Julgue os seguintes itens de acordo com as prescrições constantes no Manual de Redação da Presidência da República acerca das características formais e linguísticas das correspondências oficiais.

---

11. (Cebraspe – CODEVASF – Analista - 2021) O texto do documento oficial, padrão ofício, deve seguir a seguinte padronização de estrutura: introdução, desenvolvimento e conclusão, sendo facultativo o desenvolvimento nos casos em que há apenas encaminhamento de documentos.

( ) certo ( ) errado

➢ Comentários:

1. Estrutura **sem encaminhamento de documentos**:

a) **introdução**: em que é apresentado o objetivo da comunicação. Evite o uso das formas: Tenho a honra de, Tenho o prazer de, Cumpre-me informar que. Prefira empregar a forma direta: Informo, Solicito, Comunico;

b) **desenvolvimento**: em que o assunto é detalhado; se o texto contiver mais de uma ideia sobre o assunto, elas devem ser tratadas em parágrafos distintos, o que confere maior clareza à exposição; e

c) **conclusão**: em que é afirmada a posição sobre o assunto.

2. Estrutura **com encaminhamento de documentos**:

a) **introdução**: deve iniciar com referência ao expediente que solicitou o encaminhamento. Se a remessa do documento não tiver sido solicitada, deve iniciar com a informação do motivo da comunicação, que é **encaminhar**, indicando a seguir os dados completos do documento encaminhado (tipo, data, origem ou signatário e assunto de que se trata) e a razão pela qual está sendo encaminhado; e

b) **desenvolvimento**: se o autor da comunicação desejar fazer algum comentário a respeito do documento que encaminha, poderá acrescentar parágrafos de desenvolvimento. Caso contrário, **não há parágrafos de desenvolvimento em expediente usado para encaminhamento de documentos**.

Fixe: C̲om encaminhamento = faC̲ultativo; sem encaminhamento: obrigatório

Resposta: Certo.

---

12. (Cebraspe – CODEVASF – Analista - 2021) O pronome Vossa Excelência deve ser utilizado para fazer referência de forma indireta a autoridades, como no seguinte exemplo: A Vossa Excelência, o Ministro de Estado da Educação.

( ) certo ( ) errado

➢ Comentários:

O pronome **Vossa Excelência** é usado para fazer **referência direta**.

No MRPR: Os pronomes **Vossa Excelência** ou Vossa Senhoria são utilizados **para se comunicar diretamente** com o receptor. O pronome **Sua Excelência** é utilizado **para se fazer referência** a alguma autoridade (indiretamente).

Dica: referir-se a → Sua; dirigir-se a → Vossa.

Resposta: Errado.

13. (Cebraspe – CODEVASF – Analista - 2021) A redação oficial é elaborada sempre em nome do serviço público e sempre em atendimento ao interesse geral dos cidadãos, podendo, por isso, os assuntos objetos dos expedientes oficiais ser tratados tanto de forma pessoal quanto impessoal.

( ) certo ( ) errado

➢ Comentários:

A primeira informação está correta. O erro está no final: não podem ser tratados de forma pessoal.

No MRPR: os assuntos objetos dos expedientes oficiais não devem ser tratados de outra **forma** que não a **estritamente impessoal**.

Percebe-se, assim, que o tratamento impessoal que deve ser dado aos assuntos que constam das comunicações oficiais decorre:

a) da **ausência de impressões individuais de quem comunica**: embora se trate, por exemplo, de um expediente assinado por Chefe de determinada Seção, a comunicação é sempre feita em nome do serviço público. Obtém-se, assim, uma desejável padronização, que permite que as comunicações elaboradas em diferentes setores da administração pública guardem entre si certa uniformidade;

b) da **impessoalidade de quem recebe a comunicação**: ela pode ser dirigida a um cidadão, sempre concebido como público, ou a uma instituição privada, a outro órgão ou a outra entidade pública. Em todos os casos, temos um destinatário concebido de forma homogênea e impessoal; e

c) do **caráter impessoal do próprio assunto tratado**: se o universo temático das comunicações oficiais se restringe a questões que dizem respeito ao interesse público, é natural não caber qualquer tom particular ou pessoal.

Resposta: Errado.

Parte VIII

FIGURAS DE LINGUAGEM

Capítulo 1

FIGURAS DE LINGUAGEM

Para acesso ao vídeo, utilize o QR Code ao lado.

1. INTRODUÇÃO

São recursos que tornam as mensagens que emitimos mais expressivas. Subdividem-se em **figuras de som**, **figuras de palavras**, **figuras de pensamento** e **figuras de construção**[1].

2. FIGURA DE PALAVRA

As figuras de palavra consistem no emprego de um termo com sentido diferente daquele convencionalmente empregado, a fim de se conseguir um efeito mais expressivo na comunicação.

2.1. Metáfora

Um termo substitui outro através de uma relação de semelhança resultante da subjetividade de quem a cria. A metáfora também pode ser entendida como uma comparaçao abreviada, em que o conectivo não está expresso, mas subentendido. Às diferenças pedidas em provas:

Seus olhos são como luzes brilhantes. = **comparação** (como).

Seus olhos são luzes brilhantes. = não há comparação (ausência da partícula comparativa), e sim um **símile** (qualidade do que é semelhante).

As luzes brilhantes olhavam-me. = há substituição da palavra **olhos** por **luzes brilhantes**. Isso é **metáfora**.

2.2. Metonímia

A metonímia consiste em empregar um termo no lugar de outro, havendo entre ambos estreita afinidade ou relação de sentido.

Autor pela obra	Gosto de ler **Machado de Assis**.	= Gosto de ler a **obra literária de Machado de Assis**.
Inventor pelo invento	**Édson** ilumina o mundo	= As **lâmpadas** iluminam o mundo.
Símbolo pelo objeto simbolizado	Não te afastes da **cruz**.	= Não te afastes da **religião**.

1. Só português. Disponível em <http://www.soportugues.com.br/secoes/estil/estil2.php>. Acesso em 2 abril 2014, alterado.

Lugar pelo produto do lugar	Fumei um saboroso **havana**.	= Fumei um saboroso **charuto**.
Efeito pela causa	Sócrates bebeu a **morte**.	= Sócrates tomou **veneno.**
Causa pelo efeito	Moro no campo e como do **meu trabalho**.	= Moro no campo e como o **alimento que produzo.**
Continente pelo conteúdo	Bebeu o **cálice** todo.	= Bebeu todo o **líquido** que estava no cálice.
Instrumento pela pessoa que utiliza	Os **microfones** foram atrás dos jogadores.	= Os **repórteres** foram atrás dos jogadores.
Parte pelo todo	Várias **pernas** passavam apressadamente.	= Várias **pessoas** passavam apressadamente.
Gênero pela espécie	Os **mortais** pensam e sofrem nesse mundo.	= Os **homens** pensam e sofrem nesse mundo.
Singular pelo plural	A **mulher** foi chamada para ir às ruas na luta por seus direitos.	= As **mulheres** foram chamadas, não apenas uma mulher.
Marca pelo produto	Minha filha adora **danone**.	= Minha filha adora o iogurte que é da marca danone.
Espécie pelo indivíduo	O **homem** foi à Lua.	= Alguns **astronautas** foram à Lua.
Símbolo pela coisa simbolizada	A **balança** penderá para teu lado.	= A **justiça** ficará do teu lado.

2.3. Catacrese

A catacrese é um tipo de especial de metáfora, "é uma espécie de metáfora desgastada, em que já não se sente nenhum vestígio de inovação, de criação individual e pitoresca. É a metáfora tornada hábito linguístico, já fora do âmbito estilístico." (Othon M. Garcia).

Ele sentou-se no **braço** da cadeira.

Limpou a boca com a **manga** da camisa.

Exemplos clássicos: **asa** da xícara, **batata** da perna, **maçã** do rosto, **pé** da mesa, **dente** de alho, **coroa** do abacaxi.

2.4. Perífrase ou Antonomásia

Trata-se de uma expressão que designa um ser através de alguma de suas características ou atributos, ou de um fato que o celebrizou: A **Cidade Maravilhosa** (= Rio de Janeiro) continua atraindo visitantes do mundo todo.

Se a perífrase indica uma pessoa, recebe o nome de **antonomásia.**

O Poeta dos Escravos (= Castro Alves) morreu muito jovem.

O Poeta da Vila (= Noel Rosa) compôs lindas canções.

2.5. Sinestesia

Mescla, numa mesma expressão, as sensações percebidas por diferentes órgãos do sentido.

Vejamos alguns exemplos retirados de textos literários:

- indefiníveis músicas;
- supremas harmonias de cor e perfume;
- horas do acaso, trêmulas, extremas, requiem do sol que a dor da luz resume;
- os carinhos de Godofredo não tinham mais o gosto dos primeiros tempos;
- o brilho macio do cetim;
- o doce afago materno;
- verde azedo;
- aroma gritante;
- o delicioso aroma do amor;
- beleza áspera.

3. FIGURAS DE PENSAMENTO

3.1. Antítese

São dois termos que **contrastam** entre si. Há aproximação de palavras ou expressões de sentidos opostos.

Os jardins têm **vida** e **morte**.

O corpo é **grande** e a alma é **pequena**.

3.2. Paradoxo

Proposição aparentemente absurda, resultante da união de **ideias contraditórias**.

O funcionário afirmou que o aluno quanto mais estuda mais tem dificuldades econômicas.

3.3. Eufemismo

É o emprego de uma **expressão mais suave**, mais nobre ou menos agressiva, para comunicar alguma coisa áspera, desagradável ou chocante.

- doente dos pulmões = tuberculoso;
- mal de Hansen = lepra;
- deficiente visual = cego;
- moléstia pertinaz, mal cruel e prolongado, doença ruim, aquela doença = câncer;
- falecer, descansar, fechar os olhos para sempre, passar para o plano espiritual = morrer;
- desaparecido = assassinado;
- dama da noite = prostituta.

3.4. Ironia

É **dizer o contrário** do que se pretende ou em satirizar, questionar certo tipo de pensamento com a intenção de ridicularizá-lo, ou ainda em ressaltar algum aspecto passível de crítica.

Como você foi bem na última prova, não tirou nem a nota mínima!

Parece um anjinho aquele menino, briga com todos que estão por perto.

3.5. Hipérbole

Expressão intencionalmente exagerada com o intuito de realçar uma ideia.

Rios te correrão dos olhos, se chorares! (Olavo Bilac)

Um quarteirão de perucas para Clodovil Pereira. (José Cândido Carvalho)

Na chuva de cores

Da tarde que explode

A lagoa brilha (Carlos Drummond de Andrade)

3.6. Prosopopeia ou Personificação

Atribui **ações ou qualidades de seres animados a seres inanimados**, ou características humanas a seres não humanos. Exemplos:

- As pedras **andam** vagarosamente.
- O livro é um mudo que **fala**, um surdo que **ouve**, um cego que **guia**.

3.7. Apóstrofe

É a **"invocação"** de alguém ou de alguma coisa personificada. Caracteriza-se pelo chamamento do receptor da mensagem. A introdução da apóstrofe interrompe a linha de pensamento do discurso e se realiza por meio do vocativo.

Exemplo: Rapaz, que fazes aí parado?

3.8. Gradação

Consiste em **dispor as ideias** por meio de palavras, sinônimas ou não, **em ordem crescente (clímax) ou decrescente (anticlímax)**. Exemplo:

Havia o céu, havia a terra, muita gente e mais Joana com seus olhos claros e brincalhões...

"Vive só para mim, só para a minha vida, só para meu amor". (Olavo Bilac)

4. FIGURAS DE CONSTRUÇÃO OU SINTÁTICAS

As figuras de construção ocorrem quando desejamos atribuir **maior expressividade** ao significado.

4.1. Elipse

É a **omissão** de um ou mais termos numa oração que podem ser facilmente identificados. Exemplos:

- A cada um o que é seu. (Deve se dar a cada um o que é seu.)
- Tenho duas filhas, um filho e amo todos da mesma maneira. Nesse exemplo, as desinências verbais de tenho e amo permitem-nos a identificação do sujeito em elipse "eu".
- Regina estava atrasada. Preferiu ir direto para o trabalho. (Ela, Regina, preferiu ir direto para o trabalho, pois estava atrasada.)
- As rosas florescem em maio, as margaridas em agosto. (As margaridas florescem em agosto.)

4.2. Zeugma

Zeugma é uma forma de **elipse**. Ocorre quando é feita a omissão de um termo já mencionado anteriormente.

Ele **gosta** de geografia; eu, de português.

Falava de abóboras, melões, morangas, gilas e tantas cucurbitáceas, vibrava tanto com suas descobertas botânicas, que mal conseguia lembrar-se dos nomes depois. Então, se socorria falanso da expansão das cucurbitáceas, todas com baraços: a abóbora se estende no chão, a moranga e o pepino (se estendem) também, mas a gila (se estende) pelas taipas e telhados.

4.3. Silepse

É a **concordância** que se faz com o termo que não está expresso no texto, mas sim com a ideia que ele representa. É uma concordância anormal, psicológica, espiritual, latente, porque se faz com um termo oculto, facilmente subentendido. Há três tipos:

4.3.1. Silepse de Gênero

A bonita Porto Velho sofreu mais uma vez com o calor intenso.	o adjetivo **bonita** não está concordando com o termo **Porto Velho**, que gramaticalmente pertence ao gênero masculino, mas com a ideia contida no termo (a **cidade** de Porto Velho).
Vossa excelência está preocupado.	o adjetivo **preocupado** concorda com o sexo da pessoa, que nesse caso é masculino, e não com o termo Vossa excelência.

4.3.2. Silepse de número

- A **procissão** saiu. **Andaram** por todas as ruas da cidade de Salvador.
- Como vai a **turma**? **Estão** bem?
- O **povo** corria por todos os lados e **gritavam** muito alto.

Os verbos **andaram**, **estão** e **gritavam** não concordam gramaticalmente com os sujeitos das orações (que se encontram no singular, **procissão**, **turma** e **povo**, respectivamente), mas com a **ideia** de pluralidade que neles está contida. Procissão, turma e povo dão a ideia de muita gente, por isso que os verbos estão no plural.

4.3.3. Silepse de pessoa

A silepse de pessoa ocorre quando há um desvio de concordância. O verbo, mais uma vez, não **concorda** com o sujeito da oração, mas sim com a **pessoa que está inscrita no sujeito**.

- O que não compreendo é como os **brasileiros persistamos** em aceitar essa situação.
- Os **agricultores temos** orgulho de nosso trabalho.
- "Dizem que os **cariocas somos** poucos dados aos jardins públicos.» (Machado de Assis)

4.4. Polissíndeto/assíndeto

4.4.1. Polissíndeto

Ocorre **repetição enfática** dos conectivos.

"Falta-lhe o solo aos pés: recua **e** corre, vacila **e** grita, luta **e** ensanguenta, **e** rola, **e** tomba, **e** se espedaça, **e** morre." (Olavo Bilac)

"Deus criou o sol **e** a lua **e** as estrelas. **E** fez o homem **e** deu-lhe inteligência **e** fê-lo chefe da natureza".

4.4.2. Assíndeto

Há ausência, pela **omissão das conjunções coordenativas**, resultando no uso de orações coordenadas assindéticas.

Tens casa, tens roupa, tens amor, tens família.

"Vim, vi, venci." (Júlio César)

4.5. Pleonasmo

Repetição de um termo ou ideia, com as mesmas palavras ou não. A finalidade do pleonasmo é realçar a ideia, torná-la mais **expressiva**.

O problema da violência, é necessário resolvê-**lo** logo.

Aos funcionários, não **lhes** interessam tais medidas.

4.6. Anáfora

É a **repetição** de uma ou mais palavras no início de várias frases, criando assim, um efeito de reforço e de coerência

"Se você gritasse

Se você gemesse,

Se você tocasse

a valsa vienense

Se você dormisse,

Se você cansasse,

Se você morresse...

Mas você não morre,

Você é duro José!"

(Carlos Drummond de Andrade)

4.7. Anacoluto

Ocorre **mudança da construção sintática** no meio da frase, ficando alguns termos desligados do resto do período.

Esses alunos da escola, não se pode duvidar deles.

A expressão **"esses alunos da escola"** deveria exercer a função de sujeito. No entanto, há uma interrupção da frase e essa expressão fica à parte, não exercendo nenhuma função sintática. O anacoluto também é chamado de "frase quebrada", pois corresponde a uma interrupção na sequência lógica do pensamento.

O **Alexandre**, as coisas não lhe estão indo muito bem.

A **velha hipocrisia**, recordo-me dela com vergonha. (Camilo Castelo Branco)

Obs.: o anacoluto deve ser usado com finalidade expressiva em casos muito especiais. Em geral, deve-se evitá-lo.

4.8. Hipérbato/inversão

É a **inversão** da estrutura frásica, isto é, a inversão da ordem direta dos termos da oração.

Ao ódio venceu o amor. (Na ordem direta seria: O amor venceu ao ódio.)

Dos meus problemas cuido eu! (Na ordem direta seria: Eu cuido dos meus problemas.)

5. FIGURAS DE SOM

5.1. Aliteração

É **repetição de consoantes** como recurso para intensificação do ritmo ou como efeito sonoro significativo.

Três pratos de **t**rigo para **t**rês **t**igres **t**ristes.

O **r**ato **r**oeu a **r**oupa do **r**ei de **R**oma.

"**V**ozes **v**eladas, **v**eludosas **v**ozes,

Volúpias dos **v**iolões, **v**ozes **v**eladas

Vagam nos **v**elhos **v**órtices **v**elozes

Dos **v**entos, **v**ivas, **v**ãs, **v**ulcanizadas."

Cruz e Souza (Aliteração em "v")

5.2. Assonância

É a **repetição ordenada de sons vocálicos idênticos**.

"Sou um mulat**o** nat**o** n**o** sentid**o** lat**o**

mulat**o** democrátic**o** d**o** litoral.»

5.3. Onomatopeia

É a reprodução na forma de palavras os **sons** da realidade.

Os sinos faziam **blem, blem, blem, blem**.

Miau, miau. (Som emitido pelo gato)

Tic-tac, tic-tac fazia o relógio da sala de jantar.

Cócórócócó, fez o galo às seis da manhã.

6. VÍCIOS DE LINGUAGEM

São palavras ou construções que vão de encontro às normas gramaticais. Ocorrerem por descuido, ou ainda por desconhecimento das regras por parte do emissor.

6.1. Pleonasmo Vicioso ou Redundância

Há repetição desnecessária de uma informação na frase.

Entrei *para dentro* de casa quando começou a anoitecer.

Hoje fizeram-me uma surpresa *inesperada*.

Encontraremos *outra* alternativa para esse problema.

6.2. Barbarismo

É o desvio da norma que ocorre em:

6.2.1. Pronúncia

Silabada	Cacoépia	Cacografia
erro na pronúncia do acento tônico. Solicitei à cliente sua *rúbrica*. (ru*bri*ca)	erro na pronúncia dos fonemas. Estou com *po*blemas a resolver. (*pro*blemas)	erro na grafia ou na flexão de uma palavra. Eu *ad*vinhei quem ganharia o concurso. (*adi*vinhei)

6.2.2. Morfologia

Se eu *ir* aí, vou me atrasar. (*for*)

Sou a aluna *mais maior* da turma. (*maior*)

6.2.3. Semântica

José *comprimentou* seu vizinho ao sair de casa. (cumprimentou)

6.2.4. Estrangeirismos

É o emprego desnecessário de palavras estrangeiras, ou seja, quando já existe palavra ou expressão correspondente na língua.

O *show* é hoje! (espetáculo)

Vamos tomar um *drink*? (drinque)

6.3. Solecismo

É o desvio de sintaxe, podendo ocorrer nos seguintes níveis:

Concordância	*Haviam* muitos alunos naquela sala. (Havia)
Regência	Eu assisti *o* filme em casa. (ao)
Colocação	Dancei tanto na festa que não aguentei-*me* em pé. (não *me* aguentei em pé)

6.4. Ambiguidade ou Anfibologia

Ocorre duplicidade de sentido da frase.

Ana disse à amiga que *seu* namorado havia chegado. (O namorado é de Ana ou da amiga?)

O pai falou com o filho caído no chão. (Quem estava caído no chão? Pai ou filho?)

6.5. Cacofonia

A junção de duas ou mais palavras na frase provoca som desagradável ou palavra inconveniente.

U*ma mão* lava outra. (mamão)

Vi ela na esquina. (viela)

Dei um beijo na bo*ca dela.* (cadela)

6.6. Eco

Palavras na frase com terminações iguais ou semelhantes, provocando dissonância.

A divulgaç*ão* da promoç*ão* n*ão* causou comoç*ão* na populaç*ão.*

6.7. Hiato

Há uma sequência de vogais que provocam dissonância.

*Eu a a*mo.

*Ou eu ou a ou*tra ganhará o concurso.

6.8. Colisão

Há repetição de consoantes iguais ou semelhantes, provocando dissonância.

*Su*a *s*aia *s*ujou.

7. QUESTÕES COMENTADAS

7.1. Nível superior

Fragmento de texto para responder à questão.

Os mediadores de leitura são aquelas pessoas que estendem pontes entre os livros e os leitores, ou seja, que criam as condições para fazer com que seja possível que um livro e um leitor se encontrem. A experiência de encontrar os livros certos nos momentos certos da vida, esses livros que nos fascinam e que nos vão transformando em leitores paulatinamente, não tem uma rota única nem uma metodologia específica; por isso, os mediadores de leitura não são fáceis de definir. No entanto, basta lembrar como descobrimos, nos primeiros anos da vida, esses livros que deixaram rastros em nossa infância e, talvez, aparecerão nítidas algumas figuras que foram nossos mediadores de leitura: esses adultos íntimos que deram vida às páginas de um livro, essas vozes que liam para nós, essas mãos e esses rostos que nos apresentavam os mundos possíveis e as emoções dos livros. (...)

Internet: <www.ceale.fae.ufmg.br> (com adaptações).

---

01. (CEBRASPE - SME RE/PE - Professor – 2023 - adaptada) No trecho “esses adultos íntimos que deram vida às páginas de um livro, essas vozes que liam para nós, essas mãos e esses rostos que nos apresentavam os mundos possíveis e as emoções dos livros” (último período), há presença da figura de linguagem denominada metonímia.

( ) certo ( ) errado

➢ Comentários:

A metonímia é uma figura de linguagem em que se utiliza um termo no lugar de outro. Uma das metonímias mais comuns é quando usamos a parte de uma coisa para fazer referência a ela de forma completa[2].

As expressões “adultos íntimos”, “vozes”, “mãos” e “rostos” foram usados no lugar de “mediadores de leitura”.

Resposta: Certo

Texto para responder à questão.

Amor é fogo que arde sem se ver,
é ferida que dói, e não se sente;
é um contentamento descontente,
é dor que desatina sem doer.

Luís de Camões. In: Massaud Moisés. A literatura portuguesa através dos textos. São Paulo: Cultrix, 1968. p. 85.

---

2. Toda Matéria. Disponível em <www.todamateria.com.br/metonimia/>. Acesso em 28 julho 2023, com adaptações.

02. (Cebraspe – SEED/Paraná – Professor – 2021) Assinale a opção que apresenta a figura de linguagem presente em todos os versos da estrofe do poema apresentado.

A hipérbole

B eufemismo

C antítese

D alegoria

E ironia

➢ Comentários:

Nota da autora: Antítese são termos opostos. Paradoxo são ideias opostas. Algumas bancas consideram antítese e paradoxo como uma figura de linguagem única. Importante é que haja oposição, independentemente de ser entre vocábulos ou entre ideias.

Alternativa "a" – Não há exagero.

Alternativa "b" – Não há palavras que suavizem o sentido de outras.

Alternativa "c" – Contrário, oposto: fogo x sem ver; dói x não sente; contentamento x descontente; dor x sem doer.

Alternativa "d" – Não são expressões figuradas.

Alternativa "e" – O autor não quis dizer o oposto.

Resposta: C

Texto para responder à questão.

Poesia

Gastei uma hora pensando um verso
que a pena não quer escrever.
No entanto ele está cá dentro
inquieto, vivo.
Ele está cá dentro
e não quer sair.
Mas a poesia deste momento
inunda minha vida inteira.

Carlos Drummond de Andrade. Poesia 1930-62.
São Paulo: Cosac & Naify, 2012. p. 104.

03. (Cebraspe – SEED/Paraná – Professor – 2021 - adaptada) Com relação ao uso de figuras de linguagem no texto, assinale a opção que apresenta um verso do poema no qual ocorre metonímia.

A "que a pena não quer escrever"

B "inunda minha vida inteira"

C "Gastei uma hora pensando um verso"

D "Mas a poesia deste momento"

E "No entanto ele está cá dentro"

➢ Comentários:

Nota da autora: Metonímia é a substituição de uma palavra ou expressão por outra.

Alternativa "a" – A pena não quer escrever = A mão não quer escrever.

Alternativa "b" – Ocorreu exagero: hipérbole.

Alternativa "c" – Hipérbole.

Alternativa "d" – Existe metáfora: o emprego do vocábulo "poesia" foi empregado no sentido de "beleza".

Alternativa "e" – Não há figura de linguagem.

Resposta: A

7.2. Questões com gabarito

Trecho para a questão.

A democracia já não se reduz a uma esperança, não é mais uma questão, não é apenas um direito, não é somente o apanágio de uma cidade ilustrada como Atenas, ou de um grande povo como o romano: é mais, é tudo nas sociedades modernas. De mera previsão, converteu-se em fato; de opinião controversa, transformou-se em realidade viva; deixou de ser puro direito para ser direito e força; passou de simples fenômeno local a lei universal e onipotente.

Enquanto alguns discutem ainda se ela deve ser, já ela é. Como o crescer silencioso, mas incessante, do fluxo do oceano, sobe e espraia-se calada, mas continuamente. Cada onda que se aproxima, e recua depois, estende os limites do poderoso elemento. Os espíritos que não veem muito deixam-se dormir, entretanto, recostados indolentemente à margem que as águas não tardarão em invadir, porque a enchente cresce linha a linha sem que a percebam, e, como a onda retrocede sempre, parece-lhes que, retrocedendo, perdeu todo o terreno vencido. (...)

Rui Barbosa. Obras completas de Rui Barbosa. Vol. I (1865-1871), tomo I, p. 19-20. Internet: (com adaptações).

---

01. (CESPE – Técnico Legislativo – Câmara dos Deputados/2014) Utilizando-se de metáforas, o autor constrói texto argumentativo em que a democracia é retratada como o oceano e suas ondas, e os que nela não creem, representados como os "espíritos que não veem muito".

( ) certo ( ) errado

Poema para a questão.

Não há vagas

Ferreira Gullar

O preço do feijão não cabe no poema. O preço

do arroz

não cabe no poema.

Não cabem no poema o gás

a luz o telefone

a sonegação
do leite
da carne
do açúcar
do pão.

O funcionário público
não cabe no poema
com seu salário de fome
sua vida fechada
em arquivos.
Como não cabe no poema
o operário
que esmerila seu dia de aço
e carvão
nas oficinas escuras

— porque o poema, senhores,
está fechado: "não há vagas"
Só cabe no poema
o homem sem estômago
a mulher de nuvens
a fruta sem preço

O poema, senhores,
não fede
nem cheira.

---

02. (Cespe - Técnico - BACEN/2013) O emprego do vocativo "senhores", na terceira e na quarta estrofes, atenua o tom irônico do poema.

( ) certo ( ) errado

Trecho para a questão.

Sempre se soube que um dos principais entraves ao crescimento do Brasil é o gargalo educacional. Novas pesquisas, porém, revelam que o problema é muito mais grave do que se supunha. A mais recente, elaborada pelo Instituto Paulo Montenegro e pela ONG Ação Educativa, mostrou que 38% dos estudantes do ensino superior no país simplesmente "não dominam habilidades básicas de leitura e escrita". (...)

Editorial, O Estado de S.Paulo, 19/7/2012

03. (Cespe – Técnico Judiciário – TRE-RJ/2012) Em "A mais recente", ocorre elipse da palavra **pesquisa**, que pode ser subentendida a partir do antecedente "pesquisas".

( ) certo ( ) errado

Trecho para a próxima questão.

O fato tem gerado pressão de demanda nos hospitais. Em consequência, ampliação de despesas decorrentes de atendimento médico e de internação. Os acidentes de trânsito causam prejuízo anual de cerca de R$ 28 bilhões ao país – além das perdas irreparáveis de vidas.

A Gazeta (ES), "Editorial", 4/1/2009 (com adaptações).

04. (CESPE – Soldado PM da Polícia Militar – ES/2009) Subentende-se a omissão dos termos "tem gerado" antes de "ampliação".

( ) certo ( ) errado

Texto para a próxima questão.

O princípio de que o Estado necessita de instrumentos para agir com rapidez em situações de emergência está inscrito no arcabouço jurídico brasileiro desde a primeira Constituição, de 1824, dois anos após a Independência, ainda no Império. A figura do decreto-lei, sempre à disposição do Poder Executivo, ficou marcada no regime militar, quando a caneta dos generais foi acionada a torto e a direito, ao largo do Congresso, cujos poderes eram sufocados pela ditadura. Com a redemocratização, sacramentada pela Constituição de 1988, sepultou-se o decreto-lei, mas não o seu espírito, reencarnado na medida provisória.

Não se discute a importância de o Poder Executivo contar com dispositivos legais que permitam ao governo baixar normas, sem o crivo imediato do Congresso, que preencham os requisitos da "relevância e urgência". O problema está na dosagem, que, se exagerada, como ocorre atualmente, sufoca o Poder Legislativo.

O Globo, 19/3/2008 (com adaptações)

05. (Cespe – Técnico Judiciário – TJ-RJ/2008) A função da linguagem predominante no texto é

a) metalinguística.

b) poética.

c) expressiva.

e) apelativa.

e) referencial.

Gabarito			
1.	CERTO	4.	CERTO
2.	ERRADO	5.	E
3.	CERTO		

BIBLIOGRAFIA

CONTEÚDO GRAMATICAL

ALI, M. Said. Gramática secundária da língua portuguesa. 7.ª ed. São Paulo: Editora Melhoramentos, 1966.

ALMEIDA, Napoleão Mendes de. Gramática metódica da língua portuguesa. 46.ª ed. revista. São Paulo: Saraiva, 2009.

BAGNO, Marcos. A norma oculta: língua e poder na sociedade brasileira. São Paulo: Parábola Editorial, 2003.

BECHARA, Evanildo. Moderna Gramática Portuguesa. 32ª edição, São Paulo, Companhia Editora Nacional, 1988.

BECHARA, Evanildo. Lições de Português pela Análise Sintática. Editora Lucema. Rio de Janeiro, RJ. 2001.

CARVALHO, José Augusto. Gramática superior da língua portuguesa. 2.ª ed. Brasília: Centro Editorial / Thesaurus, 2011.

CEGALLA, Domingos Paschoal. Novíssima Gramática da Língua Portuguesa. 48.ª ed. São Paulo: Companhia Editora Nacional, 2008.

CIPRO NETO, Pasquale e INFANTE, Ulisses. Gramática da Língua Portuguesa. Editora Scipione. São Paulo, SP. 2003.

CUNHA, Celso e CINTRA, Luiz F. Lingley. Nova Gramática do Português Contemporâneo. Editora Nova Fronteira. Rio de Janeiro, RJ. 2001.

FARACO&MOURA. Gramática Nova. São Paulo: Ática, 1993.

GARCIA, Othon M. Comunicação em prosa moderna: aprenda a escrever, aprendendo a pensar. 13ª edição, Rio de Janeiro, Ed. da Fundação Getúlio Vargas, 1986.

HENRIQUES, Claudio Cezar. Morfologia: usos, normas e exercícios com respostas. 2.ª ed. Rio de Janeiro: Elsevier, 2007 – 2.ª reimpressão.

HILDEBRANDO, André A de. Gramática ilustrada. 4. ed. São Paulo: Moderna, 1990.

INFANTE, Ulisses. Curso de gramática aplicada aos textos. São Paulo: Ed. Scipione, 1997.

INFANTE, Ulisses; CIPRO Neto, Pasquale. Gramática da Língua Portuguesa. Scipione.

JORDÃO, Rose e OLIVEIRA, Clenir Bellezi de. Linguagens, estrutura e arte. São Paulo: Moderna, 1999.

KOCH, Ingedore G.V.. A coesão textual. 2ª edição. São Paulo, Contexto, 1990.

KOCH, Ingedore G. V. e TRAVAGLIA, Luiz C.. Texto e coerência. São Paulo, Cortex, 1989.

KURY, Adriano da Gama. Novas lições de análise sintática. 9.ª ed. São Paulo: Editora Ática, 2000.

LIMA, Carlos Henrique da Rocha. Gramática normativa da língua portuguesa. 42ª ed. Rio de Janeiro, José Olympio, 2002.

LUFT, Celso Pedro. Grande manual de ortografia globo. 5ª edição, São Paulo, Globo, 1997.

MOREIRA, A., ARAÚJO, D, 1977, *Português e Literatura – Visão Atual*, 2 ed., Record Cultural, Rio de Janeiro, RJ.

NOGUEIRA, Duda. Língua Portuguesa para Concursos. 10ª edição. Editora Juspodivm: São Paulo, 2024.

NOGUEIRA, Duda. Revisaço Língua Portuguesa. 10ª edição. Editora Juspodivm: São Paulo, 2024.

PERINI, A. Mário. Sofrendo a gramática. São Paulo: Ática, 1997.

ROCHA LIMA, C. H., 1999, *Gramática Normativa da Língua Portuguesa*, 37 ed., José Olympio Editora, Rio de Janeiro, RJ.

TERRA, Ernani. Gramática de Hoje /Ernani&Nicola. São Paulo: Scipione, 1999.

TRAVAGLIA, Luiz Carlos. Gramática e interação: uma proposta para o ensino de gramática. 9.ª ed. revista. São Paulo: Cortez Editora, 2003.

TUFANO, Douglas. Estudos da Língua Portuguesa: Gramática – São Paulo: Moderna, 1995.

TUFANO, Douglas. Guia Prático da Nova Ortografia – São Paulo: Melhoramentos, 2009.

VASCONCELOS, Viveiros de. Verbos portugueses e rudimentos de análise léxica. 113ª ed. Rio de Janeiro: Editores e Distribuidores, 1994.

QUESTÕES

NOGUEIRA, Duda. Questões comentadas de Língua Portuguesa CESPE/Cebraspe. 7ª edição. Editora Juspodivm: São Paulo, 2022.

DICIONÁRIOS

FERREIRA, Aurélio Buarque de Holanda. Novo dicionário da língua portuguesa. 2ªed. Rio de Janeiro: Nova Fronteira, 1986.

HOUAISS, Antônio. Dicionário Houaiss da língua portuguesa. Rio de Janeiro: Objetiva, 2001 – 1ª edição.

HOLANDA, A. B., 1988, *Dicionário Aurélio Escolar da Língua Portuguesa*, 1 ed., Editora Nova Fronteira, Rio de Janeiro, RJ.

NASCENTES, Antenor. Dicionário Etimológico da Língua Portuguesa. Rio de Janeiro, Francisco Alves, Acadêmicos, São José e Livros de Portugal, 1955.

SARAIVA, F. R. dos Santos. Novíssimo Dicionário Latino-Português. 10ª edição, Rio de Janeiro, Livraria Garnier, 1993.